Ulf Bayer

Schwäbisch-alemannisches Kochlesebuch

Ulf Bayer

Schwäbisch-alemannisches Kochlesebuch

klassisch, glutenfrei und drumrum

Shaker Media

Bibliografische Information der Deutschen Nationalbibliothek
Die Deutsche Nationalbibliothek verzeichnet diese Publikation in der Deutschen Nationalbibliografie; detaillierte bibliografische Daten sind im Internet über http://dnb.d-nb.de abrufbar.

Cover-Entwurf: Vincent Bayer, Hahngasse 30, 1090 Wien, Österreich

Printed in Germany.

ISBN 978-3-95631-312-7

Shaker Media GmbH • Postfach 101818 • 52018 Aachen
Telefon: 02407 / 95964 - 0 • Telefax: 02407 / 95964 - 9
Internet: www.shaker-media.de • E-Mail: info@shaker-media.de

Dank

Ein Kochbuch schreibt man nicht ohne Hilfe, jemand muss die Produkte verköstigen. Besonders schwierig wird es, wenn man während der Arbeit seine Ernährung weitgehend umstellen muss.

Meine liebe Frau Dorothee hat die Mühe auf sich genommen und mit mir alle Versuche, die bis dahin gesammelten klassischen Rezepte in glutenfreie umzuarbeiten, tapfer durchgestanden. Darüber hinaus war sie auch eine kritische Leserin und Lektorin, ohne die dieses Buch nicht entstanden wäre.

Natürlich sei auch meinen Kindern und ihren Angehörigen sowie allen Gästen, die mir bei der kritischen Beurteilung meiner Produkte behilflich waren, gedankt.

Inhaltsverzeichnis

Ich bin dem Leser dieses Buches eine Erklärung über den von mir gewählten Titel 'La Cuisine du Marché' (Die Küche des Marktes) schuldig. Alle Rezepte, ob einfach oder kompliziert, können nur gelingen, wenn die Hausfrau beim Einkaufen auf dem Markt ihrer Stadt oder ihres Dorfes jene Produkte mit hoher Qualität aus- und herauszusuchen versteht, die sie für die Zubereitung ihrer Gerichte benötigt.
Paul Bocuse[ABo1977], einer der Mitbegründer der 'Neuen Küche' (Nouvelle Cuisine) im Vorwort seines Kochbuchs 1976.

Einleitung

Von den Viktualien

Zur Bereitung guter Speiſen iſt vor allem gutes Material nothwendig. Man trachte alſo beim Einkaufe deſſelben immer nach dem beſten, und es iſt eine weſentliche Eigenſchaft einer guten Köchin, dabei geſchickt und verſtändig zu Werke zu gehen.
Neuestes Augsburgisches Kochbuch[OAu1866]

Vergleicht man die Aussage von Paul Bocuse mit dem Zitat aus dem „Neuesten Augsburgischen Kochbuch“[OAu1866], hier in moderner Schrift:

> *Zur Bereitung guter Speisen ist vor allem gutes Material nothwendig. Man trachte also beim Einkaufe desselben immer nach dem besten, und es ist eine wesentliche Eigenschaft einer guten Köchin, dabei geschickt und verständig zu Werke zu gehen,*

so könnte er es abgeschrieben haben.

1.1 Motivation

Die Arbeit an diesem Kochbuch begann einmal ganz harmlos, als Sammlung von eigenen Erfahrungen hinsichtlich traditioneller Gerichte der schwäbisch–alemannischen Küche.

Die schnelle Entwicklung des Internets ermöglichte dann zunehmend den Zugang zu alten Kochbüchern, die in verschiedenen Bibliotheken weit verstreut aufbewahrt werden. Dadurch ließ sich meine bescheidene Sammlung an alten Kochbüchern leicht erweitern, woraus eine zunehmende Beschäftigung mit den Ursprüngen der schwäbisch–alemannischen Küche entstand. Nicht immer zu Freude meiner Familie, die dazu verdammt war, die daraus resultierenden Experimente zu verkosten. Hier werden nur solche Rezepte wiedergegeben, die zu guten Ergebnissen führen oder es wird darauf hingewiesen, dass die entstehenden Produkte nur von historischem Interesse sind.

Schließlich wurde bei mir eine Glutenunverträglichkeit diagnostiziert. Die Aussicht, in Zukunft auf Spätzle verzichten zu müssen, war erschreckend. Verfügbare Rezepte für glutenfreie Ernährung erwiesen sich meist als unbefriedigend, entweder stimmten Geschmack und/oder Textur nicht oder es wurden Fertigmischungen für Spätzle und Teigwaren benutzt, die vom Markt seit der Veröffentlichung verschwunden waren. Eigene Experimente führten dann zu Rezepturen, die auch vor meinen schwäbischen Testessern standhielten. Dabei erwies sich die Einfachheit als geeignetes Prinzip. So wird durch alle Rezepte eine einmal bewährte Mehlmischung beibehalten und nur im Detail an die jeweils spezifischen Erfordernissen oder eine andere Geschmacksrichtung angepasst bzw. abgewandelt.

So entstand schließlich dieses „Kochlesebuch“, das in erster Linie dazu anregen soll, sich wieder mit klassischen Rezepten zu beschäftigen. Das häufig verwendete Argument, ich habe keine Zeit selbst zu kochen, trägt dabei nicht wirklich. Die Zeit, um das Wasser zu

Eine Definition

Schwäbisch-alemannische Küche ist, was die Mutter und ggf. noch die Großmutter gekocht hat, wenn man aus diesem Raum kommt.

Ansonsten ist die schwäbisch–alemannische Küche, die Küche zwischen deutschsprachiger Schweiz, Nord-Württemberg und Bayrisch Schwaben des 19ten und 20ten Jahrhunderts, in denen erst viele der heute als typisch geltenden Speisen entstanden oder zu Allgemeingut wurden.

erhitzen, reicht, um einen Spätzlesteig zuzubereiten, eine Fleischscheibe zu braten und eine „kurze“ Sahnesoße zu ziehen. Gleichzeitig kann noch ein Gemüse knackig gekocht oder die Vinaigrette für einen Salat angerührt werden. In 30 Minuten lässt sich in der Küche viel erreichen. Selbst Gourmetgerichte wie weißer Spargel mit Kartoffeln und Holländischer Soße benötigen nicht mehr Zeit.

Die schwäbisch–alemannische Küche

Die schwäbisch–alemannische Küche

ist eine Mehlküche im Gegensatz zu norddeutschen, die im Wesentlichen auf Kartoffeln beruht.

Sie kennt keine Vorspeisen, Vorspeise ist die Suppe, meist auf der Basis einer Rinderbrühe, die gleichzeitig die Grundlage für Soßen darstellt.

Auch der Nachtisch spielt keine wichtige Rolle, auf ein eigenes Kapitel wird deshalb verzichtet. Es gibt jedoch einige Gerichte, die als eigenständige Süßspeisen oder als Nachtisch gereicht werden können.

Hier wird die Herausforderung angenommen, die klassischen Rezepte jeweils durch eine glutenfreie Variante zu ergänzen, die dem Original so nah wie möglich kommt – zumindest sagen das einige erfahrene Testesser.

Obwohl im allgemeinen Verständnis diese Küche auch als Fleisch orientiert gilt (typisch ist der gemischte Sonntagsbraten), so war sie von Montag bis Freitag in der breiten Bevölkerung eher vegetarisch: Geröstete Spätzle mit Salat, Kässpätzle, Kartoffelschnitz mit Spätzle, Linsen und Spätzle (die Würstle waren für den Vater), Röstkartoffeln und Rösti, Schupfnudeln mit Kompott, Strauben mit Kompott, etc. zeugen davon.

Diese Küche bietet reichlich Anregungen für vegetarische Gerichte. Vegan allerdings wird schwierig. Auf Eier zu verzichten erscheint mir im Gegensatz zum Verzicht auf Weizenmehl als eine unlösbare Aufgabe.

Zum Lesen sind vor allem die historisch–regionalen Betrachtungen zu Beginn der Abschnitte gedacht, denen meist eine Zusammenstellung von Rezepturen folgt. Die historischen Rezeptbeispiele sind frei übertragen, wobei vor allem Wert auf möglichst klare, nachvollziehbare Arbeitsschritte gelegt wurde. Z. T. wurden die Rezepturen auch ergänzt (meist kommentiert). Die Übertragungen entsprechen nicht germanistischen Ansprüchen, sondern orientieren sich an der „Kochbarkeit“ des Gerichts. Gelegentlich weichen sie an einzelnen Stellen deutlich von verfügbaren Übersetzungen ab, wenn diese bei der küchentechnischen Umsetzung keinen Sinn ergeben. Wissenschaftliche Korrektheit wurde dagegen durch Zitieren der Quellen angestrebt, soweit das bei Kochbüchern möglich ist, die selbst freizügig andere Quellen nutzen. Der Ursprung vieler Rezepte bleibt deshalb unklar und es ist auch kein wirklicher Ursprung der schwäbisch–alemanischen Küche auszumachen.

Ergänzende Informationen zum laufenden Text sind in Kästen eingefügt:

- Doppelt umrahmte graue Kästen enthalten kurze, hoffentlich informative Aussagen.
- Grau hinterlegte Texte dienen etwas ausführlicherer zusätzlicher Produktinformation oder zeigen mögliche Experimente auf.
- Helle Kästen bieten zusätzliche Information zur glutenfreien Ernährung.

Analog bestehen die Zutatenlisten der Rezepturen aus einem grauen Kasten mit den klassischen und einem gelb–braunen Kasten mit glutenfreien Zutaten oder alternativ einem gelb–braunen Kasten mit breitem grauen Rand, sofern keine speziellen glutenfreien Zutaten erforderlich sind. Bei Rezepten, die in erster Linie zur Verdeutlichung historischer Bezüge gedacht sind und die keine Mengenangaben enthalten, wurde auf Zutatenlisten verzichtet. Sind sie bei der Übertragung angegeben, so ist die Rezeptur mit recht gutem Ergebnis tatsächlich kochbar.

Stärke und glutenfreie Mehle bei Glutenunverträglichkeit

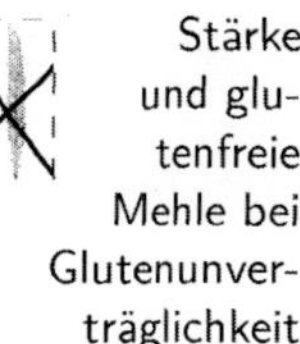

Stärke und glutenfreie Mehle bei Glutenunverträglichkeit

Zur Vereinfachung wird „Stärke" stets im Sinn von „glutenfreier Stärke" benutzt, gemeint sind z. B. Maisstärke, Kartoffelstärke, Pfeilwurzmehl, Topiakmehl etc.

Ein Problem ist, Stärke, mit der Kennzeichnung „glutenfrei" zu bekommen, da praktisch alle Hersteller in ihren Betrieben auch

Weizenmehl verarbeiten. Sie beschränken sich deshalb auf die Aussage „kann Spuren von Gluten“ enthalten. Gewöhnlich kann man davon ausgehen, dass das Produkt gut verträglich ist, für starke Allergiker kann es aber problematisch werden.

Bei glutenfreien Mehlen ist es ähnlich. Hirse–, Mais– und Buchweizenmehl gibt es von deutschen Produzenten, die Glutenfreiheit garantieren. Bei Reis– und Klebereismehl sowie Maisgries ist dies häufig nicht der Fall, insbesondere wenn diese aus dem Ausland importiert sind, was bei Klebereismehl praktisch immer der Fall ist.

Wer absolut sicher gehen möchte, sollte die möglicherweise kritischen Produkte in den Rezepten durch absolut sichere ersetzen, soweit dies mit Garantie möglich ist. Etwas Experimentieren kann dabei notwendig sein. Es reicht jedoch eine geeignete Mehlmischung zu finden, die dann leicht modifiziert werden kann, Abschn. 3.3.2 auf Seite 84 kann dabei behilflich sein.

1.2 Historische Kochbücher

sind i. a. schlicht Rezeptsammlungen. Man kann sie aber auch als zeitgeschichtliche Dokumente lesen, die einen Teil der Gesellschaft, der gebildeten, in ihrem lokalen Umfeld und im zeitlichen Wandel charakterisiert. Gesellschaften definieren sich nicht zuletzt durchs Essen, auch heute noch. Das betrifft gesellschaftliche Schichten genauso wie Regionen.

Kochbücher können auch innovativ sein und das Ernährungsverhalten einer Gruppe oder auch in einer Region verändern. Dazu hat nicht zuletzt der Buchdruck beigetragen. Es beeindruckt, dass schon früh das letzte noch als Handschriften vorhandene spätmittelalterliche Kochbuch, die Küchenmeisterrei[MKü1480], spätestens ab 1486 in vielen Drucken und an vielen Orten bis ins frühe 16te Jahrhundert hinein als Nachdruck verlegt wurde. Es war, neben der Bibel, der erste Bestseller und Grundlage für spätere Kochbücher.

Innovativ waren dann zweifellos Balthasar Staindl[OSt1547] und Max Rumpoldt[AMR1581], die in der zweiten Hälfte des 16ten Jahrhunderts in Deutschland eine „Neue Küche“ begründeten.

Um dieselbe Zeit fasste „Ein sehr Künstliches und fürtrefflichs Kochbuch von allerley Speysen, Auch wie Man Latwergen und Zucker einmachen soll, und sonst von andern guten heimlichen Künsten Einem jeden im Hauß sehr notwendig und nützlich zu gebrauchen“[ONü1560] den Stand der Kochkunst in einer überwältigenden Rezeptsammlung zusammen.

In der Mitte des 18ten Jahrhunderts gab es einen Aufbruch zu stärker regional betonten Rezeptbüchern, z. T. noch im Barock verhaftet, z. T. aber auch an einer neuen Kultur orientiert. Es war jetzt das Bürgertum, das sich dieses Mediums bemächtigte.

In der zweiten Hälfte des 18ten Jahrhunderts entstand so auch die Grundlage dessen was wir heute schwäbisch–alemannische Küche nennen. Als Ausgangspunkt kann man vor allem zwei Kochbücher ausmachen: „Neues Wohleingerichtetes Kochbuch, Aus 850.

Speisen Und vielen andern nuzlichen und artigen Nachrichten bestehend. Nicht nur dem Kochbegierigen sondern auch denen, welchen an Säuberung seidener und anderer Zeuge, des Sammets ec. gelegen ist“[WTü1749], im Text als „Tübinger Kochbuch“ zitiert, das für den Nordschwäbischen Raum steht und für den bayrisch schwäbischen Bereich „Das grosse neu-vermehrte Koch-Buch in welchem zu finden, wie man unterschiedliche, herrliche und wohlgeschmackte Speisen, von Gesottenem, Gebratenem und Gebachenem...“[OAu1750], als „Augsburger Kochbuch“ zitiert.

Auf diese beiden Kochbüchern bauen F. L. Löflerin[WLö1795] (Später Löfflerin) in Stuttgart und Sophie Juliane Weiler[OAu1827] in Augsburg auf und begründen Kochbuchserien, die bis ins 20te Jahrhundert unter ihrem Namen fortgeführt werden. Ähnliche, fortgeschriebene Kochbücher entstehen auch in der Schweiz, wobei sich anhand von Rezepten, z. B. die Verbindung zwischen Schweizer Kantonen und der Oberrheingegend aufzeichnen lassen. Die vielen Auflagen und eine Vielzahl von Raubdrucken, bzw. von Kochbüchern mit ähnlichen Autorennamen und/oder Titel, zeigt den großen Erfolg der Originale. Diese wurden dadurch stilbildend für die Küche ihrer Region bzw. trugen zur Ausbildung der regionalen Küche(n) des Südwestens wesentlich bei.

Die Herausgeber der Kochbücher reagierten aber auch auf gesellschaftliche Veränderungen und erschlossen neue Absatzmärkte. Als Reaktion auf die Auswanderungswelle in der Mitte des 19ten Jahrhunderts wurde z. B. ein Rezept zur „Fertigung von Boullion-Tafeln für Auswanderer“ (Rez. 1 auf Seite 19) aufgenommen. Die Auswanderer machten ihre Kochkultur nicht nur als regionale Speziallität im Ausland bekannt, sondern lieferten auch Innovationen zurück. So gibt es in „Löfflers Neuem Stuttgarter Kochbuch[WLö1873]“ von 1873 einen Amerikanischen Gesundheitskuchen (Gugelhopf) auf der Basis von Natron, noch bevor Oetker sein Backpulver breit vertrieb.

Mit Aufkommen des Fernsehens als Massenmedium endete dann die Entwicklung der Regionalküchen. Fernsehköche und seit dem späten 20ten Jahrhundert, das Internet, übernahmen die Geschmacksbildung neben einer zunehmnend aggressiv werbenden Nahrungsmittelindustrie. Die Regionalküche lebt häufig nur noch in der Erinnerung an die Küche der Mutter oder der Großmutter und in der, dem breiten Geschmack angepassten, lokalen Touristikindustrie. Hier liegt die Chance, die immer wieder zu einem Boom an retrospektiven Kochbüchern führt.

Küchenmaisterey[MKü1507]

1.3 Mengenangaben

Die Mengen müssen präzise eingehalten werden

Hinweise in Rezepten auf die „präzise einzuhaltenden Mengen führen sich selbst ad absurdum, wenn zum Beispiel zu 100 g Mehl 80 ml Wasser und drei Eier hinzuzufügen sind.

Schon die ml-Angabe ist nicht genau, denn die Masse des Wassers pro ml hängt von der Temperatur ab, völlig unpräzise ist die Mengenangabe „Eier", deren Masse innerhalb recht weiter Grenzen schwankt.

Präzise wäre nur eine Angabe in g für alle Komponenten, g Mehl g Wasser, g Vollei, wie man sie nur im professionellen Bereich von Bäckereien und Konditoreien oder allgemein in der Lebensmittelindustrie findet.

Mengenangaben in Rezepten haben sich erst im 19ten Jahrhundert durchgesetzt, wozu ein zunehmend einheitliches Maßsystem beitrug. Nicht unwesentlich war aber die zunehmende Standardisierung wichtiger Grundnahrungsmittel, nicht zuletzt des Mehls.

Vor der Standardisierung bestanden Unterschiede im Ausmahlungsgrad und Wassergehalt von Mühle zu Mühle und aufgrund unterschiedlicher Lagerbedingungen. Als Hefe wurde Bierhefe benutzt, die je nach Herkunft aus unterschiedlichen Hefestämmen bestand und sehr unterschiedliches Gärverhalten aufwies. Zucker war mehr oder weniger verunreinigt und musste erst geklärt werden, und ... und... und....

Auf eine ähnliche Situation treffen wir bei der zunehmenden Abkehr vom standardisierten Weizenmehl Type 405, 550 etc., entweder weil aus Überzeugung lieber Dinkelmehl oder Vollkornmehl genommen wird oder aus Notwendigkeit, weil eine Glutenunvertränglichkeit vorliegt. In beiden Fällen müssen alle älteren Rezepte hinsichtlich der notwendigen Flüssigkeitsmengen umgeschrieben werden.

Insbesondere bei glutenfreien Mehlen ändert sich z. B. das Wasseraufnahmevermögen nicht nur von Mehlart zu Mehlart, sondern auch von Hersteller zu Hersteller und z. T. von Charge zu Charge. Schon kleine Unterschiede im Spelzenanteil verändert das Quellverhalten und damit die Teigeigenschaften deutlich. Es ist deshalb sinnvoll und notwendig, sich eine gewisse Erfahrung hinsichtlich des zu erzeugenden Produkts und der erforderlichen Konsistenz anzueignen.

Grundlegende glutenfreie Mehlmischung für Teigwaren

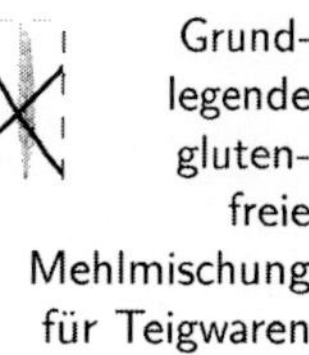

Grundlegende glutenfreie Mehlmischung für Teigwaren

Die verwendete Mehlmischung basiert immer auf folgender Zusammensetzung:

$\frac{1}{3}$ Maismehl, $\frac{1}{3}$ Reismehl, $\frac{1}{3}$ Maisstärke

die je nach Verwendung variiert wird. Das Maismehl kann z. B. durch Buchweizen– oder Kastanienmehl ersetzt werden, das Reismehl durch Klebereismehl. Die vorgenommenen Veränderungen werden i. a. erläutert.

Zusätzlich wird allen Teigen, die in Wasser gekocht werden (Spätzle, Nudelteig)

je 2-3% des Mehlgewichts and Johannisbrotkernmehl und Xanthan als Gelbildner

zugesetzt, da der Teig sich sonst im Wasser auflöst. Dieser Zusatz gilt auch für Hefeteig, um das notwendige Gashaltevermögen zu gewährleisten.

Außerdem wird gelegentlich die benötigte Eimenge erhöht, auf jeden Fall wird die

1,5– bis 3–fache Menge Flüssigkei (Wasser, Milch)

benötigt. Dies erfordern schon die glutenfreien Mehlarten, wobei der Zusatz von Gel bildenden Substanzen (Xanthan etc.) den Effekt noch verstärkt.

Die angegebenen Mengen entsprechen meinen Erfahrungen. Angaben zu Eiern beruhen auf die Handelsgröße L. Angaben wie Esslöffel (EL) oder Teelöffel (TL) stimmen mit den entsprechenden US-Maßeinheiten überein, die als Messsätze (El, halbe El, TL, Teile von TL) erhältlich sind. Gewöhnliche Löffel bieten im Rahmen der Toleranz aber meist eine hinreichende Näherung.

Wo eine größere Genauigkeit erforderlich ist, stehen Gewichtsangaben oder Prozentangaben bezogen auf ein Vergleichsgewicht (z. B. 2-3% der Mehlmenge Xanthan), da dann ganz spezifische Eigenschaften durch Zusätze erreicht werden sollen.

Einige Maße

1 EL (TBSP) 15 ml
1 TL (TSp) 5 ml
1 Tasse 150 ml
1 Weinglas 100 ml

1 Prise Salz, Zucker: Was zwischen Daumen und 2 Finger passt,
ca. 1 g
zwischen alle Finger passen
5–6 g

ein thurm ohne glocken,
ein suppen ohne brocken ...
ein mensch ohne lehr,
seynd alle nicht weit her
ABR. A S. CLARA
MERCKS WIEN (1680).
GRIM'SCHES WÖRTERBUCH

2 Von Brühen, Suppen und Sulzen

Die Suppe

ist die erste Speise bei einem Mahl, deshalb verdient sie auch die erste Sorgfalt; man geht ja ohnehin gerne auf den ersten Eindruck, und wäre die Suppe schlecht, wie leicht empfände man ein Vorurtheil gegen die folgenden Speisen. Die Sache hat aber auch ihre praktische Richtigkeit, denn wäre z. B. die Fleischbrühe, aus der die Suppe bereitet ist, unkräftig oder versalzen, so würden unter diesem Fehler gewiß alle anderen Gerichte, die ebenfalls dieser Brühe bedurften, zu leiden haben.

„Neues Stuttgarter Kochbuch“ von 1873[WLö1873]

Im Schwäbischen beginnt ein mehrgängiges Essen stets mit einer Suppe. Vorspeisen kennt man im Gegensatz zum Elsass und der Schweiz nicht. Gleichzeitig bildet die Suppenbrühe, meist eine Rinderbrühe, die Grundlage für die schwäbischen Soßen.

Brühe

eine trübe Flüssigkeit im positiven wie negativen bzw. übertragenen Sinn:
a) fleischbrühe, DWB bratenbrühe, DWB fischbrühe, hammelsbrühe, kalbsbrühe, hünerbrühe, gerstenbrühe, haberbrühe, eierbrühe, kloszbrühe, würzbrühe, kaffeebrühe.
b) wäscher und färber nennen die lauge und flüssige farbe brühe, auch der dünne, flüssige koth heiszt brühe.
c) alles in éine brühe werfen, immer dieselbe brühe aufgieszen, die brühe verschütten (die sache verderben)
In Anlehnung an Grimm'sches Wörterbuch.

Im 18. und frühen 19. Jahrhundert gab es unsere heutige Vorstellung von einem Menü noch nicht. In der gehobenen Küche kam das Essen in mehren aufeinander folgenden Gängen oder Trachten auf den Tisch, wobei jeder Gang mehrere unterschiedliche Speisen umfasste. Für die Auftrageordnung und die Anordnung am Tisch gab es strickte Regeln. Zum ersten Gang oder zur ersten Tracht, im bayrischen Sprachraum, gehörte meist eine Suppe und gesondert angeordnet das in der Brühe gekochte Fleisch sowie zum Fleisch passende Saucen. Entsprechend beginnen alte Kochbücher häufig den Fleischteil mit Ochsenfleisch, das bevorzugt gekocht wurde, da es sich i. a. um geschlachtete Zugtiere oder ältere Kühe mit nachlassender Milchleistung handelte, deren Fleisch recht zäh war.

In „Die bayerische Köchin“(1867) von Maria Anna Neudecker, die eine Gaststätte betrieb, werden 10 Speisezettel beispielhaft aufgeführt, wie auch in anderen Kochbüchern der Zeit. Hier ihr einfachstes Beispiele einer Gedeckfolge, bei der auch das jeweils passende Tafelgeschirr angegeben ist. Die Abbildung links illustriert dazu die Anordnung der Speisen am Tisch, wobei die röhmischen Ziffern auf die Gerichte der Trachten I und II verweisen:

Schweizer Kochbuch[SBu1916]

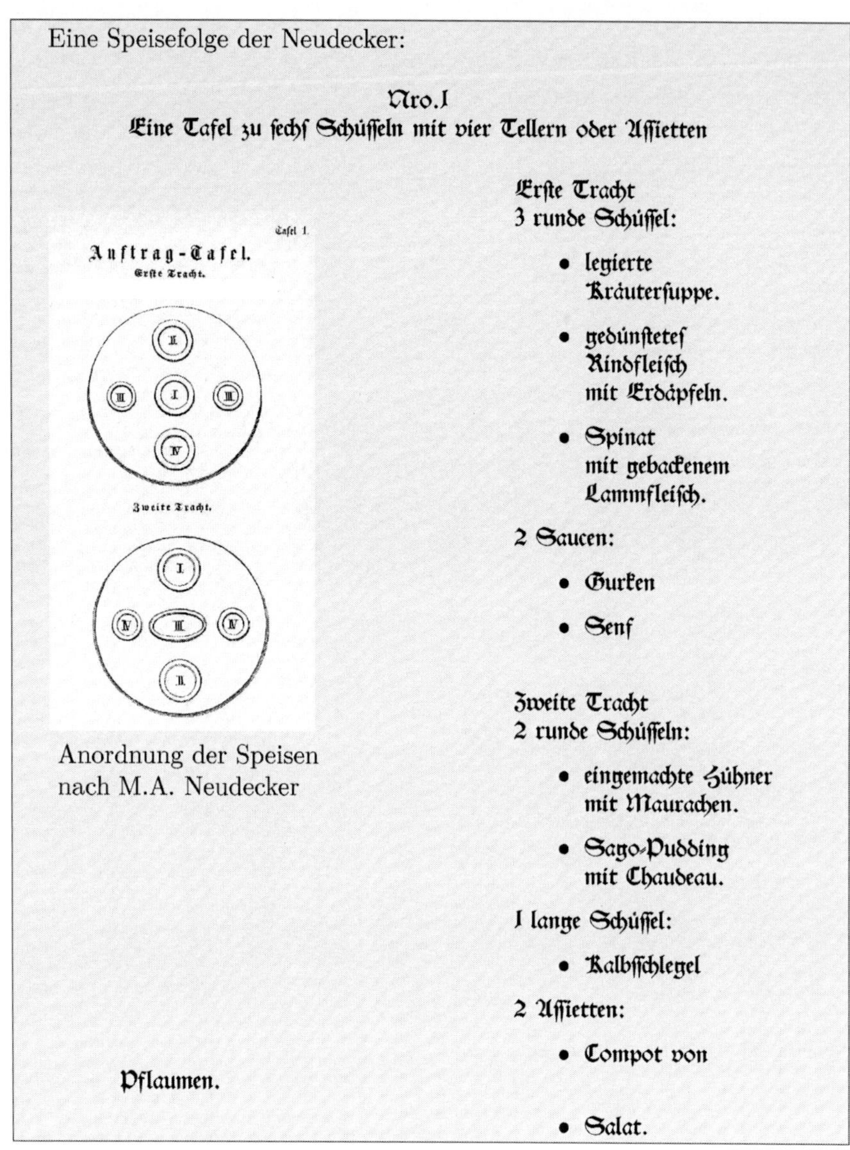

Eine Speisefolge der Neudecker:

Nro. I
Eine Tafel zu ſechſ Schüſſeln mit vier Tellern oder Aſſietten

Tafel 1.
Auftrag-Tafel.
Erſte Tracht.
Zweite Tracht.

Anordnung der Speisen nach M.A. Neudecker

Erſte Tracht
3 runde Schüſſel:

- legierte Kräuterſuppe.
- gedünſtetes Rindfleiſch mit Erdäpfeln.
- Spinat mit gebackenem Lammfleiſch.

2 Saucen:

- Gurken
- Senf

Zweite Tracht
2 runde Schüſſeln:

- eingemachte Hühner mit Maurachen.
- Sago-Pudding mit Chaudeau.

1 lange Schüſſel:

- Kalbſſchlegel

2 Aſſietten:

- Compot von Pflaumen.
- Salat.

Im „Ökonomischen Handbuch für Frauenzimmer“ von F.J. Löflerin, Köchin der Landschaft (Landtag) Württembergs finden sich aufwendigere Speisefolgen. Die für die Löfflerin noch relativ einfache Speisefolge ist für unsere Verhältnisse schlichtweg unvorstellbar. Man muss dabei bedenken, dass sie die Kantine der Württemberger Landschaft betrieb, in dem neben einigen Bürgerlichen in erster Linie der Württemberger Adel vertreten war. Politisch hatte die Landschaft insoweit Einfluss, als sie die Finanzen der Regierung, d.h. des Herzogs, später Königs, genehmigte. Entsprechend aufwendig war die Speisenfolge und auch ausgefallen. Natürlich waren die einzelnen Gänge auch für eine Tischgemeinschaft mehrerer Personen bestimmt, die Löfflerin gibt für einige Speisezettel 12 bis 30 Personen pro Tisch an.

Letztlich geht das französische Menü auf diese Tradition der Speisefolgen zurück, nur dass die für einen Gang bestehende Speisenauswahl nicht mehr auf den Tisch gestellt wird und jeder Gast sich davon nimmt, was er mag, sondern dass die Auswahl nur noch auf der Menükarte erscheint und der Gast entscheidet, was ihm aufgetragen wird. Das ist schlichtweg eine ökonomische Optimierung, es fällt weniger Abfall an. Das alte Konzept finden wir, in anderer Form ökonomisch optimiert, beim Buffet wieder.

Eine Speisefolge der Löfflerin:

Speisezettel zu 4 Service (Einsäzen)
nach welchen das Dessert oder der Nachtisch eingesetzt wird:

Erster Gang

Suppe von Kalbfeisch mit Mandelschnitten
Suppe von Schnee in gelber Sauce[1]
Gesottenes Ochsenfleisch mit 4 Saladieren
Kleine Pasteten mit Farce (Fars oder Fülle)

Zweiter Gang

Bairisch-Kraut mit Bratwürsten oder Schweins-Braten
Karviol mit Morchen und Kalbsohren[2]
Fricandeau [Frikando] in einer Rahmsauce
Hecht in eigener Sauce
Auf 4 kleinen Tellern:
gesottene Krebse und gebackene Hüner

Dritter Gang

Rehziemer gebraten
gebratene Hüner
ganzer Schinken
gesulzter Kapaun
Auf 4 kleinen Tellern:
Schaum von Himbeeren
Créme (Crem) von Pomeranzen
zwei Salate

Vierter Gang

Mandel-Torte
Wiener-Torte
Gebakene Mandeln
Sandküchlein
Mandelbogen
Chokolade Brot

Dessert.

Gefrorenes
kalte Crémes (Crem)
süsse Geleés (Scheleen)
von allen Sorten Obst, auch frische Pomeranzen

[1] *leider führt die Löfflerin diese Rezept nicht auf. Vermutlich handelt es sich um Schneeballen in Safranbrühe*

[2] *Karviol = Blumenkohl, Morchen = Morcheln*

2.1 Brühen und Fonds

In der Küche versteht man unter Brühe (vom Mittelhochdeutschen 'brüeje' = Flüssigkeit, in der Schweiz 'Bouillon') mit Geschmacksstoffen angereichertes Wasser, das im Wesentlichen als Grundlage für Suppen dient. Für einen Fond (Jus, Kraftbrühe, Essenz, Reduktion) wird die Brühe stärker eingekocht. Er dient meist als Grundlage für Soßen, kann aber auch wieder zur Brühe verdünnt werden. Für braune Fonds werden die Zutaten zunächst angebraten, um Geschmack gebende Röststoffe zu erzeugen. Durch noch stärkeres Einkochen entsteht eine Gallerte oder Sulze, wobei meist Fleisch mit hohem Bindegewebeanteil verwendet wird, das die Gelierfähigkeit verbessert. Für Brühen dagegen bevorzugt man i. a. mageres Fleisch.

2.1.1 Brühen

Die Grundlage für eine Brühe ist fast immer Rindfleisch, da andere Fleischsorten entweder einen zu hohen Anteil an gelierenden Stoffen (Kalb, Huhn) oder einen zu intensiven Eigengeschmack (Wild, Lamm, Huhn) haben. Diese Fleischsorten werden daher meist nur als Ergänzung zur Rinderrühe eingesetzt oder aber zur Zubereitung von Fonds als Grundlage für Soßen.

Kochbücher spiegeln auch die jeweilige Zeitgeschichte und so gibt das Neueste Stuttgarter Kochbuch von 1873, wohl in Reaktion auf die Auswanderungswelle der Zeit von 1845 bis 1865 in die USA, folgendes Rezept für Auswanderer mit dem Schiff, das so ziemlich alles enthält was möglich ist, gleichzeitig wird auf die neue Errungenschaft, den Brühwürfel, hingewiesen:

1 Fertigung von Bouillon-Tafeln für Auswanderer

1 Fertigung von Bouillon-Tafeln für Auswanderer

10 Pfd mageres Ochsenfleisch, 10 Pfd Kalbfleisch mit guten Rohrknochen, 2 Pfd Hammelfleisch, 2 Hühner, 6 Kalbsfüße,16 Maß (29 l)kaltes Wasser kommen in

einen Kessel, und werden in's Kochen gebracht, das wie bei Nro. 1 und so bei allen Fleischbrühen von der Seite geschehen muß[1]. 5–6 Stunden sind erforderlich, denn das Fleisch muß von den Knochen fallen. Die Brühe wird alsdann durch ein Tuch gegossen, an einen kalten Ort gestellt , und nachdem sie gestanden ist, rein abgefettet. In dieser Zwischenzeit fegt man den Fleischkessel reicht rein, und nimmt nun die abgefettete Brühe ohne den Satz, der sich unten finden wird, in den Kessel, setzt ihn auf starkes Feuer, und nimmt der Brühe den aufsteigenden Schaum ab. Von jetzt an darf man sich nicht mehr von dem Kessel entfernen, denn die Brühe wird natürlich nach und nach zäh, und soll es werden, daher muß man mit einem hözernen Spaten fortwährend das auf dem Boden Kochende aufrühren, sonst brennt die kostbare Gallerte an; ist sie so zäh, daß sich Fäden spinnen, so wird der Kessel abgenommen, und die Gallerte schnell in blecherne Formen gefüllt, welche zuvor in kaltes Wasser getaucht sind; dieß geschieht, weil nach dem Erkalten die Bouillon-Tafeln sich auf diese Weise gut umstürzen lassen. Hauptregeln sind: daß weder Salz noch Gewürz, noch Suppenkräuter genommen werden dürfen, und eben so wenig darf sich Fett in die Brühe einkochen.

Diese Bouillontafeln sind durch Liebig's Fleischextrakt wesentlich ersetzt.

F.L. Löffler[WL01873]

[1] *Das Fleisch darf nur leicht sieden, wobei das Wasser am Topfrand aufsteigen muss. Dazu deckt man den Topf nur einseitig ab.*

Bouillon-Konserven

Bouillon-Konserven

5kg mageres Ochsenfleisch, 5kg Kalbfleisch mit guten Markknochen, 1kg Hammelfleisch, 2 Hühner, 6 Kalbsfüße, 29l Wasser

- ▷ Das Fleisch mit dem kalten Wasser aufsetzten und zum gelinden Sieden bringen, dabei den sich bildenden Schaum abschöpfen.
- ▷ 5-6 Stunden kochen, das Fleisch muss von den Knochen fallen.
- ▷ Die Brühe dann durch ein Tuch oder ein Haarsieb gießen
- ▷ und an einen kalten Ort stellen.
- ▷ Nach dem Abkühlen das oben schwimmende Fett abnehmen (bei hinreichender Kühlung im Kühlschrank sollte dieses fest sein).
- ▷ In der Zwischenzeit den Fleischkessel gut reinigen.
- ▷ Die abgefettete Brühe ohne den Satz, der sich unten abgesetzt hat, im Kessel bei großer Hitze kochen, den aufsteigenden Schaum wie-

derholt abnehmen.

▷ Von jetzt an darf man sich nicht mehr vom Kessel entfernen, sondern rührt mit einem hölzernen Spaten fortwährend, so dass sich die zunehmend zäher werdende Brühe nicht am Boden festsetzt oder gar anbrennt.

▷ Ist die entstehende Gallerte so zäh, dass sich Fäden spinnen, so wird der Kessel abgenommen und die Gallerte schnell in blecherne Formen (oder Gläser) gefüllt, die man zuvor in kaltes Wasser taucht. Die Gallerte lässt sich dann besser stürzen.

- Hauptregeln sind, dass weder
  Salz noch Gewürz noch Suppenkräuter genommen werden dürfen. Es darf auch kein Fett in die Brühe kommen.

Dieses Rezept für Gallerte hat in seiner Form und mit den angegebenen Mengen natürlich nur historische Bedeutung. Es illustriert jedoch sehr gut, wie alte Rezepte plötzlich wieder aktuell werden und wie Erfahrung in der Küche genutzt wird. In diesem Fall das Haltbarmachen einer Fleischbrühe. Das Rezept war in dieser Form schon vor gut 200 Jahren in den Schifffahrtsnationen der Zeit als wichtiger Bestandteil des Schiffsproviants bekannt.

Kochen von Fleisch

Kochen von Fleisch

Beim Kochen des Fleisches verfolgt man zwei verschiedene Ziele, die sich eigentlich widersprechen:

1. Herstellung einer gehaltvollen Fleischbrühe
2. Herstellung saftigen Fleisches

Im ersten Fall stellt man zerkleinerte Knochen und Fleisch mit kaltem Wasser auf und lässt es langsam zum Sieden (leichtes Köcheln) kommen; dann laugt das Wasser das Fleisch aus und die Nährstoffe gehen in die Brühe über.

Soll das Fleisch dagegen saftig sein, so gibt man es in kochendes Wasser oder besser kochende Brühe und schaltet dann die Temperatur soweit zurück, dass die Brühe nur noch ganz sanft siedet, bzw. man hält die Temperatur knapp unter dem Siedepunkt. Dadurch bleibt das Fleisch saftig.

Man wird die beiden Ziele deshalb getrennt verfolgen:

1. Zunächst kocht man eine Brühe aus sogenanntem minderwertigem Fleisch (Suppenfleisch).
2. Dann gart man das „hochwertige" Fleisch (z. B. 'Tafelspitz' oder Schlachtbraten (Filet)) in der vorbereiteten Brühe, d. h. man lässt es nur in der Brühe ziehen.

Nach Kiehnle, Kochbuch des schwäbischen Frauenvereins, 1912

Der Hinweis in Rez. 1 auf Seite 19, auf Gerwürze und Suppenkräuter unbedingt zu verzichten, hat den Hintergrund, dass Kräuter in der Gallerte mikrobiellen Abbau fördern, sie säuert sehr leicht und Fett wird leicht ranzig. Die reine Fleischbrühe dagegen ist gut lagerbar. Natürlich kann man eine Brühe einfrieren und damit unabhängig von der Zusammensetzung haltbar machen. Entsprechend werden die nachfolgenden Brühen gewürzt, wobei man allerdings vorsichtig salzen sollte, wenn sie nicht nur zur Herstellung einer Suppe dienen sollten, sondern auch für Soßen verwendet werden. In letzterem Fall wird die Brühe gewöhnlich weiter eingekocht, was die Soße letztlich zu salzig macht.

Vorsicht sollte man auch bei der Verwendung von Sellerie und Fenchel walten lassen, da sie infolge ihrer starken Würzkraft leicht geschmacklich dominieren.

Die klassische „Brühe" ist die gewürzte Rinderbrühe als Grundlage für fast alle Suppen. Eine Ausnahme ist die Hühnerbrühe, die allerdings einen sehr kräftigen Eigengeschmack hat und nur mit wenigen Einlagen als Suppe harmoniert.

Gemüse für Brühen

Für die meisten Brühen verwendet man Gemüse als würzende Zutat. Anstatt dieses extra einzukaufen, kann man Gemüseabfälle in einem gut schließenden Gefäß über einige Tage im Kühlschrank sammeln und daraus einen Gemüsefond kochen, der dann bei der Zubereitung einer Brühe als Würze genommen wird.

Sammeln kann man den Fond nach und nach in einem Gefäß im Tiefkühlfach, das man nach und nach füllt.

Für die Brühe eignen sich alle Abschnitte, Schalen z. B. von Spargel und allen Wurzelgemüsen außer Kartoffeln!), Stängel (Petersilie), Abschnitte von Pilzen etc.

2 Rinderbrühe

2
Rinderbrühe

500–1000 g Rindfleisch (Suppenfleisch, s. u.), $2\frac{1}{2}$–3 l Wasser, 1 Petersilienwurzel, 1 mittelgroße Karotte, ca. $\frac{1}{4}$ Sellerieknolle oder 1 Stängel Schnittsellerie, $\frac{1}{2}$ Lauchstange, 1 kleine Zwiebel, evtl. 1 Knoblauchzehe und Reste von Pilzen bzw. 2–3 Champignons, 1 Nelke, 1–2 Lorbeerblätter, einige Pfefferkörner, $\frac{1}{2}$–1 EL Salz

- Als Fleisch eignen sich fleischige Knochen (keine Markknochen) und sogenanntes minderwertiges Fleisch wie Beinscheiben, Brustkern, Bugblatt, dicker Lappen etc., wobei Ochsenschwanz zu einem kräftigen Geschmack beiträgt.

▷ Knochenteile und zum Essen ungeeignetes Fleisch werden mit kaltem Wasser aufgestellt und zum Kochen gebracht.
▷ Beim ersten Aufkochen schaltet man die Temperatur so weit zurück, dass die Brühe nur leise siedet.
▷ Sich bildender Schaum wird immer wieder abgeschöpft.
▷ Salzen und die Trockengewürze (Pfeffer, Nelke, Lorbeer) zufügen.

- ▷ Fleisch, das zum Verzehr geeignet ist, einlegen.
- • Fleisch zur Weiterverarbeitung nimmt man nach 45–60 Min. heraus und stellt es beiseite.
- ▷ Das Wurzelgemüse klein schneiden und für eine braune Brühe in kleinen Portionen anbraten. In diesem Fall wird auch die äußere braune Haut der Zwiebel mitgekocht.
- ▷ Wurzelgemüse zugeben,
- ▷ alles ca. 2 Std. leise köcheln lassen.
- ▷ Abseihen, dabei Gemüse und Fleischstücke ausdrücken.
- • Das Entfetten der Brühe geht am einfachsten, wenn man sie abkühlen lässt und einige Stunden (am besten über Nacht) in den Kühlschrank stellt. Das Rinderfett ist dann fest, schwimmt an der Oberfläche und kann leicht abgeschöpft werden.

Es ist eine Kindheitserinnerung, wie ein Huhn ohne Kopf durch die Waschküche fliegt und die Urgroßmutter am Hackklotz erstaunt aufschaut. Das Huhn im Topf war bei den Kleinbauern in Schwaben sehr wichtig für die Brühe. Hinterm Haus stand der Hühnerstall. Die Aufgabe der Hühner war es natürlich in erster Linie Eier zu legen. Ließ die Leistung stark nach, kam der letzte Weg in den Kochtopf, für eine Brühe war das Huhn dabei nie zu alt.

3
Hühnerbrühe

3 Hühnerbrühe

1 Suppenhuhn (evtl. Mägen, Herzen), etwas Wurzelgemüse, Suppengrün, Zwiebel Pfefferkörner, Lorbeerblatt,Salz, evtl. fertige Rinderbrühe

- ▷ Die Haut abziehen und wegwerfen oder als Snack braten, da unter der Haut häufig eine Fettschicht liegt und die Haut viele Gelierstoffe abgibt. Beides führt zu einem sehr intensiven Hühnergeschmack.
- ▷ Das Fleisch von den Knochen lösen und zunächst beiseite stellen.
- ▷ Knochen klein hacken und zusammen mit den Innereien, etwas Salz und Pfeffer sowie dem Suppengrün etc. in $1\frac{1}{2}$–2 l kaltem Wasser aufstellen und zum Kochen bringen.
- ▷ Temperatur zurücknehmen und alles 2 Std. leicht sieden lassen.
- ▷ Sich bildenden Schaum immer wieder abnehmen.
- ▷ Während der letzten 30 Min. das beiseite gestellte Fleisch mitgaren, die

Temperatur sollte jetzt nur knapp über dem Siedepunkt liegen, besser darunter (ca. 95 °C).

- Die Brühe abseihen, entfetten und evtl. mit etwas Rinderbrühe abschmecken.

Das Fleisch verwendet man klein geschnitten als Teil der Suppeneinlage oder man macht daraus ein Hühnerfrikassee.

Aufbewahren von Brühe

Zur längeren Aufbewahrung von Brühen werden diese nicht entfettet, da eine geschlossene Fettschicht den Luftzutritt verwehrt und ein Verderben verhindert bzw. verzögert.

Bei fettarmen Brühen gibt man etwas geschmolzenes Schweineschmalz zu und lässt es im Kühlschrank erstarren.

Die sicherste Methode ist natürlich, die Brühe in geeigneten Portionsgrößen einzufrieren. Dazu sollte sie zuvor entfettet werden.

4 Hühnerfrikassee

4 *Hühnerfrikassee*

Hühnerfleisch gekocht, Hühnerbrühe, weiße Soße (Rez. 72 auf Seite 138), Zitrone, 1–2 Eigelb, 2 EL Rahm, Kapern, 2 Sardellen, Salz, Muskat, evtl. Champignons

▷ Die Buttersoße bereitet man mit Hühnerbrühe zu (Rez. 72 auf Seite 138) oder man gibt an eine fertige weiße Soße etwas Hühnerbrühe und köchelt sie zur richtigen Konsistenz ein.
▷ Champignons dämpft man in Butter weich.
▷ In die Soße gibt man die angedrückten Kapern, die fein gehackten Sardellen, etwas Zitronensaft und das vorgekochte Fleisch.
▷ Dann zieht man die Soße mit Rahm und Eigelb ab (danach darf sie nicht mehr kochen) und

▷ würzt mit Salz und Muskat.

- *Geflügelfrikassee ist eines der wenigen Gerichte, das vorzugsweise mit Reis und nicht mit Spätzle gegessen wird.*

Der Begriff „vegetarisch“ kam Ende des 19. Jahrhunderts auf, rein pflanzliche Ernährungsweisen dagegen sind seit der Antike verbrieft; so waren wohl die Anhänger von Pythagoras „Vegetarier“. Natürlich erforderte die 40–tägige katholische Fastenzeit (Aschermittwoch bis Ostern) sowie weitere Fastentage (streng genommen jeder Freitag) eine Berücksichtigung in den Kochbüchern in Form eines eigenen Kapitels „Fastenspeisen“. Natürlich wurde auch viel gemogelt. Otter und Biber wurden als Fische eingestuft, denn sie leben ja im Wasser und unterlagen damit nicht der Fastenordnung. Insgesamt hat man hier eine reichhaltige Quelle für vegetarische Gerichte.

Für Gemüsebrühe(n) liegt es nun nahe, von den auch in einer Fleischbrühe benutzen Gemüseeinlagen auszugehen und ggf. durch weitere geschmacksgebende Zutaten zu ergänzen, z. B. Pilze, Ingwer, u. a.

5 *Gemüsebrühe*

5 Gemüsebrühe

1 mittelgroße Zwiebel, 1 Knoblauchzehe, 1–2 Karotten, 1 Lauchstengel, $\frac{1}{4}$ Sellerieknolle oder Selleriegrün, 1 Bund Petersilie, 1–2 Petersilienwurzeln (oder auch Pastinake), 1–2 Tomaten, Champignons, Spargelabfälle, etwas Ingwer, Salz, Pfeffer

- Es lassen sich fast alle sauberen Gemüseabfälle verwenden. Dabei sollte man jedoch auf den Geschmack achten, z. B. bei Kohl. Aber auch Sellerie sollte vorsichtig eingesetzt werden, da es sehr geschmacksintensiv ist.

▷ Das Gemüse wird klein geschnitten und in Öl oder Butter gedünstet bzw. für eine braune Brühe angebraten.
▷ Mit Wasser ablöschen und etwas Ingwerwurzel zugeben (Vorsicht: ist in größeren Mengen sehr scharf).
▷ Leicht salzen und pfeffern.
▷ 2 Std. köcheln lassen.
▷ Abseihen und dabei das Gemüse gut ausdrücken.

Im Mittelalter spielte sie eine wichtige, ja zentrale Rolle in den Kochbüchern, die Erbsbrühe. Sie war 'Die' Grundlage für viele Fastenspeisen, sie ersetzte die Fleischbrühe vollständig. Zurecht, denn wie alle Hülsenfrüchte hat sie einen hohen Eiweißgehalt und kann Fleisch in der Ernährung ersetzen. Bohnen (im heutigen Sinn, Gattung *Phaseolus* L.) waren unbekannt, sie wurden erst aus Amerika eingeführt, wo sie heimisch sind. Die einzige europäische „Bohne“ war die Saubohne (Pferdebohne, Dicke Bohne, *Vicia fába* L., eine Wicke), die zu einer anderen Pflanzengattung gehört.

Rezepte zur Herstellung der Erbsbrühe fehlen in den frühen Kochbüchern, die Kenntnis ihrer Herstellung wird einfach vorausgesetzt. Hier ein Rezept aus dem 19. Jahrhundert. Die Fastenbrühe war in den katholischen Gebieten noch immer ein wichtiger Bestandteil im Speiseplan.

6 **Erbſenbrühe** *6 Erbsenbrühe*

Man dünſtet Wurzeln mit Butter ab, gibt 2 Liter Waſſer und 3 Deciliter trockene Erbſen dazu und kocht ſie auf mäßiger Hitze ohne Aufrühren, damit das Waſſer klar bleibt und ſeiht die Brühe erſt aufgekühlt für weiteren Gebrauch.

Katharina Prato[APr1858]

Erbsenbrühe *Erbsenbrühe*

Wurzelgemüse, Butter, 300 ml getrocknete ganze Erbsen

- Die Erbsenmenge wird hier als Hohlmaß angegeben.
- ▷ Das Wurzelgemüse klein schneiden und in Butter dünsten.
- ▷ Man gibt 2 l Wasser und die Erbsen dazu und kocht sie schwach siedend ohne umzurühren.
- Die Erbsen würden im sprudelnd kochenden Wasser oder beim Umrühren zerfallen, Stärke würde freigesetzt und die Brühe gebunden. Vorsichtig gekocht erhält man eine klare Erbsenbrühe, die für Suppen oder Soßen statt heller Fleischbrühe verwendet werden kann.
- ▷ Die Brühe erst nach dem Abkühlen abseihen, die Stärke der Erbsen hat sich dann wieder etwas verfestigt.

Wein in Fonds und Soßen

Eine Weinsoße darf nie nach Alkohol schmecken und sollte auch für Kinder geeignet sein.

Wein lässt sich durch gute Winzeressige ersetzen, die möglichst aus nur einer Rebsorte gewonnen wurde, z. B. Riesling–, Weißburgunder–, Chardonay– oder Schwarzriesling–Essig.

Zur Dosierung gibt man in ein Glas oder eine Tasse Wasser so viel Essig, dass sich die Mischung gut trinken lässt. Diese verwendet man dann wie Wein zum Ablöschen und reduziert die Flüssigkeit anschließend sehr stark, wie es auch für eine gute Weinsoße notwendig ist.

Durch das starke Reduzieren entweicht der Alkohol bzw. die Essigsäure weitgehend und der enthaltene Zucker karamellisiert leicht, was die eigentliche Geschmacksbildung bewirkt.

2.1.2 Fonds

Fonds in der Küche entstammen der französischen „Haute Cuisine“ und stellen dort die wichtigste Grundlage für Soßen dar. Heute gibt es Fonds für jeden Zweck und mit unterschiedlicher Konsistenz als Fertigproduckte im Supermarkt. Es lohnt sich, einmal die Zutatenlisten genau anzusehen: Salz, Glutamat oder Hefeextrakt sind neben Geschmacksstoffen und Stärke nicht wegzudenken, der Fleischanteil dagegen geht gegen Null. Es lohnt sich deshalb gelegentlich eine größere Menge Fond herzustellen und portioniert einzufrieren. Er ist schnell im Wasserbad oder direkt im Topf aufgetaut.

Grundlage für Fonds ist, mit Ausnahme von Wildfond, immer Kalb. Grund dafür ist, dass Kalbfleisch einen hohen Anteil an gelatinösem Bindegewebe hat und es geschmacklich recht neutral ist, d. h. Soßen keinen starken Geschmack aufzwingt.

7 Kalbsfond

7 *Kalbsfond*

250 g fleischige Kalbsknochen, 1 kg bindegewebsreiches Kalbfleisch (Hals, Brust, Flanken, Haxe), 2 mittelgroße Zwiebeln, einige Petersilienstengel, 1 Lorbeerblatt, 1 Zweig Thymian, Salz, $2\frac{1}{2}$ l Wasser

▷ Fleisch in Stücke schneiden, Knochen klein hacken.

Brauner Fond: Für braunen Fond werden Knochen und Fleisch entweder mit wenig Fett in der Pfanne oder in einer Kasserolle im Backofen gut von allen Seiten angeröstet.

▷ Das Gemüse in 5 mm dicke Scheiben schneiden und in einem Topf verteilen.

▷ Das Fleisch und die Knochen darauf legen.

▷ Bei schwacher Hitze ziehen lassen, bis erkennbar Feuchtigkeit austritt.

▷ Ein Glas Wasser angießen, aufkochen lassen.

↻ Flüssigkeit auf ca. 1 EL reduzieren, erneut Wasser angießen und einköcheln. Evtl. nochmals wiederholen.

▷ Mit $2\frac{1}{2}$ l Wasser aufgießen, leicht salzen.

▷ Aufkochen, entschäumen.

▷ Schwach siedend ca. 5 Std köcheln.

▷ Abseihen, abkühlen lassen und entfetten.

Beim Wildfond steht von vornherein der Wildgeschmack im Vordergrund, der auch in die Soße übergehen soll. Geeignet sind insbesondere Reh und Hirsch unter Zusatz von Wildgeflügelresten von Fasan oder Rebhuhn. Reh bzw. Hirsch liefern den Geschmack, das Geflügel vor allem die gelatinösen Bestandteile.

8
Wildfond

8 Wildfond

Fleischabfälle und fleischige Knochen (Rückgrat) von Reh oder Hirsch, Karkasse(n) vom Wildgeflügel, Karotte, Zwiebel, Wacholderbeeren, Kräuter wie Petersilie, Thymian, 1 Lobeerblatt, evtl. 1–2 Salbeiblätter, Salz, evtl. 250 ml Weißwein

- Die Zubereitung erfolgt wie beim Kalbsfond, nur dass man zum Ablöschen statt Wasser evtl. Weißwein nimmt. Wichtig ist, dass der Wein wirklich stark reduziert wird, nur dann entsteht der typische Geschmack.

Wein im Barock

Wein im Barock

Häufig gab es einen Zehnten auf Wein – wurde keiner angebaut, so musste mit Geld abgeglichen werden. Das Ergebnis war, dass an allen möglichen und unmöglichen Stellen Wein gepflanzt wurde. So besaß auch meine Heimatgemeinde ursprünglich einen Weinberg, der weder vom Untergrund, noch von der Lage her geeignet war. In meiner Kindheit waren das nur noch ungepflegte Hänge mit etwas Streuobst.

Es wurde aber auch wenig Wert auf die Qualität gelegt. So wurde im Heidelberger Schloss aller angelieferter Wein im berühmten großen Fass zusammengeschüttet, unabhängig von Sorte oder Herkunft. Eine Goldene Medaille würde diese Mischung sicherlich nicht bekommen.

2.1.3 Sülze

Sülze oder Aspik ist das Endglied der Kette

$$\text{Brühe} \Longrightarrow \text{Fond} \Longrightarrow \text{Sülze.}$$

Der Kalbsfond wird einfach weiter eingekocht, bis die Masse beim Abkühlen geliert. Zusätzlich erhöht man den Anteil gelatinöser Substanzen durch Kalbsfüße. Beim Einkochen überprüft man die Gelierfähigkeit, indem man einen kleine Menge (1 EL) auf einem Teller auskühlen lässt.

Im Gegensatz zu Aspik, das typischerweise aus Kalbshaxe und Kalbsknochen hergestellt wird, basiert die Teller– oder Knöchlessulz weitgehend auf Schweinsschwarten und –füßen. Sie ist typischerweise nicht so fest wie Aspik und wird wegen der fehlenden Standfestigkeit erstarrt im Suppenteller serviert, eben als Tellersulz.

9 Knöchles– oder Tellersulz

9 Knöchles– oder Tellersulz

500 g Schweinebug, 2 Schweinsfüße, 2 Schweinsschwänzchen, Ohren oder Schnauze, 1 Karotte, $\frac{1}{4}$ Sellerieknolle, 1 Petersilienwurzel, 1 Lorbeerblatt, 1 Zwiebel, 3–4 Nelken, Pfefferkörner, Salz

▷ Das Fleisch mit Wasser bedecken und aufkochen, sofort abgießen und unter fließendem Wasser abspülen, damit die Sülze möglichst klar wird.
▷ Gemüse, Gewürze und Fleisch in einem Topf mit $1\frac{1}{2}$ l Wasser bedecken, aufkochen.
▷ Temperatur zurückschalten und alles so lange kochen, bis die Fleischstücke sehr weich sind. Das dauert ca. 2 Stunden.
▷ Sülze abseihen und erkalten lassen.
▷ Entfetten.
▷ Das Wurzelgemüse in dünne Scheiben schneiden,
▷ in Suppenteller verteilen.
▷ Das Fleisch klein schneiden und auf die Gemüseunterlage legen.
▷ Zusätzlich mit Scheiben von Essiggurken und evtl. Scheiben von gekochtem harten Ei dekorieren.
▷ Die Sülze erhitzen,
▷ mit Salz, Pfeffer und Essig würzen.
▷ Die Sülze über die Einlagen verteilen und möglichst kühl stellen (Kühlschrank).

• Kalt als Vesper, mit etwas Essig und als Beilage Bratkartoffeln, servieren.

2.2 Suppen

Es wurde schon erwähnt „Die Suppe ist die erste Speise bei einem Mahl[WLö1873] ...". In „Die Neue Schwäbische Küche[WSK1988] beginnt das Kapitel „Neue Vorspeisen und Salate" mit der Ausführung:

> *Die Achillesferse dieses Kochbuchs ist sein erstes Kapitel.*
>
> *Die schwäbische Küche kennt, ..., keine Vorspeisen. Die schwäbische Vorspeise ist die Suppe, im ländlichen Schwaben, wo es oft noch größere Essen mit einer längeren Speisefolge gibt, manchmal auch „Vorsuppe" genannt.*

Dem ist nichts hinzuzufügen und gilt mit geringen Einschränkungen auch für den alemannischen Raum.

Im Neuen Stuttgarter Kochbuch (F.L. Löffler[WLö1873]) werden Suppen auf der Grundlage ihrer Brühe klassifiziert

1. mit Fleischbrühe.
2. mit Wasser,
3. mit Wein–, Milch– und Fisch– oder Fastenbrühe,

eine Einteilung, die z.B. in der Ausgabe von 1927 wieder aufgegeben wurde. Weitgehend durchgesetzt hat sich dagegen die Einteilung im „Kochbuch des Schwäbischen Frauenvereins Stuttgart" (H. Kiehnle[WKi1912]) von 1912, die auch in den Folgeausgaben des „Kiehnle" konsequent beibehalten wurde:

a) Fleischbrühsuppen und Kraftbrühen mit Einlagen,
b) gebundene Suppen und Schleimsuppen,
c) Wassersuppen u. a.

Suppe war so wichtig, dass ihr Hermine Kiehnle[WKi1956] 144 Rezepte widmet. Die lange Tradition der Suppe im Südwesten zeigt sich darin, dass auch schon das Tübinger Kochbuch[WTü1749] an die einhundert

Rezepte verzeichnet. Der Stoff würde für ein eigenständiges Kochbuch reichen. Hier beschränke ich mich auf einige wenige Suppen, die ich für typisch halte.

Klare Suppen

Die klare Suppe ist das Kernstück und wird mit einer Vielzahl von Einlagen gereicht. Von einfachen Suppennudeln über Klöschen wie Grieß–, Mark–, Briesklöschen über Backerbsen und Eierstich bis zur Gemüseeinlage, nahezu alles ist möglich.

10 Einige typische Einlagen

10 Einige typische Einlagen

- Maultaschensuppe bzw. Maultaschen in der Brühe, Rezept auf Seite 269.
- Spätzle (Rez. 25 auf Seite 70), vorzugsweise Knöpfle (Rez. 26 auf Seite 72) in der Brühe. Als Brühe kann dabei auch einfach das Kochwasser der Spätzle verwendet werden (Augsburger Kochbuch[OAu1908]).
- Spätzle zusammen mit gekochten, klein geschnittenen Kartoffeln oder „Kartoffelschnitz mit Spätzle“, Rez. 61 auf Seite 126.
- Butternocken (Spätzlesvariante) s. Rez. 20 auf Seite 50 bzw. Rez. 38 auf Seite 99
- Gebrühte Knöpfle („Backerbsen“), s. Rez. 21 auf Seite 50
- Tropfnudeln, s. Rez. 41 auf Seite 101.
- Ganz wichtig: Leberspätzle und -knöpfle (Abschn. 3.4.5 auf Seite 113)
- und allen voran Flädle (Rez. 226 auf Seite 341).

Ein den Spätzle in der Brühe nahestehendes Rezept kommt aus der Schweiz, das als Baumwollsuppe auch darüber hinaus bekannt ist. Die Einlage kommt Tropfnudeln oder Wasserstrauben sehr nahe (Abschn. 3.4.3 auf Seite 99).

11 Baumwoll– oder Bündner Suppe

11 Baumwoll– oder Bündner Suppe

Zu einer Portion Fleiſchbrühe für 6 Perſonen nimmt man einen Löffel voll weißeſ Mehl, rührt es mit 4 Löffel dünner Nideln zart an, klopft 4–5 ganze Eier

darunter, bis der Teig recht zart ist; wenn die Fleischbrühe zu kochen anfängt, so gießt man den Teig bei fortdauerndem Rühren durch eine Schaumkelle langsam darein und läßt sie einmal aufwallen, thut Salz und Muskatnuß nach Belieben darein und richtet sogleich an.
BERNER KOCHBUCH[SBE1836]

11.1 Baumwollsuppe

11.1 Baumwollsuppe

1 EL Weizenmehl, 4 EL Rahm, 4–5 Eier, Salz

100 g Maismehl, 100 g Klebereis- oder Reismehl, 100 g Stärke, je 3–6 g Xanthan und Johannisbrotkernmehl, Salz, 5–6 Eier, wenig Wasser (20–40 ml)dünn angemacht

- ▷ 1 EL Mehl wird mit 4 EL Rahm dünn angerührt,
- ▷ 4–5 Eier einarbeiten, bis der Teig sehr weich ist,
- ▷ etwas salzen.
- ▷ In die leicht siedende Fleischbrühe gießt man den Teig, unter ständigem Rühren, durch eine Schaumkelle (mit Löchern).
- ▷ einmal aufkochen lassen,
- ▷ mit Salz und Muskat würzen und servieren.

Gebundene Suppen

Grünkern ist das grüne Korn des Dinkels, ursprünglich wohl als „Noternte“ eingebracht, nachdem Unwetter das Getreide geknickt hatten. Das Korn wird getrocknet, gedarrt. Dazu gibt es im „Bauland“, zwischen Mosbach und Bad Mergentheim spezielle Darrhäuser außerhalb der Dörfer, in denen auf einer beheizten Darrpfanne Grünkern bei 120 – 150 °C gedörrt wird. Grünkern ist zum Backen nicht geeignet, da das Klebereiweis durch die Hitzeeinwirkung gerinnt. Er eignet sich aber hervorragend für Suppen.

12 Grünkerngrützsuppe

12 Grünkerngrützsuppe

120 g Grünkerngrütze, 20 g Butter, ca. $2\frac{1}{2}$ l Wasser oder Brühe, 1 Eigelb, Rahm, Salz, Pfeffer

- ▷ Die Grütze bringt man mit etwas Brühe oder mit Wasser zum Kochen.
- ▷ Nach und nach die Butter und die übrige Brühe zufügen.
- ▷ Unter häufigem Umrühren ca. 2 Std. köcheln lassen.

▷ Mit dem Eigelb und etwas Rahm abziehen.
▷ Mit Salz Pfeffer würzen.

Weißer Spargel spielt in Nordbaden, insbesondere zwischen Schwetzingen und Bruchsal, eine wichtige Rolle und natürlich gibt es eine Spargelsuppe. Typischerweise verwendet man Suppenspargel (HKL III). Dabei sollte man jedoch darauf achten, dass keine bitteren Spargelstangen enthalten sind, da der Spargelsud mit zur Suppe verwendet wird. Eine bittere Stange kann den Sud vollständig verderben.

13 Spargelsuppe

13 Spargelsuppe

500 g weißer Spargel, 60 g Butter, 60 g Mehl oder glutenfreie Stärke, evtl. Brühe, 1 Eigelb, Rahm (Sahne)

▷ Der Spargel wird geschält und die unteren holzigen Teile abgeschnitten.
▷ Die Spargelstangen in Folie packen oder mit einem feuchten Tuch abdecken und zunächst beiseite stellen.
▷ Schalen und Abschnitte in wenig Salzwasser kochen,
▷ herausnehmen und wegwerfen.
▷ Jetzt die Spargelstangen im Sud ca. 15–18 Min. kochen.
▷ Herausnehmen und beiseite stellen.
▷ Aus Mehl (Stärke) und Butter eine helle Einbrenne bereiten (Rez. 64 auf Seite 132).
▷ Mit Spargelbrühe ablöschen und mit Brühe oder notfalls Wasser auf die gewünschte Menge bringen.
▷ Mit Eigelb und Sahne abziehen (nicht mehr kochen) und
▷ mit Salz und Pfeffer würzen.
▷ Den gekochten Spargel in Stücke schneiden, in die Suppe geben und ohne zu kochen nochmals kurz erwärmen.

Ein sehr ähnliches Rezept findet sich schon bei J. F. Löflerin (1795), allerdings mit grünem Spargel.

14 Spargeln–Suppe

14 Spargeln–Suppe

Kleine grüne Spargeln, soweit sie grün und nicht hart sind, werden gleich lang geschnitten, mit siedendem Salzwasser zugesetzt, und wie ein weiches Ei gekocht. Nach diesem läßt man in einer Kastrol ein Stücklein Butter vergehen, nimmt die Spargeln nebst ein wenig feingeschnittenen Pettersilien dazu, streut so viel Mehl darüber, als zwischen 3 Fingern gefaßt werden kan, dämpft diß zusammen, gießt gute Fleischbrühe daran und kocht es biß zum Anrichten. Ehe es nun über geröstetem Brod angerichtet wird, verrührt man 4 Eigelb mit 4 Eßlöffel voll süßem Rahm, zieht diß mit der Spargeln-Sauce ab, und richtet die Suppe über die Schnitten an.

J. F. Löflerin[WLö1795]

Spargelsuppe von grünem Spargel

Spargelsuppe von grünem Spargel

Kleine grüne Spargel werden, soweit sie grün und nicht hart sind, in gleich lange Stücke geschnitten,

- ▷ in siedendem Salzwasser aufgesetzt und wie ein weiches Ei gekocht (3–4 Min.).
- ▷ In einer Kasserolle lässt man ein Stückchen Butter zergehen,
- ▷ gibt die Spargel und etwas fein geschnittene Petersilie dazu,
- ▷ streut soviel Mehl darüber, wie man zwischen drei Fingern fassen kann,
- ▷ dämpft alles zusammen,
- ▷ gießt gute Fleischbrühe an und kocht es bis zum Anrichten.
- ▷ Jetzt verrührt man 4 Eigelb mit 4 EL Sahne,
- ▷ zieht damit die Spargel–Soße ab und
- ▷ richtet die Suppe über gerösteten Brotschnitten an.

Weinbergschnecken haben früher insbesondere während den Fastenzeiten eine wichtige Rolle gespielt, da sie als Weichtiere nicht unter die Fastenverbote fielen. Heute ist insbesondere die badische Schneckensuppe bekannt:

15 Badische Schneckensuppe

15 Badische Schneckensuppe

24 Schnecken (halbiert, aus der Dose), Sud der Schnecken, 1 kleine Schalotte, 1 EL fein gewürfelte Karotte, 1 EL fein geschnittener Lauch, 1 EL fein gewürfelte Steinpilze (evtl. getrocknet und eingeweicht), 1 kleine Knoblauchzehe, Butter, ca. 1 TL Stärke, ca. 500 ml Brühe, 0,4 l Sahne, 2 Eigelb, 1 TL fein gehackte Petersilie und Kerbel, Salz, Pfeffer, Muskat

▷ Schalotten, Gemüse, Steinpilze, Knoblauch und die Schnecken mit etwas Stärke bestreuen und in wenig Butter andünsten.
▷ Mit der Brühe und dem Sud der Schnecken ablöschen und einige Minuten köcheln lassen.
▷ Sahne zugeben und nochmals köcheln.
▷ mit Salz, Pfeffer und Muskat würzen,
▷ Kräuter zugeben
▷ und mit dem Eigelb abziehen.

Schnecken

Schnecken

Schnecken waren bei uns lange beliebt. Man fand sie bei jedem besseren „Italiener" und auch auf den Speisekarten deutscher Gaststätten. Zu viel Knoblauch, zu kräftig gewürzt. Das muss nicht so sein, wie die Badische Schneckensuppe zeigt.

Dabei war die echte Weinbergschnecke, *Helix pomatia*, seit dem Mittelalter fester Bestandteil des Essens, insbesondere in den katholischen Gebieten während der Fastenzeit: Sie hat ja keine Füße und unterliegt deshalb keiner Fastenregel. Außerdem stand sie jedermann zur Verfügung, da sie auch nicht dem Jagd- und Fischrecht unterlag. Es finden sich viele Rezepte, insbesondere in älteren Kochbüchern aus katholischen Gegenden.

Schnecken wurden im Spätherbst gesammelt, vor allem in den Weinbergen. Um diese Zeit haben sich die Schnecken auf den Winterschlaf vorbereitet, der Darm ist entleert, das Gehäuse verschlossen. Sie mussten nur noch eingesammelt, gekocht und entschleimt werden, zudem ist es geschmacklich vorteilhaft, wenn der Eingeweidesack entfernt wird, was einfach durchzuführen ist.

In Frankreich sind Weinbergschnecken noch heute sehr beliebt. Wir hatten einen Bekannten, der aß, so nebenbei, bis zu 90 Stück an einem Fernsehabend, fertig vorbereitet gekauft.

Weinbergschnecken sind heute geschützt weil sie gefährdet sind, denn der massive Einsatz von Pflanzenschutzmitteln wirkt sich auch auf die Schneckenpopulationen aus. Sammeln ist, wenn noch erlaubt, mit strengen Auflagen verbunden: Der Sammler muss einen geeichten Ring mit sich tragen und alle Schnecken, die durch den Ring passen, zurücklassen.

Innereien spielen in der schwäbisch–alemannischen Küche eine relativ bedeutende Rolle. Als Suppeneinlage werden traditionell Bries und Hirn in einer gebundenen Suppe gereicht.

16 Hirn– oder Briessuppe

16 Hirn– oder Briessuppe

1 Kalbshirn oder 1 Brieschen, ca. 500 ml Brühe, 60 g Butter, 60 g Mehl oder glutenfreie Stärke, 1 kleine Zwiebel oder Schalotte, Petersilie, Salz, Muskat, Rahm, 1 Eigelb

Kalbshirn: Das Hirn wird gewässert, in lauwarmes Wasser gelegt und enthäutet, in kochendem Wasser blanchiert und anschließend in Stückchen geschnitten.

Bries: Das Bries wässern und zweimal in kaltem Wasser aufkochen. Anschließend in Fleischbrühe weich kochen, häuten und in kleine Würfel schneiden.

▷ Die fein geschnittene Zwiebel und das Mehl werden in Butter gedämpft.

▷ Man löscht mit Fleischbrühe ab und kocht diese ca. 30 Min aus.

▷ Jetzt gibt man die fein gewiegte Petersilie und das Hirn oder Bries sowie den Rahm (Sahne) dazu.

▷ Direkt vor dem Servieren wird die Suppe mit Eigelb abgezogen.

„die Bachmüllerin hatte wegen Eugens keine umstände gemacht wie die frau Lehnert in Röthhausen, und doch mundeten Eugen die gebrägelten spätzle“*
(GRIMMSCHES WÖRTERBUCH)
**gebraten, geröstet*

3 Spätzle, Knöpfle und Verwandte

Spätzle
Wir wissen nicht, wann sie entstanden, wir wissen nicht, wo.

Nimmt man Schopenhauer

> *„Frei ist der Wille nur insofern, als ihm nichts vorschreibt zu sein, was er ist. Diese Freiheit hat der so verstandene Wille demnach nur vor seiner Manifestation, welche selbst nichts weiter als sein wirksam gewordener Ausdruck ist.“*

materialistisch, so existieren sie nur, weil wir sie uns denken. Was aber, wenn Eines Vieles und Vieles Eines ist?

Spätzle sind für jeden Schwaben das Aushängeschild seiner Küche, und da sie sich selbst so sehen, werden sie auch von außen so gesehen. Aurbach hat das in seiner Version der sieben Schwaben drastisch am Knöpfleschwab dargestellt: „In dem gesegneten Schwabenland, besonders in jener Gegend, wo soeben Meldung geschehen (Bopfingen und Umland), besteht die löbliche Gewohnheit, dass man täglichs Tag fünfmal isst, und zwar fünfmal Suppe und zweimal dazu Knöpfle oder Spätzle, daher denn die Leute in der Umgegend auch Suppen- oder Knöpfleschwaben genannt werden; und man sagt, dass sie zwei Mägen hätten, aber kein Herz."

Das Grimm'sche Wörterbuch:

Das Grimm'sche Wörterbuch:

spätzlein, nach kleiner spatz

Mittelhochdeutsch: spetzelîn, spetzel, spezlî.

Neuhochdeutsch in süddeutschen mundarten als spätzlin, -li, -le.

Jetzt schweizerisch spätzi, spätzli.

Bairisch spázl.

Tirol-Kärnten spâtzl.

kleine mehlklösze, so in Basel (wasser-) späzli,

bairisch, tirol. das spâtzl 'kleiner klosz, klümpchen von teig mit fleischigen substanzen; leber-, spèck-, wasserspâtzlen'.

'kleine, formlose klöszchen aus mehl und eiern, zugabe zum gemüse oder zur suppe, wie z. b. erbsensuppe'.

Seit Aurbach:
Spätzle
sprichwörtlich als schwäbisches Essen

Es gibt wenig, wo Schopenhauer so recht hat wie beim Essen.

3.1 Geschichtliches und Allgemeines

Schwäbische Spätzle und Knöpfle durch EU-Gütezeichen geschützt

08.03.2012 **Schwäbische Spätzle und schwäbische Knöpfle müssen künftig auch wirklich aus Schwaben kommen.**

Die Europäische Kommission hat für die regionalen Spezialitäten aus Baden-Württemberg das Siegel „geschützte geografische Angabe (g.g.A.)" vergeben. Bei einer g.g.A. muss mindestens eine der Produktionsstufen – also Erzeugung, Verarbeitung oder Herstellung – im Herkunftsgebiet durchlaufen werden.

Um regional bedeutsame Produkte vor Nachahmung zu schützen, werden Agrarerzeugnisse und Lebensmittel mit geschützten Ursprungsbezeichnungen (g.U.), geschützten geographischen Angaben (g.g.A.) sowie garantiert traditionelle Spezialitäten (g.t.S.) auf EU-Ebene seit 1992 registriert. Die europäischen Qualitätsregister enthalten mehr als 1000 hochwertige Agrarerzeugnisse und Lebensmittel aus allen EU-Mitgliedstaaten und Drittländern.

`http://ec.europa.eu/deutschland/press/pr_releases/10509_de.htm`

Fragt man nach einem Wort, das die Schwaben charakterisiert, so ist es sicherlich „Spätzle“. Nicht „Maultaschen“, nicht „Schupfnudeln“ und auch nicht „Gröstl“, obwohl von diesen Begriffen nur die Maultschen und die Schupfnudeln eigentliche schwäbische Produkte sind. „Spätzle“ oder „Spätzli“ oder auch „Knöpfle“ bzw. „Knöpfli“ sind Gemeinschaftsgut des gesamten schwäbisch–alemannischen Raums, der von Nördlingen in Bayern bis Bern in der Schweiz und von Augsburg bis Straßburg reicht[1] – auch wenn die EU das offensichtlich enger sieht. Aber immerhin steht noch ein „Schwäbische“ vor den geschützten Spätzle und Knöpfle.

Diesen Raum decken die Rezepte dieses Abschnitts ab. Dabei wird der Begriff „Spätzle“ auch nicht immer so eng gesehen, wie das heute, leider, üblich ist. Auch „Spatzen“ fallen darunter, die mit dem Löffel vom Teig abgestochen werden und deshalb im heutigen Sinn als kleine Klöße oder Nocken gelten dürften.

3.1.1 Spätzle gut versteckt

Die Spätzle haben schon zu vielen Spekulationen über ihre Herkunft geführt. Karl Lerch behandelt dieses Thema in seinem „Spätzle–Brevier“ ironisch süffisant. Wohl aus der Staufer-Begeisterung des 19ten und 20ten Jahrhunderts entstand der Wunsch, die Spätzle

[1] Kartenquelle: http://commons.wikimedia.org/wiki/File:Alemannic-Dialects-Map-German.png, 8.12.213

auf die Stauferzeit zurückzuführen. In verschiedenen Handschriften des Sachsenspiegel tauchen Abbildungen auf, in denen ein Mann mit Krone eine Art Kochlöffel in der Hand hält. Naheliegend: Der Schwabenherzog mit seinem Spätzlebrett in der Hand, na ja. Oder, kann man Spätzle nicht etwa vom italienischen spezzare = „in Stücke schneiden“ ableiten? Andererseits gibt es Spatzen, die mit dem Löffel eingelegt werden und den Knopf, der entweder wie ein Pudding in einer Form im Wasserbad gekocht (Constanzer Kochbuch) oder in ein Tuch eingebunden (Badisches Kochbuch) wie ein Serviettenknödel gekocht wird. Liegt es nicht nahe, Spätzle und Knöpfle als die kleinen Verwandten zu betrachten, die direkt ins Wasser geschabt oder gedrückt werden? Schließlich werden sie häufig auch als Spatzen bezeichnet.

Der Begriff Spätzle taucht erst im Laufe des 19ten Jahrhunderts zunehmend in Kochbüchern auf, wie auch Knittel und Maurer (2003) festgestellt haben. Knepfli oder Knöpfle (Knöpflein) tauchen jedoch in verschiedenen anderen Schriften auf und lassen sich zumindest bis ins frühe 17te, evtl. auch bis ins 15te Jahrhundert zurückverfolgen, wie Lerch dokumentiert. Dem Argument von Knittel und Maurer, dass Spätzle erst zusammen mit dem zunehmenden Gebrauch von Messer und Gabel entstanden, mag ich nicht folgen. Sicher sind Knöpfle etwas leichter mit dem Löffel zu essen als sehr lange Spätzle, aber man kann auch mit dem Messer kurze Spätzle ins Wasser schneiden, wie es in älteren Kochbüchern dargestellt wird (Abschn. 3.2.2 auf Seite 66), und Löffel waren lange in Gebrauch. Knittel und Maurer (2003) weisen auch darauf hin, dass in den frühen Ausgaben des Kochbuchs von F.L. Löffler(in) (1791, 1795) keine Spätzle vorkommen, sondern nur verschiedene Knöpfle, im Verständnis der Löfflerin gilt dabei: Suppenknöpflein = Klöße. Die Feststellung von Knittel und Maurer ist nur oberflächlich richtig, es gibt zwar kein Spätzlerezept, aber in den Rezepten für „Gerührte Rahm–Nudeln“ und „Saure Rahm–Nudeln,“ schreibt sie „... rührt so viel fein Mehl darein, bis der Taig in der Dicke wie ein gerührter oder wie ein Spatzentaig ist...", der dann vom Holzteller oder Brett als lange Würstchen in den Sud gelegt wird. Dabei handelt es sich ganz zweifellos um Spätzle, die hier als eigenständiges Gericht und nicht als Beilage zubereitet werden.

17 Gerührte (Rahm)-Rohn-Nudeln

17 Gerührte (Rahm)-Rohn-Nudeln

Die Butter wird leicht zerrührt, Eier, Rahm und Salz zugegeben und rührt soviel feines Mehl hinein bis ein Teig von der Dicke eines Spatzenteigs entsteht. Die Milch wird zum Sieden erhitzt und von einem Holzteller mit dem Messer lange Würstchen in die Milch eingelegt. Die fertigen Spätzle kommen in eine Kasserole mit einem Stückchen Butter. Sind alle in der Kasserole streut man eine Hand voll Zucker darüber und überbäckt im Backofen. Sobald sie gelb aufgezogen sind wird die Milch mit 3 Eigelb abgezogen, etwas gezuckert und zu den Nudeln gereicht.
F. L. Löfflerin[Lö1795]

Rahm–Spätzle

Rahm–Spätzle

- ▷ Die Butter schaumig rühren.
- ▷ Eier, Rahm und Salz zugeben und mitrühren.
- ▷ Mehl nach und nach einarbeiten, bis ein zähflüssiger Teig entsteht.
- ▷ Die Milch zum Sieden erhitzen.
- ▷ Von einem Holzteller, besser Spätzlebrett, lange Würstchen in die Milch schaben.
- ▷ Die fertigen Spätzle kommen zusammen mit etwas Butter in eine Kasserolle.
- ▷ Sind alle Spätzle fertig, streut man Zucker darüber und überbackt sie im Backofen.
- ▷ Dann wird die Milch mit 3 Eigelb verrührt, etwas gezuckert und zu den Nudeln gereicht.

Glutenfreie Mehlmischung für Spätzle

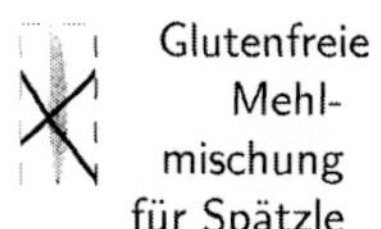
Glutenfreie Mehlmischung für Spätzle

Für historische Rezepte verwendet man am besten die Standardmischung
$\frac{1}{3}$ Maismehl, $\frac{1}{3}$ Klebereis- oder Reismehl, $\frac{1}{3}$ Stärke, je 2–3% Johannisbrotkernmehl und Xanthan.
Ansonsten s. Abschn. 3.3.2 auf Seite 84

Dies ist eine süße Variante, die entweder als Hauptspeise oder heutzutage als Nachtisch gereicht werden kann. Zur Zeit der Löfflerin bestand ein Gang aus mehreren Speisen, die gleichzeitig gereicht wurden (s. Kap. 2). In diesem Sinn ist auch das nachfolgende Rezept zu verstehen.

18 Saure Rahm=Nudeln

18 Saure Rahm-Nudeln

Rahm, Eier und etwas Salz werden gut durchgerührt und dann soviel Mehl untergearbeitet bis sich der Teig von der Schüssel löst, er muß die Konsistenz eines Spatzenteigs haben. Dann wird die Milch erhitzt und ein kleines Stück Butter zugegeben. Den Teig nimmt man auf ein Brett und schabt mit dem Messer lange Würstchen in die Milch, läßt sie 10 Min. kochen und gibt sie sofort zu Tisch.
Die Nudeln können ebenfalls aufgezogen (überbacken) werden.
F. L. Löfflerin[WLö1795]

Saure Rahmnudeln

Saure Rahmnudeln

- ▷ Rahm, Eier und etwas Salz gut durchrühren.
- ▷ Dann langsam soviel Mehl unterrühren, bis der Teig die Konsistenz eines Spätzleteigs hat und sich von der Schüssel löst.
- ▷ Die Milch erhitzen und ein kleines Stück Butter zugeben[1].
- ▷ Jetzt den Teig vom Brett schaben und ca. 10 Min. kochen lassen.
- ▷ Sofort servieren.

[1] *Die Butter bewirkt, dass die Milch nicht so leicht überkocht, da die Oberflächenspannung reduziert wird.*

F.L. Löffler(in) setzt beim Leser voraus, dass ihm bekannt ist, wie Wasser-Spatzen oder Spätzle hergestellt werden. Sie war Köchin der Württembergischen Landschaft (‚Landtag', Vertretung der Stände) und den hohen Herren konnte sie keine einfache Hausmannskost vorsetzen, die jedes Bauernmädchen zubereiten konnte, da wäre schon die Bezeichnung „Spatzen" zu trivial gewesen. Man sollte nicht vergessen, dass weit ins 19te Jahrhundert hinein Kochbücher nur für die höheren Stände geschrieben wurden, der Rest des Volkes konnte weder schreiben noch lesen. Ältere Quellen sucht man deshalb besser in der Literatur, wo sie beiläufig erwähnt werden. K. Lerch gibt dazu eine kleine Übersicht.

Die Löfflerin greift offensichtlich in ihrem Kochbuch z. T. auf ältere Quellen zurück. So finden sich im „Tübinger Kochbuch" von 1749 zwei Rezepte für Rohn-Nudeln, wovon allerdings nur eines Spätzle entspricht, beim anderen handelt es sich um Schupfnudeln (Rez. 190 auf Seite 293):

19
Rohn-Nudeln

19 Rohn-Nudeln

Nehme den sauren Rohn von einer Milch und zwey oder drey Aier, thue Salz dazu, und rühre so viel Meel darein, als die obigen Sachen anschlucken, doch so, daß der Taig nicht zu vest wird. Nach diesem mache süsse Milch in einer Pfanne siedend, nehme etwas von dem Taig auf ein hölzernes Teller[1], und schneide mit einem Messer länglichte Stücke davon in die süsse Milch, und lasse sie sieden. Wenn sie genug gesotten sind, schmiere eine Kachel mit Butter, giesse wieder ein wenig Milch darein, und lasse sie sieden; endlich lege die Nudeln darein, thue unten und oben Glut[2] dazu und lasse sie schön gelb werden.

Neues Wohleingerichtetes Koch-Buch[WTü1749]

[1] *offensichtlich war das Spätzlebrett 1849 noch nicht in Gebrauch, während die Löfflerin 1785 schon ein Brett benutzt. Der Holzteller dient dazu, die Messerschneide zu schonen.*

[2] *Es wird ein nach innen gewölbter Deckel aufgesetzt, auf den Glut kommt. Das ist typisch für Tortenpfannen der Zeit und diente als Ersatz für einen Backofen.*

Rahm–Spätzle

Rahm–Spätzle

- ▷ Sauerrahm, 1-2 Eier und etwas Salz vermischen.
- ▷ Jetzt wird soviel Mehl eingerührt, wie Rahm und Eier aufnehmen, wobei der Teig nicht zu fest werden darf.
- ▷ Bringe Milch zum Sieden.
- ▷ Nimm etwas Teig auf einen hölzernen Teller und schneide mit einem Messer längliche Stücke in die Milch.
- ▷ Wenn die Spätzle aufsteigen, herausnehmen und beiseite stellen.
- ▷ Fortfahren, bis der Teig aufgebraucht ist.
- ▷ Jetzt eine Auflaufform mit Butter ausfetten und etwas kochende Milch zugeben.
- ▷ Die Spätzle einschichten und im Backofen gelb überbacken (Ober–/Unterhitze)

Ein sehr ähnliches Rezept für „Gute Wasserspätzlen" sowie die Anweisung „wie Spätzleteig" findet man im Göppinger Kochbuch (1798/1799), s. S. 120. Dass der Begriff „Spätzle" hier explizit genutzt wird, dürfte daran liegen, dass das Kochbuch für die einfachen Bürger geschrieben war, während in der Landeshauptstadt Stuttgart und der Universitätsstadt Tübingen der gehobenere Bürgerstand die Zielgruppe war, der wie heute besondere Rezepte wollte, die das Repertoire der Magd überstiegen.

Eventuell kommt der Begriff Spätzle auch vom italienischen „spezzare" (schneiden), wie von Lerch diskutiert. Das Schneiden vom Holzteller oder Brett wird in den frühen Rezepten immer betont (vgl. Lerch[WLe1966]). Erst später werden sie vom Brett geschabt. Knöpflein dagegen werden mit dem Löffel abgestochen und zum Kochen eingelegt. Knöpflein tauchen in den Kochbüchern auch viel früher auf und sind nicht auf Mehlspeisen beschränkt. Es gibt eine Vielzahl von Knöpflein: aus Fleisch, Brot, Mandeln oder eben auch Mehl oder Paniermehl.

Knöpfle

Knöpfle

Grimm'sches Wörterbuch Knöpflein:
klöszchen, klümpchen: knopflein oder knodlein von fleisch (küchenmeisterei).
knöpfle sind klösze, knödel
schweizerisch, elsässisch, schwäbisch: mehlknöpfli, fleischknöpfli

Der Hinweis im Grimm'schen Wörterbuch bezieht sich auf das wohl älteste schriftliche Rezept in der Koch und Kellermeisterei von 1566:

Knöpflin von Fleisch:

„Hack welcherley das ist gar klein mit Peterlin/ mach es aber mit Salz vnd würtz/ vnd ein wenig specklin/ schlah zwey rohe Eyer drein/ mache küchlin daraus/ seud sie in Hüner/ oder jirer eigenen Brüh/ gilb sie wol/ vnd richt es an. Man mag es zu Lebersulzen legen/ damit vereinen.

Hacke irgendein Fleisch zusammen mit Petersilie sehr klein. Würze es mit Salz und Gewürzen, sowie etwas Speck. Arbeite zwei rohe Eier ein und forme Küchlein. Koche sie in Hühner- oder ihrer eigenen Brühe (d. h. in Wasser). Überbacke sie gelb und richte sie an. Man kann sie zu Lebersülze legen, damit vereinen.

Knöpfle sind die Verkleinerungs- oder Verniedlichungs-Form von Knopf, einem Gericht, das vor allem in Oberschwaben und Bayrisch-Schwaben verbreitet war. Vor allem im Constanzer Kochbuch der

Caroline Kümicher (1845) findet sich davon eine Vielzahl von Varianten von salzig bis süß, aus Fleisch, Schokolade, Kartoffeln, Erdbeeren u. a.. Es ist Pudding, der nicht im Wasserbad aufgezogen, sondern in der Serviette gekocht wird, heute noch als Serviettenknödel.

Im Lindauer Kochbuch der Christina Charlotte Riedel findet sich dazu eine Anmerkung:

> „— *Man kann die Puddings . . . auch in einer S e r v i e t t e (oder einem Tuch) kochen. Dieselbe wird, nachdem sie durch frisches Wasser gezogen und dann gut ausgewunden ist, ausgebreitet, in der Mitte mit Butter bestrichen, sowie mit wenigem Mehl bestreut, die Masse darauf gefüllt, und in die Serviette dann derart zugebunden, dass die Masse noch handbreit Raum zum Aufgehen hat. Nun wird das Ganze in ein tiefes Kastrol oder einen Hafen in vieles kochendes Salzwasser gehängt, und, mit einem Deckel so gut wie möglich bedeckt, anderthalb bis zwei Stunden gekocht. . . . — Die auf bemerkte Art bereiteten Puddings kennt man auch unter dem Namen K n o p f oder K l o ß.*

Serviettenknödel waren schon im 16ten Jahrhundert als Sackküchlein bekannt (Rez. 215 auf Seite 328).

Wie erwähnt sind die Knöpfe sehr vielfältig in ihrer Zusammenstellung, genauso wie die Knöpflein, die vorwiegend als Suppeneinlage gegessen werden.

20 Andere Art von Butter-knöpfflein

20 Andere Art von Butterknöpfflein

Rühre ein Vierling[1] Butter, bis er ſchön weiß wird, verklopffe 4 Aier in einem Häfelein recht wohl, und rühre ſie nach und nach in den Butter, nehme halb neugebacken Geigen- oder Mutſchel-Meel und halb weiß Meel, und rühre ſo viel darein, bis der Teig in der Dicke recht iſt, würze ihn mit Salz und Muſcatenblüth[2], mache Knöpfflein, und ſiede ſie in der Fleiſchbrühe.

Neues Wohleingerichtetes Koch-Buch[Tü1749]

[1] *1 Vierling ca. 125g.* [2] *Muskatblüte.*

Butterknöpfle

Butterknöpfle

125g Butter, 4 Eier, Paniermehl (glutenfrei), Mehl(mischung), Fleischbrühe

- ▷ Die zimmerwarme Butter schaumig rühren, bis sie weiß wird.
- ▷ Die zerklopften Eier nach und nach in die Butter rühren.
- ▷ Etwas Salz und Muskat zugeben.
- ▷ Paniermehl und Weizenmehl im Verhältnis 1:1 mischen.
- ▷ Von der Mehlmischung wird so viel eingerührt, bis ein fester Spatzenteig entsteht.
- ▷ Knöpfflein abstechen und in siedender Fleischbrühe kochen.

Letztlich handelt es sich hierbei um Grießklößchen (-nocken), noch heute eine typische Suppeneinlage.

Interessant sind vor allem die Gebrühten Knöpfle, die aus einem Brandteig bestehen, wie er sonst für Schmalzgebäck, d. h. auch Strauben, genommen wird (Abschn. 5.3.1 auf Seite 376). Hier wird der Brandteig dagegen in Wasser gekocht und dann im Backofen überbacken, man erhält „Backerbsen".

21 Gebrühte Knöpfflein

21 Gebrühte Knöpfflein

Rühre in einen Schoppen[1] ſiedende Milch ſo viel weiß Meel, als ſie annimmt, daß ein recht veſter Taig daraus wird. Alſdann truckne ihn im Schmaltz über einem kohlfeuer gantz langſam ab, lege etwa drey Aier in warm Waſſer, veklopffe ſie in einem Häfelein und rühre ſie nach und nach in den abgetrückneten Taig, bis er in der Dicke zum Einlegen recht ist. Brich ihn mit einem eisernen Löffelein aus, lege die Knöpfflein in siedenden Rohn, oder in Milch, worein ein Stück Butter geleget ist, bedecke sie mit einem eisernen Deckel, und thue unten und oben Glut dazu, damit sie eine gelbe Farbe bekommen. Wer dieses nicht will, kan sie auch in Fleischbrühe legen, aber desto weniger Glut dazu thun.

NEUES WOHLEINGERICHTETES KOCH-BUCH[WTÜ1749]

[1] *1 Schoppen ca. $\frac{1}{2}$ l*

Gebrühte Knöpfle

Gebrühte Knöpfle

$\frac{1}{2}$ l Milch, Mehl(mischung), Schmalz, 3 Eier, Sahne oder Milch und etwas Butter, evtl. Fleischbrühe

- ▷ In die siedende Milch wird so viel Mehl gerührt, wie die Milch aufnimmt.
- ▷ Den Teig in etwas Schmalz auf dem Herd, bei nicht zu hoher Temperatur, unter Rühren trocknen.
- ▷ Wärme 3 Eier in warmem Wasser vor.
- ▷ Ist der Teig etwas abgekühlt, werden die zerklopften Eier langsam untergerührt, bis der Teig die richtige Konsistenz hat, um daraus Knöpfle zu stechen.
- ▷ Mit einem Teelöffel sticht man Knöpfle ab und kocht sie in Rahm oder Milch, der ein Stück Butter zugeführt wird.
- ▷ Die Knöpfle werden im Backofen gelb überbacken
  oder
- ▷ man serviert sie frisch in Fleischbrühe.

Auch diese Rezepte finden sich bei der Löfflerin. Die Übernahme von Rezepten war schon damals wohl gang und gäbe. Im Constanzer Kochbuch der Caroline Kümicher von 1845, das vom Inhalt her etwas aus dem üblichen Rahmen fällt, heißt es deshalb schon auf der Titelseite: „Nicht aus schon gedruckten Büchern abgeschrieben, sondern alles nach langjähriger Erfahrung geprüft und bewährt gefunden, jetzt aber auf vielfältiges Verlangen zum Druck niedergeschrieben“.

Es bleibt hier offen, inwieweit diese freizügige Übernahme von Rezepten auch zur Ausbildung einer regionalen Küche geführt hat.

Stark dazu beigetragen hat sicher, dass der Kochbuchmarkt im schwäbischen Bereich ab 1800 vom „Löfflerschen“ Kochbuch für mehr als hundert Jahre dominiert wurde, oft kopiert, aber nie erreicht.

Spätestens um 1805 war das notwendige „Spezialwerkzeug“ zur Herstellung von Knöpfle vorhanden. Ausgerechnet im Kochbuch einer bayrischen Köchin, die in Böhmen und Österreich gearbeitet hat, Maria Anna Neudecker, findet sich der Hinweis auf den für Knöpfle bestimmten Durchschlag und darüber hinaus benutzt sie den Begriff Spatzen. Hier ihr Rezept, das wie die gebrühten Knöpfein auf einem gebrannten oder, hier besser, auf einem gebrühten Teig beruht (vgl. Rez. 255 auf Seite 377):

22 *Wasserspatzen*

22 Waſſerſpatzen

Man thut $\frac{1}{2}$ Pf. Mehl in eine Schüſſel, giebt ein Quart[1] ſiedendes Waſſer daran, ſalzt es, und ſchlägt noch 3 oder 4 Eyer daran, damit der Teig ein wenig weicher als zu aufgezogenen Dampfnudeln wird. Hat man dann einen dazu beſtimmten Durchſchlag, deſſen Löcher alle ſo groß wie Erbſen ſind, ſo giebt man den Teig hinein, drückt ihn immer durch, in ein ſiedendes Waſſer hinein; ſobald die Spatzen in die Höhe kommen, nimmt man ſie heraus, legt ſie in kaltes Waſſer, und nachdem ſolches wieder davon abgeſeiht worden, röſtet man dieſelben in heißem Schmalz oder Butter. Man kann auch, ſo man will, zuletzt aufgeriebenen Parmeſankäs daran geben, und gleich zur Tafel anrichten.

M. A. Neudecker, Die Bayrische Köchin in Böhmen[ANE1805]

[1] *1 Quart=$\frac{1}{4}$Maß, 1 Maß=1,069 l*

Wasserspatzen

Wasserspatzen

250 g Mehl, 270 ml Wasser, 3–4 Eier, Salz

Diese Spätzle sind glutenfrei möglich (glutenfreie Mehlmischung), werden aber sehr, sehr weich. Vgl. Rez. 29 auf Seite 88

▷ Gib 250 g Mehl in eine Schüssel,
▷ gieße 270 ml heißes Wasser dazu.
• Mehl und heißes Wasser zu einem glatten Teig verrühren, bis sich

dieser von der Schüssel löst. Nur als gebrühter Teig macht das heiße Wasser Sinn (vgl. Gebrühte Spätzle, Rez. 42 auf Seite 103)
▷ Salze,
▷ arbeite 3–4 Eier in den Teig, damit er weicher wird als für Dampfnudeln.
▷ Fülle den Teig in einen Durchschlag (Sieb), dessen Löcher so groß wie Erbsen sind.
▷ Sobald die Spatzen an die Oberfläche kommen, herausnehmen und
▷ in kaltes Wasser legen.
▷ Die Spatzen absieben und
▷ in heißem Schmalz oder Butter rösten.
• Wenn man möchte, kann man geriebenen Parmesan darüber streuen.
▷ Servieren.

Mag sein, dass man außerhalb des schwäbisch-alemannischen Kernraums das von dort stammende Rezept als etwas Besonderes ansah, während es im eigentlichen Ursprungsgebiet einfach zu gewöhnlich erschien, um es in den Kochbüchern zu erläutern. Dass Neudecker von Spatzen und nicht von Spätzle spricht, dürfte daran liegen, dass diese schwäbische Verkleinerungsform in ihrem böhmischen Tätigkeitsbereich ungewöhnlich war.

3.1.2 Historische und regionale Varianten

Der frühe alemannisch–schwäbische Siedlungsraum von der Schweiz über das Elsass, Württemberg und Bayrisch–Schwaben ist durch zwei Dinge klar vom restlichen germanischen Raum getrennt. Deutlich erkennbare Gemeinsamkeiten bestehen in einem für andere schwer verständlichen Dialekt und in einer für andere seltsamen Art von Nudeln, die einmal lang und dann wieder kurz sein können, eben den Spätzle und Knöpfle. Nur konnte man sich im alemannisch–schwäbischen Raum nie auf eine präzise Bezeichnung einigen, manchmal werden die langen, vom Brett geschabten Spätzle auch Knöpfle oder Chnöpfli genannt, manchmal die durchs Sieb gedrückten Knöpfle als Spätzle bezeichnet. Das wechselt auch in den älteren Kochbüchern. Gemeinsam ist allen jedoch der Teig, zumindest weitgehend, wie die Rezepte zeigen werden, und das Prinzip der Teigherstellung: Ein weicher, nicht ganz flüssiger, aus Eiern, Mehl und Wasser oder Milch bestehender Teig wird mehr oder weniger ins kochende Wasser „geschnetzelt“.

Einspruch: Im 19ten Jahrhundert tauchen eine ganze Reihe von Spätzle- und Knöpflevarianten auf, die sich entweder durch die Herstellung oder den Teig, oder auch beides unterscheiden. Allein im Berner Kochbuch von L. Rytz, überarbeitet von H. Rytz (1893) werden sieben verschiedene Rezepte aufgeführt:

1. Knöpfli: Spätzleteig aus Mehl, Eiern, Salz und Wasser, mit dem Messer vom Brett ins Wasser geschabt. Mit Butter und gebräunten Zwiebeln überschmelzt. Eigentlich Spätzle.
2. Weißmehl-Knöpfli (Wasserspatzen):Teig aus Mehl, Eiern, Salz, Wasser, vom Holzteller mit dem Messer geschabt, aber in so kleinen Portionen wie möglich. Mit in Butter gebräuntem Paniermehl oder Zwiebeln überschmelzen. Das sind Knöpfle.
3. Wasserstrüblein: Teig aus Mehl, Eiern, Milch, Salz wird dünn angerührt. Über einen Trichter ins siedende Wasser laufen lassen (wie Strauben). Ebenfalls abschmelzen. Sonst als Trichternudeln bezeichnet.
4. Andere Art Knöpfli oder Fluten: Brandteig aus Mehl, Milch, Salz. Daraus mit dem Löffel Knöpfli abstechen, auf eine Platte legen, mit Butter und Zwiebel überschmelzen und im warmen Ofen abtrocknen.
5. Geprägelte Knöpfli: Brandteig aus Milch, Salz, Mehl mit Eiern abgerührt. Teig auswellen und in Streifen schneiden, in Butter braten. Das ist eigentlich eine Schupfnudelnvariante.
6. Andere Art von Wasserstrüdlein: Wie Wasserstrüdlein, nur wird Wasser statt Milch für den Teig genommen.
7. Krautknöpfli: Vegetarische Laubfrösche = Mit „Spätzlemasse“ gefüllte Spinatwickel.
8. Andere Art: Die Masse der Krautknöpfli wir durch gehacktes Fleisch angereichert und in Wasser als Knöpfli gekocht.

Besonders interessant sind die Wasserstrüblein, die fast identisch im Oberrheinischen Kochbuch von 1811 in zwei Varianten vorkommen, einmal wird der Teig mit Milch hergestellt, alternativ mit Wasser. Dabei wird explizit auf Strauben Bezug genommen und der Teig entspricht auch einem gesalzenen Straubenteig. In anderen Rezepten der Zeit kommt dafür die Bezeichnung Trichternudeln vor, den Teig lässt man durch den Straubentrichter ins kochende Wasser statt in heißes Fett laufen. Auch der Brand- oder gebrühte Teig der geprägelten Knöpfli entspricht Teigvarianten für Strauben und kommt in anderen Kochbüchern auch als Spätzleteig vor. Die Wasserstrauben oder Trichternudeln sind allerdings noch deutlich älter und damit vor den Spätzle in Kochbüchern dokumentiert. So findet sich, im „Tübinger Kochbuch“ von 1749 diese sehr klare Anweisung:

23 Wasser-Strauben oder Trechter-Nudeln

23 Wasser-Strauben oder Trechter-Nudeln

Nehme ein klein Meßlein[1] ($\frac{1}{16}$ vom Simri) Mehl, rühre es mit Milch oder Wasser zu einem Taig an, saltze ihn, und rühre vier Aier darein; lasse diesen Taig durch einen Trechter, wie Strauben, in das siedende Wasser in eine Pfanne lauffen, und darinnen sieden; Hebe nach dem Sud eine Straube nach der andern heraus. Lege sie in eine Schüssel, thue Butter und süße Milch daran, würtze sie mit Muscatennuß, Pfeffer und Saltz, und lasse sie ein wenig aufkochen. Es ist ein gut Gemües[2]. Wer will kan auch ein paar Aier daran klopffen, und Schnittlauch darauf streuen, oder unten und oben Glut dazu thun, und ein wenig ziehen lassen.

NEUES WOHLEINGERICHTETES KOCHBUCH[WTü1749]

[1] *Ein Simri maß ca. 22 l, ein Meßlein ist der 16. Teil eines Simri, also ca. 1.375 l.*

[2] *Gemüs oder auch Gemüser hatte damals, und noch bis ins frühe 19. Jahrhundert, eine weit breitere Bedeutung als heute und umfasste auch Teigspeisen (vgl. Löfflerin[WLö1795] oder Basler Kost[SBK1800]).*

Wasser-straube n

Wasserstrauben

400 g Mehl(mischung), Milch oder Wasser, Salz, 2 Eier; zusätzlich Milch, Butter, Muskat, Pfeffer, Salz, evtl. Schnittlauch

▷ Das Mehl mit Milch oder Wasser zu einem relativ festen Teig anrühren.
▷ Salzen und die zwei Eier einarbeiten.
▷ Der Teig sollte jetzt so dünn sein, dass er langsam durch einen Trichter läuft (1cm Durchmesser), entspricht einem dünnen Spätzleteig. Ansonsten noch Milch oder Wasser zugeben, bzw. mit etwas Mehl (Stärke) andicken.
▷ In einer großen tiefen Pfanne oder einem passenden Topf gesalzenes Wasser zum Sieden bringen.
▷ Den Teig durch den Trichter einlaufen lassen.
▷ Steigen die Strauben auf, noch kurz köcheln lassen.
▷ Herausnehmen und auf einer tiefen Pfanne anrichten.
▷ Butter in etwas Frischmilch schmelzen und an die Strauben geben.
▷ Noch einmal kurz köcheln lassen.

- Man kann noch zerquirlte Eier angießen, Schnittlauch darüber streuen und die Eier auf dem Herd oder im Backofen stocken lassen[1].
- Oder man überbackt sie im Backofen.

[1] *Mit Eiern ist dies ein vollständiges Gericht, zu dem man einen grünen Salat reicht.*

Interessant sind die, nun mehrfach beobachteten, Bezüge zu den seit dem Mittelalter belegten Strauben, weil sie eine weitere Möglichkeit zur Herkunft von Spätzle und Knöpfle aufzeigen: Straubenteig wird mangels Schmalz einfach in Wasser gekocht, man erhält Wasserstrauben oder eben Knöpfli. Eine ähnlichen Ursprung von Nudeln erwähnt Peter Peter in seiner Kulturgeschichte der italienischen Küche: Im 3. Jahhundert fragt eine Frau den Rabbi, ob sie den für die Priesterschaft vorgesehenen Anteil abgeben muss, wenn sie den Teig in Wasser kocht und nicht backt (Kap. 4 auf Seite 186), und es erscheint nicht unwahrscheinlich, dass zur Zeit der Staufer, insbesondere unter Friedrich II., die in Italien und dort vor allem in Sizilien verbreitete Nudeln nach Süddeutschland kamen.

Die Straubenbäckerei hat zumindest Werkzeuge zur Herstellung von Knöpfle geliefert, den Straubentrichter und auch das Spatzenmodel zur Verfügung gestellt. So findet sich bei Marx Rumpolt „Ein new Kochbuch" (1581) und im Kochbuch der Sabina Welserin (1553) im Zusammenhang mit Strauben bzw. weißen Strauben, die besonders dünn sind, die Anweisung " *...mach jn ain heffelin 8 oder 10 lechlach vnnd bachs dadúrch ...* ", d. h.... mach in einen kleinen Hafen (Topf) 8 oder 10 kleine Löcher und lass den Teig ins Fett durchlaufen ... (Rez. 252 auf Seite 375).

Alternativ verwendet man einen Schaumlöffel mit Löchern. Diese Variante findet sich ebenfalls bei der Welserin in einem anderen Rezept für weiße Strauben: „*... und laß ihn durch einenen Schomleffel, ...*".

Auf die These, dass Spätzle als Variante der Strauben entstanden, deutet nicht nur der sehr ähnliche Teig (Abschn. 5.3.1 auf Seite 369), sondern auch folgendes Rezept hin:

24 Wasserstrauben oder Trichternudeln

24 Wasserstrauben oder Trichternudeln

Auf 5 Personen wird ein Meßlein (der 16te Theil einer Würtembergischen Simri, ungefähr anderhalb Pfund) Mehl gerechnet, dasselbe mit Milch, Salz und 4 Eyern zu einem Taig in der Dicke eines Straubentaigs angerührt, und in einer Pfanne, welche aber nicht zu groß seyn darf , Wasser mit Salz siedend gemacht. Hierauf gießt man von dem Taig in den Straubentrichter, und läßt ihn in das siedende Wasser laufen, daß es eine runde Straube gibt. Können 2 nebeneinander eingelegt werden, so ist es auch recht. Wenn sie in einen starken Sud gethan haben, hebt man sie mit dem Schaumlöffel heraus, legt sie auf eine Platte, wo unten Stückchen frische Butter geschnitten sind, setzt die Platte auf Kohlen, daß sie unten eine Scharre bekommen, verkleppert 2 biß 3 Eyer mit ein paar Eßlöffel voll süßem Rahm und ein wenig Salz, gießt dieß über die Strauben, macht ein Stückchen Butter mit geriebenem Brod gelb, und schmälzt sie oben darüber. Man muß sie gleich auf den Tisch geben, ehe die Eyer hart werden.
Eß können auch von dem nehmlichen Taig ganz kleine Spätzlein, die unter dem Namen Trichter-Nudeln bekannt sind, auf diese Art gemacht werden.

Neues Kochbuch, Anhang oder zweyter Teil[WLö1825*]

24.1 Wasserstrauben

24.1 Wasserstrauben

750 g Mehl(mischung), 4 Eier, Milch, Salz, Sahne

- ▷ Aus Mehl, Eiern, Salz und Milch wird ein Teig, so dick wie ein Straubenteig, hergestellt.
- ▷ In einer nicht zu großen Pfanne gesalzenes Wasser zum Sieden bringen[1].
- ▷ Den Teig in einen Straubentrichter füllen und in das siedende Wasser laufen lassen, sodass eine runde Straube entsteht. Passen 2 Strauben in die Pfanne, ist das auch in Ordnung.
- ▷ Sobald das Wasser aufgekocht ist, wird die Straube herausgenommen und
- ▷ auf eine Platte (oder Pfanne) gelegt, deren Boden mit Butterstückchen bestreut ist.
- ▷ Die Platte (Pfanne) auf eine warme Platte stellen, sodass die Straube unten eine Scharre bekommt, d. h. am Boden etwas festbackt.
- ▷ Jetzt 2 bis 3 Eier mit etwas Sahne und Salz verrühren und über die Straube(n) geben.
- ▷ Ein Stückchen Butter mit etwas geriebenem Brot in einer Pfanne gelb werden lassen,
- ▷ über die Straube(n) geben und
- ▷ sofort servieren, die Eier dürfen nicht stocken.

[1] *Man verwendet eine Pfanne mit einer relativ dünnen Wasserschicht, damit die Straube nicht absinken kann, da sie sonst spätestens beim Aufkochen des Wassers zerbrechen würde.*

Von dem Teig können auch ganz kleine Spätzlein gemacht werden, die unter dem Namen Trichternudeln bekannt sind:

24.2 Spätzlein oder Trichternudeln = Knöpfle

24.2 Spätzlein oder Trichternudeln = Knöpfle

- ▷ Man lässt den Teig aus dem Straubentrichter langsam in das Wasser tropfen,
- ▷ oder man gibt den Teig in ein Sieb (Abschlag) mit großen Löchern und drückt ihn langsam ins Wasser, sodass einzelne Teigtropfen abfallen.
- • *Zur Herstellung der Spätzlein kann auch ein tieferer Topf verwendet werden.*

Diese Spätzlein oder Trichternudeln wären heute schlichtweg Knöpfle.

Der „Anhang oder Zweythe Theil“ des Kochbuchs im „Ökonomischen Handbuch für Frauenzimmer“, in dem dieses Rezept steht, veröffentlichte F.L. Löffler das erste Mal 1804. Wie sie im Vorwort schreibt

> *... bin ich seitdem aufgefordert worden, einen Anhang oder zweiten Teil herauszugeben, der teils die Lücken auffüllte, die hie und da noch im ersten sind, ... und enthält ... teils manche gewöhnliche Zubereitungen von Speisen, die im täglichen Leben vorkommen, aber im ersten Theil vermiszt worden sind, ...*

Dieses Kochbuch, offensichtlich selten erhalten, erweist sich als besonders wertvoll, da es einen kleinen Einblick in die Küche der “einfachen Leute“ gewährt, was in den Kochbüchern für die gehobenen Schichten, und das sind die Käufer, fehlt.

3.1.3 Und was sind nun Spätzle?

Natürlich haben sich die ursprünglich im schwäbischen Herzogtum vereinigten Teilbereiche im Laufe von mehr als tausend Jahren kräftig auseinander gelebt, seitdem die Franken das Gebiet erobert und zerstückelt hatten. Selbst die Staufer konnten nicht wirklich ein geschlossenes Herzogtum wiederherstellen: Da gab es die Zähringer mit ihren Kerngebieten im südlichen Rheingraben, in der Schweiz und später in Burgund, die selbst den Herzogstitel trugen und in einer Nebenlinie als Herzöge von Teck mitten im schwäbischen Kernland saßen; die Welfen, zu deren Gebiet Bayrisch–Schwaben gehörte, das auch bei Bayern blieb, nachdem das Doppelherzogtum der Welfen (Sachsen und Bayern) zerschlagen war, und schließlich viele Grafen und andere Große, denen an der Wiedererrichtung des Herzogtums Schwaben nichts lag. Das ursprünglich alemannische

Herzog– oder Königtum zeigte schon früh die deutsche Zukunft auf, ein hoffnungslos in Kleinststaaten aufgesplittertes Gebiet, und es ging ja noch weiter: Die Schweiz hat sich früh als eigenständiger Staat abgespalten und zum Vorbild einer sprachübergreifenden Gesellschaft entwickelt, die Habsburger haben zeitweilig große Gebietsteile mehr oder weniger Österreich angegliedert, die Elsässer wechselten mehrfach zwischen Frankreich und Deutschland; in Baden entstand ein eigenständiges Großherzogtum und die Grafen von Württemberg schafften es gar bis zum Königstitel – für „schaffe, spare, Häusle baue" waren wir Schwaben immer berühmt.

Ganz unberührt davon blieb weder die Sprach– noch die Esskultur. In Bayrisch–Schwaben hat sich neben den Knöpfle der Knödel etabliert und die Schweiz hat eine eigenständige Rösti-Kultur entwickelt, wodurch die Knöpfli deutlich auf untere Ränge verwiesen wurden. Am härtesten hat es wohl das Elsass getroffen, das aufgrund der zwei Weltkriege viel von seiner deutschen Kultur eingebüßt hat, wie ich auch im Zusammenhang mit Spätzle erfahren konnte: Über etliche Jahre war ich zu einer Tagung einmal jährlich in Straßburg. Es gab da ein kleines, aber feines Restaurant mit einfacher französischer Küche abseits der Touristenwege, zwischen Bahnhof und Altstadtring, zu dem ich jeweils mindestens einmal essen ging. Irgendwann war ein neues Gericht auf der Speisekarte, ein Braten mit Spätzle. Da ich neugierig war, sprach ich den Wirt, der selbst bediente, an und er erklärte mir, das sei eine alte Elsässer Spezialität, die er wieder ausgegraben habe. Natürlich musste ich da probieren und die Spätzle waren gut und von Hand geschabt, nur etwas klobig – eher in Richtung Bubaspitzle. Zunächst wollte ich ihm sagen, dass er nur wenige Kilometer über den Rhein fahren muss, um Erfahrungen für diese letzte Feinheit der Herstellung zu sammeln, aber dann entschied ich mich ihm die Freude an seiner Wiederentdeckung nicht zu nehmen. Ob klobig oder nicht, sonst hatten sie alles. Eine Ermunterung an alle, die Angst haben, an eine solche Handarbeit zu gehen. Man muss eventuell etwas üben, aber wann muss man das nicht?

Trotz der komplexen Entwicklung des alemannisch–schwäbischen Raums blieben die Menschen ihren Spätzle oder Knöpfle treu, zwei Seiten einer Medaille. In diesem Sinn sind Knöpfle natürlich kleine Knöpfe, die ebenfalls gekocht werden. Nicht uninteressant ist schließlich die Ähnlichkeit des Teigs mit Straubenteig und der in manchen Regionen gleichartigen Zubereitung mit dem Straubentrichter. Nur Strauben backt man in Öl, ursprünglich Schmalz. Schmalzmangel bei der armen ländlichen Bevölkerung könnte dabei zur Innovation geworden sein, ähnliches ist bei der Dualität zwischen Krapfen und Dampfnudeln zu beobachten, die beide ebenfalls auf demselben Teig beruhen.

Nicht zuletzt bleibt noch die Bezeichnung Spätzle. Wie Lerch darstellt, ist ein Bezug zur „spezzare“, in Stücke schneiden, nicht so abwegig. Nun taucht der Begriff „Spätzle“ aber erst sehr spät in der Geschichte auf, was es nicht einfacher macht, dem Ursprung auf den Grund zu gehen. Wir wissen nur, es gab ihn und zwar im einfachen Volk.

Eine andere, schon diskutierte Frage, die K. Lerch in seinem „Spätzle–Brevier“ aufwirft, ist: Was sind Spätzle? Nudel könnte man sagen, der Teig ist eigentlich derselbe, nur dass er etwas feuchter ist und nicht ausgewellt und dann in Streifen geschnitten und getrocknet wird, man schneidet ihn einfach direkt nach Herstellung im nassen Zustand ins Wasser. Falsch, die meisten älteren Kochbücher ordnen Spätzle natürlich unter Teigspeisen ein, dazu gehören je nach Region aber ganz unterschiedliche Dinge. Die Autorin der „Neue(n) praktischen Küche“ ordnet Spätzle einfach sowohl im Kapitel „ Klösse“ wie auch unter „Eier- und Mehlspeisen“ ein und Hermine Kiehnle erfindet eine völlig neue Kategorie, das „Teiggemüse“, in der sich Spätzle mit Pfannkuchen, Makkaroni und Nudeln tummeln. Dabei befindet sie sich in der Tradition der F.L. Löffler(in), die unter „Gemüser“ alle Teigwaren und darüber hinaus eine Vielzahl von Ragouts versteht. Dazu passt auch, dass in älteren Kochbüchern des 19ten Jahrhunderts dem Kapitel „Gemüse“ ein Kapitel „Beilagen zu Gemüse“ folgt, das dann vorwiegend Koteletts, Innereien etc. enthält. Diesen Gedanken möchte ich im Folgenden umsetzen: Im Zentrum stehen die Spätzle, was passt dazu?

Fasst man zusammen, so sind Spätzle Nudeln aus einem weichen Teig, der traditionell von einem Brett geschabt wird. Knöpfle oder Knöpfchen bezeichnen eine kleine Form von Klößen, die durch ein groblöcheriges Sieb gedrückt werden. Weiterhin lässt sich feststellen, dass Spätzle die Nahrung des kleinen Mannes waren, die in Rezeptsammlungen für die „gehobene und herrschaftliche Küche“ keinen Platz fanden. K. Lerch hat ein Gedicht „Das Lob der Schwabenspätzle“ im Schwarzwälder Boten von 1838 ausgegraben, in dem einfache Spätzleessen aufgeführt sind, wobei die Qualität des Essens nach Ansicht des Autors von oben nach unten abnimmt:

1. *Spätzle in Rindfleischbrühe mit Speck und Kraut (Sauerkraut) gut durcheinander gemischt.*
2. *Geröstete, mit Ei überbackene Spätzle.*
3. *Spätzle an allen möglichen sauren Saucen von Kalbfleisch, Fröschen, Fisch oder Wildpretbraten.*
4. *Mit Erbsen, Linsen oder Spinat oder auch an einem Salat.*
5. *Saure Bauernspätzle, mit Essig angerührt.*
6. *Spätzle in Milch gekocht.*

Die ursprünglich häufigste Form dürfte wohl, wie im Augsburger Kochbuch, Spatzensuppe sein, d. h. Spätzle in der Brühe, wobei die Brühe auch einfach aus dem Kochwasser bestehen konnte (vgl. Schleifernudeln unter Schupfnudeln). Spätzle als Beilage zu Braten mit Soße ist sicher eine späte Erfindung, da dies bis ins 19te Jahrhundert nicht in die Menüfolge der gehobenen Küche passt.

Historisch sind sie ab der Mitte des 18ten Jahrhunderts in Kochbüchern belegt, allerdings unter anderen Bezeichnungen. Diese beziehen sich häufig auf die Art der Zubereitung des Gerichts, wie bei Rohnnudeln, wobei die Zubereitung der „Nudeln“ diese eindeutig als Spätzle identifiziert. Ältere Hinweise aus sonstigen Quellen (Lerch[WLe1966]) sind schwer zu bewerten.

Gröstete Spätzle mit Ei

3.2 Worüber man trefflich streiten kann

Wenn jeder Spätzle im Schlaf herstellen kann, warum noch darüber schreiben? Was Spätzle betrifft, gibt es zum Wann, Wie und Wozu genau so viele Meinungen wie aktive Köchinnen und Köche. Zusätzlich haben die Regionen ihre Eigendynamik entwickelt und gepaart mit schwäbisch–alemannischem Erfindergeist die verschiedensten Methoden ersonnen, um Spätzle letztlich ins Wasser zu bringen. Davon und von den verschiedenen Spätzlevarianten soll hier die Rede sein.

Spätzle

sind aufgrund ihres Ei- und Stärkegehalts ein vollwertiges Nahrungsmittel, insbesondere zusammen mit einem bunten Salat aus einer grünen Salatvariante und feingeschnittenem oder gehobeltem rohem Gemüse wie Karotten, Rettich, Radieschen, Knollensellerie etc..

3.2.1 Vor dem Kochen

Es sind im wesentlichen drei Fragen, über die sich auch der moderne Schwabe ereifern kann:

Teigruhe

Hinsichtlich der Frage, ob man den Teig ruhen lassen soll, sind die Meinungen geschieden. Nach meiner Erfahrung schadet eine Ruhezeit von 30 bis 40 Minuten nicht, im Gegenteil, der Teig wird homogener, wenn man ihn direkt vor dem Kochen der Spätzle noch einmal durcharbeitet, und er wird auch weicher und geschmeidiger. Dabei spielt eine Rolle, dass eventuell vorhandene feine Mehlklümpchen während der Ruhezeit Wasser aufnehmen können und dann leichter mit der Teigmasse zu homogenisieren sind. Wichtiger ist, dass die während der Bearbeitung aufgebaute Spannung im Teig wieder abgebaut wird. Beim Durcharbeiten von Mehl mit Wasser wird Gluten (Kleber) freigesetzt und bildet ein Netzwerk, das dem Teig Elastizität verleiht. Durch die Ruhephase baut sich die Spannung wieder ab, man kann das daran erkennen, dass der Teig etwas fließt. Durch das erneute Aufschlagen kurz vor Fertigstellung der Spätzle kann gezielt wieder etwas Spannung aufgebaut werden. Schließlich verschafft das Ruhenlassen des Teiges die Zeit, um die Aufmerksamkeit anderen Bestandteilen des Essens zu widmen – Spätzlepuritaner lehnen diese Methode wahrscheinlich ab, aber Spätzle sind nun auch nicht der Nabel der Welt. Im Stuttgarter Kochbuch der F. L. Löffler (37. Aufl. 1927) findet man dazu: Werden die Spätzle mit dem Spätzleschwob, Spätzlehobel o. ä. hergestellt, dann wird der Teig „nicht wie bei den mit der Hand eingelegten Spätzle, längere Zeit stehen gelassen, sondern man macht ihn erst unmittelbar, ehe man ihn durchlaufen lässt."

Teigknethaken

Gelegentlich wird in neuerer Zeit darauf hingewiesen, dass man den Spätzleteig auch mit einer Küchenmaschine mit Teigknethaken herstellen kann. Man kann, dabei lernt man aber nicht, sich den variablen Eigenschaften der Ausgangsprodukte anzupassen, das heißt, der resultierende Teig kann große Unterschiede in seinen Eigenschaften aufweisen und, sicher nebensächlich, mit solchen Hilfsmitteln wird man niemals in die geistigen Sphären eines echten Spätzleschwab vorstoßen können.

Öl

Manchmal findet man die Aussage, dass die Zugabe von 1 Esslöffel Öl den Teig geschmeidiger machen soll. Auf den ersten Blick erscheint das nicht sinnvoll. Allerdings wird bei Milch- und Butterspätzle, (Abschn. 3.4.2 auf Seite 97) über die Milch bzw. die Butter Fett zugesetzt. Das erweist sich durchaus von Vorteil, u. a. wenn die Spätzle später geröstet werden. Insbesondere glutenfreie Spätzle lassen sich mit etwas Butter noch verbessern (Rez. 28 auf Seite 87).

3.2.2 Die Herstellung der Spätzle, der zentrale Akt oder die mehr oder weniger hohe Kunst

Für den eingefleischten Spätzleesser gibt es nur eine Form der Spätzle, die handgemachten. Sie haben eine besonders unregelmäßige poröse Oberfläche und nehmen auch die dünnste schwäbische Bratensoße hervorragend auf. Andererseits gelten Schwaben als Tüftler und diesen Ruf haben sie bei der Konstruktion einer Vielzahl von Geräten zur Optimierung der Spätzleherstellung bewiesen, von denen hier nur einige der heute gängigen besprochen werden (eine größere Übersicht findet man bei K. Lerch: das Spätzle-Brevier). Dabei dominiert auch die Sicht des sparsamen Schwaben: warum spezielles Gerät, wenn man geeignete Teile sowieso im Haus hat? In der sparsamen schwäbischen Küche wurde das Kochwasser der Spätzle nicht weggeschüttet, sondern als Grundlage für Suppen benutzt.

Kochwasser

Spätzle werden wie Nudeln stets in gut gesalzenem Wasser gekocht.

Handgemachte Spätzle und Knöpfle

Für handgemachte Spätzle oder Knöpfle benutzt man am besten ein Spätzlebrett, das einen Griff besitzt und dessen Ende abgeschrägt ist. Das Brett wird in das kochende Wasser getaucht und dann ein Teil des Teiges aufgestrichen. Das Eintauchen in kochendes Wasser wiederholt man vor jeder neuen Teigcharge. Die Spätzle werden im einfachsten Fall mit einem Küchenmesser mit langer gerader Klinge vom Brett ins Wasser geschabt, wobei es allein an den Fähigkeiten der Köchin/des Kochs liegt, ob feine Spätzle oder Prügel entstehen. Während des Schabens wird der Teig immer wieder zum unteren Rand des Brettchens ausgestrichen. Wichtig ist, dass man Brett und Messer immer wieder in das kochende Wasser taucht, das gilt auch für die im Folgenden aufgeführten Geräte. In meiner Kindheitserinnerung erreichten schwäbische Köchinnen eine affenartige Geschwindigkeit bei der Spätzleherstellung, die auch mit den unten angeführten Hilfsmitteln nicht erreicht werden kann – Hochleistung durch tägliches Training.

Einfacher ist die Herstellung mit einem speziellen Spätzleschaber, einer Art Spachtel mit leicht abgeschrägtem Rand und einem Haltegriff, den man ohne Weiteres durch eine so genannte Japanspachtel aus dem Baumarkt ersetzen kann, die allerdings rostfrei sein sollte. Ein Spätzlemesser oder einen Spätzleschaber kann man sich auch aus einem dünnen Brettchen selbst herstellen.

Die Herstellung von Knöpfle unterscheidet sich nur darin, dass keine länglichen Nudeln abgeschabt, sondern kleine rundliche Stücke mehr abgeschnitten werden. Der Teig kann dazu etwas zäher sein.

Tropfnudeln

Auf die Verwendung eines Spätzlebretts kann man natürlich auch verzichten. Einen relativ dünnen Teig lässt man auf einem schräg gestellten Teller oder einer flachen Schale an den Rand laufen und schabt ihn dort mit dem Messer oder einem Spatel ins kochende Wasser. Oder man sticht oder schabt von einem eher festen Teig kleine Stückchen ins kochende Wasser, dabei erhält man rundliche Knöpfle. Spätzle und Knöpfle lassen sich also überall auf der Welt mit einem Minimum an Zutaten und Gerät herstellen.

Trichternudeln bzw. Wasserstrauben

Diese schon mehrfach erwähnte Form der Spätzle beruht auf einem sehr dünnen Teig, den man durch einen Trichter ins heiße Wasser laufen bzw. tropfen lässt.

Das Salatsieb und Knöpfle

Hier verwendet man ein Spatzenmodel, ein metallenes Sieb mit relativ großen Löchern oder alternativ einen Dampfaufsatz für einen normalen Kochtopf. Der Teig sollte noch tropffähig, also etwas weicher als für geschabte Spätzle sein. Der Teig kommt in kleinen Portionen ins Sieb und wird mit einem Löffel, Kochlöffel oder Spatel langsam durch den Siebboden gedrückt, so dass die Knöpfle ins siedende Wasser abtropfen. Natürlich gibt es auch hier Spezialgeräte. Das Knöpflemodel (Spatzenhobel) ist ein Sieb mit etwas größeren Löchern. Der Spatzenhobel, eine Art Reibeisen mit aufgesetztem Blechkasten zur Aufnahme des Teiges, bei dem der Kasten hin und her bewegt wird, wobei Teigstücke „abgehobelt“ werden. Eine weitere Alternative mit einem gut flüssigen Teig sind die erwähnten Trichter- oder Tropfnudeln.

Der Spätzleschwob ist zweifellos die genialste Erfindung, er ist nichts anderes als die klassische Kartoffelpresse, eventuell mit etwas größeren Löchern und manchmal mit einem größeren Durchmesser. Die Kartoffelpresse ist ein durchaus adäquater Ersatz, wenn man die Teigkonsistenz und die Geschwindigkeit beim Durchdrücken anpasst.

Die Genialität des Spätzleschwob liegt darin, dass sich sowohl Spätzle wie auch Knöpfle herstellen lassen oder allgemeiner, dass sich die Länge der Spätzle über die Teigkonsistenz und die Durchdrückgeschwindigkeit steuern lassen. Dasselbe gilt auch für die Dicke der Spätzle. Nimmt man einen relativ festen Teig und drückt ihn kontinuierlich durch, so erhält man dicke „Bandwürmer". Ein dünner, eher flüssiger Teig gibt dünne, Spaghetti ähnliche Spätzle. Drückt man in kleinen ruckartigen Einheiten und hebt den Spätzleschwob nach jedem Schub an, so tropft der Teig ab, eine Technik, mit der sich alles zwischen Knöpfle, kurzen und langen Spätzle herstellen lässt. Das ideale Gerät, um sich den Geheimnissen der Spätzle und dem persönlich idealen Teig experimentell zu nähern.

Ökonomie der Spätzleproduktion

Neben der Frage nach dem Wie sollte man sich aber auch der Frage nach einer ökonomischen Produktion, ganz schwäbisch, zuwenden. Nach langer Nutzung des Spätzleschwobs, während der es Handgeschabte nur an „Feiertagen" gab und meine Frau das Gerät abzuspülen hatte, bin ich nun wieder ganz zu handgeschabten Spätzle zurückgekehrt, nachdem ich selbst abspüle. Ökonomie misst sich am Aufwand für die Herstellung und dem Aufwand für das Abspülen der benutzten Geräte. Bei handgemachten Spätzle sind dies die Schüssel, der Rührlöffel, das Spätzlebrett und der Schaber, alles Gegenstände ohne Ecken und Kanten. Die Handgeschabten dauern bei der Herstellung zwar etwas länger, das Abspülen des Geschirrs ist jedoch viel ökonomischer als bei jeder anderen Methode. Auch eine Spülmaschine bringt da nicht viel, da z.B. der Spätzleschwob meist aus Aluminiumspritzguss besteht und damit für die Spülmaschine völlig ungeeignet ist.

Auf jeden Fall sollte man die benutzten Geräte nach Gebrauch sofort in Wasser legen, damit der Teig nicht antrocknet. Es gibt nichts Furchtbareres beim Geschirrspülen als eingetrockneten Spätzleteig, mit dem auch die Geschirrspülmaschine nicht fertig wird.

3.2.3 Und nun zu den Grundrezepten

Kauft man sich ein Spätzlebrett, so ist sicher ein Rezept dabei, und zwar das für

25 Standardspätzle, klassisch und glutenfrei

25 Standardspätzle, klassisch und glutenfrei

200 g Mehl, 1 Ei, max. $\frac{1}{2}$ Esslöffel Salz, ca. 100 ml Wasser

Näheres zu glutenfreien Mehl- und Teigvariationen s. Abschn. 3.3.3 auf Seite 85.
100 g Maismehl, 100 g Klebereis- oder Reismehl, 100 g Stärke, je 3 g Xanthan und Johannisbrotkernmehl, Salz, 5–6 Eier, Wasser

- ▷ Mehl, Eier, Salz werden in einer großen Schüssel zusammengerührt.
- ▷ Dann rührt man langsam und in Raten das Wasser unter den Teig, bis dieser eine zähflüssige Konsistenz hat.
- ▷ Jetzt wird der Teig durchgeschlagen, d. h. man schiebt den Kochlöffel mit Schwung unter den Teig und hebt ihn nach oben, und zwar so lange, bis der Teig glatt ist und Blasen wirft[1]. Durch das Anheben wird Luft in den Teig eingearbeitet. Die Luft dehnt sich bei Erwärmung aus und lockert die Spätzle.
- ▷ Möchte man eine bestimmte Teigkonsistenz erreichen, so kann man während des Durcharbeitens entweder noch etwas Wasser oder Mehl hinzugeben.

- *Bei glutenfreien Spätzle ist es wichtig, zunächst die Mehlmischung plus Salz trocken gut zu durchmischen.*

- *[1]Die Flüssigkeitsmenge muss evtl. etwas erhöht werden.*
  Den Teig nur so lange durchschlagen, bis er vollständig glatt ist.

Zum Schluss ist die richtige Teigkonsistenz maßgebend für die Qualität der Spätzle und die hängt wiederum von der persönlichen Vorliebe ab. Sollen die Spätzle eher weich sein oder möchte man welche mit „Biss“? Das „Durchschlagen“ des Teiges führt zusammen mit dem zugegebenen Wasser bzw. dem im Ei enthaltenen Wasser zur Freisetzung von Gluten (Kleber), das die Bindung für die Spätzle schafft. Durch eine nachfolgende Teigruhe entspannt sich das Klebernetzwerk wieder (gilt nicht für glutenfreie Spätzle, zu starkes Rühren führt hier zur Verschleimung der enthaltenen Stärke.

Der Teig wird in sprudelnd kochendes Salzwasser geschabt, gehobelt oder gepresst. Am besten verwendet man einen 5 oder 10 l fassenden Topf und setzt eineinhalb bis zwei gehäufte Esslöffel Salz (50-55 g) zu. Die große Wassermenge hat den Vorteil, dass die Temperatur beim Einbringen der Spätzle nicht zu stark absinkt und diese dadurch sehr schnell garen und nicht auslaugen. Dies ist insbesondere wichtig, wenn die Spätzle nicht von Hand geschabt, sondern mit dem „Spätzleschwob“ (Kartoffelpresse) eingepresst werden, da dann recht große Mengen auf einmal ins Wasser kommen.

Steigen die Spätzle an die Oberfläche, so lässt man sie noch ein- bis maximal zweimal aufwallen, entnimmt sie mit einem Draht- oder Schaumlöffel (Schaumkelle) und . . . , hier scheiden sich die Geister: Manche geben sie in eine Schüssel mit etwas angewärmtem Wasser, andere lassen sie gut abtropfen und geben sie trocken in die Schüssel oder in ein Sieb, so dass wirklich alles abläuft. Gelegentlich wird empfohlen, die Spätzle mit warmem oder kaltem Wasser abzuschrecken. Das sollte man lassen und Paul Boucuse, einem eindeutigen Nichtschwaben, folgen, der Abschrecken für alle Nudeln für verheerend hält. Das Verkleben der Spätzle verhindert man erfolgreich, indem man sie sofort serviert, d. h. die Spätzle werden erst hergestellt, wenn alles andere fertig ist, alternativ kann man sie mit zerlassener Butter abschmälzen.

Zu den Standardspätzle gehört natürlich auch ein Rezept für Standardknöpfle. Als Nord-Württemberger begebe ich mich dabei eigentlich auf Glatteis. Deswegen greife ich auf das „Kochbuch für den hauswirtschaftlichen Unterricht an Volks- und Fortbildungsschulen“ der Stadt Bern in seiner 25. Auflage (1958) zurück. Schülergenerationen haben danach gelernt, und so dürfte das Knöpfli-Rezept tatsächlich einen Standard darstellen.

26 Standard–Knöpfli oder -Knöpfle

26 Standard–Knöpfli oder –Knöpfle

2 Tassen Mehl, $\frac{1}{2}$ Tasse Wasser, $\frac{1}{2}$ Tasse Milch, 1 Kaffeelöffel Salz, 2 Eier
Zum Kochen: 2 l Wasser, 1 EL Salz
Zum Überschmelzen: 1 EL Fett, 3 EL Paniermehl oder 1 Zwiebel

100 g Maismehl, 100 g Klebereis- oder Reismehl, 100 g Stärke, je 3 g Xanthan und Johannisbrotkernmehl, Salz, 5–6 Eier, je 20-40 ml Milch und Wasser

▷ Mehl, Flüssigkeit und Salz in einer Schüssel zu einem glatten Teig verarbeiten.
▷ Eier zugeben und den Teig so lange mit dem Rührlöffel durchschlagen, bis er Blasen wirft und stückweise vom Rührlöffel fällt[1].
▷ Den Teig mit Hilfe eines Löffels oder einer Kelle durch ein Knöpflesieb (–model) oder ein metallenes Salatsieb mit relativ großen Löchern ins Wasser treiben.
▷ Kochen, bis die Knöpfle oben schwimmen, dann noch 5–10 Min. ziehen lassen[2].
- *Ist kein Knöpflisieb vorhanden, den Teig mit einem Messer, das man immer wieder ins kochende Wasser taucht, in feinen, langen Streifen von einem Brett ins Wasser schneiden bzw. schaben.*

▷ Das Knöpflewasser für eine Suppe verwenden (ersetzt Fleisch- oder Gemüsebrühe).
▷ und auf einer Platte anrichten.
▷ Paniermehl oder klein geschnittene Zwiebel in Fett goldgelb backen.

- [1]Die Flüssigkeitsmenge etwas erhöhen und den Teig nur so lange durchschlagen, bis er vollständig glatt ist.
- [2]Glutenfreie Knöpfle herausnehmen, sobald sie oben schwimmen.

Abschmälzen und „Spätzle mit Sand“

Klassisch werden die Spätzle mit zerlassener Butter, in der ca. 1 Esslöffel Paniermehl geröstet wurde, übergossen. Das Paniermehl („Spätzle mit Sand“) sagt nicht jedem zu, so hat meine Familie mich davon überzeugt, darauf schweren Herzens zu verzichten. Geschmolzene Butter allein reicht auch, um die Spätzle vor dem Verkleben zu schützen. Anstatt die Spätzle mit Butter zu übergießen, kann man sie natürlich auch in einer Pfanne mit zerlassener Butter schmälzen.

Der Begriff „Abschmälzen“ dürfte von „Schmalz“ kommen, nicht von „schmelzen“.

Alternativ kann man an etwas zusammengeklebte Spätzle auch einen Schöpflöffel heißes Spätzlewasser geben, dann lösen sie sich wieder.

3.2.4 Grundlegende Spätzlevarianten

So einfach das oben angegebene Rezept kling, die richtige Zusammensetzung des Spätzleteiges ist ein gutes Thema, wenn man Streit sucht. Hier einige grundlegende Variationen:

Klassische Teigvariationen

1. **Mehl, Salz, Wasser (nur von historischem Interesse)**
2. **500 g Mehl, 2-3 Eier, 1 Esslöffel Salz, ca. 250 ml (1/4l) Wasser**
3. **500 g Mehl, 4 Eier, 1 Esslöffel Salz, ca. 200 ml Wasser,**
4. **500 g Mehl, 5 Eier, 1 Esslöffel Salz, ca. 150 ml Wasser (1 Tasse)**
5. **500 g Mehl, 6 Eier, 1 Esslöffel Salz, ca. 100-120 ml Wasser**
6. **500 g Mehl, 8-10 Eier, 1 Esslöffel Salz, evtl. 1-3 Esslöffel Wasser**

Die Varianten unterscheiden sich nur in der Anzahl der verwendeten Eier, wobei die Wassermenge entsprechend angepasst wird. Dabei spielen das verwendete Mehl und die Eier eine Rolle. Bei den Eiern kommt es auf die Größe und die Frische an. Eier verlieren mit zunehmendem Alter Wasser und es entsteht eine Luftblase. Dieses Wasser muss bei der Teigzubereitung ersetzt werden. Wasser ist in der Tat eine wichtige Komponente bei jeder Teigzubereitung, da es wesentlich bei der Bildung von Gluten beteiligt ist, das die Grundstruktur des Teigs bestimmt.

Die Eimenge bestimmt Geschmack, Nährstoffgehalt und Textur (Bissgefühl) der Spätzle, je mehr Eier, um so fester werden sie, was sich durch zusätzliches Wasser, also einen dünneren Teig, zum Teil wieder ausgleichen lässt.

Die verschiedenen Zutaten

Mehl:

Für klassische Spätzle wird Weizenmehl verwendet, im engeren Sinn Mehl von Weichweizen, unser klassisches Kuchenmehl oder Dinkelmehl. Italienische Pasta dagegen werden aus Hartweizenmehl hergestellt, da dieses einen höheren Kleberanteil besitzt und deswegen nach ausführlichem Kneten Nudeln ohne Eizusatz möglich werden.

Für glutenfreie Spätzle verwendet man Mehl von glutenfreien Pflanzensamen wie Mais, Reis etc. (s. glutenfreies Mehl und Mehlmischungen S. 81), dem ggf. Glutenersatzstoffe beigemischt werden.

Weizenmehl: Für die Spätzleherstellung kann man fast jedes Mehl verwenden, 405er, 550er oder Mischungen mit Vollkornmehl. Dabei muss die verwendete Wassermenge angepasst werden, um einen geschmeidigen Teig zu erreichen. Die benötigte Wassermenge nimmt mit steigendem Kleberanteil etwas zu. 550er Mehl ist 405er allgemein vorzuziehen, weil es eine bessere Bindigkeit besitzt.

Vollkornmehl verwendet man in Kombination mit einem Mehl stärkeren Ausmahlgrads. Die Mehlmischung setzt sich z. B. je zur Hälfte aus 405er und 1050er Mehl zusammen, oder man wählt ein

Verhältnis wie z. B. 2/3 550er und 1/3 1050er. Die Wassermenge muss eventuell etwas erhöht werden.

Dinkelmehl: Dinkel ist die ursprünglich im schwäbischen Raum angebaute Weizensorte (Fesen in Bayrisch–Schwaben) und eignet sich aufgrund des etwas höheren Kleberanteiles sehr gut für Spätzle, insbesondere mit wenig Eiern. Besonders zu empfehlen ist die Type 630.

Mehltypen nach DIN 1035

Die Typenangaben 405 etc. sind Durchschnittsangaben des Mineralstoffgehaltes. So enthält

Type 405:	0-0.5%
Type 550:	0.51-0.63%
Type 1050:	0.91-1.2%

Mineralstoffe.

Eier:

Die angegebene Eimenge bezieht sich auf große Eier (L), wobei auf Wasser weitgehend verzichtet werden kann, wenn die Eier frisch sind (s. o.). Wichtig ist:

- Das Mehl–Ei–Verhältnis steuert die Festigkeit oder Härte der Spätzle. Weiche, gaumenschmeichelnde Spätzle erhält man bei weniger Ei und mehr Wasser, härtere Spätzle mit 'Biss' bei viel Ei und wenig Wasser.
- Der Wasserzusatz verändert die Festigkeit des Teiges. Dicke, lange Spätzle entstehen mit weniger Wasser, dünne, eher kurze Spätzle dagegen mit verhältnismäßig viel Wasser (dünner Teig).

Salz

wird dem Teig immer zugegeben (abschmecken).

Milch

kann anstelle von Wasser verwendet werden.

3.3 Glutenfreie Spätzle

Gluten oder Kleber besteht aus den beiden Proteinen 'Gliadin' und 'Glutenin', die gemeinsam in verschiedenen Getreidesorten, insbesondere Weizen, vorkommen. Ist Wasser vorhanden und werden sie mechanisch beansprucht, so treten sie in Wechselwirkung und bilden ein stabiles Netzwerk, das dem Teig Stabilität gibt.

Wichtig ist nun, dass dieses zähe Gerüst die Grundlage zur Herstellung unseres Brots und auch von Teigwaren, einschließlich der Spätzle ist, bei anderem Gebäck wie Kuchen und Feingebäck aber störend wirkt, da das Gebäck zäh wird.

Eine Konsequenz ist, dass wir für glutenfreie Spätzle einen Zusatz als Glutenersatz benötigen, damit sie im Kochwasser nicht zerfallen. Bei Schmalzgebäck und Pfannkuchen ist dieser Zusatz aber kontraproduktiv, die Teigqualität verschlechtert sich, obwohl es sich praktisch um denselben Grundteig handelt.

Glutenfreie Spätzle sind eigentlich ein Widerspruch in sich, da das Gluten oder genauer seine Bestandteile Gliadin und Glutenin sich vernetzen und dem Teig die notwendige Zähigkeit und Elastizität geben, damit z. B. mit einer Kartoffelpresse zusammenhängende Nudeln, erzeugt werden können. Versucht man Getreidemehl einfach durch glutenfreie Mehle zu ersetzen, so ist das Ergebnis mehr als enttäuschend: Der Teig zerfällt im kochenden Wasser sofort oder wenn man nudelähnliche Reste noch auf den Teller bringt, lösen sie sich spätestens dort auf. Am besten gelingt der Versuch noch mit sehr feinem Hirsemehl, es bilden sich jedoch nur dünne kurze Nüdelchen, denen auch die typische Oberfläche von Spätzle fehlt.

Der eigentliche Hauptbestandteil des Weizenkorns, die Stärke, hat die Eigenschaft beim Kneten unter Anwesenheit von Wasser zwar schmierig zu werden, ohne dabei zusätzliche Kohäsion zu entwickeln. Ohne stabilisierende Zusätze, dazu gehört auch Eiweiß, löst sich eine Stärkemasse in kochendem Wasser einfach auf.

Die Eigenschaften von Gluten müssen deswegen durch geeignete Dickungs- bzw. Bindungsmittel (Gelbildner) ersetzt werden. In Fertigmischungen, die für Spätzle als geeignet bezeichnet werden, findet man i. a. Johannisbrotkernmehl, in speziellen Mischungen für Spätzle oft Johannisbrotkernmehl und Xanthan, die in Kombination strukturstabile Gele bilden.

Gluten oder Kleber

Gluten oder Kleber

Kleber oder Gluten sind Eiweiße, die im Stärkekörper von Weizen, Dinkel, Emmer, Einkorn, Kamut, Roggen, Gerste und Hafer enthalten sind. Gluten fehlt in Mais, Reis, Buchweizen, Kartoffeln, und Hülsenfrüchten. Aber auch im glutenreichen Getreide liegt das Eiweiß in unterschiedlicher Form vor, so eignen sich Roggen, Gerste, und Hafer ohne Weizenzusatz nicht zur Herstellung von Brot, sofern man von Fladenbrot und bei Roggen Sauerteig absieht.

Gluten besteht im Wesentlichen aus zwei unterschiedlichen Eiweißen, Gliadin und Glutenin. Gliadin ist ein klebriges, zähflüssiges Eiweiß und in Alkohol löslich, während Glutenin eine fibröse netzwerkartige Struktur hat und in Alkohol unlöslich ist.

Mit Wasser und zusätzlicher mechanischer Bearbeitung, Kneten des Teiges, und damit einer mechanischen Denaturierung, entsteht aus dem primären Gluten ein Netzwerk, das dem Teig

Elastizität verleiht, dabei vernetzen sich Gliadin und Glutenin. Die Stärkekörner des Mehls werden in das Netzwerk eingeschlossen. Durch Ruhe entspannt sich ein Teil des Glutens, bei manchen Teigsorten (Mürbteig) wirkt sich zu viel Kleberbildung ungünstig aus. Andererseits ist eine kräftige Kleberbildung bei Hefeteig wichtig, da dann die durch die Tätigkeit der Hefe entstehenden CO_2-Bläschen im Teig festgehalten werden. Entsprechend sind die Anweisungen zur Zubereitung unterschiedlicher Teigarten zu verstehen. Im fertigen Gebäck stabilisiert das geronnene Klebergerüst das Gebäck, so dass es nicht wieder zusammenfällt.

Experiment: Herstellung von Gluten

Benötigt werden: Mehl, Wasser, Salz, evtl. Jod oder Lugolsche Lösung

Aus Mehl und Wasser wird ein knetbarer Teig hergestellt und sehr ausgiebig durchgeknetet. Dann wird er klein geschnitten und mit gut gesalzenem kaltem Wasser mehrfach ausgewaschen. Das Waschwasserer überprüft man mit einem Tropfen Jod oder Lugolscher Lösung auf Stärke (Stärke färbt sich mit Jod blau bis schwarz), bleibt es klar, so besteht der Rückstand aus praktisch reinem Kleber, einer Kaugummi ähnlichen Substanz.

Weizenstärke

Schüttet man das Waschwasser des Versuchs durch ein sehr feines Tuch, so bleibt Weizenstärke zurück. Zum Schluss mit klarem Wasser durchspülen, um das Salz zu entfernen, und anschließend trocknen. Nachdem die Kruste zerkleinert ist, hat man weitgehend reine Weizenstärke.

3.3.1 Zusatzstoffe als Glutenersatz

Stärke, gleichgültig welcher Herkunft, bindet Wasser und quillt auf ohne sich in Flüssigkeiten aufzulösen. Sie ist deshalb zwar als Dickungsmittel und „Wasserspeicher" geeignet, nicht jedoch als Bindemittel. Sie wird in dieser Eigenschaft in allen fertigen Mehlmischungen, häufig als Hauptbestandteil, eingesetzt. Durch längeres Kochen bildet sich jedoch Dextrin (s.u.), das für die Bindung von Soßen wesentlich ist, dabei geht auch der typische Mehlgeschmack verloren.

Guarkernmehl (E412)

ist ein zugelassener Lebensmittelzusatzstoff, der aus den Samen des tropischen Guarstrauchs gewonnen wird. Guarkernmehl enthält einen pflanzlichen Schleimstoff, der schon in kalten Flüssigkeiten sehr gut löslich ist und dabei Flüssigkeiten hoher Viskositäten bildet, deren Stabilität allerdings schergeschwindigkeitsabhängig ist. D. h. durch Rühren, Rütteln oder Schütteln verflüssigt sich das Gel. wobei es nach einer längeren Ruhephase in den ursprünglichen Zustand zurückkehrt. Es findet in verschiedenen kommerziellen Backmischungen Anwendung, weniger allerdings in Nudel–, Spätzle– und Hefeteigmischungen. Berichtet wird, dass Guarkernmehl in größerer Menge allergische Reaktionen auslösen kann, u. a. auch Störungen im Magen und Darmtrakt.

Empfohlene Beimengung (Herstellerempfehlung): 2% des Gewichts der Mehlmischung.

Johannisbrotkernmehl (E410)

wird aus den Samen der Schoten des Karubenbaums gewonnen und ist ein zugelassener Nahrungsmittelzusatzstoff. Es hat eine sehr hohe Wasserbindungsfähigkeit (die 80-100fache von Stärke) und bildet bei höheren Temperaturen strukturstabile Gele, insbesondere zusammen mit Xanthan. Es ist ein wichtiger Zusatzstoff für Hefeteige (glutenfreies Brot) und auch für Nudel- und Spätzleteige sehr geeignet. Gesundheilich ist es unbedenklich.

Empfohlene Beimengung (Herstellerempfehlung): 3% des Gewichts der Mehlmischung.

Xanthan (E415)

wird mit Hilfe von Bakterien der Gruppe Xanthomonas aus zuckerhaltigen Substraten gewonnen. Xanthan ist ein ausgezeichnetes Verdickungs- und Geliermittel, das zusammen mit Johannisbrotkernmehl Gele bildet, die ein hohes Wasserbindungsvermögen und eine hohe Elastizität aufweisen. Darüber hinaus kann es Gaspartikel wie Kohlendioxyd binden, was man sich in Teigen zunutze machen kann, indem man kohlensäurehaltiges Mineralwasser statt Leitungswasser der Teigmischung zugibt und damit eine Möglichkeit besitzt, den Teig aufzulockern. In Kombination mit Johannisbrotkernmehl ist Xanthan wahrscheinlich der beste Glutenersatz, es bilden sich bei höheren Temperaturen sehr strukturstabile Gele. Xanthan gilt als gesundheitlich unbedenklich.

Empfohlene Beimengung: Xanthan wird in kleinen Mengen zu Mehlmischungen zugegeben, so wie Johannisbrotkernmehl.

Xanthan und Johannisbrotkernmehl

Mischungen aus Xanthan und Johannisbrotkernmehl wirken synergetisch: Das heißt sie wirken gemeinsam stärker, als man durch einfache Addition erwartet.

In diesem Fall verstärkt sich die Gelbildung: Es entsteht ein sehr stabiles Gel, das in Teigwaren einen guten Glutenersatz darstellt.

3.3.2 Glutenfreies Mehl und Mehlmischungen

Wenn man sich das erste Mal nach glutenfreien Mehlsorten umschaut, dann wundert man sich über die Vielfalt und fragt sich, was man damit machen kann. Unsicher greift man dann doch lieber zu einer fertigen Mehlmischung, wobei es sich durchaus als schwierig herausstellt, eine spezielle z.B. für Spätzle zu finden. Wenn dann zum Schluss das Ergebnis, trotz sorgfältiger Beachtung der Kochanleitung, nicht überzeugt, kommen sehr leicht Zweifel auf, ob das Unternehmen „glutenfreie Küche“ wirklich gelingt oder doch ein Verzicht auf alles lieb Gewonnene ansteht. Man kann sich jedoch an einige Grundregeln halten und dann nach einiger Zeit mit ein bisschen Experimentieren seine Grundmischung finden, die sehr gute Ergebnisse ergibt.

Was für Spätzle funktioniert, geht im Wesentlichen auch für andere Teigwaren, so dass man immer einen Startpunkt hat, wenn man Neues, z. B. Kuchenteig, ausprobieren möchte. Allerdings stellt sich dann auch bald heraus, dass es für unterschiedliche Teige auch unterschiedlicher Mengenverhältnisse der Zutaten bedarf. Dabei spielt unter anderem eine Rolle, ob der Teig nur gerührt oder auch geknetet wird.

Im Folgenden wird versucht, die geeigneten Mischungskonzepte für unterschiedliche Anwendungen in den einzelnen Kapiteln zu begründen. Hier nun für Spätzleteig:

Mehlsorten

Es gibt eine Vielzahl exotischer Mehlsorten wie

- Erbsenmehl
- Kichererbsenmehl
- Kastanien- oder Maronenmehl
- Wasserkastanienmehl
- Pastinakenmehl
- Amaranth

- Canihua
- und andere,

die aber nur für ausgefallene Spätzle Verwendung finden, einige Rezepte sind in Abschn. 3.4.4 auf Seite 106 aufgeführt. Im Wesentlichen dienen diese Mehlsorten als „Gewürz“, d.h. die Spätzle erhalten einen geschmacklichen Kick.

Als Regel kann man jedoch aufstellen, dass eine glutenfreie Mehlmischung für Spätzle und andere Teigwaren aus zwei bis drei Komponenten besteht:

1. griffiges Mehl, Stärke, evtl. Glutenersatzstoff(e)
2. griffiges Mehl, glattes Mehl, Stärke, evtl. Glutenersatzstoff(e)

Die Glutenersatzstoffe wurden in Abschn. 3.3.1 auf Seite 79 dargestellt. Geeignete Mehlsorten für Teigwaren, die man zwischen den Fingern deutlich spürt oder die auf der Arbeitsplatte als Körnchen unter den Fingern rollen, sind griffige Mehlsorten, spürt man die Körner nicht, ist das Mehl glatt, wobei Reismehl schon wieder eine gewisse Griffigkeit besitzt. Stärke ist nicht zu spüren. Eine kleine Auswahl:

griffige Mehlsorten	glatte Mehlsorten	Stärke
Maismehl	Klebereismehl	Maisstärke
Hirsemehl	Reismehl	Pfeilwurzmehl
Buchweizenmehl		Kartoffelstärke
		Tapiokastärke

Anders als bei Weizenmehl gibt es bei den glutenfreien Mehlsorten keine Normierung des Ausmahlgrades. Dieselbe Mehlsorte von verschiedenen Herstellern kann deshalb deutliche Unterschiede aufweisen, z. T. bestehen Unterschiede auch zwischen verschiedenen Chargen. Deshalb ist es kaum möglich, präzise Angaben zur notwendigen Wasserzugabe zum Teig zu machen.

Experiment: Herstellung von Kartoffelmehl (Stärke)

Experiment: Herstellung von Kartoffelmehl (Stärke)

Stärke kann relativ einfach aus Kartoffeln gewonnen werden. Im Constanzer Kochbuch von 1845 findet sich dazu folgendes Rezept:

Kartoffel-Mehl

Man reibt geschälte und rein gewaschene Erdäpfel am Reibeisen, wirft sie dann in ein Gefäß mit kaltem Wasser, und rührt sie wohl um. Haben sie 2 Stunden gestanden, so müssen sie durch einen Seiher (Sieb) abgegossen werden, daß das Faserige zurückbleibe.

Nun schüttet man sie in das Gefäß, und gießt frisches Wasser darüber. Hat sich das Mehl auf den Boden gesetzt, so wird das Wasser wieder abgegossen, und wieder frisches darauf geschüttet. Auf diese Art fährt man mit dem Bewässern fort, bis das Wasser ganz hell bleibt und das Mehl schön weiß ist, wonach das Mehl durch ein feines Haarsieb getrieben, und wieder frisches Wasser darauf geschüttet werden muß.

Hat es sich nun wieder gesetzt, so wird das Wasser wieder abgegossen, das Mehl mit einem Löffel auf eine Leinwand (ein Küchentuch, am besten aus Leinen, muss aber nicht sein) herausgenommen, und dann an einen temperierten Ort oder an die Luft gestellt, bis es halb trocken ist. Dann wird es auf einem Brette mit einem Wallholze (Nudelholz) ausgerollt, und wenn es ganz ausgetrocknet ist, in Steintöpfen aufbewahrt. Vor dem Gebrauche wird es durch ein Haarsieb gesiebt.

Mehlmischungen

Für Spätzle erwiesen sich für mich folgende Mischungsverhältnisse als besonders geeignet

Mischungsverhältnisse glutenfreier Mehlsorten für Spätzle

1. $\frac{1}{3}$ griffiges Mehl $\frac{2}{3}$ sehr glattes Mehl (Klebereismehl)
2. $\frac{1}{3}$ griffiges Mehl, $\frac{1}{3}$ glattes Mehl, $\frac{1}{3}$ Stärke
3. $\frac{1}{3}$ griffiges Mehl, $\frac{2}{3}$ Stärke

denen noch ca. 4% Guarkernmehl oder 2–3% Johannisbrotkernmehl und 2–3% Xanthan als Glutenersatzstoff(e) beigemischt werden.

Meine bevorzugte Standardmehlmischung für Spätzle

ist:

$\frac{1}{3}$ Maismehl, $\frac{1}{3}$ Klebereismehl, $\frac{1}{3}$ Stärke,
2–3% Johannisbrotkernmehl, 2–3% Xanthan,

wobei das Klebereismehl aber gut durch Reismehl ersetzt werden kann.

3.3.3 Glutenfreie Teigvariationen

Hier nun einige getestete und empfehlenswerte Teigmischungen für Spätzle, wobei zum Testen alle Spätzleteige durch dieselbe Spätzlepresse in das Wasser gedrückt wurden. Von den verschiedenen Mehlsorten ziehe ich Maismehl vor, da es recht körnig ist und dadurch eine rauhe Oberflächenstruktur erzeugt und den Spätzle eine angenehme gelbe Färbung gibt. Hirsemehl und Buchweizenmehl können anstelle von Maismehl genommen werden, die Spätzle werden jedoch sehr glatt und haben eine gewöhnungsbedürftige Färbung. Reismehl, insbesondere Klebereismehl, ersetzt einen Teil der sonst zugegebenen Stärke in den Rezepten (mein Favorit ist Klebereismehl).

Der Nachteil glutenfreier Spätzle ist meist, dass die Oberflächenstruktur sehr glatt ist. Gewöhnliches Maismehl erzeugt eine leicht körnige Oberfläche, die sich noch verbessern lässt:

Weißes Maismehl ist gröber als gewöhnliches und verbessert die Oberflächenstruktur, die Spätzle werden aber sehr bleich.

Maisgrieß (Polentagrieß) erzeugt eine sehr schöne rauhe Oberfläche und Farbe, dafür muss die zugegebene Wassermenge gut austariert werden und die Spätzle müssen nach dem Aufschwimmen im Kochwasser schnell herausgenommen werden, da sie sonst zu weich werden.

Glutenfreie Teigvariationen

1. **60 g Maismehl, 60 g Klebereismehl, 60 g Stärke,2–3 g Xanthan und 2–3 g Johannisbrotkernmehl, Salz, 3 Eier, ca. 45ml Wasser**

2. **60 g Maismehl, 60 g Reismehl, 60 g Stärke, 2–3 g Xanthan und 2–3g Johannisbrotkernmehl, Salz, 3 Eier, ca. 45 ml Wasser (3 EL)**

3. **60 g Maismehl, 120 g Klebereismehl, 3 g Xanthan und 3 g Johannisbrotkernmehl, Salz, 3 Eier, 30-45 ml Wasser**

Xanthan und Johannisbrotkernmehl können durch 2 bis 3 g Guarkernmehl ersetzt werden. Unter Umständen kann auf Glutenersatzstoffe auch weitgehend verzichtet werden, dann rechnet man aber besser 1 Ei pro 50 g Mehl bzw. Stärke, reduziert die angegebenen Mehlmengen also auf 50 g.

Zunächst werden Mehl, Stärke, Verdickungsmittel und Salz sehr gut gemischt, dann die Eier eingerührt und zum Schluss löffelweise Wasser zugegeben, bis der Teig die richtige Konsistenz hat, mit dem Rührlöffel durchschlagen, bis der Teig Blasen wirft, sofort verarbeiten. VORSICHT! Bleibt der Teig lange stehen, so kann es notwendig werden, noch zusätzlich Wasser einzuarbeiten, wodurch die Spätzle evtl. sehr weich werden, da die Glutenersatzstoffe viel Wasser binden (s.o.). Wird der Teig sofort verarbeitet, so wird dieses zusätzliche Wasser beim Kochen aufgenommen, die Spätzle gehen besser auf und es bildet sich eine raue Oberfläche.

Auffallend bei meinen Rezepten ist der hohe Anteil an Ei: 1 Ei pro 50-60 g Mehl. Bei Weizenmehl rechne ich dagegen 1 Ei pro 90 g Mehl. Im glutenfreien Mehl kommt dem Ei, neben den Glutenersatzstoffen, tatsächlich eine wichtige stabilisierende, d.h. gerüstbildende Wirkung zu, die beim Weizenmehl nicht in gleichem Maße erforderlich ist.

3.3.4 Glutenfreie Rezepte

Nun, nach der ganzen Theorie, noch die Rezepte für glutenfreie Spätzle, mit denen ich die besten Erfahrungen gemacht habe. Darauf bauen auch die Empfehlungen im Rezeptteil ab S. 89 auf.

27 Meine glutenfreien Spätzle

27 Meine glutenfreien Spätzle

Mehlmischung: 100 g Maismehl, 100 g Reis– oder Klebereismehl, 100 g Stärke, je 6–8 g Johannisbrotkernmehl und Xanthan, Salz, 5–6 Eier, ca. 30–60 ml Wasser

- ▷ Die drei Mehlsorten, Johannisbrotkernmehl, Xanthan und Salz werden gut gemischt.
- ▷ Dann werden die Eier untergerührt und zum Schluss wird langsam das Wasser eingearbeitet. Die genaue Wassermenge hängt von der Qualität des Mehls einerseits und der persönlichen Vorliebe andererseits ab. Erhöht man die Wassermenge, werden die Spätzle weicher bzw. man erhält bei genügender Wasserzugabe Knöpfle.

Spätzle allgemein, die glutenfreien insbesondere, tendieren dazu, etwas aneinander zu kleben. Man kann sie mit heißem Wasser übergießen, was aber wiederum zum Nachgaren führt. Frisch ist die klebrige Oberfläche sogar von Vorteil, da eine Soße dann noch besser gebunden wird. Störend dagegen kann es sein, wenn übrig gebliebene Spätzle später geröstet werden. Hier haben Butterspätzle Vorteile, da sie weniger klebrig sind. Sie werden auch etwas weicher, was mancher angenehm empfindet. Hier mein Rezept für ca. 280 g Mehl:

28 Meine Butterspätzle

28 Meine Butterspätzle

Mehlmischung: 100 g Maismehl, 100 g Klebereismehl oder Reismehl, 100 g Stärke, je 5–6 g Johannisbrotkernmehl und Xanthan, Salz, 5–6 Eier, 50 g Butter, etwa 75–100 ml Milch

- ▷ Alle Zutaten der Mehlmischung gut durchmengen.
- ▷ Die Butter zergehen lassen, so dass sie gerade flüssig ist, und zusammen mit den Eiern zugeben. Alles durchmengen.
- ▷ Jetzt langsam die Milch einarbeiten, den Teig dabei kräftig schlagen, bis er glatt ist. Die Teigkonsistenz über die Milchmenge steuern.
- ▷ Dieser Teig sollte relativ fest sein.

Es geht auch ohne Glutenersatzstoffe, wobei allerdings der Arbeitsaufwand steigt. Spätzle dieser Art bauen auf Teigvarianten für gebrannte Strauben auf (Abschn. 5.3.1 auf Seite 369). Wichtig dabei ist, dass dem Teig unbedingt Fett zugesetzt wird. Am besten Butter wie bei Butterspätzle, es ist aber auch Schmalz oder pflanzliches Öl möglich. Ob man auf der Basis von gebranntem Teig auch eifreie Spätzle herstellen kann, habe ich nicht ausprobiert, für Veganer ist es einen Versuch wert.

29 Glutenfreie Spätzle ohne Zusätze

29 Glutenfreie Spätzle ohne Zusätze

150–180 g glutenfreie Mehlmischung (vorzugsweise: je $\frac{1}{3}$ Maisgrieß (Polentagrieß), (Klebe-)Reismehl, Stärke), 250 ml Milch (oder Wasser), 50 g Butter, Salz, 3–4 Eier

▷ Mehlmischung herstellen, gut durchmischen.
▷ Milch, Butter und Salz aufkochen.
▷ Die Mehlmischung auf einen Schwung in die Milch schütten,
▷ umrühren.
▷ Hitze reduzieren und
▷ unter ständigem Rühren den Teig „abbrennen", d. h. solange rühren, bis sich der Teig vom Topf löst und einen homogenen Knödel bildet.
▷ noch etwas weiter erhitzen, dabei den Knödel ständig wenden.
▷ Abkühlen lassen.
▷ Nach und nach die Eier einarbeiten, bis der Teig die gewünschte Konsistenz eines Spätzleteigs hat und beim Durchschlagen Blasen bildet.
▷ In siedendes Wasser drücken oder schaben, dabei
▷ das Wasser aufkochen lassen (die Spätzle sinken nicht ab wie bei gewöhnlichem Teig).
▷ Die Spätzle sehr gut abtropfen lassen.

- Die Spätzle sollte man nicht zu fein herstellen, ein Sieb oder eine Presse mit großen Löchern (wie kleine Erbsen, 4 mm) ist geeigneter als der herkömmliche Spätzleschwob oder die Kartoffelpresse.

Die so hergestellten Spätzle sind locker und luftig. Lässt man sie etwas abtrocknen, so wird die Oberfläche fester und sie lassen sich sehr gut abschmälzen oder auch anrösten.

3.4 Variationen von Spätzle

Spätzle, Knöpfle, das ist doch einfach, die macht man so … …

Wo haben Sie gefragt, in Stuttgart, Augsburg, Offenburg oder Bern? Sehr wahrscheinlich bekommen Sie jedesmal eine andere Antwort. Und hätten Sie 1863 oder 1775 gefragt? …

30 Wasserspätzchen (Knöpfli)

Noques à la wurtembergoise

30 Wasserspätzchen (Knöpfli) Noques à la wurtembergoise

500 g Mehlmischung, Salz, 400 ml Wasser, 4–6 Eier, (für 6 Personen 3 Eier und 375 g Mehl)

Glutenfrei wird je nach Mehlmischung evtl. gut die 1.5-fache Wassermenge benötigt.

- ▷ Mehl(mischung) mit dem Wasser anrühren.
- ▷ Die Eier nach und nach einarbeiten, Salz zufügen.
- ▷ Den Teig etwa 30 Min. durchschlagen, bis er sich von der Schüssel löst.
- ▷ Nun den Teig möglichst 1 Stunde ruhen lassen (nicht bei glutenfreiem Teig).
- ▷ Den Teig vom Brettchen in kochendes, gesalzenes Wasser schaben. Dabei das Messer öfter in das Wasser tauchen.
- ▷ Sobald etliche Spätzle an die Oberfläche steigen, mit dem Schaumlöffel herausnehmen, in heißes Wasser legen und weitermachen, bis der Teig aufgebraucht ist.
- ▷ Das Wasser von den Spätzle absieben und sie auf einer Platte anrichten.
- ▷ Mit in Butter geröstetem Paniermehl oder länglich geschnittenen Zwiebeln abschmälzen.
- Wurde der Teig mit 6 Eiern gemacht, so kann man ihn durch ein Spätzlesieb ins Wasser laufen lassen (er ist dann entsprechend flüssig und bindet schnell ab).

Dieses Rezept von 1903, nach der Basler Kochschule[SBa1903], verweist in der französischen Bezeichnung darauf, dass die Spätzle „nach Württemberger Art“ hergestellt sind: Wasserspätzle, d. h. der Teig wird mit Wasser angemacht, werden also als typisch württembergisch gesehen.

Württemberg entsprach damals weitgehend dem heutigen Regierungsbezirk Nord-Württemberg mit dem Kernland um Stuttgart. Die „Württemberger Art“ bezeichnet Spätzle, deren Teig mit Wasser angemacht ist, also „Wasserspätzle“, und ins siedende Wasser geschabt oder geschnitten werden. In Oberschwaben, Bayrisch–Schwaben und der Schweiz dagegen wurden Spätzle meist mit Milch oder einer Mischung aus Milch und Wasser hergestellt (vgl. Standardknöpfle Rez. 26 auf Seite 72) und durch das Spätzlemodel oder -sieb ins Wasser gedrückt, manchmal auch in Milch gekocht und mittels des Straubentrichters in die Kochflüssigkeit eingelassen.

Zu Beginn des Spätzle–Kapitels (Abschn. 3.1.1 auf Seite 42) wurde die Geschichte der Spätzle beleuchtet. Hier lohnt es sich nun, die regionalen Unterschiede etwas herauszuarbeiten.

In Württemberg galt seit der Reformation das Erbteilungsrecht, d. h. Hof und Grund wurden im Erbfall auf die Söhne aufgeteilt. Dadurch nahm die Größe der Bauernhöfe in wenigen Generationen drastisch ab, nur noch wenige konnten sich eine Kuh und ein Schwein leisten, das waren dann die „Mondscheinbauern“, die nach einer regulären beruflichen Tätigkeit nach Feierabend noch ihr Gütle bearbeiteten.

Die Mehrzahl der Bevölkerung besaß dagegen nur noch kleine Äcker und Obstwiesen. Sie hielten sich vor allem Kleinvieh, Hühner und eventuell Kaninchen, wodurch auch das frei verfügbare Land, die Allmende, wichtig war, die von jedem genutzt werden konnte, d. h. eine bescheidene Quelle für Grünfutter darstellte. Die Allmende, der Gemeinschaftsbesitz nach altgermanischem Recht, bestand gewöhnlich aus Grünstreifen entlang von Wegen in der Feldflur.

In vielen anderen Gegenden dagegen galt das Anerbenrecht weiter, nur der älteste Sohn erbte den Hof, der dadurch in seiner ursprünglichen Form und Größe erhalten blieb. Hinzu kam im Alpenraum die Nutzung vieler Almen oder Alben als Allmende, d. h. sie wurden und werden z. T. noch gemeinschaftlich von einem Dorf genutzt. Dadurch war eine extensive Viehhaltung möglich, Milch und Milchprodukte standen verhältnismäßig leicht zur Verfügung.

Besonders im Elsass findet man Spätzlerezepte, die mit sehr wenig oder ganz ohne Eier auskommen (S. 94). In diesem Gebiet dominierte in weiten Bereichen der Weinbau. Zieht man die Verhältnisse zwischen Esslingen und Stuttgart im württembergischen zum Vergleich heran, so waren die Höfe wohl recht klein, sodass selbst Kleinvieh nicht gehalten wurde.

Insgesamt ergibt sich ein Zusammenhang zwischen der landwirtschaftlichen Struktur und den für eine Region typischen Spätzlevarianten: mit Milch und eventuell auch Butter in Bayrisch–Schwaben, Oberschwaben und der Schweiz, mit Eiern und Wasser im Württembergischen Kernland, mit wenig oder gar keinen Eiern und ohne Milch im Elsass.

In der „Süddeutschen Küche“ von Katharina Prato (1858), die in erster Linie österreichisch geprägt ist, werden konsequenterweise Spatzen (mit Milch angerührter Teig) und Wasserspatzen, die den Elsässer Spätzle ohne Ei und Milch entsprechen, angeführt. Zur Herstellung beider Sorten sagt sie: „(Den Teig gibt man) auf einen glatten Holzteller und schneidet davon kleine Nocken mit einem Messer in siedendes, gesalzenes Wasser“.

3.4.1 Spätzle, auch "Wasserspätzle"

Bleiben wir zunächst in Württemberg, das für sich den Begriff „Spätzle“ reklamiert. Im übergeorneten Sinn sind das Wasserspätzle, wobei mit diesem Begriff nun wieder sorgfältig umgegangen werden muss. Es gibt auch Wasserspatzen aus gebrühtem Teig, die nicht in Fett ausgebacken werden, sondern man kocht sie in Wasser (Abschn. 3.4.3 auf Seite 99).

Besonders in der gehobenen Gastronomie werden Spätzle gerne mit sehr viel Ei, gelegentlich auch ganz ohne Wasser hergestellt. Daneben ist ein hoher Eianteil besonders für glutenfreie Spätzle zu empfehlen, da das Ei die sonst notwendige Bindung durch Kleber weitgehend ersetzt. Dem tragen die „Luxusspätzle" Rechnung:

31 Luxusspätzle

31 Luxusspätzle

500 g Mehl, 8-10 Eier, Salz, evtl. 1-3 Esslöffel Wasser

160 g Maismehl, 160 g Klebereis- oder Reismehl, 160 g Stärke, Salz, je 10 g Johannisbrotkernmehl und Xanthan, 9–10 Eier, 30–40 ml Wasser, siehe Abschn. 3.3.4 auf Seite 86

- ▷ Man gibt so viele Eier ans Mehl, wie der Teig schluckt und dabei nicht glitschig wird, notfalls noch etwas Mehl zugeben.
- ▷ Eventuell mit 1-2 Esslöffel Wasser zur richtigen Konsistenz verarbeiten.
- ▷ Teig durcharbeiten, bis er Blasen wirft.
- *Es gibt Rezepte, die bei der verwendeten Eimenge noch weiter gehen: Ein Teil der ganzen Eier wird durch Eigelb ersetzt, wobei man jeweils 2 Eigelb für 1 Ei rechnet. Die vielen Eigelb färben den Teig schön gelb, insbesondere wenn die Hühner mit Karotin gefüttert wurden, haben sonst aber keinen Effekt.*

"So viele Eier zugeben, wie der Teig schluckt" ist die schwierigste, aber auch beste Methode. Schwierig, weil die Teigherstellung allein auf Gefühl und Erfahrung beruht. Ist man einmal so weit gekommen, so hat man den Vorteil von der Qualität und Art des Mehls sowie von Größe und Alter der Eier unabhängig zu sein und stets die richtige Teigkonsistenz zu treffen. Hier geht nichts mit einer Küchenmaschine.

Insbesondere glutenfreier Teig wird bei zu viel Rühren und hoher Wasserzugabe sehr glitschig. Man sollte den Teig mit der Hand anrühren, bis er Blasen wirft, und dann möglichst sofort die Spätzle herstellen.

Mein bevorzugtes Spätzlerezept dagegen weist etwas weniger Eier auf. Das geht noch auf die Zeit vor meiner Glutenunverträglichkeit zurück. Inzwischen tendiere ich mehr in Richtung Luxusspätzle,

Gelbe Spätzle

erzielt man mit viel Ei, insbesondere wenn die ganzen Eier durch die doppelte Menge an Eigelb ersetzt werden.
Von Vorteil sind Eier von Hühnern aus Käfig– oder Bodenhaltung, die mit viel Karotin gefüttert wurden, sofern es wirklich nur um die Farbe geht.

Die Alternative
ist, $\frac{1}{3}$ des Mehls bzw. der Mehlmischung durch gelbes Maismehl zu ersetzen. Hier kann man von Zöliakie–Betroffenen lernen.

was sich darin ausdrückt, dass bei der glutenfreien Variante meiner Standard-Spätzle 1 Ei auf 50g Mehl kommt, während es bei Weizenmehl 90g sind:

32 Meine Standard–Spätzle

32 Meine Standard–Spätzle

Pro Ei (groß), 80-90 g Mehl, Salz, 1-3 EL Wasser

3 Eier, 50 g Maismehl, 50 g Klebereismehl, 50 g Stärke, Salz, je 1 g Johannisbrotkernmehl und Xanthan, 10-15 ml Wasser, Rezepte s. Abschn. 3.3.4 auf Seite 86

- ▷ Mehl, Salz, Eier verrühren.
- ▷ Dann löffelweise Wasser zugeben und den Teig kräftig durchschlagen, bis er glatt ist und Blasen wirft.

Wie schon erwähnt, waren im 19. und frühen 20. Jahrhundert Eier im schwäbisch–alemannischen Raum offenbar nicht überall 'ein wohlfeiles Gut'. In 'Die praktische Küche' (1931) kommt auf 250 g Mehl 1 Ei und zusätzlich eine Kartoffel, die den Teig lockert. Im 'Oberrheinischen Kochbuch' von 1811 ist von Eiern gar keine Rede.

Dicker oder dünner Spätzleteig?

Mit der dem Teig zugegebenen Wassermenge steuert man nicht nur die Eigenschaft des Teiges, der mit mehr Wasser weicher wird.

Auch die Eigenschaft der fertigen Spätzle wird so gesteuert: Ein fester Teig ergibt dicke Spätzle mit Biss, ein weicher dünne eher „schlontzige" Spätzle.

Das gilt auch für glutenfreie Spätzle.

Hier die Beschreibung:

33 Weißmehlknöpfle (Klöszel)

33 Weißmehlknöpfle (Klößel)

Nimm für 6 Perſonen anderthalb Pfund Mehl, thue Salz dazu, rühre es mit kaltem Waſſer ſchön an, aber nicht zu dünn; laß in einem Topf oder Pfanne Waſſer ſieden, thue den Teig auf einen hölzernen Teller oder Brett, ſchneide mit einem Meſſer von dem Teig in das ſiedende Waſſer, aber in ſo kleinen Portionen als möglich. Laß dieſe Knöpflein einige Wall kochen, ziehe ſie mit einem Schaumlöffel herauf, lege ſie in eine Schüſſel mit heißem Waſſer, das aber geſalzen ſeyn muß, nimm ſie wieder daraus und lege ſie auf eine Platte. Mache eine geſottene Butter[1] heiß, röſte Brotſamen[2] oder Zwiebeln darein, und ſchütte die Butter ſamt den Broſamen darüber, ſo daß ſie gut ſind.

Oberrheinisches Kochbuch[EOR1811]

[1] *Butterschmalz,* [2] *Paniermehl*

Weißmehl– oder Ei freie Spätzle

Weißmehl– oder Ei freie Spätzle

Für 6 Personen: 750g Mehl, Salz, Wasser.
Zum Überschmelzen: Butterschmalz, Paniermehl oder Zwiebel

Dieses Rezept ist glutenfrei nicht umsetzbar, die Spätzle zerfallen sofort.

- ▷ Mehl und Salz werden mit Wasser zu einem glatten Spätzleteig gerührt.
- ▷ Die Spätzle in möglichst kleinen Portionen vom Brett oder Holzteller ins kochende Wasser schneiden.
- ▷ Das Wasser einige Mal aufkochen lassen, dann mit dem Schaumlöffel herausnehmen und in eine Schüssel mit heißem Wasser geben.
- ▷ Sind alle Spätzle fertig, absieben und auf eine Platte geben.
- ▷ Paniermehl oder Zwiebel in Butterschmalz rösten.
- ▷ Das geröstete Paniermehl oder die Zwiebel samt Fett über die Spätzle geben, damit sie gut sind.
- *Die Weißmehlknöpfle sind mit einer guten Soße durchaus essbar, stellen aber keinen Hochgenuss dar. Am besten verwendet man Dinkelmehl. Sie sind außerdem auch sehr lätschig (weich bis matschig). Der Versuch sie glutenfrei zu erzeugen führt nur dazu, dass sie im Wasser zerfallen.*

Diese Sparsamkeit mag auch der Region geschuldet sein, aus der das Rezept stammt, dem Oberrheingebiet, speziell dem Elsass. An sich ein sehr fruchtbarer, klimatisch begünstigter Raum, doch hatte in früheren Zeiten der Landwirt häufig wenig davon. Insbesondere die Winzer mit ihren handtuchförmigen, an den Hängen sich hochziehenden Weinbergen, hatten kein sehr komfortables Leben, da der Arbeitsplatz über Stiegen oder Treppen zu erklommen und die Arbeiten dann von Hand erledigt werden mussten. Der kleine Wirtschaftshof hinterm Haus bot kaum Platz für Hühner, so dass Eier Mangelware waren, und waren welche vorhanden, dann zuletzt für die Spätzle (Abschn. 3.4 auf Seite 91). Das hat sich in den Weinbauregionen erst mit der Flurbereinigung in den 1950er und 60er Jahren geändert.

Die Situation macht folgender Wengerter-Witz (Weingärtner) aus Tübingen deutlich:

> *Ein Wengerter und sein Sohn steigen zum Weinberg hoch. Am Wegrand liegt eine Hacke. Der Sohn stößt ganz aufgeregt seine Vater an und sagt: „Da“. Der Vater schüttelt den Kopf und antwortet: „Im Rah“ (im Runtergehen).*

Kommt man in die Verlegenheit eine große Zahl von Spätzle in Einzelportionen über einen längeren Zeitraum gestreckt servieren zu müssen (z. B. in einer Gaststätte mit wenig Küchenpersonal oder bei einer Vereins–, Schul– etc. Veranstaltung), so kann man handgeschabte Spätzle, und nur diese, vorbereiten.

34 Handgeschabte Spätzle auf Vorrat

34 Handgeschabte Spätzle auf Vorrat

Fester Spätzleteig

- ▷ Der Spätzleteig wird etwas dicker als normal angerührt und die Spätzle auf ein bemehltes Backbrett, Pergamentpapier oder Tuch geschabt, wobei sie sich nicht berühren sollten damit sie nicht zusammenkleben.
- ▷ Die Spätzle lässt man leicht antrocknen (evtl. wenden), bis sie nicht mehr zusammenkleben, und gibt sie dann auf eine Platte, die man mit einem leicht feuchten Küchentuch abdeckt. Aufbewahrungszeit 1 bis 2 Stunden.
- ▷ Die Spätzle werden wie üblich (evtl. etwas länger) gekocht.

Das Rezept stammt von meiner Stammkneipe Anfang der 70er Jahre in Göppingen. Der Wirt war auch der Koch, unterstützt wurde er nur von seiner Frau.

3.4.2 Milch- und Butterspätzle

In der Frage „Nimmt man Wasser oder Milch, rührt man noch etwas Butter in den Teig?“ spiegeln sich vor allem regionale Unterschiede (Abschn. 3.4 auf Seite 89). Dort, wo Milch und Milchprodukte reichlich vorhanden sind, entlang der Alpen, greift man zur Milch, wo Milch Mangelware oder zumindest teuer ist, zu Wasser, wie in Alt-Württemberg.

Rahmspätzle

Rahmspätzle wurden im historischen Teil auf Seite 44 betrachtet. Sie sind dann in der Ausgabe von 1825 der „Löfflerin“ nicht mehr vorhanden und fehlen auch in anderen Kochbüchern. Damals vergessen sind sie es durchaus wert, wieder entdeckt zu werden, z. B. mit eingemachtem oder frisch eingekochtem Obst, ein Spätzlegericht, das in manchen Regionen mit beliebt ist (s. Rez. 59 auf Seite 124)

Milchspätzle

Milchspätzle sind eine regionale Form, wobei häufig die Milch entweder mit Wasser gemischt wird oder die Alternative Milch oder Wasser angeboten wird, wie im folgenden Rezept nach dem Lindauer Kochbuch[Li1894]:

35 Milchspätzle nach bayrisch–schwäbischer Art

35 Milchspätzle nach bayrisch–schwäbischer Art

500 g Mehl(mischung), 2 Eier, Salz, Milch oder Wasser nach Bedarf

▷ Das Mehl wird mit zwei Eiern, Salz und Milch oder lauem Wasser zu einem festen Teig gerührt, der jedoch noch gut durch den Spatzenmodel getrieben werden kann.
▷ Wie üblich kochen.

Im Nürnberger Puppenkochbuch[BNü1896] werden Milchspätzle in Milch gekocht und als Milchsuppe serviert. Eigentlich sind es Knöpfle oder Nocken, eben Spätzchen, die vom Teller oder aus der Schüssel mit dem Löffel eingelegt werden.:

36 Milchspätzle

36 Milchspätzle

Milchspätzleteig (mit Milch angerührt), Butter, Milch, evtl. Salz, Pfeffer

▷ Ein Topf wird mit Butter ausgefettet und die Milch darin zum Kochen gebracht.
▷ Dann werden kleine Spätzchen in die Milch eingelegt, die man gut kochen lässt. Evtl. würzen und mit der Milch servieren.
Die Butter schmilzt natürlich im Topf. Der Vorteil ist, dass die Milch nicht so stark am Topfboden anhängt, und dass die geschmolzene Butter die Milch etwas am Überkochen hindert.

Butterspätzle

Im Lindauer und im Augsburger Kochbuch werden Spätzle, als Knöpfle zubereitet, ebenfalls mit Milch und zusätzlich mit Butter, und haben damit Ähnlichkeit mit den Rahm-Nudeln der F.L. Löffler(in) S.44. Im Lindauer Kochbuch[Li1894] verwendet man geschmolzene Butter:

37 Butterspätzle

37 Butterspätzle

560 g (1 altbayrisches Pfund) Mehl(mischung), 4 Eier, 100 g Butter, lauwarme Milch

▷ Mehl(mischung) wird mit lauer (zimmerwarmer) Milch, 100 g zerlassener Butter, 4 Eiern und etwas Salz zu einem ziemlich starken Teig angerührt und abgeschlagen (durchgearbeitet)
▷ Dann vom Brettchen schaben.

Der Vorteil dieser Spätzle ist, dass sie weniger aneinander kleben. Das wirkt sich bei glutenfreien Spätzle sehr positiv aus, auch wenn man die übrig gebliebenen Spätzle rösten möchte. Ansonsten sind sie etwas weicher als Spätzle ohne Butter.

38 Butternocken

38 Butternocken

Ein Viertelpfund (bayrisch 140 g) Butter, ebensoviel Mehl(mischung) und vier Eier

▷ Die Butter wird flaumig gerührt, dann ein Ei und zugleich ein Esslöffel Mehl hineingerührt[1].
▷ Zuletzt ein wenig salzen.
▷ In siedende Fleischbrühe werden mit einem Löffel kleine Nocken eingelegt und man lässt sie eine Viertelstunde kochen (ziehen).
• Im Augsburger Kochbuch[OAu1908] wird die Butter schaumig gerührt und dann werden langsam die anderen Zutaten zugefügt.
Diese Nocken/Spätzle kommen im Augsburger Kochbuch[OAu1908] nur als Suppeneinlage vor. Die Struktur ist sehr locker und kommt Grießklösschen sehr nahe. Der Unterschied zwischen Nocken und Spätzle besteht darin, dass die Spätzle vom Brett geschabt oder durchs Spätzlemodel gedrückt werden, während man diese Nocken mit dem Löffel absticht und einlegt. Andererseits entspricht die Wiener Bezeichnung Nocken Knöpfle oder Spätzle.

[2]*Gemeint ist, dass Ei und Mehl langsam zugegeben werden bis alles aufgebraucht ist.*

3.4.3 Von Wasserstrauben und Spatzen

Strauben sind ein Schmalzgebäck (s. Abschn. 5.3 auf Seite 367), für die es unterschiedliche Teigrezepte gibt. Eine Variante entspricht einem weichen Spätzleteig (oder umgekehrt), eine zweite einem gebrühten Teig. Beides findet sich nun auch unter Spätzle– oder Knöpflerezepten als Wasserstrauben, Trichternudeln, gebrühte Spatzen u. a..

Trichter- und Tropfnudeln

Zu den Spätzle muss man die Trichter- und Tropfnudeln rechnen, die mit oder ohne Milch hergestellt werden. Die Beziehung zwischen Spätzle und Tropf- bzw. Trichternudeln lässt sich am besten anhand der folgenden Rezepte aus dem „Neuen praktisches Badisches Kochbuch“ von 1887 zeigen:

39 Trichter-Nudeln

39 Trichter-Nudeln

Nimm $1\frac{1}{2}$ Liter Mehl, 6 Eier, Salz und Milch, rühre damit einen glatten Teig an, doch nicht zu dünn, laß ihn alſdann durch ein Sträublein-Trichter[1] in langſam kochendes Salzwaſſer laufen, bleibe immer mit dem Trichter nahe auf dem Waſſer, laſſe ſie einige Minuten kochen, richte ſie auf einer Platte an und ſchmälze ſie mit ſchwach geröſtetem Weißbrot.

Neues praktisches Badisches Kochbuch[BBK1887]

[1] ***Sträublein–Trichter:*** *Sträublein sind mehr oder weniger Spätzle, die in Schmalz ausgebacken werden (Abschn. 5.3.1 auf Seite 369), man lässt sie durch einen Trichter ins heiße Fett laufen, wozu es spezielle Trichter gibt. Man kann jedoch jeden anderen Trichter nehmen, Rohrdurchmesser ca. 1,5cm.*

Trichter-Nudeln

Trichter-Nudeln

$1\frac{1}{2}$ l Mehl(mischung), 6 Eier, Salz und Milch

- ▷ Aus Mehl, Eiern, Salz und Mehl wird ein glatter Teig angerührt, der durch den Sträuble–Trichter läuft, aber nicht zu dünn ist.
- ▷ Durch den Trichter ins schwach kochende Wasser laufen lassen und dabei den Trichter dicht über der Wasseroberfläche halten.
- ▷ Die Nudeln einige Minuten kochen lassen (sie sind recht dick).
- ▷ Herausnehmen und mit schwach geröstetem Paniermehl überschmälzen.

40 Spätzlein

40 Spätzlein

Werden wie die vorſtehenden Trichter-Nudeln gemacht, nur mit dem Unterſchied, daß halb Waſſer, halb Milch genommen wird; der Teig muß dicker ſein und wird mit dem Löffel ins kochende Waſſer gelegt.

Spätzlein

Spätzlein

Zutaten wie zuvor, Milch mit Wasser im Verhältnis 1:1 verdünnen

- Werden wie die vorstehenden Trichter Nudeln gemacht. Mit dem Unterschied, dass
- ▷ die Milch mit Wasser im Verhältnis 1:1 verdünnt wird,

▷ der Teig dicker sein muss (weniger Flüssigkeit),
▷ der Teig mit einem Löffel ins Wasser gelegt wird.

Spätzle und Trichternudeln werden hier als nahezu identisch dargestellt, einzig die Teigkonsistenz unterscheidet sich.

Nun zu Tropfnudeln, die mit Wasser gemacht werden, auch wenn das Rezept aus einem bayrischen Kochbuch stammt:

41 Tropfſuppe

41 Tropfsuppe

Man ſchlägt in einen kleinen Hafen fünf Eier, gibt ſo viel Mehl dazu, alſ man nötig zu haben glaubt, damit es ein fein rinnender Teig wird, ſchlägt dieſen mit dem Löffel recht fein ab, läßt Waſſer in einen Hafen gut aufſieden, und dieſen Teig ſehr fein hineinlaufen. Iſt er noch zu dick, ſo darf man nur einen Eidotter nachgeben. Wenn daſ Eingelaſſene in die Höhe geht, nimmt man es mit dem Schaumlöffel herauſ, gibt kalteſ Waſſer darauf, und ſeihet dieſes wieder gut ab. Will man anrichten, ſo gibt man ſiedendes Waſſer mit Salz oder Erbſenſud darein, läßt eſ damit aufſieden, richtet es an, und ſchmalzet es mit in Butter gelblich geröſteten Semmelbröſeln, oder mit fein geſchnittenen Zwiebeln auf.

N. A. Neubecker: Die bayrische Köchin [ANe1867]

Tropfnudeln

Tropfnudeln

5 Eier, Mehl(mischung), Salz, Wasser

▷ Die Eier werden gut durchgerührt.
▷ Dann gibt man soviel Mehl zu, dass ein fein rinnender Teig entsteht (eher ein Flädleteig) und schlägt diesen mit dem Löffel fein ab.
▷ Ist der Teig zu dick, so darf man nur ein Eidotter zugeben.
▷ Den Teig lässt man sehr dünn in kochendes Wasser laufen (evtl. über einen Löffel oder aus einer Schnabeltasse).
▷ Sobald die Einlage aufsteigt, entnimmt man sie mit einem Schaumlöffel, spült sie ab, lässt gut abtropfen und gibt sie in eine Schüssel.
Die Tropfnudeln werden in den meisten Rezepten entweder als Suppe oder abgetrocknet gereicht:

Tropfsuppe

I Tropfsuppe

Über die Tropfennudeln gibt man kochendes Salzwasser oder Erbsensud und schmälzt sie mit Butter und gelblich gerösteten Semmelbröseln.

II Abgetrocknete Tropfnudeln

Abgetrocknete Tropfnudeln

Die Tropfnudeln röstet man in einer Pfanne in Butter leicht an und bestreut sie nach Belieben mit Zucker.

Beide Nudel- oder Spätzlesorten stellen eine Modifikation der klassischen Strauben dar, nur dass sie in Wasser gekocht und nicht in Fett ausgebacken werden. Darauf beziehen sich auch die Wasserstrüblein im Berner Kochbuch[Be1893]. Sie werden ganz ähnlich hergestellt, wobei das Wasser durch Mehl ersetzt wird. Die Bezeichnung „Wasserstrübli“ bezieht sich darauf, dass sie in Wasser gekocht und nicht in Fett ausgebacken werden.

Spätzle, Knöpfle, Nockerln, Spatzen, Nocken: die Übergänge sind fließend und jeder Versuch einer Trennung ist zum Scheitern verurteilt. Andererseits wird der Begriff Nocken in älteren Kochbüchern aus Bayrisch–Schwaben und Bayern auf gestockten Teig (ähnlich einem Eierstich) bezogen, aus dem dann mit dem Löffel Nocken als Suppeneinlage gestochen werden. Eine große Sprachverwirrung.

Gut, Spatzen und Wassernocken passen nicht so ganz ins Spätzle–Weltbild, andererseits lassen sie sich auch nahtlos anschließen. Schon die Trichternudeln sind recht dicke Spätzle, obwohl der Teig einem normalen Spätzleteig entspricht, und dasselbe gilt für Wasserstrauben oder -strübli.

Nehmen wir die Spatzen: Sie werden wie Klöße und manche Nocken mit dem Löffel ins kochende Wasser eingelegt oder in Fett ausgebacken. Letztere Methode bildet die Brücke zu Schupfnudeln. Dabei treten sie einmal als gebrühte Spatzen auf, andererseits als Kässpatzen.

Ein frühes Rezept, „Gebrühte Knöpflein“ aus dem Tübinger Kochbuch von 1749 wurde schon in der Einführung wiedergegeben (Rez. 21 auf Seite 50). Hier noch zwei Rezepte für gebrühte Spatzen, bei denen es sich lohnt sie auszuprobieren.

Hier die gebrühten Spatzen im Augsburger Kochbuch[AAu1908], die auch schon in der Ausgabe von 1860[OAu1860] zusammen mit anderen Spätzlerezepten vorkommen. Es handelt es sich um kleine Klöse, die mit dem Löffel abgestochen werden:

42 Gebrühte Wasserspatzen

42 Gebrühte Wasserspatzen

Ein halbes Pfund 280 Gr. Mehl wird mit siedender Milch angegossen, jedoch nur mit so viel, daß man den Teig kaum glatt rühren kann. Dann schlägt man nach und nach vier bis fünf Eier daran, das gehörige Salz, bis der Teig wie der Spatzenteig in Nr. 48 ist. Nun legt man mit einem Löffel in siedende Fleischbrühe oder Wasser Spatzen ein und läßt sie so lange kochen, bis sie recht aufgegangen sind, und gibt sie gleich zu Tisch, sonst werden sie zu fest.

Ch. Haller: Neues Augsburger Kochbuch[AAu1908]

Gebrühte Wasserspatzen

Gebrühte Wasserspatzen

280 g Mehl(mischung), Milch, 4–5 Eier, Salz

- ▷ Milch erhitzen.
- ▷ Mehl mit der kochenden Milch anrühren, jedoch nur so viel Milch dazu geben, dass der Teig gerade glatt gerührt werden kann. Die Menge ist von der Mehlmenge abhängig.
- ▷ Salzen und nach und nach die Eier zugeben, bis ein glatter Spätzleteig entsteht.
- ▷ Nun mit einem Löffel Spatzen in Fleischbrühe oder gesalzenes Wasser einlegen.
- ▷ So lange kochen, bis die Spatzen gut aufgegangen sind.

Häufig wird das Mehl auch in die kochende Milch eingerührt, ähnlich einem Brandteig, der natürlich leichter zu verarbeiten ist.

43 Spatzen, gebrühte, von Wasser

43 Spatzen, gebrühte, von Wasser

Man setzt $\frac{1}{2}$ Liter Milch oder Wasser aufs Feuer; wenn es siedet, wird Mehl hineingestreut, wie bei jedem gebrühten Teig. Wenn er glatt gerührt ist, wird er in eine Schüssel getan, gesalzen und mit 3 oder 4 Eiern gerührt, bis der Teig wie ein Spatzenteig ist. Hierauf legt man die Spätzlein in gesalzenes Wasser, läßt sie so lange kochen, bis sie recht aufgegangen sind, richtet sie an und schmelzt sie mit gelb geröstetem Semmelmehl.

Diese Spatzen muß man aber gleich auftragen, sonst werden sie fest.

Man kann auch in einer flachen Schüssel 60 Gramm Butter zergehen lassen, die Spatzen in einem Schaumlöffel ablaufen lassen und in die Butter legen; dann deckt man sie gleich zu und läßt sie auf nicht zu starken Kohlen unten gut gelb werden und trägt sie so auf den Tisch.

43.1 Gebrühte Spatzen

43.1 Gebrühte Spatzen

0.5 l Milch oder Wasser, Mehl, 3–4 Eier, Salz

- ▷ Die Milch oder das Wasser werden zum Sieden erhitzt.
- ▷ Dann Mehl einrühren, bis sich ein recht fester Teig ergibt.
- ▷ Den Teig auf dem Herd glatt rühren.
- ▷ Vom Herd nehmen, salzen und nach und nach Eier einarbeiten, bis der Teig die Konsistenz eines Spätzleteigs hat.
- ▷ Die Spätzle (Spatzen) in siedendes Salzwasser einlegen – entweder mit einem Löffel oder vom Brett schaben.
- ▷ So lange kochen, bis sie gut aufgegangen sind.
- ▷ Mit geröstetem Paniermehl schmälzen und sofort servieren.

Aus dem Elsass kommen die Käsespatzen ("Die praktische Küche"), die nichts mit Kässpätzle zu tun haben. Letztere sind ein vollwertiges Gericht (S. 122), Kässpatzen eine Beilage und der Käs ist „Luggeleskäs" oder im Elsass „Bibeleskäs", d. h. Quark. Im bayrischen Bereich finden sich ähnliche Rezepte mit Topfen. Die Käsespatzen passen sehr gut zu Sauerbraten und zu Sauerkraut:

44 Elsässer Käsespatzen

44 Elsässer Käsespatzen

500g weißer Käse (Quark oder Topfen), 2–3 Eier, ca. 2–4 EL Mehl, etwas Salz

Das Mehl durch Reismehl und evtl. Stärke ersetzen

Dies sind keine klassischen Spätzle, sonder mit dem Löffel abgestochene kleine Klöße = Spatzen.

▷ Den Quark zunächst in einem feinen Sieb abtropfen lassen oder den etwas festeren Topfen verwenden.

▷ Dann den Quark mit den Eiern vermengen und so viel Mehl zugegeben, dass die Masse gerade gebunden ist und sich mit dem Löffel abstechen lässt.

▷ Etwas Salz zugeben und einarbeiten.

▷ Mit einem Löffel werden Spatzen aus der Schüssel ins siedende Wasser gebrochen.

• Die Spatzen sind fertig, wenn sie an die Oberfläche steige. In einer erwärmten Schüssel anrichten und mit brauner Butter übergießen.
Diese Käsespatzen passen sehr gut zu Sauerbraten oder Kalbsfrikassee, gebraten zu Sauerkraut, man kann daraus aber auch Süßspeisen bereiten, z. B. mit Zucker und Zimt bestreut und mit einer Obstsauce serviert.

Alternative: *Den Teig kann man auch mit mehr Mehl(mischung) etwas fester machen und dann fingerdicke und -lange (Schupf-)Nudeln daraus formen. Diese werden direkt in heißem Fett ausgebacken.*

3.4.4 ... nicht nur Weizenmehl

Das Färben und Aromatisieren von Spätzle mit Kräutern hat lange Tradition. Insbesondere in Suppen machen sie sich als Knöpfle nicht nur optisch gut. Aber auch als Beilage, abgeschmälzt, zu Gerichten ohne oder mit wenig Soße sind sie sehr geeignet.

Daneben gibt es einige sehr aromatische Mehle unterschiedlicher pflanzlicher Herkunft, die sonst vorwiegend in der glutenfreien Küche eingesetzt werden. Das bekannteste ist wohl Buchweizenmehl, es gibt aber auch Pastinakenmehl – Voraussetzung ist nur ein hoher Stärkeanteil.

Grüne Spätzle

Grüne Spätzle und Knöpfle sind seit dem 19ten Jahrhundert fest im Repertoire schwäbisch-alemannischer Kochbücher verankert. Im Berner Kocbuch von L. Rytz[Sbe1893] finden sich allein zwei Rezepte für Grüne Spätzle unter dem Titel „Krautknöpfli“. Im Neu-vermehrten Bernerischen Kochbuch von 1796 gibt es dagegen nur ein Knöpfle-Rezept und das sind grüne Knöpfle. Sieht man dann in der Ausgabe von 1747 nach, so gibt es keine Knöpfle aber Wasserküchlein, die sich als Knöpfle erweisen:

45 Wasser-küchlein

45 Waſſerküchlein

Nimm Mehl in eine Kachel und Salz darein, nimm grüne Zwibelen Majoran ein paar Minzenblätter / eine Handvoll Spinat oder abgeſtreift Mangoldkraut, alles ſauber gewaſchen und untereinander geſchnetzelt / in das Mehl gethan und umgerühret / darnach Waſſer oder Milch erwellen darüber geſchüttet und wohl umgekehrt / dann drey oder vier Eyer drein gethan / wohl untereinander gerührt / nachdem in einen ehrigen Hafen oder Pfanne mit Waſſer geſchüttet und laſſen ſieden / darnach mache mit einer Kelle runde Kügelein, thu ſie in heiſſes Waſſer / und laſſe ſie wiederum kochen ſo lang als ein Ey hart ſiedet / darnach aus dem Waſſer in eine breite Blatten gethan und wohl vertropfen laſſen; nachdem in eine breite Pfanne zimlich viel Anken gethan und heiß gemacht / thue die K«r»ügelein darein / kehre ſie oft um daß ſie ſchön gelb werden / thue ſie dann in eine Blatten und gib ſie auf den Tiſch. Wann du ſie gar gut haben will / ſo ſchnetzle gut gekochtſ feiſſes[1] Fleiſch oder Speck daran.

Bernerischen Koch-Büchlein[SBe1749]

[1] fett.

Wasserküchlein – Grüne gebrühte Knöpfle

Wasserküchlein – Grüne gebrühte Knöpfle

Mehl(mischung), Salz, Frühlingszwiebeln, Majoran, Minze-Blätter, 1 Handvoll Spinat oder das Grüne von Mangoldblättern, Wasser oder Milch, 3–4 Eier, Butter

▷ Die Kräuter hacken.
▷ Kräuter mit dem Mehl und Salz vermischen.
▷ Wasser oder Milch aufkochen lassen und in das Mehl einarbeiten.
▷ 3 bis 4 Eier zugeben und gut durcharbeiten.
▷ Jetzt in einen Topf mit Wasser schütten und sieden lassen (abbrühen).
▷ Danach runde Kügelein abstechen und in heißem Wasser erneut kochen, und zwar so lange, wie ein hartes Ei braucht (8-10 Min.).
▷ Aus dem Wasser nehmen und auf einer breiten Platte abtropfen lassen.
▷ In der Zwischenzeit eine Pfanne mit ziemlich viel Butter erhitzen, die Kügelchen hineingeben und mehrfach wenden, damit sie schön gelb werden.
▷ Gib sie auf eine Platte und stelle sie auf den Tisch.
• Wenn sie besonders gut sein sollen, so schnetzle fettes gekochtes Fleisch oder Speck darüber.

Das Rezept von 1796 benutzt in großen Teilen die Formulierungen des älteren Rezepts, allerdings unterscheidet sich das jüngere in einem Punkt wesentlich. In der Version von 1749 wird ein gebrühter Teig benutzt, wie er z. T. auch für Strauben und anderes Schmalzgebäck verwendet wird. 1796 hat sich der Teig in einen typischen Knöpfle-/Spätzleteig verändert. Ist das nun ein weiterer Hinweis auf den Ursprung der Knöpfle und Spätzle aus Strauben, die nicht ausgebacken, sondern gekocht werden?

Überschmälzte Spinat–, Mangold–, und Kräuterspätzle sind als Beilage zu gebratenem Fleisch ohne bzw. mit „kurzer“ Soße beliebt. Oder man verwendet sie als Suppeneinlage, am besten mit einer Gemüsebrühe (s. Suppen). Legt man Wert darauf, dass die Suppe klar bleibt, werden die Spätzle gesondert gekocht. Ansonsten kann man sie auch direkt in der Suppe kochen. Möchte man den Teig im Spätzleschwob oder Spätzlehobel weiterverarbeiten, dann sollten die Kräuter im Mixer oder mit der Moulinette sehr fein zerkleinert werden.

Zu beachten ist, dass die fein gehackte Kräuterpaste Wasser zuführt, was eventuell eine Anpassung der Mehlmenge erfordert (evtl. noch Stärke zugeben).

Kräuterspätzle zubereiten

Es ist kaum möglich, die Kräuter so fein zu hacken, dass ein Spätzleteig entsteht, der glatt durch den Spätzleschwob bzw. die Kartoffelpresse geht.

Diesen Teig sollte man unbedingt vom Brett schaben oder als kleine Knöpfle mit dem Löffel in das kochende Wasser legen bzw. durch einen Abschlag (Salatsieb) mit recht großen Löchern drücken.

Zum Schaben darf der Teig dabei durchaus sehr fest sein.

Hier noch drei Grundrezepte, die sich durch weitere Kräuter beliebig verändern und variieren lassen:

46 Kräuterspätzle/ -knöpfle

46 Kräuterspätzle/ -knöpfle

200 g Kräuter, 500 g Mehl(mischung), evtl. Petersilie, 5–6 Eier, Salz

Als Kräuter kommen z. B. in Frage

Petersilie, Frühlingszwiebeln, Schnittlauch oder
Estragon
Spinat
Mangold

- ▷ Die Kräuter werden kurz in sehr wenig Wasser blanchiert oder mit etwas kochendem Wasser übergossen. Sie sollen nur zusammenfallen, damit sie sich leichter im Teig verarbeiten lassen. Das aromatisierte Wasser für den Teig verwenden.
- ▷ Danach ausdrücken und fein wiegen oder im Mixer zerkleinern.
- ▷ Dann bereitet man einen Spätzleteig aus den Zutaten, gibt die Kräuter dazu und arbeitet ihn ein.
- ▷ Evtl. noch etwas Mehl oder Stärke bis zur richtigen Konsistenz einarbeiten.
- ▷ Die Spätzle werden ganz normal gekocht.

Weißbrot- und Kartoffelspätzle

Eine besondere Variante aus dem Oberrheinischen Kochbuch (1811), ein Dokument für die Sparsamkeit der schwäbisch–alemannischen Küche, sind die Weißbrot-Knöpflein. Aber auch die Kartoffeln im darauf folgenden Rezept tragen nicht wirklich zum Geschmack bei, auch sie dienten wohl eher zum sparsamen Umgang mit Mehl, das witterungsbedingt häufiger Mangelware war (Vgl. Abschn. 6.1 auf Seite 394).

47 Knöpflein

47 Knöpflein

Nimm Weißbrod und schneide es so fein als möglich. Wenn man hartes Weißbrod hat, ist es noch besser. Auf 1 Pfund Weißbrod nimmt 2 Schoppen Milch, laß sie siedend werden, schütte sie über das Weißbrod, decke es fest zu und laß es zwo

Stunden lang stehen. Während der Zeit zerrühre es wohl durch einander, daß es ganz zu einem Brei wird, und thue Salz dazu. Darnach rühre feines Weismehl hinein, bis es ein dicker Brei wird, schlage noch vier Eier dazu und rühre alles wohl durch einander. Mache Knöpflein davon wie die Weißmehlknöpflein und laß sie auf die gleiche Art backen. Nur muß man sehr wenig Butter daran thun; am besten aber sind sie, wenn man sie in heißer Butter dämpft oder brägelt.
OBERRHEINISCHES KOCHBUCH[EOR1811]

Weißbrot-Knöpflein

Weißbrot-Knöpflein

500 g Weißbrot, 500 ml Milch, 4 Eier, Salz, feines Mehl oder Stärke

glutenfreie Brötchen und Klebereismehl (Reismehl) oder Maisstärke verwenden

▷ Brötchen, vorzugsweise altbackene, werden so fein wie möglich geschnitten und mit heißer Milch übergossen. Auf 500 g Weißbrot rechnet man ca. 500 ml Milch.
▷ 2 Stunden zugedeckt ziehen lassen.
▷ Danach wird alles zu einem Brei gerührt und gesalzen.
▷ Dann werden 4 Eier zugegeben und feines Mehl (Klebereismehl) untergerührt, bis ein fester Teig entsteht.
▷ Ins kochende Wasser schaben.
• Am besten schmecken die Knöpflein in Butter angebraten.

Die Weißbrotknöpflein kann man auch in die Kategorie Suppenknöpfle oder –klöße einordnen, wo sie sich sicher neben Grießklößen wohlfühlen.

Die Kartoffelspätzle dagegen sind eine in den Kochbüchern häufige Variante der Spätzle. Sie werden etwas weicher. Dabei ersetzt man einfach $\frac{1}{3}$ der sonst benötigten Mehlmenge durch Kartoffeln.

48 Kartoffelspätzle

48 Kartoffelspätzle

auf 125 g Mehl(mischung) 1 mittelgroße geriebene, 1 bis 2 Tage alte gekochte Kartoffel, etwas Wasser, Salz, Pfeffer

▷ Der Teig wird wie bei Standardspätzle angegeben zusammengemischt.
• Kartoffelspätzle sind weicher und etwas fader, letztlich stellen sie das

Sparrezept dar, in dem übrig gebliebene gekochte Kartoffeln verarbeitet werden.

Kartoffelspätzle passen zu Sauerbraten und Sauerkraut, wobei sie geröstet Schupfnudeln ersetzen und ihre Herstellung weniger Aufwand erfordert.

Kastanien- und Nussspätzle

Geriebene vorgekochte Maronen (Esskastanien) und Nüsse im Spätzleteig erhöhen nicht nur den Nährwert, z.B. für Vegetarier, sondern liefern charakteristische Geschmacksnoten.

Alternativ kann man geriebene Nüsse verwenden. Diese erzeugen einen geschmacklichen Tick und, richtig eingesetzt, kommt man nicht nur zu besonderen Spätzle, sondern zu aparten Gerichten.

49 Esskastanien- und Nuss-Spätzle

49 Esskastanien- und Nuss-Spätzle

300 g Mehl(mischung), Esskastanien (Maronen) oder Nüsse (gemahlen 150 g), Salz, 5–6 Eier, Wasser

- An Nüssen sind insbesonder **Wal**- und **Haselnüsse** geeignet. Sie passen zu Wild.

Kastanienspätzle aus frischen Maronen

Kastanienspätzle aus frischen Maronen

- ▷ Kastanien an der Spitze einschneiden.
- ▷ Kochen oder im Backofen rösten.
  Schälen und pürieren oder im Mixer bzw. der Moulinette zerkleinern.
- Es sollten sich insgesamt 150–200g Kastanienmus ergeben.

- ▷ Zerkleinerte Maronen oder Nüsse, Mehlzutaten und Salz mischen.
- ▷ Eier zugeben, einarbeiten.
- ▷ Nach Bedarf löffelweise Wasser bis zur gewünschten Teigkonsistenz einarbeiten.
- ▷ Wie üblich kochen.

Zu Wildgerichten oder auch nur Waldpilzen in Sahnesoße sind sowohl Maronen- wie auch Nussspätzle gute Begleiter. Geröstet werden sie von kurz gebratenem Fleisch mit wenig Soße, die nur aus dem Bratensatz in der Pfanne gezogen wurde, sehr gut begleitet und durch Salat abgerundet. Am besten ist Acker-(Feld-)salat oder einfacher grüner Salat.

Spätzle aus ungewöhnlichen Mehlsorten

Es gibt eine ganze Reihe von ungewöhnlichen Mehlsorten, die man entweder in Asia-Geschäften oder im Handel für glutenfreie Produkte findet. Damit lassen sich Spätzle und Knöpfle für spezielle Zwecke aromatisieren, z. B. als Beilage zu Wild oder Pilzen, als Suppen- und Eintopfeinlage.

50 Spätzle aus ungewöhnlichen Mehlsorten

50 Spätzle aus ungewöhnlichen Mehlsorten

Spätzleteig wie gewöhnlich wobei $\frac{1}{3}$ des Mehls bzw. der Mehlmischung durch die gewählte Mehlsorte ersetzt wird (z. B. Maismehl durch Buchweizenmehl)

Glutenfreier Spätzleteig, der griffige Mehlanteil (Maismehl) wird durch die gewählte Mehlsorte ersetzt

▷ Die Zubereitung erfolgt wie bei Kastanien- und Nussspätzle.

- Geeignet sind z. B.:

Vollkorn-Weizenmehl
Buchweizen
Hirse oder Braunhirse
Quinoa
Amaranth

- Abgesehen von Buchweizen und gewöhnlicher Hirse vermitteln diese Samen einen z. T. sehr kräftigen und auch eigenwilligen Geschmack.Das gilt natürlich insbesondere für Vollkornprodukte, auch Weizenmehl. Sie sind deshalb mit Bedacht einzusetzen, können aber überraschende Effekte erzielen.

3.4.5 Leberspätzle und -knöpfle, ein selbständiges Gericht

Leberspätzle, das ist ein besonderes Thema, da damit die Grenze zum Thema Suppeneinlagen oder Knöpf(le) bzw. Klöße/Knödel eventuell überschritten wird. Die Variationsmöglichkeiten sind fast so groß wie bei den Spätzle selbst, es gibt alles von Knöpfle, Spätzle und Klößen bis zu Knödeln mit einer großen Spannbreite an Teigvariationen. Hier nur eine kleine Auswahl, wobei die Bezeichnungen durchaus willkürlich sind, Spätzle, Knöpfle, Spatzen und Klöße gehen auch hier durcheinander. Wie die Auswahl an Rezepten zeigt, waren (und sind) Leberspätzle in Südwestdeutschland durchaus beliebt.

Historisch gesehen tauchen Leberspätzle erst im 19ten Jahrhundert in den Kochbüchern auf. Zuvor waren es Klöße, die entweder gekocht oder gebraten wurden, wobei sich Fleischklöße recht weit zurückverfolgen lassen. Ein frühes Rezept für Leberknöpflein, also kleine Knöpfe oder Klöße, findet sich im Göppinger Kochbuch von 1790.

> **Kochprobe bei Knöpfle und Spätzle**
>
> Wichtig bei vielen Klößen bzw. Knöpfle oder Spätzle ist eine Kochprobe. Zerfällt das Knöpfle, wird zusätzlich Stärke und ggf. auch Ei eingearbeitet.

51 LeberKnöpflein

51 LeberKnöpflein

Es wird ohngefähr von 2 Kreuzerwecken[1], wie zu einer Suppe, nur nicht gar so dünn, eingeschnitten, und eine Leber von einem Kalb gehackt, mit einem Stücklein Speck; hierauf wird ein klein geschnitten Zwiebelein, auch grüne Zwiebeln und

Peterling in ein wenig Butter gedämpft; dieses alles wird mit 2 biß 3 Eyern unter den Wecken gerührt, und etwas Pfeffer und Salz, auch wenn man will, Majoran darzu gethan. Wenn der Taige eine Viertelstunde gestanden, werden sie in Wasser gesotten: wenn sie halten, ist es gut, wenn sie aber nicht recht halten, kann man ein wenig Mehl daran rühren.

Göppinger Kochbuch[WGö1790]

[1] *Nach Neudecker[BNe1867] wog ein Kreuzerwecken 1867 125g, für dieses Rezept dürften 250 bis 300g Wecken ausreichend sein.*

Leberknöpfle

Leberknöpfle

ca. 250 g Brötchen (evtl. glutenfreie), 1 Kalbsleber, 1 kleine Zwiebel, Lauch- (Früh-lings-)zwiebeln, Petersilie, Butter, 2-3 Eier, Pfeffer, Salz, evtl. Majoran, evtl. Mehl(mischung) oder Stärke

- ▷ Die Brötchen in kleine Stücke schneiden.
- ▷ Die Leber fein hacken.
- ▷ Die Zwiebel klein schneiden, Petersilie und die grünen Teile von Frühlingszwiebeln fein wiegen und in wenig Butter dünsten.
- ▷ Alles mit den Wecken (Brötchen) und 2 bis 3 Eiern zu einer Farce verarbeiten.
- ▷ Mit Salz, Pfeffer und nach Geschmack Majoran würzen.
- ▷ Die Masse ca. 15 Min. ruhen lassen.
- ▷ Eine Kochprobe durchführen. Zerfällt sie, zusätzlich Mehl oder Stärke einarbeiten bis die Knöpfle beim Kochen nicht mehr zerfallen.
- ▷ Knöpfle mit dem Löffel einlegen oder vom Brett schaben.
- • Die Brötchen lassen sich durch Paniermehl und etwas Mehl bzw. Stärke ersetzen, was auch glutenfrei möglich ist.

Preisangaben als Mengenangabe in Rezepten

Preisangaben als Mengenangabe in Rezepten

In alten Rezepten findet man häufig Mengenangaben in der Form „Man nehme für 2 Pfennig Hirschhornsalz aus der Apotheke" oder

"ohngefähr von 2 Kreuzerwecken",
was natürlich nicht sehr hilfreich ist, um das Rezept nachzuvollziehen.

Schon 1867 schreibt Anna Maria Neudecker in ihrem Kochbuch „Die Bayerische Köchin"[BNe1867]: „Da die Quantität der Semmeln bei den meisten Speisen mit Geldbetrag angegeben ist, und da wegen der öfteren Veränderung des Getreidepreises keine richtige Zahl hierüber angegeben werden kann, so fand ich für notwendig, die Semmeln nach dem Gewicht anzugeben, und zu sagen, dass damals, als ich das Buch geschrieben, eine Zweikreuzersemmel ein Viertepfund oder acht Loth gewogen habe; daher glaube ich, wird bei jedesmaliger Anwägung der Semmeln die beste Qualität bestimmt werden können."

Die Maßangaben sind zwar auch nicht ohne Weiteres eindeutig, nach Neudecker z. B.

„Es macht also 11 Pfund bayrisch, 10 Pfund wiener,
und 10 Pfund wiener, 12 Pfund berliner Gewicht".

Man kann dies mit den Maßen in anderen Regionen weiterführen. Die Unterschiede sind allerdings meist nicht so gravierend, dass die Abweichung von den heutigen 500g für 1 Pfund gravierend wären. Für die meisten Rezepte reicht diese „mittlere" Näherung völlig aus.

Preiserhöhungen durch Gewichtsreduktion waren offensichtlich schon früher eine beliebte Methode für versteckte Preiserhöhungen. Auch heute greift die Lebensmittelindustrie gern zu diesem Kunstkniff: Man verringert die Menge des Packungsinhalts bei gleichbleibender Packungsgröße und Preis, nur wenigen sehr kritischen Kunden fällt das auf.

Der Brotpreis war dabei immer, auch oder besonders in autokratischen Systemen, ein Politikum. Preiserhöhungen führten häufig zu Unruhen Einen kleinen Aufstand habe ich selbst in den 60er Jahren erlebt: Der Schulbäcker erhöhte den Preis der Brötchen von 6 auf

10 Pfennig und den der Brezeln von 12 auf 20 Pfennig. Daraufhin trat die Schülerschaft fast geschlossen den Boykott an, der zwar einige Zeit anhielt, aber im Sande verlief, als alle „Verhandlungen" fehl schlugen und sich auch kein anderer Bäcker fand, der noch zu den alten Preisen hergestellt und verkauft hätte.

Die Entscheidung zwischen Kalbs-, Schweine- und Rinderleber ist Geschmacksache:

- Kalbsleber ist sehr fein im Geschmack und kommt in den Spätzle kaum zur Geltung. Kann für Leute interessant sein, die sonst keine Innereien essen.
- Schweineleber ist deutlich kräftiger im Geschmack und kommt in den Spätzle gut zu Geltung.
- Rinderleber hat einen sehr starken Lebergeschmack und kann die Spätzle stark dominieren, nicht jedermanns Sache.

Für Leberspätzle im engeren Sinn gibt es eine Vielzahl von Varianten. Im einfachsten Fall mischt man die pürierte Leber unter einen fertigen Spätzleteig. Alternativ bindet man mit Mehl oder Paniermehl. Brötchen eignen sich nicht für Leberspätzle, der Teig wird zu unregelmäßig. Brötchen kommen deswegen in erster Linie bei abgestochenen Knöpfle, Spatzen und Knödeln zum Einsatz, entsprechend klassischer Fleischküchle. Die Leber muss in diesem Fall auch nicht so fein püriert sein, es genügt, sie fein zu hacken.

52 Leberspätzle

52 Leberspätzle

Ca. 250–300 g Fester Spätzleteig (vorzugsweise Luxusspätzle), 250 g vorbereitete Rinder- oder Schweineleber, Salz, Muskat, evtl. 2–3 Eier

▷ Die vorbereitete Leber wird mit Muskat gewürzt und unter den Spätzleteig gerührt, bis eine homogene Masse entsteht.

▷ Sollten die Spätzle nicht halten, arbeitet man noch etwas Ei und Mehl(mischung) in den Teig ein (Kochversuch mit einer kleinen Teigmenge).

- Statt zusätzlichem Mehl kann man auch Paniermehl (glutenfrei) und Ei einarbeiten.

▷ Am besten vom Brett ins kochende Wasser schaben.

Vorbereitung der Leber

Es gibt zwei Möglichkeiten zur Vorbereitung der Leber

1. Von der Leber werden alle Häute entfernt. Dann schabt man sie mit einem eher stumpfen Messer (Besteckmesser) sehr fein wobei auch die feinen Häutchen zurückbleiben sollten. Zusätzlich kann man sie noch durch ein Haarsieb streichen.
2. Die Leber wird gehäutet und sehr fein gehackt. Unbedingt durch ein Haarsieb treiben.

Durch leichte Abwandlungen lassen sich aus den Massen für Leberspätzle auch Leberknödel oder Spatzen herstellen. Spatzen werden mit zwei Löffeln zu Nocken geformt, der Teig sollte relativ weich sein. Knödelmasse sollte etwas fester sein, damit sie sich in der Hand zu Kugeln abdrehen lässt.

Panier-, Semmel-, Weck- und Mutschelmehl

sind dasselbe.

Paniermehl gibt es auch glutenfrei.

53 Leberspatzen und -knödel

53 Leberspatzen und -knödel

500 g vorbereitete (Kalbs-) Leber, $2\frac{1}{2}$–4 Brötchen, 30 g Butter, 4 Esslöffel Mehl, 2 Esslöffel Paniermehl, Zwiebel, Petersilie, Salz, Muskat, Prise Majoran, 1–2 Eier, evtl. Milch, Fleischbrühe zum Kochen

Sämtliche Weizenprodukte müssen durch glutenfreie ersetzt werden

▷ Von den Brötchen wird die Kruste abgerieben.
▷ Die Brötchen in Scheiben schneiden
▷ und in etwas Wasser oder Milch einweichen.
▷ Die eingeweichten Brötchen ausdrücken und fein zerrupfen.
▷ Mit der Petersilie und der sehr fein gehackten Zwiebel in der Pfanne gut abdämpfen, abkühlen lassen.
▷ Leber pürieren.
▷ Die Butter schaumig schlagen und dann mit allen anderen Zutaten außer der Fleischbrühe, zu einem homogenen Teig vermischen.
▷ Mit einem Löffel Spatzen in die siedende Fleischbrühe einlegen und 10 Minuten ziehen lassen.

Für Knödel den Teig durch Zugabe von Mehl- oder Paniermehl etwas fester gestalten. Runde Knödel formen und gut 20–30 Min langsam ziehen lassen.

▷ Als Suppe servieren.

Verwendung der Leberspätzle

Die Leberspätzle isst man als Suppeneinlage oder abgeschmälzt mit Salat, schwäbisch auch mit Kartoffelsalat. Übrig gebliebene Leberspätzle, bzw. gut abgetrocknete, werden geröstet und mit Salat oder gelegentlich auch Sauerkraut serviert. Spatzen und Knödel schneidet man in Scheiben und bereitet sie wie Bratkartoffeln zu. Frisch werden sie ebenfalls als Suppeneinlage serviert.

Es war durchaus üblich, am ersten Tag Leberspätzlesuppe und am folgenden Tag geröstete Leberspätzle mit Salat zu essen. Lebernöpfle dagegen dienen i.a. nur als Suppeneinlage.

3.4.6 Spätzle puritanisch

Anfang der 70er Jahre waren wir auf einer „Kulturreise“ durch das nördlichste Württemberg. Eine Nacht verbrachten wir in einem abgelegenen Gasthaus mit Fremdenzimmern, in dem noch ein Paar aus Norddeutschland abgestiegen war. Als es an die Bestellung des Abendessens ging, tuschelten unsere Nachbarn lange und bei der Bestellung sagte er zur Wirtin: „Ich hätte gerne Würste mit Spätzli, meine Frau meint, das geht nicht, aber das geht doch?“ Darauf die Wirtin: „Ja mei, essa kama äls“, und natürlich bekam er die gewünschte Kombination. Es irritiert mich nach wie vor, wenn Fernsehköche trockene Spätzle, bestenfalls abgeschmälzt, reichen oder als Juror hervorragend finden. Spätzle müssen „veredelt werden“, dazu braucht man nicht viel.

War am Montag oder Dienstag keine Soße mehr vorhanden, aber noch eine hinreichende Menge Spätzle, so wurden diese geröstet. Geröstete Spätzle lassen sich jedoch auch aus frisch bereiteten, gut abgetropften Spätzle herstellen.

54 Gröstete Spätzle

54 Gröstete Spätzle

Spätzle S. Abschn. 3.2.4 auf Seite 73 bzw. glutenfrei Abschn. 3.3.3 auf Seite 85, etwas Schmalz, Butter oder Öl, evtl. Eier und Speck

▷ Die Spätzle werden, am besten in einer Eisenpfanne, mit wenig Fettzugabe unter mehrfachem Wenden langsam geröstet, bis sie eine schöne hellbraune Farbe haben.

- Klassisch benutzt man eine Gusseisenpfanne, die nie ausgewaschen sondern nur mit Öl ausgerieben wird. Die raue Oberfläche des Gusseisens fördert den Röstprozess, das Öl schützt vor Rost.
- Gibt man Speck dazu, dann wird zunächst der Speck angelassen, bis er glasig ist bzw. leicht Farbe angenommen hat. Dann die Spätzle dazugeben und wie oben weiter verfahren.

Mit Eiern: Die Eier werden mit einer Gabel nur zerrührt, mit Salz und Pfeffer gewürzt und über die fertig gerösteten Spätzle gegossen. Wie einen Pfannkuchen, ohne zu rühren, fest werden lassen. Man kann die Pfanne auch abdecken, dann stocken die Eier schneller.

Zu grösteten Spätzle gehört unbedingt ein Salat.

Die in der historischen Betrachtung (s. Rez. 17 auf Seite 44 ff.) dargestellten Rohn-Nudeln werden durch eine interessante Variante als angeröstete Spätzle im Göppinger Kochbuch,[WGö1790] variiert. Das Originalrezept ist im Neuen Göppinger Kochbuch[WGö2000] (auf S. 36) abgedruckt, allerdings mit einem ganz gewöhnlichen modernen Spätzlerezept kombiniert (quasi als Übertragung). Das für uns heute Originelle des Gerichts kommt dabei nicht zum Ausdruck, deshalb hier eine Übertragung, die sich ans Original anlehnt und ein eigenständiges Spätzlerezept ergibt:

55 Gute Wasserspätzle

55 Gute Waſſerſpätzle

Es wird Mehl nach belieben genommen, mit guter Milch ein paar Eyern und einem Löffel voll ſauren Rohn angemacht, wie ein dünner Spätzleteig, und in ſiedend Waſſer gelegt, wobey daſ Salz nicht zu vergeſſen; alſdenn wird in einer flachen Schüſſel Butter heiß gemacht, die Spätzlen aus der Pfanne mit dem Schaumlöffel darein gethan, daß noch ein wenig Brühe daran iſt, und zugedeckt; unten läßt man eine Scharre kochen, ſo ſind ſie fertig. Man kann auch weniger Brühe daran laſſen, und wenn ſie angezogen, ein paar Löffel voll Rohn und 3. biſ 4. Eyer verkleppern und daran thun, dann noch etwas ſiedend Schmalz, und ſolche umkehren wenn ſie Scharre haben.
Göppinger Kochbuch[WGö1790]

Rahmspätzle mit Scharre

Rahmspätzle mit Scharre

Mehl(mischung), Milch, Eier, Salz, Sauerrahm, Butter

- ▷ Aus Mehl, nach Belieben wird mit Milch, Eiern und etwas Sauerrahm ein dünner Spätzleteig hergestellt.
- ▷ Salzen nicht vergessen.
- ▷ Spätzle in kochendes Salzwasser schaben.
- ▷ Die fertigen Spätzle mit dem Schaumlöffel herausnehmen, nicht abtrocknen lassen, sondern direkt in eine heiße Kasserolle mit geschmolzener Butter geben. An den Spätzle soll noch etwas Kochwas-

ser sein. Noch 2–3 EL Spätzlewasser dazugeben.
▷ Zudecken und bei mittlerer Hitze anbraten lassen, es soll sich eine Scharre (braune Kruste) bilden.
▷ Hat sich die Scharre gebildet, sind sie fertig.
• Man kann an den Spätzle auch weniger Kochbrühe lassen und, sobald sie unten angezogen haben, einige Löffel Rahm sowie 3–4 zerklopfte Eier angiessen, etwas gut heißes Schmalz darüber geben und den „Spätzlekuchen" umdrehen, sobald sich die Scharre gebildet hat.

Scharre

Scharre

Substantiv von scharren oder auch Kratzete von kratzen. Scharren ist gleichbedeutend mit kratzen, gelegentlich auch schaben.

In der Küche, wenn das Gargut am Topfboden festbackt und nur durch Scharren bzw. Kratzen bzw. auch Schaben mit einer Spatel vom Topfboden gelöst werden kann. Damit sich eine schöne Scharre ausbildet, verwendet man am besten Pfannen oder Töpfe die nicht beschichtet sind. Gusseiserne Pfannen, die für geröstete Spätzle besonders geeignet sind, eignen sich für eine Scharre nicht, da sich diese nur schwer ablösen lässt.

Krusten am Topfboden sind auch bei anderen Gerichten wie Rösti wichtiger Bestandteil des Produkts und gelten über den schwäbisch–alemannischen Raum hinaus bei verschiedenen Gerichten als delikat, z. B. bei Schmarren und persischem Reis.

Kässpätzle sind kein Essen, sondern eine Philosophie. Alle Regionen wollen sie erfunden haben, allen voran die Allgäuer, die denn auch keine Kässpätzle, sondern „Allgäuer Kässpätzle" produzieren. Nur die Schweizer haben eine wirklich eigene Variante, die „Grünen Glarer Knöpfli" (s. u.), ansonsten ist die Variabilität der Kässpätzle unspektakulär und beschränkt sich auf leichte Unterschiede bei der Käseauswahl. Die Grundlage ist immer Emmentaler, der auch im Allgäu produziert wurde und wird. Diesem mischt man nach Geschmack etwas Appenzeller oder Greyerzer bei. Wichtig ist, es muss viel, sehr viel Käse sein und auf die Kässpätzle müssen frisch in Butter geröstete oder gedünstete Zwiebelringe.

56
Kässpätzle

56 Kässpätzle

Spätzleteig , ca. 300 g Emmentaler, ca. 300 g Appenzeller, 3–4 große Zwiebeln, Butter

Spätzleteig S. 85

▷ Der Teig wird in kleinen Mengen ins Wasser geschabt, die Spätzle mit dem Schaumlöffel entnommen und gut abgetropft, aber noch sehr heiß in eine vorgewärmte Schüssel oder auf eine Platte geschichtet.

▷ Auf jede einzelne Schicht kommt ein Teil des fein geriebenen Käses. Es lohnt sich, den Käse, der nicht zu trocken sein sollte, selbst zu reiben. Die oberste Schicht sollte Käse sein. Die Spätzle müssen so heiß sein, dass der Käse schmilzt und Fäden zieht.

▷ Die Zwiebeln werden in Scheiben geschnitten und mit Butter oder Schmalz weich gedämpft oder auch braun geröstet. Sie kommen als letzte Schicht samt dem Bratfett auf die Kässpätzle.

- Am besten werden die Kässpätzle sofort serviert, man kann sie aber auch kurzfristig im Ofen warm stellen. In manchen Rezepten werden sie auch kurz überbacken. Dazu reicht man unbedingt Salat.

Kässpätzle müssen Fäden ziehen, ansonsten sind es keine!

- Übrig gebliebene Kässpätzle lassen sich ohne Weiteres im Backofen bei nicht zu hoher Temperatur aufwärmen (ca. 150 °C) oder auch leicht überbacken.

Eine Schweizer Spezialität sind Schabzigerspätzle oder „Grüne Glarer Knöpfli“. Schabziger ist ein Käse, den es heutzutage praktisch nur noch in der Schweiz zu kaufen gibt, früher wurde er entlang des Rheins weit gehandelt:

57 Grüne Glarer Knöpfli

57 Grüne Glarer Knöpfli

Spätzleteig oder Spinatspätzleteig nicht gesalzen, ein halbes bis ein Schabziegerstöckli (50g)

▷ Den Schabziger reiben,
▷ in den Spinatspätzleteig mischen, gut durcharbeiten.
▷ Die Spätzle vom Brett schaben oder Knöpfle mit dem Löffel abstechen.
▷ Weiterer Schabziger wird in Flocken mit dem Messer abgeschabt.
▷ Die gut abgetropften, aber noch heißen Spätzle mit den Schabzigerflocken vermischen und mit heißer Butter oder Olivenöl überschmälzen.
▷ Sofort serviere. Dazu Salat reichen.

- Die Glarer Knöpfli lassen sich wie Kässpätzle sehr gut aufwärmen.

Ziger und Schabziger

Ziger und Schabziger

Ziger oder Zieger hat nichts mit Ziege zu tun. Im Mittelalter ist es eine Quark ähnliche Masse, die aber nicht nur aus Kuhmilch, sondern z. B. auch aus Mandelmilch gewonnen wurde. Hinsichtlich Textur bzw. Konsistenz kommt wohl Crème brûlée am nächsten (Eier-Zieger im Constanzer Kochbuch[OKo1845]).

Für Quark und damit Käse wird das Eiweiß Casein (Kasein) durch Säure und/oder Lab ausgefällt. In der Molke bleibt das wasserlösliche Eiweiß Albumin zurück. Dieses lässt sich durch Kochen und Säuern ausfällen und ergibt dann Ziger, der in kleinen Mengen gern auch unter Zusatz von Eiweiß hergestellt wurde (Grätzer Kochbuch[AGr1688], Constanzer [OKo1845] u. a.).

Der rein aus Molkeeiweiß gewonnene Ziger hat eine feine, Tofu ähnliche Struktur. Mit einem gewissen Kaseinanteil, z. B. aus Magermilch, besitzt er eine etwas bröselige, Quark ähnliche Struktur.

Schabziger ist wohl der älteste Markenartikel der Welt. 1463 erließ die Glarer Bürgerschaft ein Gesetz, das die Hersteller von Schabziger verpflichtete, bestimmte Qualitätsvorgaben einzuhalten und mit einem Herkunftssiegel zu kennzeichnen.

Schabziger wird mit Schabziegerklee (Trigonella coerulea), eimem Verwandten des Bockshornklees (T. foenum–graecum), gewürzt. Dies vermittelt einen stark aromatischen Geruch und eine besondere Geschmacknote.

Als eigenständiges Gericht werden Spätzle auch gern mit Sauerkraut und Lauch kombiniert. Eine Schweizer Spezialität ist zudem die Kombination mit Obst, wobei zumindest früher gerne „holzige" Obstsorten, z. B. „Bratbirnen" oder Hutzeln und entsprechende Apfelsorten Verwendung fanden. Diese Bäume standen in erster Linie auf Sreuobstwiesen und wurden zum Backen (z. B. Schnitzbrot), für Most und eben zum Kochen verwendet. Zum roh Essen waren sie zu hart und/oder zu holzig.

58 Krautspätzle

58 Krautspätzle

Fertige Spätzle, Sauerkraut, Speck

▷ Die fertigen abgetrockneten Spätzle werden in einer Pfanne zusammen mit Sauerkraut und dem darin gekochten und in Stücke geschnittenen Speck angeröstet.
▷ Das Sauerkraut sollte etwas Farbe annehmen, d.h. anrösten.
▷ Sofort servieren.

59 Spätzle mit Birnen

59 Spätzle mit Birnen

750 g möglichst harte Birnen, $\frac{1}{2}$ Zitrone,50-60 g Zucker, Butter, Greyerzer,
fertige Spätzle oder Knöpfli

Fertige glutenfreie Spätzle

▷ Birnen schälen, achteln und entkernen.
▷ Mit Zitronensaft beträufeln, damit sie nicht braun werden.
▷ Den Zucker in einer Pfanne erhitzen, bis er hellbraun ist (karamellisieren).
▷ Mit 3 bis 4 EL Wasser oder Fruchtsaft ablöschen.
▷ Sieden lassen, bis sich das Karamell gelöst hat.
▷ Birnen zugeben und weich dünsten, sie sollten aber noch „Biss" haben.
▷ Die Spätzle abwechslungsweise mit den Birnen in eine gefettete Auflaufform füllen.
▷ Alles mit geriebenem Käse und Butterflocken bedecken.
▷ Bei 200 – 220 °C Ober– und Unterhitze im vorgeheizten Backofen überbacken.
▷ Servieren.

Zum Abschluss noch ein Gericht für Elsässer Käsespatzen, das man auch als Nachtisch verwenden kann.

60 Elsässer Kässpatzen mit Beerensoße

60 Elsässer Kässpatzen mit Beerensoße

Elsässer Kässpatzen (siehe Rez. 44 auf Seite 105), säuerliche Beeren), Wasser, $\frac{1}{2}$ Zimtstange und geriebener Zimt, 1–2 Nelken, $\frac{1}{2}$ Sternanis, Zucker, zerlassene Butter*

▷ Die Beeren werden nach Geschmack mit wenig Wasser, Zucker, Zimtstange, 1 bis 2 Nelken und Sternanis kurz gekocht, so dass sie Saft abgeben, aber nicht vollständig zerfallen.
▷ Nach Geschmack können die Kässpatzen mit Zucker und gemahlenem Zimt überstäubt werden.
▷ Dann werden die Kässpatzen werden Tellern oder einer Platte angerichtet und mit der zerlassenen Butter übergossen.
▷ Die Beerensoße drapiert man um die Spatzen oder gibt sie gesondert dazu.
▷ Dem Spatzenteig kann bei der Herstellung nach Geschmack auch etwas Zucker beigemischt werden.

**)Als Beeren eignen sich z. B. Johannisbeeren, Stachelbeeren oder auch Cranberries, wobei letztere eine etwas längere Kochzeit benötigen, damit sie weich werden.*

3.4.7 DIE schwäbischen Eintöpfe

Schwäbische Eintöpfe sind etwas, um satt zu werden, und für den Schwaben ein „kulinarisches Highlight“. Außerdem gibt es sie auch in vegetarischen Varianten.

61 Kartoffelschnitz und Spätzle

61 Kartoffelschnitz und Spätzle

300 g Kartoffeln, ca. 300 g Spätzle, Brühe, evtl. 2 Karotten, nach Geschmack Pastinake und/oder Petersilienwurzel, 1 Stange Lauch, 1 Zwiebel

- ▷ Die Kartoffeln werden geschält und in Würfel von 1 bis 1,5 cm Kantenlänge geschnitten.
- ▷ Die geschälten Karotten, Pastinaken oder Petersilienwurzeln schneidet man in Scheiben und kocht Kartoffeln und Gemüse in der Brühe weich.
- ▷ Zum Schluss den in feine Streifen geschnittenen Lauch mitziehen lassen.
- ▷ Kartoffeln, Spätzle und Gemüse werden abwechslungsweise auf einer tiefen Platte oder in einer Schüssel aufgeschichtet und ein bis zwei Schöpflöffel Brühe darüber geschüttet.
- ▷ Die Zwiebel wird in feine Scheiben geschnittenen, in Butter gedämpft oder besser gebräunt und über die Kartoffelschnitz und Spätzle verteilt. *Natürlich kann man auch mehr Brühe nehmen und das Ganze als kräftige Suppe servieren.*

Die Kartoffelschnitz und Spätzle mit wenig Brühe werden als eigenständiges Gericht serviert, natürlich nach einer Suppe. Im schwäbischen Kochbuch der Württemberger Zeitung ist dies eine Reisschleimsuppe.

Die dazu gehörige edle Variante ist der Gaisburger Marsch, Gaisburg ist heute ein Ortsteil von Stuttgart. Zum Gaisburger Marsch gibt es im Kern folgende Geschichte: Vor dem 1. Weltkrieg hatten die in der Gaisburger Kaserne stationierten Offiziersanwärter das Vorrecht in einem Wirtshaus ihrer Wahl zu essen. Der Wirt der Bäcka–Schmiede bot dazu einen preisgünstigen Eintopf aus Rindfleisch, Spätzle und Kartoffelschnitz, zu dem die Offiziersanwärter regelmäßig im „Gaisburger Marsch“ pilgerten. Es gibt andere Varianten zur Namensentstehung, doch wo immer dieser herkommt, es schmeckt.

62 Gaisburger Marsch

62 Gaisburger Marsch

> *Benötigt werden: Fleischbrühe, Einlage und geröstete Zwiebel zur Fertigstellung.*

62.1 Fleischbrühe:

62.1 Fleischbrühe:

> *Siedfleisch oder Schwanzrolle (Tafelspitz) vom Rind, 2 bis 3 Stück Ochsenschwanz, Gelbe Rübe (Karotte), das Grüne einer Lauchstange, 1 geviertelte ungeschälte Zwiebel, 8-10 Pfefferkörner, Liebstöckel, Blattpetersilie mit Stielen, etwas Sellerieknolle oder ein Stück Blattsellerie, Salz für die Brühe, Pfeffer*

▷ Das Wasser von vornherein relativ gut salzen (aber nicht versalzen), damit das Fleisch nicht zu sehr auslaugt.
▷ Fleisch und Schwanzknochen mit Karotte, der geviertelten Zwiebel und dem in grobe Stücke geschnittenen grünen Teil der Lauchstange, dem Stück Sellerieknolle bzw. Blattsellerie, sowie den mit der Breitseite eines Messers etwas angedrückten Pfefferkörnern und den Petersilienstielen mit $1\frac{1}{2}$ bis 2 l Wasser aufsetzen und zum Kochen bringen.
▷ Ca. $1\frac{1}{2}$ bis 2 Stunden sieden (leicht köcheln) lassen, bis das Fleisch durchgehend weich ist. Dabei den sich bildenden Schaum immer wieder abschöpfen.
▷ Zum Schluss die gehackten Petersilienblätter und die klein geschnittenen Liebstöckelblätter zugeben und kurz mitziehen lassen.
▷ Das Fleisch herausnehmen und die Brühe durch ein Sieb geben.
▷ Die Brühe mit Salz und Pfeffer würzen.

62.2 Einlage

62.2 Einlage

> *500 g Spätzle, ca. 500 g Kartoffeln, 2 Karotten, das Weiße vom Lauch, nach Geschmack Pastinake und Petersilienwurzel*

▷ Die Spätzle nach einem der angegebenen Rezepte zubereiten und mit etwas Brühe warmstellen.

- ▷ Die geschälten Kartoffeln in ca. 1,5 cm große Würfel, die geschälten Karotten in Scheiben, ggf. die geschälte Pastinake und Petersilienwurzel in Stücke sowie den weißen Teil des Lauchs in dünne Scheibchen schneiden.
- ▷ Kartoffel-, Karotten-, Pastinaken- und Petersilienwurzel- Stücke in der Brühe weich kochen, dabei die unterschiedlichen Kochzeiten beachten. Die Wurzelgemüse benötigen etwas mehr Zeit als die Kartoffelstücke.
- ▷ Zum Schluss die Lauchscheiben mitziehen lassen.

62.3 Fertigstellung

62.3 Fertigstellung

Zwiebel, Butter oder Schmalz, das gekochte Fleisch, die fertigen Gemüse, Brühe

- ▷ Die Zwiebel in feine Würfel schneiden und in Butter oder Schmalz hellbraun braten.
- ▷ Das Fleisch in nicht zu kleine Stücke schneiden.
- ▷ Kartoffeln, Spätzle, Gemüse und Fleisch in einer großen Schüssel mischen, mit Brühe übergießen.
- ▷ Die gebratenen Zwiebeln darüber streuen, servieren.

Auch das nachfolgende schwäbische Standardgericht rechne ich zu den Eintöpfen, obwohl die Zutaten getrennt auf den Tisch kommen.

Linsen mit Spätzle, evtl. angereichert mit Speck und Saitenwürstle (Wiener), ist eines der schwäbischen Heiligtümer, was Nichtschwaben möglicherweise schwer zu vermitteln ist. Eine Kalorienbombe, da alle Zutaten stärkereich oder fett sind. Für einen echten Schwaben bleiben sie ein non plus ultra.

Lange war die Schwäbische Alb Schwerpunktgebiet des deutschen Linsenanbaus. Die Hülsenfrucht stellte einen wichtigen Eiweißlieferanten in der Ernährung dar, da Fleisch für einen Großteil der Bevölkerung nicht erschwinglich war. Hier liegt wohl auch der Ursprung dieses deftigen Eintopfs, Kalorienlieferant für die körperlich hart arbeitenden unteren Bevölkerungsschichten.

Der Linsenanbau wurde dann in den 1950er Jahren eingestellt. Er war im Rahmen der fortschreitenden Industrialisierung der Landwirtschaft nicht mehr wirtschaftlich. Seit 1985 bauen Biohöfe wieder Linsen auf der Alb an, wie früher als Unterfrucht von Getreide wodurch Glutenfreiheit nicht garantiert werden kann, man muss diese Linsen dann von Hand auslesen wie Aschenputtel. Die Vermarktung der Linsen erfolgt in erster Linie lokal.

Achtung

Linsen nie sprudelnd kochen, sondern nur sieden lassen, die Haut löst sich sonst ab und sie zerfallen.

Am besten vorher 2 bis 3 Stunden einweichen oder auch über Nacht. Dann sind die Linsen innen schon weich und garen gleichmäßiger.

Möglichst weiches Wasser verwenden oder hartes sprudelnd abkochen, sonst bleiben die Linsen hart. Durch das Abkochen des Wassers entweicht Kohlendioxyd und Kalk fällt aus, der das Weichwerden der Linsen verhindert.

63 Linsen mit Spätzle und Saitenwürstle

63 Linsen mit Spätzle und Saitenwürstle

Spätzle , 300 g Linsen, 30-50 g Fett, 50 g Mehl, Fleischbrühe oder Wasser, 1 kleine Zwiebel, Salz, Pfeffer, 1-2 Esslöffel Essig, 1 Bund Petersilie, evtl. Wurzelgemüse, Essig, Saitenwürstle (Wiener Würstchen, 1 Paar pro Person), evtl. Speck

▷ Die Linsen je nach Sorte über Nacht einweichen oder direkt in Wasser ohne Salz weich kochen. Die Kochzeit richtet sich nach Sorte und Alter der Linsen, Packungsanweisung beachten.

- Bei hartem Wasser dieses mindestens 5 Minuten sprudelnd kochen und wieder abkühlen lassen (sowohl zum Einweichen wie auch zum Kochen, ansonsten bleiben die Linsen hart). Alternativ kann man ein weiches Wasser, z.B. aus den Vogesen, verwenden.

- ▷ Es kann nach Belieben fein gewürfeltes Wurzelgemüse wie z. B. Karotten und Petersilienwurzeln zugegeben werden.
- ▷ Aus Fett und Mehl bzw. Klebereismehl oder Stärke bereitet man eine haselnussbraune Mehlschwitze, wobei man noch die fein gewürfelte Zwiebel sowie den grob gewürfelten Speck zugibt, nachdem das Mehl Farbe genommen hat. Wichtig ist, das Mehl bei niederer Temperatur langsam zu rösten, man sollte gut 15 Min einplanen. Dann löscht man mit Brühe oder Wasser ab, gibt nach Geschmack Essig dazu und lässt die Soße (min. 30 Minuten) auskochen.
- ▷ Die gut abgetropften, weich gekochten Linsen gibt man zusammen mit dem Speck und den Würstchen in die Soße und würzt mit Salz, Pfeffer und evtl. zusätzlichem Essig. Alles zusammen lässt man noch gut 15 Min. ziehen und rührt direkt vor dem Servieren die sehr fein gehackte Petersilie unter.
- Alternative: Man gibt in den letzen 15 Min. trockene braune Einbrenne (Rez. 65 auf Seite 132) nach Geschmack an die Linsen (ca. 1 EL), fügt evtl. noch etwas Brühe zu und würzt mit Essig und Salz.

Vegetarisch

Vegetarisch

Würste und Speck kann man natürlich auch weglassen und die Linsen evtl. etwas stärker ansäuern. Das dürfte dem ursprünglichen „Armeleuteessen“ sogar näher kommen.

3.5 Spätzle mit Soß

„Es muss immer
a' Sößle dabei sein"

amerikanische Studentin
in den Schwabenbildern[XSB1997] *(S. 42).*

Dabei denkt man nicht etwa daran, Spätzle gegen Spaghetti zu tauschen und mit entsprechenden Soßen zu servieren, nein, wenn mein Freund Theo Simon auf der Rückfahrt von einer Auslandsexkursion von Spätzle mit Soß' träumte, die ihm daheim vorgesetzt würden, dann hatte er eine Bratensoße im Sinn. So manchem Schwaben war der Braten selbst weniger wichtig als das Geschmackserlebnis der Spätzle mit Soß', am besten kombiniert mit einem schwäbischen Kartoffelsalat. Häufig war dies auch das Montagsessen. Die übrig gebliebenen Spätzle wurden in der Pfanne aufgewärmt und mit den Resten des Sonntagsbratens, eben der Soße, serviert.

3.5.1 Mehlschwitzen und Einbrennen

Zum Andicken von Braten- oder Gemüsefond verwendet man am besten Mehlschwitze oder Einbrennen anstatt Stärke, die nur andickt, aber nicht bindet. Beim Rösten entsteht aus Stärke Dextrin, das bessere Bindeeigenschaften hat. Man kann auch von Mehl ausgehen, das hat aber keinen Vorteil, da sich nur die Stärke in Dextrin umwandelt. Mit Mehl muss die Soße außerdem wesentlich länger ausgekocht werden.

64 Helle und dunkle Mehlschwitze

64 Helle und dunkle Mehlschwitze

40 g Mehl oder Stärkemehl (glutenfrei), 40 g Butter

- Hell: Stärke und Butter werden im Verhältnis 1:1 in der Pfanne oder bei mittlerer Temperatur langsam braun gedünstet (mindestens 15 Minuten). Nicht anbrennen lassen, insbesondere in der Pfanne ständig rühren.
- Dunkel: Die Mehlschwitze wird weiter geröstet, bis sie eine haselnussbraune Farbe annimmt.
  Für eine Soße wird die Mehlschwitze mit Wasser, Brühe oder Wein abgelöscht und ggf. in eine schon vorhanden Soßengrundlage (z. B. Bratensaft) eingerührt. Zum Schluss noch 10–20 Min. ohne zu kochen ziehen lassen.

Einbrenne ohne Fett eignet sich sehr gut zur Vorratshaltung in einem dicht schließenden Glasgefäß im Kühlschrank.

65 Helle und dunkle Einbrenne

65 Helle und dunkle Einbrenne

Mehl oder Stärke (glutenfrei)

- ▷ Die Stärke wird in einer beschichteten Pfanne langsam erhitzt oder auf einem Blech ausgebreitet im Backofen bei ca. 160 – 180 °C unter häufigem Wenden mindestens 15 Min. geröstet. In der Pfanne sollte sie mit einer Spatel ständig gerührt werden.
- Die Stärke wird zunächst weiß und kann in diesem Zustand für rein **weiße Soßen** benutzt werden, meist wird man sie leicht gelblich werden lassen, da dann der Dextrinanteil höher ist.
- ▷ Für **braune Soßen** wird weiter geröstet, bis das Röstgut haselnussbraun ist.
- Zum Andicken einer Soße wird die Einbrenne mit kaltem Wasser oder Brühe angerührt und dann langsam portionsweise der Soße unter Rühren beigegeben. Dabei immer wieder warten und aufköcheln lassen, um ein zu starkes Eindicken der Soße zu vermeiden. Zum Schluss noch 10–20 Min. auskochen lassen.

Mehlbutter ist eine weiter Möglichkeit Soßen anzudicken, die vor allem in der französischen Küche eingesetzt wird.

66 Mehlbutter

66 Mehlbutter

75g Butter und 100g Mehl (gluenfrei, z. B. Klebereismehl)

▷ Dazu werden Butter und Mehl gut verknetet.
▷ Man rührt sie dann stückchenweise in die heiße Soße, die allerdings nicht mehr kochen darf!
• Mehlbutter lässt sich, wie normale Butter, gut im Kühlschrank aufbewahren.

3.5.2 Soßen

Das Rückgrat der schwäbischen Soße ist ein geschmorter Braten, der die Soße quasi automatisch mitliefert. Man benötigt nur etwas Brühe oder Fond zum Ablöschen. Entsprechend ist sie recht dünn, da wenig angedickt wird. Da es zum Braten Spätzle gibt, schadet die dünne Soße nicht, Spätzle wollen schwimmen, in einer Brühe oder eben einer dünnen Soße – es muss nur sehr viel davon vorhanden sein. Die Soße lässt sich natürlich mit etwas Einbrenne andicken, oder sie wird direkt aus Einbrenne gewonnen wie, leider, in vielen schwäbischen Gaststätten.

Ansonsten sind vor allem Rahmsoßen beliebt, vorwiegend als Beilage zu kurz gebratenem Fleisch wie Schnitzel nature oder Jägerschnitzel.

67 Die Klassische schwäbische Soße

67 Die Klassische schwäbische Soße

Schmorbraten vgl. Abschn. 3.6.3 auf Seite 160

▷ Die Soße wird nicht gesondert hergestellt sondern entsteht beim schmoren des Fleische.
▷ Dazu wird in einem passenden Topf zunächst das Fleisch von allen Seiten angebraten und dann beiseite gestellt.
▷ Im nächsten Schritt gibt man in Stücke geschnittene Zwiebel und etwas Suppen- (Wurzel-) Gemüse in den Topf und brät alles leicht an.
▷ Dann wird das Gemüse mit Mehl oder Stärke bestreut und alles zusammen für helles Fleisch hellgelb, für dunkles Fleisch braun gebraten.

▷ Nun kann man mit etwas Weiß- oder Rotwein ablöschen, den man in kleinen Schritten zugibt und jeweils weitgehend einkochen lässt.
▷ Im nächsten Schritt löscht man mit wenig Wasser, Brühe oder Fond ab und gibt das Fleisch dazu.
▷ Die Flüssigkeit sollte nur das untere Drittel des Fleisches bedecken.
▷ Das Fleisch wird bei geschlossenem Deckel leise siedend oder im Backofen fertig gegart, herausgenommen und zur Seite gestellt.
▷ Den Kochsud gibt man durch ein Sieb, würzt ihn und zieht ihn ggf. mit etwas kalter Butter ab.

Hat man keine Bratensoße, so gibt man zu den Spätzle eine der im Folgenden beschriebenen Soßen.

Braune Soßen

Die Braune Soße ist die klassische Soße deutscher Restaurants. Einmal in großer Menge hergestellt oder fertig aus der Dose kann sie zu allem gebratenen Fleisch gegeben werden. Wenn man Glück hat, dann wurde sie wenigstens mit etwas abgelöschtem Bratenfond oder Wein verfeinert.

68 Braune Soße oder Spanische Sauce

68 Braune Soße oder Spanische Sauce

50–60 g Mehl (glutenfrei Stärke oder Klebereismehl), 50 g Butter für die Mehlschwitze (genügt für $\frac{1}{2}$ bis 1 l Soße), 50 g durchwachsener Speck oder etwas Pflanzenöl, 1 Lorbeerblatt, etwas Thymian, 1 Möhre (gelbe Rübe), 1 Zwiebel, $\frac{1}{2}$–1 l dunkle Fleisch- oder Gemüsebrühe, evtl. $\frac{1}{10}$ l trockener Weiß- oder Rotwein, evtl. 1–2 Esslöffel Tomatenmark.

▷ Das Mehl wird zusammen mit der Butter in einer Pfanne unter Rühren langsam gebräunt, es darf nicht anbrennen.
• Dabei bildet sich Dextrin, das in Wasser quillt und die Soße andickt. Mindestens 15 Min. bei mittlerer Temperatur rösten.
▷ Oder man röstet das Mehl ohne Fettzugabe langsam in der trockenen Pfanne bzw. im Backofen, s. Einbrenne ohne Fett (Rez. 65 auf Seite 132).
▷ Die fertige Mehlschwitze wird beiseite gestellt.
▷ Der in feine Würfel geschnittene Speck wird in einem niederen Topf oder einer tiefen Pfanne angelassen, bzw. das Pflanzenöl darin erhitzt.
▷ Dann werden die Gewürze sowie die fein gewürfelte Karotte und Zwiebel zugefügt und leicht gebräunt.

▷ Überflüssiges Fett abgießen, Mehlschwitze und evtl. Tomatenmark zufügen, Fleisch- oder Gemüsebrühe sowie eventuell Wein zufügen, umrühren und lange, möglichst 2 Stunden, mindestens jedoch eine halbe Stunde langsam köcheln.
▷ Zwischendurch abschäumen.
▷ Zum Schluss durch ein feines Sieb passieren.

Und nun das Rezept dazu:

69 Spätzle mit brauner Soß'

69 Spätzle mit brauner Soß'

Fertige Spätzle, fertige braune Soße oder besser übrig gebliebene Bratensoße

▷ Zu den fertigen, evtl. in Butter geschmälzten Spätzle reicht man die braune Soße oder besser für Nichtvegetarier übrig gebliebene Bratensoße.
• Dazu gibt es noch Salat.

Dextrin

Dextrin

Stärke hat die Eigenschaft mit Wasser beim Erhitzen auf 47 – 57 °C stark aufzuquellen, aber sie löst sich nicht in Wasser, deshalb erhält man häufig eher einen Kloß denn eine homogene angedickte Soße. Durch Enzyme, Säuren oder Erhitzen können die Stärkemoleküle aufgebrochen und in kürzere Einheiten zerlegt werden, die dann wasserlöslich sind und damit eine gleichmäßige Andickung erzeugen. Wird weiter erhitzt, so denaturiert auch das Dextrin langsam, es entstehen Zuckermoleküle, die bei höherer Temperatur karamellisieren.

Diese Eigenschaften der Stärke macht man sich seit langem in der Küche zunutze, schon zu Zeiten als die Grundlagen noch nicht verstanden waren. Durch Anrösten von Mehl oder Stärke entsteht wasserlösliches Dextrin, das die Soße gleichmäßig und klumpenfrei andickt 55 – 87 °C (je nach Stärkesorte). Dabei verwendet man vorzugsweise Speisestärke, die keinen Kleberanteil mehr enthält, da dieser zur Verklumpung neigt, wie man es von Mehl kennt. Die Struktur und das chemische Verhalten sowie der Geschmack hängen stark von der verwendeten Stärkesorte (Mais, Kartoffel, Weizen etc. ab). Das in Rezepten meist geforderte lange Köcheln (30 Min.) bewirkt eine weitere Umwandlung verbliebener Stärke in Dextrin.

Jodprobe: Mittels Jod oder Lugolscher Lösung lässt sich der Stärkeabbau kontrollieren. Es wird eine kleine Menge geröstete Stärke in Wasser gelöst und mit Jod versetzt. Die Intensität der Blaufärbung zeigt an, wie weit der Stärkeabbau fortgeschritten ist. Allerdings zeigen auch manche Dextrine eine gelbe bis rötliche Reaktion.

Experiment Dextrin

Stärkemehl wird im Backofen bei 80 – 100 °C leicht gelb geröstet. Man lässt es abkühlen und mischt einen Teil mit Wasser, es entsteht eine dem Tapetenkleister ähnliche Masse. Ein wirkungsvoller Klebstoff entsteht wenn man

50g Dextrin,
100 ccm Wasser mit
200 ml 2,5%iger Kalilauge mischt.

Die Lauge kann mit Salzsäure neutralisiert werden (pH-Papier). Die Salzsäure tropfenweise zugeben. Der Klebstoff wird durch Zusatz von etwas Glyzerin elastischer

Die Schwaben mögen es sauer, fast alle Gerichte gibt es auch sauer, so auch Spätzle mit saurer Soße. Meist handelt es sich dabei um eine braune Grundsoße, die mit Essig mehr oder weniger gesäuert wurde. Bei weißen Grundsoßen verwendet man vorteilhaft

Zitronensaft.

70 Saure Soße

70 Saure Soße

Braune Einbrenne, Brühe, Essig, evtl. Weißwein, Salz, Pfeffer

▷ Die Brühe wird erhitzt. Die mit einem Teil der Brühe klumpenfrei angerührte Einbrenne wird langsam unter Rühren zur Soße gegeben oder braune Mehlschwitze wird mit Fleischbrühe oder Wasser abgelöscht.
▷ Dann lässt man sie mindestens 30 Min. auskochen,
▷ würzt mit Salz, Pfeffer und
▷ gibt nach Geschmack Essig und/oder Wein zu.
• Wein sollte man nochmals aufkochen, damit der Alkohol weitgehend entweicht.

Das Rezept zur sauren Soße:

71 Spätzle in saurer Soße

71 Spätzle in saurer Soße

Spätzle, saure Soße

▷ Die fertigen Spätzle lässt man in der warmen sauren Soße ziehen.

Weiße Soßen

Weiße Soßen sind das Pendant zur braunen Soße für Fisch und Gemüse. Bis in die 1960er Jahre wurde damit Gemüse regelrecht erstickt. Der eigentliche Geschmack des Gemüses verbarg sich hinter der Soße. Das war nicht nur in Deutschland der Fall, sondern insbesondere auch in der klassischen hohen französischen Küche. Dagegen formulierte Bocuse seine „Küche des Marktes“, die dann als „Neue Küche“ bekannt wurde und z. T. ins Gegenteil umschlug. Die Gemüse wurden nur knapp gegart und kaum gewürzt serviert, englisch könnte man sagen.

Andicken und Abziehen bzw. Legieren von Soßen

- Soßen können natürlich immer mit heller oder dunkler Einbrenne, die man mit etwas Flüssigkeit vor der Zugabe verrührt, angedickt werden. Die Soße muss dann noch längere Zeit ausgekocht werden.
- Oder man verrührt Eigelb mit Flüssigkeit und rührt es langsam in die nicht mehr kochende Soße. Man legiert die Soße bzw. man zieht sie ab. Die Soße darf dann nicht mehr aufgekocht werden.
- Man legiert mit einem Stück kalter Butter, direkt aus dem Kühlschrank, indem man die Butter rasch unter die Sauce schlägt. Auch hier darf die Sauce nicht mehr kochen und sollte sofort serviert werden. Dieses Verfahren eignet sich besonders für sogenannte „Kurze Soßen", die mit Brühe direkt aus dem Bratenfond gezogen wurden.

72 Weiße Grundsoße

72 Weiße Grundsoße

30 g Butter, 40 g Stärke, $\frac{3}{8}$–$\frac{1}{2}$ l Brühe, 1 EL feingeschnittene Zwiebel, Salz, weißer Pfeffer, Muskat, evtl. einige Champignonds

▷ Aus Butter und Mehl bereitet man eine helle Mehlschwitze und löscht unter ständigem Rühren mit der Brühe langsam ab.
▷ Zwiebel- und evtl. Champignonwürfel werden ebenfalls angeschwitzt und dazu gegeben.
▷ Dann würzt man mit Salz, Muskat und weißem Pfeffer (schwarzer Pfeffer würde dunkle „Sommersprossen"in der Sauce ergeben).
▷ Die Soße lässt man 20–30 Min. unter häufigem Rühren köcheln. Sie muss zum Schluss glatt sein. *Pilze verbessern Soßen ganz allgemein, für weiße Soßen sind sie wichtige Geschmacksgeber. Man nimmt i.a. Champignons, Kräuterseitlinge u.ä..*

73 Einfache Senfsoße

73 Einfache Senfsoße

Weiße Grundsoße, Senf

▷ Die weiße Grundsoße wird zum Schluss mit Senf abgeschmeckt.
▷ Nicht mehr kochen!

Ergänzend hier die Béchamel-Soße, die gelegentlich als Bindung für Klöße oder zum Gratinieren benötigt wird, und allein auf heller Einbrenne beruht. Als Soße im eigentlichen Sinn ist sie ungeeignet.

74 Béchamelsoße

74 Béchamelsoße

125 g helle Einbrenne, 1 l Milch, evtl. 60 g Kalbfleisch, Thymian, Pfeffer, Muskat, Salz, Butter

▷ Die Einbrenne zubereiten und
▷ mit Milch unter ständigem Rühren langsam ablöschen, damit sich keine Klümpchen bilden.
▷ Das Kalbfleisch in kleine Stücke schneiden und mit den Gewürzen in Butter hell anschwitzen.
▷ Die Soße dazu gießen, umrühren und ca. 1 Stunde ganz leicht köcheln lassen.
▷ Die Soße durch ein feines Sieb (Haarsieb) in eine Schüssel gießen, ohne den (braunen) Satz am Pfannenboden abzulösen.
▷ Ein Stücken Butter auf eine Gabel stecken und die noch warme Soße damit bestreichen.
• Die dünne Fettschicht verhindert die Bildung einer Haut und damit von Klümpchen.

Sahne- und Rahmsoßen

Sahnesoßen haben den Vorteil, dass sie sich rasch frisch zubereiten lassen. Nachdem das Fleisch angebraten und warm gestellt wurde, wird der Bratensatz abgelöscht, wieder weitgehend eingekocht und dann mit Sahne aufgefüllt und etwas ausgekocht. Zusätzlich kann man vor dem Ablöschen kleingeschnittene Zwiebel, Champignons oder auch Wurzelgemüse mit anbraten.

Mit Safran oder Curry gewürzt passt sie auch ausgezeichnet zu Reis und Fisch.

Zwiebeln und Schalotten

oxidieren nach dem Aufschneiden sehr schnell und bekommen dann einen unangenehmen Geschmack. Außerdem sollten sie nicht mit nicht-rostfreiem Stahl (manche hochwertige Messer) in Berührung kommen da der Saft mit Eisen reagiert.
Die Zwiebelscheiben oder Stücke sofort nach dem Aufschneiden weiterverarbeiten: braten, kochen oder in eine säurehaltige Soße (Vinaigrette) geben, Säure verhindert die Oxidation.

75 Einfache Sahnesoße

75 Einfache Sahnesoße

Weiße Grundsauce mit oder ohne Champignons, 100 ml Sahne, Zitronensaft

▷ Zur weißen Grundsauce gibt man zum Schluss die Sahne, lässt noch kurz auskochen.
▷ Mit etwas Zitronensaft, Salz und weißem Pfeffer abschmecken.

76 Sahnesoße

76 Sahnesoße

250 ml Sahne, 50 ml Weißwein oder 3–5 Esslöffel Sauerrahm, Brühe, $\frac{1}{2}$ kleine Zwiebel, Butter oder Öl, Salz, weißer Pfeffer, evtl. Estragon

▷ Die Zwiebel wird in kleine Würfel geschnitten und in wenig Fett glasig geschmort.
▷ Überflüssiges Fett schüttet man ab und löscht die Zwiebeln mit etwas Weißwein ab.
▷ Den Weißwein lässt man auf die Menge von 1 TL einkochen (man reduziert ihn).
▷ Brühe und Sahne dazugeben.
▷ Mit Salz, Pfeffer und nach Geschmack Muskat würzen.
▷ Zum Schluss wird der Estragon zugegeben und nur kurz mitgeköchelt.
• *Die Soße gibt man vor dem Servieren durch ein feines Sieb. Ist die ferti-*

ge Soße zu dünn, so zieht man sie mit einem Eigelb ab, legiert sie. Dazu verschlägt man das Eigelb mit etwas Sahne oder Wasser und rührt es langsam in die nicht mehr kochende Soße.

▷ Die Soße sofort servieren. Nicht mehr kochen!

Variante ohne Alkohol: Möchte man auf den Weißwein verzichten, so löscht man nur mit Brühe und Sahne ab und gibt nach Geschmack Sauerrahm oder etwas guten Weißweinessig dazu.

Kräftige Sahnesoße: Die angeschwitzten Zwiebeln werden direkt mit der Sahne abgelöscht und der Sauerrahm eingerührt, nach Geschmack die Zitronenschale dazu geben. Dann lässt man die Soße vorsichtig bis zur gewünschten Konsistenz einköcheln.

- *Vorsicht, wird die Soße zu stark eingekocht, gerinnt die Sahne! Man kann die Soße dann evtl. durch Einrühren von etwas Wasser oder Brühe retten.*

77 Senf-Sahnesoße

77 Senf-Sahnesoße

Fertige Sahnesoße, Senf nach Geschmack

▷ Die Sahnesoße wird zum Schluss mit Senf abgeschmeckt, nicht mehr kochen.

- *Alternativ kann man auch eine weiße Grundsauce verwenden, die sich wiederum mit Sahne verfeinern lässt und dann mit Senf abgeschmeckt wird.*

Sahnesoßen sind bei uns nicht nur, aber insbesondere zu Spätzle sehr beliebt, besonders mit einer Gemüsebeilage (Karotten, Erbsen, Kohlrabi, Schwarzwurzel etc.).

78 Spätzle mit Sahnesoße

78 Spätzle mit Sahnesoße

Spätzle nach einem der oben angegeben Rezepte, eine der Sahnesoßen nach Geschmack

▷ Zu den leicht überschmälzten Spätzle gibt man die Sahnesoße und als Gemüsebeilage weich gekochte, in Butter geschwenkte Erbsen oder Karottenscheiben bzw. –stifte.
Man kann die Spätzle auch direkt in der Sahnesoße schwenken und so servieren.

Pilze

sollten nicht gewaschen werden, da sie sehr schnell viel Wasser aufsaugen und dann nicht mehr braten, sondern dünsten bzw. kochen. Man reinigt sie trocken durch Abreiben oder Abschaben.

Ausnahme Pfifferlinge

Da Pfifferlinge häufig sehr sandig sind, ist es oft schwierig, sie trocken zu reinigen. Man schwenkt sie ganz kurz in einer großen Schüssel mit Wasser und trocknet sie sofort ab. Sie werden dann umgehend in einer gut vorgeheizten Pfanne mit hinreichend Öl angebraten, wobei man die Herdplatte auf die höchste Kochstufe stellt und erst zurückschaltet, wenn austretendes Wasser vollständig verdampft ist.

Die Pilze noch beim Braten gut salzen.

79
Pilzsoße

79 Pilzsoße

250–500 g Wildpilze (alternativ Zuchtpilze), 200–400 ml Sahne, 200–400 g Sauerrahm, evtl. Brühe, 1 Zwiebel, Butter oder Öl, Salz, Pfeffer, evtl. Petersilie

- ▷ Die Pilze werden gereinigt, in nicht zu große Stücke geschnitten und in einer Pfanne mit etwas Öl angebraten und gut gesalzen.
- ▷ Die Zwiebel in feine Würfel schneiden, zu den Pilzen geben und glasig werden lassen.
- ▷ Dann mit der Sahne ablöschen und den Sauerrahm einrühren, evtl. noch die angebratenen Pilzstiele, s.u., zugeben.
- ▷ Alles gut köcheln lassen, aber nicht zu stark einkochen, da die Soße sonst gerinnt, ggf. etwas Brühe oder Wasser zugeben.

▷ Die Soße nochmals mit Salz, Pfeffer, und evtl. etwas Zitronensaft würzen.
▷ Zum Schluss die feingehackte Petersilie zugeben, nicht mehr kochen lassen.
▷ Die Pilze bleiben in der Sauce, nicht abseihen.
• *Bei Pilzen, bei denen dies leicht möglich ist (Champignons), kann man*
▷ *die Stiele herausbrechen,*
▷ *in kleine Würfel schneiden und bei hoher Temperatur gesondert anbraten, bis alles austretende Wasser verdunstet ist und die Pilzstücke Farbe genommen haben.*
▷ *Jetzt nimmt man die Pfanne vom Herd und lässt die angebratenen Stiele 30 Min. oder länger an der Luft stehen.*
• *Durch die erfolgende Oxidation wird der Pilzgeschmack intensiviert. Die Pilzstiele gibt man nach dem Ablöschen der Soße zu und lässt sie noch mitköcheln.*

... und dazu nun Spätzle, „am besta Maronaspätzle" (s. Rez. 49 auf Seite 111)

Mit Pilzen durch die Jahreszeit

Mit Pilzen durch die Jahreszeit

Ende März bis Mai gibt es *Morcheln* (nicht zu verwechsel mit den gelegentlich importierten Lorcheln). Da die Rundmorchel bei einzelnen Personen Übelkeit oder leichte Allergien auslöst, wird sie mit heißem, nicht kochendem Wasser übergossen. Man lässt sie dann vor Verwendung 10 Min. stehen und gießt das Wasser ab. Morcheln sind als Einlage von Soßen sehr beliebt und entsprechend teuer. Am besten brät man sie nicht, sondern lässt sie in einer Sahnesoße ziehen.

Ab Juni, spätestens Juli kommen *Pfifferlinge* (Rehling, Reherl) auf den Markt und sind bis Oktober/November erhältlich. Sie eignen sich besonders zum Braten und werden als eigenständiges Gericht oder als Beilage, insbesondere zu Rotwild, geschätzt. Für Pilzrahmsoßen brät man sie, ohne die Stiele abzuschneiden an, würzt und gibt sie in eine Sahnesoße.

Ab September bis Ende November treten *Maronen- und Steinpilze* häufig auf. Die Maronenpilze sind dem Steinpilz geschmacklich und im Aussehen sehr ähnlich, nur wesentlich billiger. Maronen- und Steinpilze werden als eigenständiges Gericht, Beilage oder in einer Pilzsoße (wie oben) verwendet. Daneben gibt es noch eine größere Anzahl von Wildpilzen wie Rotkappe, Rotfußröhrling, Reizker, Stoppelpilz etc., die für Saucen ausgezeichnet verwendbar sind, aber i. a. nur dem kundigen Pilzsammler zur Verfügung stehen.

Im Winter verwendet man Zuchtpilze wie *Champignons, Egerlinge, Gewürzsaitling* oder andere für Pilzsoßen.

Viele Pilze lassen sich ausgezeichnet trocknen und können eingeweicht in Sahnesoßen benutzt werden, wobei man das Einweichwasser zum Ablöschen nutzt und reduziert, bevor man die Sahne zugibt. Die Trockenpilze in der Soße länger auskochen lassen.

Einige Pilze, z. B. Steinpilz und Maronenpilz eignen sich auch zum Einfrieren, wozu sie vorher am besten in Scheiben geschnitten werden. Zur Verwendung werden sie nicht aufgetaut, sondern noch gefroren mit etwas Öl in die sehr heiße Pfanne gegeben, damit das austretende Wasser rasch verkocht. Dann kann man sie angebraten zu einem eigenständiges Pilzgericht oder als Einlage in einer Pilzsoße verwenden.

Vorsicht!

Es gibt eine Vielzahl von giftigen Pilzen, die zu schweren Vergiftungen führen und die häufig tödlich verlaufen. Pilze sammeln sollte nur, wer sich wirklich auskennt.

Die in vielen älteren wie auch manchen neueren Kochbüchern angeführten Methoden, um Giftpilze zu erkennen, sind wirklich nur Humbug und äußerst gefährlich. Weder ist es auf Giftgehalt zurückzuführen, wenn das Fruchtfleisch bei Druck blau anläuft (kommt beim ungiftigen und wohlschmeckenden Maronenpilz vor), noch gibt ein schwarz anlaufender Silberlöffel einen brauchbaren Hinweis. Deshalb wurden hier nur Speisepilze erwähnt, die auf Märkten und in Lebensmittelgeschäften verkauft werden.

Beim Kauf sollte man darauf achten, dass die Pilze fest und nicht „matschig“ sowie frei von Schimmelbefall sind. Sie sollten auch frisch und nicht angetrocknet sein, obwohl dies immer noch besser ist als zu matschige Pilze.

3.6 ... an Spätzle

Als ich nach gut zehn Jahren (2005) wieder einmal in Tübingen war, wollte ich natürlich testen ob die Küche noch wirklich schwäbisch ist. Mein Hotel in der Wilhelmstraße bot schwäbische Küche an, und so verzichtete ich darauf, lange nach einem entsprechenden Restaurant in der Altstadt zu suchen, insbesondere da alle anwesenden Gäste Tübinger waren. Als Vorspeise: Maultaschensuppe, als Hauptgang Zwiebelrostbraten mit Spätzle. Letzteres hat mich irritiert und ich fragte die Wirtin: „Sind die Spätzle geröstet?". „Nein, ganz normale". „Aber es gibt doch keine Soß!". „Doch!". Da war ich nun neugierig. Die Maultasche kam in einer Ochsenschwanzsuppe, eindeutig aus der Packung. Für die Soße zum Rostbraten war der Bratensaft mit derselben Suppe gestreckt. Also, zum Rostbraten, der eben keine Soße liefert, kommen wir bei den Bratkartoffeln zurück (Rez. 309 auf Seite 441).

Am nächsten Tag ging ich in der Mittagspause in ein „Bistro" in der Nauklerstraße. Den Wirt kannte ich noch, ein echter Schwabe. Als Tagesessen gab es „Ofenfrischen Fleischkäse mit Zwiebelsoße und Kartoffelsalat", eine – schwäbisch gesehen – durchaus gelungene Komposition, an der ich wenig auszusetzen hatte. Das Bemerkenswerte ist auch hier die Soße, auf die so mancher Schwabe nicht verzichten mag. In diesem Fall hatte sie den Vorteil, dass der etwas sauer geratene Kartoffelsalat dadurch abgemildert wurde. Der Kartoffelsalat, ein „Muss" in der traditionellen schwäbischen Küche, wird unter „Kartoffeln" besprochen.

Nichts desto trotz, wie die zitierte amerikanische Studentin sagte: „Es muss ein Sößle dabei sein", mit Betonung auf ...le. Die schwäbische Küche kennt die unter „Spätzle mit Soß" genannten klassischen französischen Saucen eigentlich nicht, die Soße entsteht direkt aus dem Bratensaft zusammen mit dem Braten. Bocuse hat diese, in der einfachen französischen Küche ebenfalls bewährte Methode, in seinem Kochbuch „Le Cuisine du Marché" in der hohen Kochkunst wieder populär gemacht. Trotzdem, die schwäbische Soße ist relativ dünn bis sehr dünn, dazu hat man ja die Spätzle, deren grobporige Oberfläche auch eine sehr dünne Soße noch aufzunehmen vermögen, und das unterscheidet die Spätzle von allen Nudeln. Wird die Soße also dünn, so sollte man sich nicht grämen und darauf verzichten, einfach mit Mehl anzudicken, besser ist, sie mit kalter Butter abzuziehen.

Fleisch

Fleisch

Für Braten eignet sich das meist sehr magere Fleisch aus Massenaufzucht von Schwein, Rind oder Kalb wenig. Es verliert beim Braten oder Schmoren sehr schnell Wasser und wird trocken und hart. Lieber weniger Fleisch, dafür von höherer Qualität. Wegen der schlanken Linie auf mageres Fleisch zu achten ist ein Fehler, da einmal der Fettanteil im Fleisch verglichen mit anderen Quellen sehr gering ist und zweitens mageres Fleisch kein Geschmackserlebnis liefert, da Fett der eigentliche Geschmacksträger ist und Gewürze erst zur Geltung bringt. Besser weniger Fleisch essen.

Schweinefleisch sollte gut durchwachsen, d. h. von feinen Fettlagen durchzogen sein und eine dunkelrosa Farbe haben. Dies trifft heute häufig bestenfalls beim Kamm (Schweinehals, Schweinenacken) zu. Wenn man die Möglichkeit hat, sollte man Schweinefleisch von frei laufenden alten Rassen kaufen. Die modernen Zuchtschweine können kaum noch laufen und sind für Freilandhaltung nicht geeignet.

Kalbfleisch sollte eine kräftig rosa Farbe haben, ansonsten hat das Kalb nur den Stall gesehen und wurde mit Mastfutter ernährt. Frisches Grünlandfutter auf der Weide und die damit verbundene Bewegung fördern die Fleischqualität deutlich und das Kalb war

„glücklich", zumindest für eine kurze Zeit.

Rindfleisch sollte gut abgehangen sein (bei Filet bis zu 3 Wochen) und eine dunkle Färbung haben sowie eine deutlich sichtbare Maserung (Marmorierung), d. h. dass dünne Fettschichten die einzelnen Muskelstränge umhüllen. Das ist meist nur bei Freilandrindern der Fall, bei denen Bewegung beim Muskelaufbau hilft.

3.6.1 Kurz gebratenes Fleisch

Für die verschiedenen Schnitzel kann man sowohl Kalbs- wie auch Scheineschnitzel verwenden. Die Zubereitung ist die selbe. Während Kalbsschnitzel innen jedoch noch durchaus rosa sein dürfen, sollten Schweineschnitzel durchgebraten sein. Wichtig ist, dass Schweinefleisch eine gewisse Fettmaserung aufweist, da es ansonsten zäh wird. Gewöhnlich wird das Fleisch plattiert. Es kann jedoch bei weniger hochwertigem Fleisch empfehlenswert sein einen gezackten Fleischklopfer zu verwenden, wodurch die langen Fasern zerstört werden und das Fleisch einen weicheren Eindruck hinterlässt. In diesem Fall sollte das Fleisch vor dem Braten gut bemehlt werden.

80 Schnitzel nature

80 Schnitzel nature

Schnitzel (Kalb oder Schwein), Brühe, Butter, Stärke, Salz, Pfeffer

- ▷ Die Schnitzel am Rand häuten, plattieren und mit Salz und Pfeffer einreiben.
- ▷ Dann mit Mehl oder Stärke bestäuben und in Butter bei niederer Hitze schön braun braten.
- ▷ Die Schnitzel herausnehmen und warm stellen.
- ▷ Den Bratensatz mit Brühe oder Fond lösen sowie nach Bedarf mit brauner Einbrenne binden, mit Salz und Pfeffer abschmecken und die Schnitzel in die Soße geben.

- ▷ Je nach gewünschtem Garungsgrad, ohne zu kochen, die Schnitzel noch kurz in der Soße ziehen lassen.

81 Rahmschnitzel

81 Rahmschnitzel

Schnitzel (Kalb oder Schwein) , Brühe, Sahne, Butter, Stärke, Salz, Pfeffer, Zitrone oder Sauerrahm

- ▷ Zubereitung wie Schnitzel nature.
- ▷ Den Bratensaft mit Brühe ablöschen, Sahne zugeben und eindicken lassen.
- ▷ Oder man löscht direkt mit Sahne ab.
- ▷ Mit Salz, Pfeffer, Zitronensaft oder Sauerrahm abschmecken und die Schnitzel noch kurz in der Soße ziehen lassen.

82 Einfache Jägerschnitzel

82 Einfache Jägerschnitzel

Schnitzel (Kalb oder Schwein), fertige Pilzsoße (Rez. 79 auf Seite 142)

- ▷ Die Schnitzel wie Schnitzel nature zubereiten.
- ▷ Den Bratensatz mit Pilzsoße ablöschen und die Schnitzel noch kurz in der Soße ziehen lassen.

83 Jägerschnitzel

83 Jägerschnitzel

Dicke Schnitzel (Kalb oder Schwein), fertige Pilzsoße (Rez. 79 auf Seite 142), Petersilie, Zwiebel

- ▷ Man nimmt relativ dicke Schnitzel und macht ca. drei schräge Einschnitte, salzt die Schnitzel und füllt in die Einschnitte fein geschnittene Zwiebel und Petersilie.
- ▷ Die Schnitzel werden dann mit der Füllung nach oben, ohne sie zu wenden, schwimmend in Butter gebraten.
- ▷ Die heiße Butter löffelt man immer wieder auf die Schnitzel, so dass diese auch von oben garen. Die Schnitzel in fertiger Pilzsoße servieren.

Anbraten — die Maillard Reaktion

Anbraten — die Maillard Reaktion

Das Anbraten von Fleisch, Kartoffeln und Gemüse beeinflusst den Geschmack stark. Schlecht angebratenes, graues Fleisch ist fade, ebenso blasse Bratkartoffeln.

Beim Anbraten laufen komplizierte chemische Prozesse ab, bei denen unter anderem aus Proteinen (Eiweißen) Aminosäuren entstehen, während sich aus Kohlehydraten (z.B. Stärke) Zucker bildet. Die Aminosäuren verbinden sich nun mit dem Zucker und bilden dabei Aromastoffe, die für den typischen Geschmack von Gebratenem sorgen. Diese sehr komplizierten chemischen Reaktionen werden nach ihrem Entdecker Louis-Camille Maillard als Maillard–Reaktion bezeichnet (siehe z.B. P. Barham, „Die letzten Geheimnisse der Kochkunst").

Im Wissen um die Maillard–Reaktion ergibt sich auch für das bemehlen von dünnen Schnitzeln, Leber oder auch Fisch ein ganz neuer Gesichtspunkt. Starkes Anbraten würde dieses Fleisch trocken und zäh machen. Durch eine außen aufgebrachte, möglichst dünne Mehlschicht wird auf der Fleischoberseite das Angebot von Kohlenhydraten erhöht, damit kann die Maillard-Reaktion früher einsetzen und es reicht eine kürzere Bratzeit aus, damit sich die Aromastoffe entwickeln.

Bemehlen bzw. schnelles und kräftiges Anbraten schließt nicht etwa die Fleischporen, wie häufig angemerkt wird, denn Fleisch hat keine Poren, genausowenig wie geschälte oder gekochte Kartoffeln. Es ist die trocknende Wirkung und die schnelle Bildung der bratentypischen Aromastoffe, die es erlaubt, das Fleisch nur kurz zu braten und dann warm zu stellen, damit es innen noch etwas nachgart und trotzdem zart bleibt.

Bemehlen: dünn mit Mehl oder Stäke bestreuen oder kurz in Mehl wenden und überschüssiges Mehl gut abklopfen.

84 Rostbraten mit Soß'

84
Rostbraten mit Soß'

Dünne Scheiben vom Roastbeef (1–1,5 cm dick), Brühe oder Fond, braune Einbrenne, Zwiebel(n)

- ▷ Die Schwarte am Rand der Fleischscheiben mehrfach einschneiden.
- ▷ Das Fleisch plattieren, salzen und sofort in einer heißen Pfanne mit wenig Fett von beiden Seiten gut anbraten, warm stellen.
- ▷ Den Bratensatz mit Brühe oder Fond lösen.
- ▷ Etwas Einbrenne in einem Teil der Brühe lösen. Dann langsam, schrittweise in den Bratensaft rühren, bis die gewünschte Sämigkeit der Soße erreicht ist. Etwas auskochen lassen, mit Salz und Pfeffer würzen.
- ▷ Das Fleisch in die Soße geben und ohne zu kochen bis zur gewünschten Garstufe ziehen lassen.
- ▷ In der Zwischenzeit die Zwiebel(n) in feine Ringe schneiden und in einer zweiten Pfanne mit etwas Fett braun rösten, über das Fleisch geben. *Einen Soßenspiegel auf einen Teller geben, das Fleisch hineinlegen und mit den gerösteten Zwiebeln bedecken.*

Fleisch salzen

Es gibt Fernsehköche, die vehement die Meinung vertreten, dass Fleisch vor dem Braten nicht gesalzen werden darf:

Richtig: Wenn man das Fleisch dann noch stundenlang stehen lässt. In diesem Fall entzieht das Salz dem Fleisch Wasser, wie beim Pökeln, was unter anderem dazu beiträgt, dass das Fleisch haltbar wird.

Falsch: Wenn man das Fleisch sofort nach dem Salzen anbrät. In diesem Fall dringt das an der Oberfläche des feuchten Fleisches gelöste Salz ins Fleisch ein und verbessert den Geschmack ungemein. Das ist mit nachträglichem Salzen der dann fettigen Fleischoberfläche nicht zu erreichen.

Im Stauferjahr 1977, es gab sogar eine Briefmarke der Post und eine große Ausstellung über die Staufer in Stuttgart, tauchte in Schwaben landauf, landab in sogenannten feinen Gaststätten der Staufertopf auf, die feine Variante des gemischten Bratens (s. u.):

85 Staufertopf

85 Staufertopf

Je ein Steak vom Schweine-, Kalbs- und Rinderfilet, fertige braune Soße (Rez. 68 auf Seite 134), Salz, Fett, Pfeffer

▷ Die Schweine-, Kalbs- und Rindersteaks werden nacheinander in einer Pfanne angebraten.
▷ Danach lässt man sie im Backofen bei ca. 80 – 100 °C noch ca. 10–20 Min. ziehen.
• Das Schweinesteak sollte knapp durchgebraten, d. h. innen weiß, aber noch saftig sein, das Kalbssteak darf innen rosa und das Rindersteak medium gebraten sein. Beim Anschneiden soll aber kein Saft herauslaufen, was man durch eine längere Ruhezeit erreicht.
• *Der Bratensatz wird mit fertiger brauner Soße abgelöscht und dann abgeschmeckt.*
Es war beliebt den Staufertopf in einer kleinen Tonkasserolle zu servieren.
Dazu reicht man geschmälzte Spätzle und Salat.

86 Wachteln an Butterspätzle/-nocken mit Lauch

86 Wachteln an Butterspätzle/-nocken mit Lauch

Pro Person 2 Wachteln, Rückenspeck (Speckschwarte, ggf. auch leicht geräuchert), 2 Stangen Lauch, Butterspätzle (S. 98 bzw. glutenfrei S. 87)

▷ Backofen auf höchste Temperatur vorheizen. Die Butterspätzle wie beschrieben (S. 98 bzw. glutenfreie S. 87) zubereiten.
▷ Der Lauch wird in feine Scheiben geschnitten und in Butter weich gedünstet, nicht bräunen. Die Spätzle in der Pfanne mit dem Lauch vermischen und warm halten.
▷ Die Wachteln werden ggf. ausgenommen und innen leicht gesalzen.
▷ Der Rückenspeck wird in feine Scheiben geschnitten und um die Brust der Wachteln gebunden.

▷ In einer flachen Kasserolle oder auf einer Edelstahlplatte anrichten und mit zerlassener Butter oder Schmalz übergießen.
▷ In den auf 220 °C vorgeheizten Backofen schieben und diesen auf 160 °C herunterschalten. 12 Minuten im Backofen garen.
Die Wachteln werden ganz oder tranchiert in der Pfanne mit den Butterspätzle mit Lauch arrangiert und aufgetragen.
- *Dazu gibt man die abgelösten krossen Speckscheiben.*

Fleischqualität

Fleischqualität

Wer kennt noch den Metzger, der selbst schlachtet? In dem 5000-Seelen-Dorf, in dem ich aufgewachsen bin, gab es vier Metzger, zwei mit eigener Schlachterei, und die beiden anderen fuhren zum nächstgelegenen Schlachthof, um selbst zu schlachten. Immerhin kenne ich noch einen Metzger, der diese Arbeit auf sich nimmt, die anderen beziehen abgepacktes Fleisch.

Liest man in der fünften Auflage von „Die Fabrikation feiner Fleisch– u. Wurstwaren"(ca. 1910) die allgemeinen Anweisungen zu den einzelnen Wurstsorten, so staunt man, welcher Aufwand auf die richtige Fleischwahl fiel. So liest man z. B. in der allgemeinen Anweisung zu Brühwurst:

„Wenn von dem Fleisch zur Rohwurstfabrikation verlangt wird, daß es trocken, fest, von roter Farbe ist und von älteren gut gemästeten und gut ausgeruhten Tieren stammt, so werden vom Fleisch für Brühwurstfabrikation fast die entgegengesetzten Eigenschaften gewünscht. Das Fleisch, wie es für diese Wurstsorten am besten sich eignet, soll von jungen, mageren Rindern, sogenannten Freßkälbern oder jungen Bullen stammen, ja selbst blaßrotes Fleisch ist dem hoch- oder dunkelroten vorzuziehen, weil letzteres einen größeren Fettzusatz verlangt, wodurch jedoch wieder ein schwächerer Zusatz von Wasser bedingt wird. Da zur Brühwurstfabrikation

nur bündiges bzw. leimiges Fleisch mit Nutzen Verwendung findet, so ist dieser Eigenschaft ganz besondere Beachtung zu schenken. Auch hier tritt nochmals der Gegensatz zwischen Rohwurst– und Brühwurstfleisch hervor. Während zur ersteren Fleisch von gut ausgeruhten Tieren unbedingt erforderlich ist, verdient das Fleisch von bald nach dem Transport geschlachteten Tieren wegen des größeren Leimgehaltes zur Brühwurstfabrikation den Vorzug. Je frischer dieses Fleisch zur Verarbeitung gelangt, desto größer ist der Nutzen der Fabrikation. Wo die Verhältnisse es irgend gestatten, sollte wenigstens die Hälfte des Fleisches schlachtwarm zerkleinert werden".

Der Hintergrund ist, dass sich gutes Brät tatsächlich nur aus schlachtwarmem Fleisch zubereiten lässt. Da das im Rahmen der heute üblichen Schlachtfabriken mit Fließbandschlachtung nicht machbar ist, wird bei der Produktion von Fleischwaren auf chemische Zusätze zurückgegriffen, die z.B. Wasser binden. Zusätzlich setzt man Färbemittel ein, wozu auch Nitrat zu zählen ist. Im oben genannten Handbuch findet man dazu im Teil „Bratwurst, Saucischen u. dgl.":

„Es ist darauf zu achten, daß zur Herstellung dieser Wurstsorten nur frisches Fleisch im Gegensatz zu vorgesalzenem Verwendung findet, weil sie größtenteils frisch. d. h. roh zum Verkauf gelangen, durch Zusatz von vorgesalzenem Fleisch aber die zarte Farbe einbüßen und infolgedessen von den Käufern leicht beanstandet werden"

und zur Gelbwurst wird gesagt, dass nur Traditionswürste gefärbt werden dürfen, heute ein Traum.

PSE– und DFD–Fleisch

Das heutige Schlachten am Fließband führt notwendigerweise häufig zu Stress bei den Tieren, wobei Schweine besonders stark betroffen sind. Ob ein Tier nach dem Transport noch Ruhe bekommt,

ist keine Frage der Fleischqualität, sondern allein des optimierten Nachschubs für das Schlachtband. Nach W. Ternes[LTer1990] (Naturwissenschaftliche Grundlagen der Lebensmittelzubereitung) laufen dabei folgende Prozesse im Tier ab:
Bei Stresssituationen kommt es zu einem hohen Adrinalinausstoß, wodurch ATP (Adenosintriphosphat, ein energiereiches Molekül und universeller Energieträger in lebenden Organismen) sehr schnell abgebaut wird, was zur Lactatanreicherung führt, besonders ausgeprägt bei Schweinen. Daraus resultieren verschiedene Fleischfehler:

- Kommt es kurz vor oder während dem Schlachten (kurzer Transport oder starke Aufregung) zur Ausschüttungt von ATP, so wird dieses unter anaeroben (sauerstoffarmen) Bedingungen gebildet, wobei eine große Menge Milchsäure entsteht, die zu einer schnellen Erniedrigung des pH-Wertes im Muskel führt. Das Fleisch ist übersäuert und wird durch Denaturierung blass (pale), weich (soft) und wässrig (exudative), was zur Bezeichnung PSE–Fleisch führte.
- Liegt die Stresssituation in größerem zeitlichen Abstand zur Schlachtung, sind die Glykogenreserven, aus denen ATP gebildet wird, weitgehend aufgebraucht. Dadurch kann kaum Milchsäure während des Todes gebildet werden. Das Fleisch ist untersäuert und kann nicht normal altern, was zu dunklem (dark), festem (firm) und trockenem (dry) Fleisch führt, das als DFD–Fleisch bezeichnet wird.

In beiden Fällen kommt es nicht zu einer normalen Fleischreifung und die Weiterverarbeitungsmöglichkeiten des Fleisches sind eingeschränkt. In der Küche macht sich dies insbesondere in starkem Wasserverlust beim Braten und dadurch bedingtem hartem Fleisch bemerkbar:

Wasserverlust und Eigenschaften
von Schweinefleisch beim Erhitzen
nach Ternes

Temperatur	PSE	normal	DFD
70 °C	30,5%	26,2%	23,0%
90 °C	36,5%	30,6%	25,4%
110 °C	38,8%	32,0%	29,0%
170 °C frittiert	29,2%	24,0%	19,1%
170 °C gegrillt	32,1%	27,4%	21,3%
Wasserabgabe	erhöht		vermindert
Ergebnis	zäh+trocken		hart+trocken
Fleischgeschmack	stark säuerlich	normal säuerlich	nicht säuerlich
Salzaufnahme	erhöht		vermindert

3.6.2 Geschnetzeltes

Bei Geschnetzeltem oder klein geschnittenem Fleisch kann man zwei Gruppen unterscheiden, zum einen sogenanntes eingemachtes Fleisch und manche Ragouts, die i. a. auf sogenannten „minderwertigen" Fleischstücken beruhen, und geschnetzeltes Fleisch im engeren Sinn, für das die besten Fleischstücke wie Filet oder gut abgehangene Hüfte verwendet werden.

87 Eingemachtes Kalbfleisch

87 Eingemachtes Kalbfleisch

650–750 g Kalbsbrust, 40 g Butter (1 EL), 1 kleine Zwiebel, 3 EL Stärke, Brühe oder Fond, 1 Nelke, $\frac{1}{2}$ Lorbeerblatt, 4–6 angedrückte Pfefferkörner, etwas Zitronensaft, Suppengrün (Petersilie, Lauch, Estragon), Weißwein nach Geschmack, 1 Eigelb, 2 EL Sauerrahm, 1 Sardelle (Anchovisfilet)

- ▷ Die Kalbsbrust in handgroße Stücke schneiden und mit kochendem Wasser übergießen. Dadurch wird das Fleisch weiß.
- ▷ Die fein geschnittene Zwiebel nun in der Butter dämpfen, dann das abgetrocknete Fleisch zugeben, mit Stärke bestäuben und mitdämpfen, ohne dass es Farbe nimmt.

Geschnetzeltes Fleisch

1. Zum Schnetzeln wird das Fleisch zunächst längs der Faser in relativ dicke Scheiben geschnitten (ca. wie Schnitzel), geklopft, mit etwas Zitronensaft mariniert und dann $\frac{1}{2}$ Stunde zugedeckt stehen gelassen.
2. Das Fleisch wird jetzt quer zur Faser in schmale Riemchen geschnitten und kurz vor dem Braten bemehlt.
3. Das Fleisch immer nur in kleinen Portionen in die sehr heiße Pfanne geben, rasch anbraten und dann beiseite stellen. Dann die nächste Portion etc. Es soll kein Fleischsaft in der Pfanne auslaufen!

▷ Dann löscht man mit Brühe ab, gibt das Suppengrün und die Gewürze zu und lässt das Fleisch köcheln, bis es weich ist.
▷ Das Fleisch herausnehmen, warm stellen und die Soße durch ein Sieb geben, damit Kräuter und Gewürze zurückbleiben.
▷ Erneut aufsetzen, Zitronensaft, Weißwein, Sauerrahm und das fein gewiegte Anchovisfilet zugeben.
▷ Die Soße vom Herd nehmen und mit dem Eigelb abziehen, mit Salz und weißem Pfeffer abschmecken. Das Fleisch in der Soße wenden und alles servieren.

- *Neben Spätzle passt dazu insbesondere auch Reis.*
  Außerdem kann man die Soße mit Champignons verfeinern, die angedünstet und gegen Ende der Kochzeit dem Fleisch beigefügt werden. In diesem Fall entfernt man zuvor die Gewürze und das Suppengrün, da diese nicht in der Soße verbleiben.

Im Gegensatz zu Geschnetzeltem lässt sich das eingemachte Kalbfleisch aufwärmen, die Kalbsbrust verträgt das sehr gut und mancher findet das Essen aufgewärmt sogar besser. Geschnetzeltes mageres Fleisch dagegen wird beim Aufwärmen hart.

88 Ragout von Bratenresten nach Kiehnle

88 Ragout von Bratenresten nach Kiehnle

Bratenreste insbesondere vom Rind, braune Soße (Rez. 68 auf Seite 134)

▷ Das Fleisch in Stücke schneiden und in der braunen Soße, der man evtl. noch vorhandene Soßenreste zugibt, erhitzen.

Wenn man an Geschnetzeltes denkt, dann natürlich an „Züri Gschnätzlets". Anderswo sieht man das nicht so eng, benutzt auch Rindfleisch und ist beim Braten großzügiger, wie das geschnetzelte Fleisch nach dem Kochlehrbuch für den hauswirtschaftlichen Unterricht der Stadt Bern[SZü1948] zeigt.

89 Züricher Geschnetzeltes

89 Züricher Geschnetzeltes

600–750 g geschnetzeltes Kalbfleisch (s. Kasten), 4 Schalotten, Butter, ca. 1 EL Mehl, 200 ml Weißwein oder Brühe, 200 g Sahne, Salz, Pfeffer, Zitronenschale, Petersilie

▷ Die Pfanne erhitzen und etwas Öl zugeben.
▷ Das Fleisch portionsweise bemehlen und bei starker Hitze kurz braten.
▷ Die einzelnen Fleischportionen jeweils aus der Pfanne nehmen und beiseite stellen.
▷ Ist alles Fleisch angebraten, die klein geschnittenen Schalotten in der Pfanne bei mäßiger Hitze glasig werden lassen.
▷ Mit Mehl bestäuben und mit Wein oder Brühe ablöschen und diese ca. um die Hälfte reduzieren.
▷ Die Sahne und etwas abgeriebene Zitronenschale dazugeben und die Soße noch etwas eindicken, mit Salz und Pfeffer abschmecken.
▷ Das Fleisch und etwas klein geschnittene Petersilie in die Soße geben und erwärmen, aber nicht mehr kochen lassen.
• Sofort servieren.

90 Geschnitzeltes Kalbfleisch

90 Geschnitzeltes Kalbfleisch

600–800 g geschnetzeltes Kalbfleisch, 40 g Butter, 1 Zwiebel, etwas gewiegte Petersilie, Salz, Pfeffer, 1 EL Stärke, Saft einer Viertel Zitrone, ca. 60 ml Wein

- ▷ Die fein geschnittene Zwiebel wird in der Butter hellgelb gedämpft, dann gibt man das geschnetzelte Fleisch und Gewürze dazu und überbrät es schnell auf höchster Temperaturstufe.
- ▷ Jetzt stäubt man die Stärke darüber, gibt Petersilie dazu und mischt alles mehrmals.
- ▷ Schließlich gibt man den Zitronensaft und den Wein (oder Wasser) zu und richtet sofort an.
- • *Diese Variante liefert wenig Soße. Möchte man sie zu Spätzle reichen so sind leicht angeröstete Kräuterspätzle am besten geeignet(s. S.106).*

91 Geschnetzeltes Fleisch

91 Geschnetzeltes Fleisch

400–600 g Kalb- oder Rindfleisch, Fett, 1 Zwiebel, 1 EL Mehl, 60-70 ml Wasser oder Brühe, Salz, 1 EL Essig oder Zitronensaft.

- ▷ Die gehackten Zwiebeln in Fett dünsten, dann das mit Mehl bestäubte Fleisch zugeben und mitdünsten, bis das Fleisch grau ist.
- ▷ Mit Wasser oder Brühe aufkochen, Essig oder Zitronensaft beifügen und mit Salz und Pfeffer abschmecken.
- • Kalbfleisch sofort servieren, Rindfleisch evtl. noch 15 bis 20 Min. sieden lassen.

3.6.3 Schmorbraten

Die Ausflugslokale der schwäbischen Alb, die meist einer Metzgerei angeschlossen sind, waren und sind eine beliebte Anlaufstelle für die Wochenendausflügler des Stuttgarter Raums. Man sollte dort meist vor 12h Mittag sein, um einen Platz zu ergattern. Dabei war ein typisches Gericht immer der gemischte Braten mit Spätzle und gemischtem Salat: Grüner Salat, fein geschnittene Karotten, Selleriesalat und natürlich Kartoffelsalat. Auf jedem Teller lag dann je eine Scheibe von Kalbs- Schweine- und Rinderbraten mit Spätzle und Soß.

92 Gemischter Braten

92 Gemischter Braten

Schweinefleisch, Kalbfleisch, Rindfleisch je ca. 1 kg, Zutaten wie beim Rinder– oder Rinderschmorbraten

▷ Die Fleischstücke werden nacheinander von allen Seiten scharf angebraten und nebeneinander in eine hinreichend große Kasserolle mit Deckel gelegt.
▷ Dann wie beim Rinderbraten weiter verfahren.

Rind

Rindfleisch muss stets gut abgehangen sein, sonst bleibt es hart und stellt keinen Genuss dar. Die Farbe ist dann sehr dunkel, fast schwarz. Rotes Rindfleisch ist nicht abgelagert und sollte nur für Brühen, als Kochfleisch, eingesetzt werden. Außerdem sollte Rindfleisch marmoriert sein, das ist bei Freilandrindern gewöhnlich der Fall.

Schmoren

Schmoren

1. Zunächst wird das Fleisch gesalzen und sofort von allen Seiten in wenig heißem Fett oder Öl angebraten. Ist es

von allen Seiten gut braun, wird es herausgenommen und zunächst beiseite gestellt.

2. Jetzt werden die Zutaten angebraten, gewöhnlich 1 geviertelte Zwiebel, klein geschnittene Karotte, Grünes vom Lauch, nach Geschmack 1 Knoblauchzehe. Evtl. auch fleischige Knochen, wenn keine Brühe vorhanden ist.
3. Haben die Zutaten etwas Farbe, streut man $\frac{1}{2}$ bis 1 Löffel Stärke darüber und lässt sie ebenfalls bräunen.
4. Nach Geschmack gibt man 1 EL Tomatenmark oder eine geviertelte Tomate zu und löst mit der austretenden Flüssigkeit den Bratensatz.
5. Jetzt wird mit wenig Flüssigkeit abgelöscht: Wasser, Brühe oder Wein. Wein lässt man zunächst weitgehend einkochen, gibt nochmals etwas dazu, lässt wieder einkochen und gießt anschließend Brühe oder Wasser an.
6. Das Fleisch kommt zusammen mit einem Gewürzstrauß (z.B. Thymian, Estragon, Lorbeer) zurück in den Topf und dieser wird in den auf $180\,^\circ\mathrm{C}$ vorgeheizten Backofen gestellt, wo das Fleisch fertig gegart wird.
7. Die Höhe der Flüssigkeit im Topf sollte die Hälfte der Höhe des Fleischstücks nicht überschreiten, weniger ist besser.
8. Während des Bratens wird das Fleisch in regelmäßigen Abständen mit etwas Bratenfond aus dem Schmortopf übergossen, dadurch wird es glasiert.
9. Wird das Fleisch zu braun, so deckt man es mit einem Deckel oder Aluminiumfolie ab.
10. Die Bratzeit beträgt je nach Größe, Qualität und Art des Fleisches zwischen $\frac{1}{2}$ und $1\frac{1}{2}$ Stunden.
11. Zum Schluss wird das Fleisch herausgenommen und warm gestellt (offene Backofentür):

12. Die Soße wird abgesiebt, entfettet und abgeschmeckt sowie bei Bedarf noch etwas angedickt.
13. Das Fleisch wird quer zur Faser in dünne Scheiben geschnitten, auf einer Platte angerichtet und mit wenig Soße übergossen.
14. Die restliche Soße reicht man getrennt dazu.

93 Rinder-schmorbraten

93 Rinderschmorbraten

750 g–1 kg gut abgehangenes Rindfleisch (Mürbschoß, Schwanzstück), 40 g Fett, Zwiebeln nach Geschmack, Suppengemüse, Salz, Pfeffer, Stärke, Speck, 2 EL Essig, evtl.1 Glas Wein, Fleischbrühe oder Fond, ca. 4 EL Sauerrahm

- ▷ Einen kleinen Topf wählen in den das Fleisch gerade passt.
- ▷ Das Fleisch häuten und mit Salz und Pfeffer einreiben sowie in Richtung der Fleischfaser spicken (evtl. vom Metzger spicken lassen).
- ▷ Den Braten mit Stärke bestreuen und in heißem Fett von allen Seiten gut anbraten, beiseite stellen.
- ▷ Jetzt Zwiebeln und klein geschnittenes Suppengemüse gleichmäßig braun anbraten, dabei mit Stärke bestäuben.
- ▷ Mit Essig und evtl. Wein oder Wasser ablöschen, fast vollständig reduzieren. Das Fleisch dazu geben und mit so viel Fleischbrühe auffüllen, dass der Braten zur Hälfte bedeckt ist.
- ▷ Bei niederer Temperatur $1\frac{1}{2}$–2 Stunden weich dämpfen. In der letzten halben Stunde den Sauerrahm einrühren. Die Soße abschmecken und evtl. zusätzlich binden.

94 Gedämpfter Braten

94 Gedämpfter Braten

750 g–1 kg Rindfleisch (Mürbschoß, Brust oder hohe Rippe), 50 g Speck, 1 EL Stärke, Zwiebel, Suppengrün, Salz, Pfeffer, $\frac{1}{2}$ Glas Wein, 1 EL Essig, Brühe oder besser Fond

▷ Das Fleisch klopfen, mit Salz und Pfeffer einreiben und eventuell zusammenrollen und binden.
▷ Eine kleine Kasserolle mit gut schließendem Deckel wird mit Speck, Zwiebelscheiben und Suppengrün ausgelegt, das Fleisch darauf legen und bis zur halben Höhe des Fleisches mit kochende Fleischbrühe bzw. Fond aufgegossen.
▷ Das Fleisch bei niederer Temperatur 2–2$\frac{1}{2}$ Stunden dämpfen (nicht kochen), wobei das Fleisch öfter gewendet wird.
▷ Ist die Fleischbrühe fast eingekocht, wird das Fleisch mit der Stärke bestäubt, Essig und Wein oder Brühe zugegeben und in der Kasserolle ohne Deckel in den vorgeheizten Backofen (200 – 220 °C) gestellt, bis es schön braun ist. Die Soße abseihen und ggf. binden.

- *Die Soße kann man zusätzlich mit Senf abschmecken oder man kann gebratene Pilze dazugeben.*

95 Rinderbraten

95 Rinderbraten

Ca. 1 kg Rindfleisch (Mürbeschoß aus dem Schlegel oder Rostbraten), 1 Zwiebel, Suppengemüse, Fett, 1 geh. EL Mehl, Salz, Pfeffer, Lorbeerblatt, 1 Nelke, Tomatenmark, 2 EL Wein oder $\frac{1}{2}$ EL Essig, Brühe oder Wasser

▷ Das Fleisch salzen, leicht pfeffern und in heißem Fett von allen Seiten rasch dunkelbraun anbraten.
▷ Das Fleisch herausnehmen und das Gemüse anbraten, mit der Stärke überstäuben und diese bräunen.
▷ 1 EL Tomatenmark kurz mitbraten, Wein oder Essig zugeben, kurz aufköcheln und mit Brühe oder Wasser ablöschen.
▷ Den Bratensatz gut vom Topf- oder Pfannenboden lösen.
▷ Das Fleisch und den Bratensatz in einen nicht zu großen Topf geben, mit der Zwiebel und dem Suppengemüse umlegen und evtl. noch etwas Brühe oder Wasser bis zur Höhe von $\frac{1}{3}$ des Fleisches angießen.

- ▷ Zugedeckt $1\frac{1}{2}$ bis 2 Stunden auf dem Herd oder im Backofen schmoren (nur leise sieden lassen).
- ↻ Dabei des Fleisch immer wieder mit dem Bratenfond übergießen.
- ▷ Das Fleisch herausnehmen, quer zur Faser in Scheiben schneiden, anrichten und mit der abgesiebten, abgeschmeckten und evtl. angedickten Soße übergießen.

Marinieren

Marinieren

Das Marinieren oder Beizen dient heute in erster Linie dazu, Fleisch weicher zu machen, und natürlich auch zur geschmacklichen Veränderung. Früher war es auch eine wichtige Konservierungsmethode oder diente dazu, überlagertes Fleisch wieder genussfähig zu machen, was insbesondere für Wild zutraf, das unkontrolliert häufig im Freien abgehangen wurde. Bei Rindfleisch ging es im Wesentlichen darum, das Fleisch älterer Tiere mürbe zu machen.

Das Verfahren wirkt bei tiertischen wie pflanzlichen Produkten. Fisch kann man durch längeres Marinieren, z.B. mit Zitronensaft, garen. Saure Gürkchen sind entweder in Essig mariniert oder sie werden der Milchsäuregärung (original Spreewälder Gurken) ausgesetzt. In beiden Fällen werden sie ohne Kochen weich. Das gleiche passiert bei der Sauerkrautherstellung. Durch Milchsäurebakterien wird Milchsäure gebildet, die das rohe Weißkraut weich und haltbar macht.

Marinaden bauen im Wesentlichen auf Essig oder Milchsäure in Form von Sauermilch auf. Die Säure bewirkt, dass Bindegewebe und Zellwände aufgeweicht werden. Das Verfahren wird auch in der Mikroskopie genutzt, um z.B. die Chromosomen in Wurzelspitzen einer Untersuchung zugänglich zu machen. Die Wurzelspitzen werden in verdünnter Essigsäure gekocht und damit die Zellwände aufgeweicht. Sie können dann unter einem Deckglas zerquetscht werden, wobei die Zellinhalte austreten und die Chromosomen werden nach Anfärben unterm Mikroskop sichtbar.

In manchen Rezepten wird der Marinade Alkohol, meist in Form von Wein, zugegeben. Dies ist kontraproduktiv hinsichtlich des eigentlichen Zwecks, das Bindegewebe und insbesondere bei Pflanzen die festen Zellwände aufzuweichen. Alkohol härtet diese nämlich und wird deshalb in der Mikroskopie zur Härtung eingesetzt, um pflanzliches oder tierisches Gewebe schnittfähig für Dünnschnitte zu machen.

96 Sauerbraten

96.1 Marinade oder Beize

96 Sauerbraten 96.1 Marinade oder Beize

$\frac{1}{3}$ l Weiß- oder Rotweinessig je nach Fleischsorte, $\frac{1}{3}$ l Wasser, , $\frac{1}{3}$ l Weiß- oder Rotwein, 10 g Salz, 1 Zwiebel, 1 Lorbeerblatt, 1 Karotte, 6 zerdrückte Wacholderbeeren, 10 angedrückte Pfefferkörner.

- ▷ Wein stark reduzieren damit der Alkohol weitgehend verdunstet.
- ▷ Wasser und die zerkleinerte Zwiebel und Karotte sowie die restlichen Gewürze zugeben und alles gut aufgekochen.
- ▷ Dann gibt man den Essig in den Sud und nimmt den Topf vom Herd. Der Essig soll nicht lange kochen, da sonst auch Essigsäure verloren geht.
- ▷ Ist der Sud abgekühlt, so gießt man ihn über das Fleisch und lässt dieses bei relativ hoher Umgebungstemperatur 2–4 Tage, bei niedrigen Temperaturen bis zu 8 Tage marinieren.
- • *Auf den Wein kann man auch verzichten. Man ersetzt ihn dann durch Wasser.*

96.2 Sauerbraten mit Elsässer Kässpatzen

96.2 Sauerbraten mit Elsässer Kässpatzen

1–1$\frac{1}{4}$ kg Rindfleisch (Mürbschoß oder Schwanzstück), $\frac{1}{2}$ l Rotweinessig, $\frac{1}{4}$ l Wasser, Suppengrün, 2–3 Nelken, 1 Lorbeerblatt, $\frac{1}{2}$ TL angestoßene Pfefferkörner, 1 Zwiebel, 1 Zitronenscheibe, 40 g Speck, 40 g Fett, 2 Esslöffel Stärke, Brühe, 4 EL Sauerrahm

- ▷ Man lässt den Weinessig mit $\frac{1}{4}$ l Wasser, 2 EL Salz, Gewürzen, geviertelten Zwiebeln, Zitronenscheibe und dem Suppengrün kurz aufkochen und wieder erkalten.
- ▷ In einer engen Schüssel oder Kasserolle aus Glas oder glasiertem Steingut (Porzellan) wird das Fleisch mit der Beize übergossen. Dann lässt man es 4–6 Tage (im Kühlschrank eher länger) ziehen wobei man es öfter wendet.
- ▷ Zur Zubereitung wird das Fleisch herausgenommen, abgetrocknet und dann längs der Faser gespickt oder man gibt den Speck mit in den Topf zum Anbraten des Fleisches.
- ▷ Dann werden fein geschnittene Zwiebeln und Suppengrün angebraten, mit Stärke bestäubt und diese gebräunt.
- ▷ Mit Sauerrahm und Brühe ablöschen,das Fleisch dazugeben und alles bei niederer Temperatur zugedeckt 1$\frac{1}{2}$ bis 1$\frac{3}{4}$ Stunden dämpfen.
- ▷ In den letzten 30 Min. die Soße abschmecken, evtl. noch etwas von der Beize zugeben und mitkochen.
- ▷ Zum Schluss die Soße nochmals abschmecken und evtl. andicken, wozu auch Sauerrahm genommen werden kann. Wurde Einbrenne oder Mehlschwitze zum Andicken genommen, diese auskochen.
  Mit Elsässer Käspatzen (s. Rez. 44 auf Seite 105) servieren.

97 Schlachtbraten

97 Schlachtbraten

ca. 1 kg Rinderfilet aus der Mitte (ohne Kopf und Strang), 125 g Butter, 1 große Zwiebel, Suppengrün, Salz, Pfeffer, 1 EL Stärke, 125 ml Wein (1 Glas), 125 ml Sahne, 30 g Speck, $\frac{1}{2}$ Lorbeerblatt, etwas Zitronensaft, 1–2 Tomaten oder $\frac{1}{2}$ EL Tomatenmark

- ▷ Das Filet wird gehäutet und in Längsrichtung der Faser gespickt.
- ▷ In der heißen Butter wird das Fleisch mit der geviertelten Zwiebel und dem grob geschnittenen Suppengrün rasch angebraten, ohne dass die Butter verbrennt, und dann mit der Sahne übergossen in den vorge-

heizten Backofen (ca. 220 °C) gestellt. Für 500 g Fleisch rechnet man insgesamt 8–10 Min. Bratezeit.

- ▷ Ist die Sahne fast eingekocht, wird mit Wasser oder Brühe abgelöscht, die restlichen Zutaten werden dazu gegeben.
- ▷ Dann lässt man den Braten unter mehrfachem Übergießen bei ausgeschaltetem Backofen fertig ziehen (ca. 15–20 Min).
- ▷ Nachdem man den Braten herausgenommen hat, siebt man die Soße ab und entfettet sie, kocht sie dann mit Wein und angerührter Stärke auf und übergießt den Braten damit.

Kalb

Kalbfleisch sollte hellrosa aber nicht weiß sein, sonst stammt es vermutlich aus einer Kälbermast, bei der die Tiere nur im Stall standen. Als Folge ist das Bindegewebe häufig unterentwickelt und das Fleisch etwas schwammig. Fleisch von Tieren, die Auslauf hatten, ist dagegen von deutlich besserer Qualität. Der Begriff Kalb gilt im engeren Sinn bis zur Geschlechtsreife des Tieres, die im allgemeinen mit einem Jahr eintritt. Seit 2008 gibt es eine EU-Regelung, die festlegt, dass Kälber bei der Schlachtung maximal acht Monate alt sein dürfen.

98 Kalbsbraten

98 Kalbsbraten

600–750 g Kalbfleisch (Schlegel, Hals oder Bug), etwas Fett, 2–3 Scheiben Karotte, 1 Zwiebel, Salz, Pfeffer, evtl. 1 geh. EL braune Einbrenne, Wasser, Brühe oder Fond.

- ▷ Das Fleisch wird gesalzen, mit der geviertelten ungeschälten Zwiebel sowie den Karottenscheiben von allen Seiten gut braun angebraten.
- ▷ Dann löscht man mit Brühe oder Wasser ab, löst den Bratensatz vom Topfboden und füllt bis zur Höhe von ca. $\frac{1}{3}$ der Fleischhöhe mit Wasser oder Brühe auf.
- ▷ Im geschlossenen Topf wird das Fleisch auf dem Herd oder im Backofen ca. 1-1$\frac{1}{4}$ Std. geschmort, wobei der Bratenfond nur leicht sieden darf.
- ▷ Den Braten immer wieder mit etwas Bratenfond übergießen. Zum Schluss Fleisch und Gemüse herausnehmen, die Soße evtl. mit Einbrenne andicken und mit Salz und Pfeffer abschmecken.

Das Fleisch quer zur Faser in dünne Scheiben schneiden, in einer Schüssel oder tiefen Platte anrichten und die Soße dazu geben.

Alkoholfreie Weinsoßen

Alkoholfreie Weinsoßen

Für alkoholfreie Soßen ersetzt man

Sherry, Madeira etc.	durch Dessertessig.
Portwein	durch alten Balsamico
Weißwein	durch Weißweinessig
Rotwein	durch Rotweinessig oder Balsamico

Essige gibt es in sehr unterschiedlicher Qualität. Für Soßen eignen sich insbesondere sog. Winzeressige, die dadurch gekennzeichnet sind, dass die Traubensorte angegeben ist. Sie gibt es aus Deutschland, Österreich, Frankreich, Italien etc., sodass man das gesamte Spektrum an Weinsorten abdecken kann.

Dessertessige und Aperitifessige werden wie Dessertwein aus Trockenbeerenauslesen hergestellt und sind entsprechend süß.

Um die Menge im Verhältnis zu Wein abschätzen zu können, gibt man z.B. in 250 ml Wasser nach und nach etwas Essig, sodass der Weingeschmack deutlich wird und die Mischung gleichzeitig gut zu trinken ist. Man verwendet dann diese Mischung statt des Weins.

99 Gespickter Kalbsbraten

99 Gespickter Kalbsbraten

ca. 750 g Kalbfleisch vom Schlegel, 40 g Speck, 30 g Butter, 1 kleine Karotte, 1 kleine Zwiebel, Salz, Pfeffer, 125 ml Sauerrahm

▷ Das Fleisch häuten und längs der Faser spicken, mit Salz und Pfeffer einreiben und von allen Seiten in einer Kasserolle gut anbraten.

▷ Herausnehmen, die geviertelte Zwiebel und die kleingeschnittene Karotte in den Topf geben und anbraten.
▷ Mit Sauerrahm ablöschen, das Fleisch hinzugeben und es mit Sauerrahm übergießen. Jetzt kommt der Topf in den auf 180 – 200 °C vorgeheizten Ofen.
▷ Ist der Sauerrahm weitgehend reduziert, wenig Wasser oder Brühe zugeben. Das Fleisch mit dem entstehenden Fond immer wieder übergießen. Bratzeit $1\frac{1}{4}$–$1\frac{1}{2}$ Stunden.

100 Kalbsnierenbraten

100 Kalbsnierenbraten

Ca. 1 kg fertiger Kalbsnierenbraten vom Metzger, Zutaten wie beim gespickten Kalbsbraten

▷ Zubereitung wie Kalbsbraten, nur das Spicken enfällt.

101 Kalbsrücken

101 Kalbsrücken

2–$2\frac{1}{2}$ kg Kalbsrücken, Salz, Pfeffer, Suppengrün, 125–150 ml Sauerrahm, 120 g Butter, 60 ml Rotwein, 1 EL Stärke, etwas Zitronensaft, Fleischbrühe

▷ Den Rücken enthäuten, mit Salz und Pfeffer einreiben und mit dem Suppengrün in eine flache Kasserolle geben.
▷ Mit der zerlassenen Butter übergießen und im heißem Backofen (220 °C) braun braten.
▷ Dann mit Sauerrahm übergießen und mit Fleischbrühe ablöschen. Den Ofen auf 180 °C zurückschalten und den Rücken in ca. $1\frac{1}{2}$–2 Stunden gar braten.
▷ Den Braten herausnehmen, die Soße absieben und mit Rotwein und Stärke ca. 15 Min. ausköcheln. Die in etwas Soße angerührte Stärke nur langsam in kleinen Mengen zugeben, um das Andicken zu kontrollieren.

Natürlich geht es auch ohne Soße, sofern man die richtigen Spätzle wählt:

102 Kalbsbraten mit Kräuterspätzle

102 Kalbsbraten mit Kräuterspätzle

Für den Kalbsbraten: 500 g Kalbsbraten (Schlegel oder Bug), 100 g Butter, 1 Karotte, 1 mittelgroße Zwiebel, evtl. 1 Petersilienwurzel, $\frac{1}{2}$ Lorbeerblatt

▷ Das Fleisch wird mit einem Tuch gut abgerieben, gesalzen und in der Hälfte der Butter bei nicht zu großer Hitze von allen Seiten gut angebraten, herausgenommen, gepfeffert und warm gestellt.

▷ Jetzt brät man Karotte, Zwiebel etc. an und gibt es zusammen mit dem Fleisch in einen möglichst kleinen Topf mit sehr dicht schließendem Deckel. Topf und Deckel müssen für den Backofen geeignet sein!

▷ Den Bratenfond löscht man mit wenig Wasser (1-2 EL), Weißwein oder trockenem Sherry ab und gibt auf das Fleisch die restliche in feine Scheiben oder Flocken geschnittene Butter. Dann wird der Deckel aufgesetzt und das Ganze im mittelheißen Ofen (180 °C, Umluft ca. 160 °C) in 2 bis $2\frac{1}{2}$ Stunden fertig geschmort.

- *Anstelle eines Topfs kann man auch eine Steingut- oder feuerfeste Glaskasserolle nehmen. Schließt deren Deckel nicht dicht, so bestreicht man den Rand wie beim Bäckeofa (Rez. 289 auf Seite 425) mit einem aus Mehl und etwas Wasser angerührten Teig.*

▷ Der dichte Verschluss des Topfes ist wichtig, damit kein Wasser entweicht, sondern immer wieder auf den Braten abtropft.

▷ Das Fleisch wird auf einer vorgewärmten Platte angerichtet und mit dem Bratenfond übergossen. Da bei diesem Braten kaum Soße entsteht, werden die Kräuterspätzle mit etwas Butter oder Öl in der Pfanne leicht angeröstet.

Beilage: Kräuterspätzle (S. 106) und frische Gemüse der Saison mit zartem Geschmack. Z.B. junge Erbsen oder Zuckerschoten, junge Karotten, Schwarzwurzeln oder Blumenkohlröschen, die blanchiert und in Butter geschmälzt wurden.

Schwein

Schweinefleisch wird in der Lebensmittelindustrie in riesigen Mengen benötigt. Für Schinken mit Regionalbezeichnung (Schwarzwälder--, Westfälischer--, Parma– etc.) reicht die lokale Schweineproduktion längst nicht mehr aus. Nach EU–Richtlinie muss der Schinken zwar in der jeweiligen Gegend hergestellt sein, die Schweine können aber von sonst wo aus der EU kommen und haben dann oft lange Transportwege hinter sich. Dasselbe gilt natürlich auch für die riesige Wurstmenge, die täglich produziert wird. Schweine werden deshalb fast nur in intensiver Haltung gezüchtet, d.h. in Anlagen mit z.T. mehreren tausend Tieren. Wenn möglich sollte man unbedingt auf Fleisch aus biologischer Haltung zurückgreifen, lieber seltener, aber dann Qualität. Das Fleisch sollte auch unbedingt gemasert sein – das bisschen Fett wird die schlanke Linie nicht beeinträchtigen, solange die Menge stimmt, aber der Braten dankt es Ihnen.

103 Schweinebraten

103 Schweinebraten

600 bis 750 g durchwachsenes Schweinefleisch (Kamm, Schlegel oder Bug), Salz, Pfeffer, Zwiebel, Suppengemüse, 1 geh. TL Stärkemehl, ca. $\frac{1}{4}$ l Wasser, Brühe oder Fond, evtl. braune Einbrenne oder Mehlbutter zum Andicken.

- ▷ Das Fleisch wird gesalzen und am besten in einer beschichteten Pfanne von allen Seiten hellbraun angebraten.
- ▷ Das Fleisch herausnehmen und überflüssiges Fett abgießen.
- ▷ Die geviertelte Zwiebel mit Schale sowie das in Stücke geschnittene Suppengemüse in der Pfanne rösten, bis es etwas Farbe genommen hat, dann mit der Stärke überstäuben und weiterrösten, bis die Stärke gebräunt ist.
- ▷ Fleisch und Gemüse nebeneinander in einen Bratentopf legen, den Bratenfond in der Pfanne mit etwas Wasser lösen und über Fleisch und Gemüse gießen und das restliche Wasser zugeben. Das Wasser sollte nicht höher als bis zu $\frac{1}{3}$ des Fleisches stehen.
- ▷ Den zugedeckten Topf stellt man bei 170 – 180 °C in den Backofen und lässt das Fleisch ca. 1 bis $1\frac{1}{2}$ Stunden schmoren. Dabei immer wieder mit etwas Fond übergießen.
- Wird der Fond zu dick, gibt man noch etwas Wasser oder Brühe dazu.

- ▷ Ist das Fleisch gar, wird es herausgenommen und die Soße durch ein Sieb gegeben. Evtl. vorhandenen Bratensaft mit etwas Wasser lösen und zur Soße geben.
- • Ist die Soße zu dünn, so dickt man mit etwas dunkler Einbrenne oder Mehlbutter an und schmeckt mit Salz und Pfeffer ab. Ist es zu wenig Soße, streckt man mit Brühe und dickt an.
- ▷ Zuletzt wird das Fleisch quer zur Faser in dünne Scheiben geschnitten, in einer Schüssel oder tiefen Platte angerichtet und mit der Soße übergossen.

104 Schweinebraten mit Sauerkraut

104 Schweinebraten mit Sauerkraut

Schweinebraten, Spätzle, fertig gekochtes Sauerkraut

- ▷ Der fertigen Schweinebraten wird mit Soße, Sauerkraut und Spätzle serviert.

Das Sauerkraut dazu

Natürlich ist Sauerkraut eigentlich ein gesamtdeutsches Thema, hat aber im Südwestwesten seinen eigenen Reiz. Hier treten die Rundköpfe (Elsass) gegen die Spitzköpfe (Nord-Schwaben) an, und jeder produziert natürlich das beste Kraut und hat das beste Rezept.

Ich erinnere mich noch, wie bis in die frühen 1960er Jahre die Filderbauern im Herbst mit ihren Traktoren und Anhängern voller Spitzkrautköpfe durch die Dörfer fuhren und ihr Kraut jenen anboten, die ihr Sauerkraut selbst herstellten. Wir besitzen noch den dazugehörigen Keramiktopf meiner Schwiegermutter. Die Eigenproduktion ist heute jedoch kaum noch möglich. Dank im Keller untergebrachter Zentralheizung sind diese meist zu warm, das Kraut würde eher faulen als ordentlich gären.

Beim Kauf sollte man zu reinem, möglichst unbehandeltem und nicht vorgegartem Sauerkraut greifen und es selbst zubereiten. Das dauert zwar etwas, erfordert aber wenig Arbeit.

Rezeptvarianten gibt es viele, häufig wird das Kraut etwas gebunden, wozu Zwiebeln, geriebene Kartoffeln oder Äpfel (Apfelsauerkraut) verwendet werden, oder man gibt Schweineschwarte, Schweinsfüße etc. zu, die gelierende Stoffe liefern. Beliebt ist auch die Zugabe von trockenem Weißwein (Weinsauerkraut), im Elsass natürlich Riesling (Elsässer Sauerkraut) oder, ganz vornehm, Sekt (Sektsauerkraut).

Schließlich ist die Frage zu beantworten, wie lange das Sauerkraut gekocht wird. Auch hier gibt es Fraktionen: Manche plädieren für kurze Kochzeiten, das Kraut soll noch richtig „Biss" haben (45 Min.). Andere sind für „al dente" mit einer Kochzeit von ca. $1\frac{1}{2}$ Stunden. Und schließlich gibt es die Gruppe, die sich Wilhelm Buschs Witwe Bolte anschließt, von der es heißt „wofür sie besonders schwärmt, wenn es wieder aufgewärmt" (Max und Moritz, Zweiter Streich). Das Kraut ist also weich und 'schlonzig', die Kochzeit liegt jenseits von 2 Stunden mit offenem Ende.

105 Sauerkraut

105 Sauerkraut

1 kg Sauerkraut, 1 Zwiebel, Schweineschmalz, Gänseschmalz oder Öl, Wacholderbeeren, Lorbeerblatt, Gewürznelke, schwarze Pfefferkörner, wahlweise: Wasser, trockener Weißwein (Riesling) oder Sekt.
Nach Geschack: 1 Kartoffel oder 1 Apfel
Bauchspeck (evtl. geräuchert) mit Schwarte, Schweinsfuß

▷ Das Sauerkraut in ein Sieb geben und unter fließendem kaltem Wasser auswaschen. Anschließend gut ausdrücken, das Kraut sollte recht trocken sein.
▷ Zwiebel klein schneiden und in einem hinreichend großen Topf andünsten, aber nicht bräunen.
▷ Sauerkraut zugeben und etwas mitdünsten, damit es weiter abtrocknet.
▷ Mit Weißwein, Sekt oder Wasser bis zum Rand des Sauerkrauts auffüllen.
▷ Wacholderbeeren und Pfefferkörner etwas andrücken und mit den restlichen Gewürzen zugeben. Möchte man die Gewürze nach dem Kochen entfernen, so füllt man sie in einen leeren Teebeutel.

- Soll das Sauerkraut sämig werden, reibt man eine rohe Kartoffel ins Kraut oder gibt einen geriebenen oder klein geschnittenen Apfel dazu.
- ▹ Das Sauerkraut lässt man zugedeckt leise köcheln oder stellt es zugedeckt in den 180 °C heißen Backofen. Die Kochzeit ist Geschmacksache: Nach 45 Min. ist das Sauerkraut noch sehr knackig, nach 2–2½ Stunden wird es richtig weich.
- ▹ Speck, Schweinsfuß etc. gibt man ca. 45–60 Min. vor Kochende zu.

Kaninchen

Kaninchen sind am Stück relativ schwer zu braten, da die kräftigen Schlegel wesentlich mehr Garzeit erfordern als der Rücken. Am besten zerlegt man das Kaninchen deshalb in Schlegel,Vorderläufe, Rücken und Bauchlappen. Wobei die Bauchlappen in erster Linie für die Soße verwendet werden. Zu Kaninchen passen neben Spätzle breite Nudeln sehr gut, deren Herstellung im Abschn. 4.1.2 auf Seite 199 besprochen wird. Außerdem eignen sich milde Gemüse wie Karotten und Erbsen als Beilage.

106 Kaninchen in Rahmsoße

106 Kaninchen in Rahmsoße

Kaninchenschlegel, Vorderläufe, Rücken, Bauchlappen, Hals, Leber des Kaninchens, 1 Zwiebel, 1 kleine Karotte, Salz, Pfeffer, , 1 Lorbeerblatt, 1/2 Zitrone, , 1 EL Stärke, $\frac{1}{4}$ l Weißwein oder Weißweinessig, Brühe, Wasser oder Fond, $\frac{1}{4}$–$\frac{1}{2}$ l Sahne

- ▹ Von Schlegel, Vorderläufen und Rücken die Haut weitgehend entfernen.
- ▹ Zunächst die Schlegel, dann die Vorderläufe salzen und anbraten. Herausnehmen und beiseite stellen.
- ▹ Jetzt Bauchlappen, Hals, die geviertelte Zwiebel und klein geschnittene Karotte in einem Topf, der zum Schluss alles fasst, anbraten.
- ▹ Schrittweise den Wein in kleinen Mengen zugeben und jeweils weitgehend reduzieren.
- ▹ Schlegel und Vorderläufe zugeben, mit Wasser, Brühe oder Fond ablöschen: Das Fleisch sollte nur bis zu $\frac{1}{3}$ seiner Höhe im Fond liegen.

- ▷ Den Bratensatz lösen, die restlichen Gewürze einschließlich etwas abgeriebener Zitronenschale und dem Saft der halben Zitrone zugeben.
- ▷ Zudecken und knapp unter dem Siedepunkt ziehen lassen.
- ▷ Jetzt den Rücken salzen und in einer Pfanne braun anbraten, dann zum restlichen Fleisch geben.
- ▷ Den Bratensatz mit der Sahne bzw. dem Rahm ablöschen die Stärke klumpenfrei einarbeiten und an das Fleisch geben.
- ▷ Die Garzeit beträgt für die Schlegel ca. 45 Min., für den Rücken 20-30 Min.
- ▷ Ist das Fleisch gar, herausnehmen, die Soße abseihen und nochmals aufsetzen und erwärmen.
- ▷ Die inzwischen pürierte rohe Leber (S. 117) einrühren, um die Soße weiter zu binden. Nicht mehr kochen.
- ▷ Abschmecken und servieren.
- *Das Garen kann auch im Backofen ohne Deckel erfolgen (180 °C). dann legt man den Rücken mit der Oberseite nach oben auf die Schlegel und begießt ihn ca. alle 15 Min. mit dem sich bildenden Bratenfond.*

107 Kaninchen in weißer Soße

107 Kaninchen in weißer Soße

1 Kaninchen, zerlegt, 1 Zwiebel, Suppengrün, Salz, 2–3 Nelken, 6–8 angedrückte Pfefferkörner, 1 Lorbeerblatt, 1–2 Esslöffel Mehl, 1 Eigelb, 2-3 EL Sauerrahm, ca. 500 ml Brühe

- ▷ Das Fleisch bis auf den Rücken wie oben vorbereiten, salzen und anbraten, herausnehmen und beiseite stellen.
- ▷ Jetzt Bauchlappen, Hals und Zwiebel leicht anbraten.
- ▷ Das Fleisch außer dem Rücken zufügen, ebenso die Gewürze und mit Fond bzw. Brühe ablöschen sowie etwas salzen.
- ▷ Das Fleisch ganz langsam leise siedend in ca. 30 Min. garen.
- ▷ Inzwischen den Rücken hellbraun anbraten und zusammen dem mit Sauerrahm abgelöschten Bratensatz zum restlichen Fleisch geben, so dass die Oberseite des Rückens nach unten zeigt und im Bratenfond liegt.
- ▷ Den Rücken ca. 10 bis 15 Min mitgaren lassen.
- ▷ Das Fleisch herausnehmen, die Soße absieben, evtl. nochmals erwärmen.

- ▷ Mit dem Eigelb abziehen und nochmals abschmecken – die Soße darf jetzt nicht mehr kochen.
- ▷ Das Fleisch in der Soße servieren. Dazu zuvor das Fleisch vom Rücken lösen.
  Man kann die „Filets" auch vor dem Braten vom Rücken lösen, die Knochen klein hacken und zusammen mit Hals und Bauchlappen anbräunen und ablöschen. Die Fleischstücke werden dann nur ganz kurz angebraten und nur etwa 5–10 Min. mitgegart.

3.6.4 Wild

Rotwild (Reh, Damwild, Hirsch) sowie Hase und verschiedene Wildvögel hängt man nach dem Ausweiden längere Zeit (ca. 1 Woche) in der Decke (Fell, Federkleid) ab, damit es reift und mürbe wird. Früher erfolgte das im Herbst und Winter häufig im Freien oder im Keller bei etwas zu hoher Temperatur. Das Ergebnis war, dass das Reifen bei schwankenden oder zu hohen Temperaturen unkontrolliert ablief und das Fleisch seinen typischen Wildgeruch und –geschmack bekam, es „bockelte".

Deshalb wurde es i. a. einen oder mehrere Tage in Sauermilch oder einem sauren Sud aus Wein und Essig eingelegt. Dadurch wurde es zwar desinfiziert, der vom Abhängen herrührende typische Wildgeschmack aber wurde noch verstärkt. Als Kind hat mir Reh und anders Wild deshalb nie geschmeckt. Das Schlüsselerlebnis war dann ein Rehrücken "Baden–Baden", den ich in Friedrichshafen am Bodensee aß, das Fleisch war rosa gebraten, schmeckte angenehm nach Wild und war trotzdem mürbe.

Heute lässt man Rotwild bei konstanter Temperatur (ca. 8 °C) in einem gut belüfteten Kühlraum abhängen, es wird mürbe, entwickelt jedoch keinen unangenehmen Geruch oder Geschmack. Auf das Einlegen sollte man deshalb verzichten, sonst hat man nichts als einen Sauerbraten, den man besser aus Rindfleisch zubereitet.

Fleisch vom Reh sollte man auch nicht schmoren – rosa oder auch noch leicht blutig gebraten ist es sehr zart und geschmacklich hervorragend. Damit sich die im Fleisch vorhandenen Säfte gut verteilen, lässt man es nach dem Braten 10–15 Min. ruhen, evtl. im Backofen bei 70 °C (Ober- +Unterhitze).

Reh

Wird Reh nicht geschmort, so fehlt natürlich die Soßengrundlage. Deshalb bereitet man sich aus 300–500 g Rehknochen einen Fond (Rez. 8 auf Seite 30), der als Soßengrundlage dient. Die Knochen kauft man am besten zusammen mit dem Fleisch. Fond lässt sich auch sehr gut einfrieren, insofern lohnt es sich, eine größere Menge herzustellen.

108 Rehrücken Baden–Baden

108 Rehrücken Baden–Baden

ca. 1 kg Rehrücken, Salz, Pfeffer, Butter

- ▹ Den Backofen auf ca. 220 °C (Ober/Unterhitze) bzw. 200 °C (Umluft) vorheizen.
- ▹ Den Rehrücken sorgfältig von allen Häuten befreien (parieren),
- ▹ salzen und pfeffern.
- ▹ Von allen Seiten in einer Pfanne kurz, aber kräftig anbraten, damit er Farbe nimmt.
- ▹ Mit Butterstückchen belegen oder mit geschmolzener Butter übergießen,
- ▹ mit den Rippenknochen nach unten in eine flachen Kasserolle oder auf eine Platte legen und
- ▹ im Backofen (mittlere Schiene) ca. 20–25 Min. braten.
- ▹ Wiederholt mit dem austretenden Bratensaft bzw. der Butter üergießen.
- ▹ Backofen abschalten, Tür etwas öffnen und
- ▹ den Rücken noch mindestens 10 Min. ruhen lassen.

108.1 Soße zu Rehrücken

108.1 Soße zu Rehrücken

Wildfond[1] (Rez. 8 auf Seite 30), Abfälle des Rückens, Wacholderbeeren, ca. $\frac{1}{4}$ l Rotwein oder etwas guten Rotweinessig bzw. Baldsamico, Tomatenmark, Sauerrahm oder Sahne

- ▹ Die Abschnitte und Häute des Rückens in einer Pfanne anbraten,

- ▹ Temperatur zurücknehmen,
- ▹ 1–2 EL Mehl bzw. Maisstärke sowie angedrückte Wacholderbeeren zugeben und das Mehl Farbe nehmen lassen.
- ▹ $\frac{1}{2}$ EL Tomatenmark zugeben und etwas anschwitzen.
- ▹ Mit $\frac{1}{3}$ des Weins ablöschen, Bratensatz vom Pfannenboden lösen und den Wein bis auf ca. 1 EL einkochen.
- • *Für eine **alkoholfreie Variante** gibt man zu $\frac{1}{4}$ l Wasser soviel Rotweinessig oder Balsamiko, dass ein deutlicher Weingeschmack entsteht, man das Wasser aber auch noch gut trinken kann.*
- ↻ Den Vorgang noch 2-mal mit dem restlichen Wein wiederholen.
- ▹ Mit Wildfond ablöschen und bei geringer Temperatur 30 Min. auskócheln.

  [1] *Den **Wildfond** kann man notfalls auch durch Wasser ersetzen, dann brät man fein geschnittene Zwiebeln, etwas Sellerie und Thymian zusammen mit den Knochen an.*
- ▹ Absieben, erneut erhitzen und mit Salz und Pfeffer abschmecken sowie nach Geschmack Sauerrahm bzw. Sahne unterziehen.

108.2 Beilagen zu Reh Baden–Baden Pilze

108.2 Beilagen zu Reh Baden–Baden

I Pilze

Pfifferlinge oder andere Wildpilze, kleine Zwiebel, Salz, Pfeffer, evtl. Petersilie

- ▹ Pilze reinigen (möglichst nicht waschen, vgl. Rez. 79 auf Seite 142) und ggf. in nicht zu kleine Stücke schneiden.
- ▹ In einer sehr heißen Pfanne in Öl kräftig anbraten,
- ▹ fein geschnittene Zwiebel zugeben und mitbraten,
- ▹ mit Salz und Pfeffer würzen.
- ▹ Ggf. klein geschnittene Petersilie zugeben und kurz mitdünsten.

Ganz klassisch gehört auch noch eine Williamsbirne mit Preiselbeeren oder Johannisbeergelee dazu. Die süßen eingemachten Preiselbeeren bilden einen schönen Kontrast zur kräftigen, leicht säuerlichen Soße. Auf die Birne verzichte ich gerne, nichtsdestotrotz hier ein Rezept für frische Birnen.

II Gedünstete Birne mit Preiselbeeren

Gedünstete Birne mit Preiselbeeren

2–3 Birnen, Zucker, 50 ml Sherry oder etwas weißen Dessertessig, Gewürznelken, eingemachte Preiselbeeren

- ▷ Birnen schälen, halbieren und das Kernhaus mit einem Teelöffel ausstechen.
- ▷ 2 EL Zucker und 1 Gewürznelke in einem Topf erhitzen, der die Birnenhälften nebeneinander aufnehmen kann.
- ▷ Den Zucker schmälzen, nicht bräunen,
- ▷ mit Sherry oder ca. 2 EL Dessertessig [alkoholfrei] ablöschen.
- ▷ Sherry reduzieren,
- ▷ mit 500 ml Wasser auffüllen und den Zucker vollständig auflösen.
- ▷ Birnen einlegen,
- ▷ bei geschlossenem Deckel leicht siedend weich kochen.
- ▷ Aus dem Sud nehmen und abkühlen lassen.
- ▷ In die Mulde des Kernhauses einen Löffel Preiselbeeren geben.
- • *Birnen aus der Dose müssen natürlich nicht gekocht werden.*
- ▷ Das Fleisch an den Knochen vorsichtig lösen.
- ▷ In portionsgerechte Stücke schneiden und wieder auf die Karkasse legen.
- ▷ Auf einer großen Platte den Rehrücken und darum herum die Pilze und die Birnen anrichten,
- ▷ den Rücken mit wenig Soße abglänzen und den Rest in eine Sauciere füllen.
- ▷ Mit Spätzle servieren.

Dazu passen Kastanien-(Maronen-)Spätzle sehr gut (Rez. 49 auf Seite 111).

- • *Die Knochen können zur Zubreitung eines Fonds genutzt werden. Dazu die Karkasse klein hacken und weiter verfahren wie bei Rez. 8 auf Seite 30.*

Das Braten am Knochen hat einerseits den Vorteil, dass das Fleisch innen saftiger bleibt, andererseits besteht die Gefahr, dass es am Knochen noch zu roh oder die Außenseite schon zu stark gegart ist. Zur Abhilfe kann man das Fleisch mit dünnen Speckscheiben oder auch Alufolie oder Papier abdecken. Eine elegantere und schnellere Methode ist, die Fleischstränge auszulösen und nur kurz in der Pfanne zu braten, während die Soße aus den Knochen zubereitet wird.

109 Rehrückenfilets 109.1 Auslösen des Fleisches

109 Rehrückenfilets

109.1 Auslösen des Fleisches

▷ Mit einem scharfen schmalen Messer entlang des Rückgrates bis auf die Rippen einschneiden, dann vorsichtig entlang der Rippenbögen das **Rückenfilet** lösen und abnehmen.
↻ Das zweite Rückenfilet genauso lösen.
▷ Die beiden Rückenfilets von allen außen anhaftenden Häuten und vor allem Sehnenansätze befreien. Letztere sind gut festgewachsen, vorsichtig flach abschneiden.

▷ Auf der Innenseite der Karkasse sitzen noch die sehr kleinen **echten Filets**. vorsichtig auslösen, das geht evtl. fast ohne Messer.
▷ Die echten Filets dürfen nur sehr kurz gebraten werden. Das macht man ganz zum Schluss und richtet sie mit an.
▷ Allerdings sehen die beiden Rückenfilets recht mickrig aus. Es fällt auch nicht auf, wenn der Koch oder die Köchin sie zwischendurch brät und selbst isst.

▷ Die **Karkasse** wird zerlegt
▷ indem man sie zwischen den Wirbeln mit einem kräftigen Messer durchschneidet. Das geht sehr einfach, wenn man die Lücke zwischen den Wirbeln und nicht den Wirbelkörper trifft.
▷ Die Rippen evtl. abhacken.

Man kann diese Arbeit auch vom Metzger durchführen lassen, sollte dann aber alle Abfälle und insbesondere die Knochen mitnehmen.

109.2 Zubereitung der Wildsoße

109.2 Zubereitung der Wildsoße

Die Knochen des Rückens, kleine Zwiebel, 1 kleines Stück Karotte und Petersilienwurzel, Mehl bzw. Maisstärke, Rotwein oder Rotweinessig, Lorbeerblatt, Wacholder, Pfeffer, Salz, Tomatenmark

- ▷ Die Knochen in einer Pfanne mit sehr wenig Fett oder im Backofen von allen Seiten gut anrösten.
- ▷ Zwiebel, Karotten- und Petersilenwurzelstück klein schneiden, zu den Knochen geben und ebenfalls anbraten.
- ▷ Mit 1 EL Mehl (Stärke) bestäuben und dieses bräunen.
- ▷ Nach Geschmack etwas Tomatenmark zugeben und ebenfalls leicht anrösten.
- ▷ Mit einem Glas Rotwein oder verdünntem Rotweinessig ablöschen,
- ▷ den Bratensatz lösen und alles in einen nicht zu großen Topf füllen.
- ▷ Gewürze zugeben und den Rotwein weitgehend reduzieren, auf ca. 1–2 EL.
- ▷ Mit Wasser oder Wildbrühe auffüllen, sodass alles gerade bedeckt ist.
- ▷ Mindestens 30 Min., besser 1 Stunde leicht siedend kochen.
- ▷ Absieben, dabei alle Zutaten ausdrücken und für die Soße beiseite stellen.

109.3 Zubereitung der Rückenfilets

109.3 Zubereitung der Rückenfilets

Rückenfilet(s), Salz, Pfeffer

- ▷ Den Backofen auf 180 °C vorheizen.
- ▷ Die Filets in Stücke geeigneter Länge schneiden,
- ▷ salzen und pfeffern.
- ▷ Sofort von allen Seiten in einer Pfanne gut anbraten,
- ▷ aus der Pfanne nehmen und
- ▷ direkt auf den Rost des Backofens legen oder eine Alufolie unterlegen.
- ▷ ca. 10 Min. braten,
- ▷ die Backofentemperatur herunterschalten (60 °C) und Backofentür etwas öffnen
- ▷ und weitere 10 Min. ruhen lassen.

109.4 Fertigstellen der Soße

109.4 Fertigstellen der Soße

Evtl. Sahne und/oder Sauerrahm, Salz, Pfeffer, evtl. etwas Stärke

▷ Den Bratensatz der Rückenfilets mit etwas Fond ablöschen und zur vorbereiteten Soße geben.
▷ Diese erwärmen,
▷ bei Bedarf mit Stärke, die in kaltem Fonds angerührt wird, andicken. Nur erforderlich, wenn keine Sahne zugegeben wird.
⟳ Dabei immer nur eine kleine Menge zugeben und etwas abwarten, bis die Stärke angezogen hat. Nicht kochen, sondern die Soße knapp unter dem Siedepunkt halten.
▷ Nach Geschmack mit etwas Balsamico abschmecken (Alkohol sollte man jetzt keinen mehr zugeben), salzen und pfeffern
▷ Alternativ mit Sahne und/oder Sauerrahm abziehen, dann kann man auf das Andicken mit Stärke i. a. verzichten.
▷ Die Sahnesoße noch etwas einköcheln.

▷ Alles anrichten.
Dazu passen Maronenspätzle (Rez. 49 auf Seite 111) oder auch Schupfnudeln mit Maronen (Maronenwürstchen Rez. 202 auf Seite 312)

Die meiste Arbeit liegt in der Soße, deren Herstellung hier von Grund auf dargestellt ist. Das Braten der Rückenfilets geht so nebenher und die Spätzle macht man ganz flott zum Schluss. Aber die Soße ist und bleibt nun mal das Wichtigste.

110 Rehschlegel

110 Rehschlegel

1 Rehschlegel, 1 kleine Zwiebel, Karotte, Petersilienwurzel, Lorbeerblatt, Wacholderbeeren, Pfeffer, Salz. Für die Soße evtl. Sauerrahm/Sahne

▷ Den Backofen auf 180 °C vorheizen.
▷ Den Schlegel salzen und in einer Pfanne von allen Seiten anbraten,
▷ herausnehmen und beiseite stellen.
▷ Zwiebel, Karotte und Petersilienwurzel bräunen,
▷ mit Mehl oder Maisstärke bestäuben,
▷ dieses ebenfalls bräunen.
▷ Mit Fond oder Wasser ablöschen und

- ▷ alles in eine flache Kasserolle (Topf) füllen,
- ▷ Gewürze beifügen,
- ▷ Rehschlegel zugeben und evtl. noch etwas Fond nachfüllen, wobei
- ▷ das Fleisch nur ganz knapp im Fond liegen soll.
- ▷ Für ca. 1 Std. in den Backofen stellen, dabei das Fleisch gelegentlich umdrehen.
- ▷ Den Topf herausnehmen,
- ▷ das Fleisch in den Backofen zurücklegen und
- ▷ diesen herunterschalten, Tür etwas öffnen.
- ▷ Den Bratenfond zu einer Soße verarbeiten wie unter „Rehrückenfilet, Fertigstellen der Soße“ beschrieben.

Wildschwein

Wildschweine haben wir im Überfluss. Insbesondere in Großstädten wie Berlin sind sie inzwischen eine Plage. Trotzdem wird Wildschweinfleisch recht selten angeboten. Wenn möglich sollte es von Jungtieren stammen und eine amtliche Fleischbeschau hinter sich haben. Im Gegensatz zum Hausschwein ist Wildschwein sehr mager. Das Braten ist deshalb nicht ganz einfach, da das Fleisch leicht trocken wird, andererseits eine Kerntemperatur von 80 °C erreicht werden sollte, sodass das Fleisch durchgegart ist.

111 Wildschweinbraten

111 Wildschweinbraten

Rücken oder Schlegel

- ▷ Wildschwein bereitet man am besten analog zu Schweinebraten oder Rehbraten zu.
- ▷ Den Rücken kann man auch am Knochen mit etwas Schwarte im Backofen braten.

112 Frischlingschlegel

112 Frischlingschlegel

1 Schlegel vom Frischling (2,5–3 kg), Salz, 1 Karotte, 1 Zwiebel, Petersilienwurzel oder 1 Stck. Selerieknolle, Salz, Pfeffer, Wacholderbeeren, Lorbeerblatt, 100 ml Rotwein, Fond oder Wasser, Mehl bzw. Stärke.

▷ Das Fleisch salzen und von allen Seiten gut anbraten.
▷ Herausnehmen, beiseite stellen.
▷ Die in Stücke geschnittene Karotte, Zwiebel, Petersilienwurzel ebenfalls anbraten.
▷ Mit Mehl bzw. Stärke bestreuen (ca. 2 EL) und das Mehl ebenfalls bräunen.
▷ Den Bratensatz mit Wein ablöschen und diesen weitgehend einkochen.
▷ Mit Fond oder Wasser ablöschen und den Bodensatz ablösen.
▷ In einen Topf geben, der das Fleisch gerade aufnehmen kann.
▷ Gewürze zugeben.
▷ Das Fleisch mit der Speckseite nach oben in den Topf geben,
▷ evtl. noch etwas Flüssigkeit zugeben ($\frac{1}{4}$–$\frac{1}{3}$ der Fleischhöhe),
▷ zudecken,
▷ im Backofen bei 180 °C je nach Größe $1\frac{1}{2}$–$2\frac{1}{2}$ Stunden schmoren.
▷ Fleisch herausnehmen und auf dem Rost bei 200 °C kurz nachbräunen.
▷ Temperatur zurückschalten, Backofentür etwas öffnen und das Fleisch 15–20 Min. ruhen lassen.
▷ In der Zwischenzeit den Bratenfond absieben,
▷ in einen kleinen Topf füllen,
▷ mit Salz und Pfeffer abschmecken und
▷ ggf. mit etwas Stärke andicken oder/und etwas kalter Butter legieren.

(er) wartete bis ihm zur kraft die mutter nudeln gab.

Friedrich Karl Erlach, Volkslieder der Deutschen, nach Grimm'sches Lexikon.

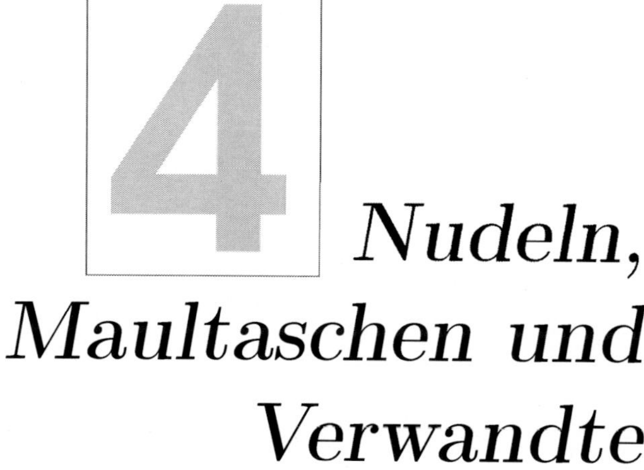

4 Nudeln, Maultaschen und Verwandte

ein grüner vorhang trennte uns ... von den hausgliedern, welche in dem groszen zimmer nudeln (makaroni) fabricirten und zwar von der feinsten, weiszesten und kleinsten sorte, davon diejenigen am theuersten bezahlt werden, die, nachdem sie erst in gestalt von gliedslangen stiften gebracht sind, noch von spitzen mädchenfingern einmal in sich selbst gedreht, eine schneckenhafte gestalt annehmen.

Goethe, nach Grimm'sches Lexikon

4.1 Nudeln

Dieses Wort scheint mit Knoten, Knödel und dem Lat. Nodulus eines Geschlechts zu seyn, und eigentlich eine jede rundliche Masse zu bezeichnen.

Ein Wort, welches verschiedene Arten gemeiniglich eßbarer, runder oder rundlicher Massen bezeichnet. In der Mark Brandenburg werden die Kartoffeln zum Theil Nudeln genannt. Dampfnudeln sind im Oberdeutschen eine Art in Milch gekochter Mehlspeise, welche aus unförmlichen Massen besteht, die großen Klößen gleichen. Längliche Stücke Teig von der Größe eines Fingers, womit man die Gänse und anderes Federvieh stopfet, werden Nudeln, und zum Unterschiede von den folgenden Schopfnudeln oder Stopfnudeln genannt. Am häufigsten ist dieses Wort von einem aus Mehl und Eyern bereiteten, und in Riemen, Fäden oder Stücke von anderer Gestalt zerschnittenen Teige, welcher an andere Speisen gethan, und auch für sich allein zubereitet wird. Man hat ihrer so fein wie Zwirnsfäden, welche alsdann Fädennudeln, Haarnudeln (Ital. Fidelini), wurmförmige Nudeln (Ital. Vermicelli) heißen. Die so beliebten Maccoroni der Italiener sind nichts anders als eine Art Nudeln, die man Rohrnudeln nennt. Bandnudeln sind die Lazagnes der Italiener.

In den Ländern, wo man weniger Brot isst, z. B. in Frankreich, sind die Nudeln mehr üblich. Zu Neapel, Genua, Marseille und Paris werden die meisten Nudeln gemacht, und man macht sie dort auch am besten. In Deutschland verspeiset man besonders folgende Art Nudeln: 1) die italienischen, womit die italienischen Kaufleute, wo es dergleichen gibt, handeln. 2) Die nürnbergischen, womit die meisten deutschen Krämer handeln denn diese Waare ist noch so lange ein fremder Handelsartikel, wovon die Nudelmacher zu Nürnberg guten Verdienst haben, bis man in allen deutschen Staaten wird Nudeln machen lernen.

Erst im Sept 1783 wurde die Einbringung der fremden Nudeln in die Mark Brandenburg durch eine Königliche Verordnung verboten, und im Lande Nudelmacher angesetzt.

JOHANN GEORG KRÜNITZ, BD. 102, 1806.

Nudelteig hat eine lange Tradition, z.B. in Form von gefüllten Nudeln oder Maultaschen, des Schwaben ganzer Stolz. Letztlich ist Nudelteig nur eine festere, nicht mehr klebrige Variante des Spätzleteigs, was durch Zugabe einer reichlicheren Menge Mehl erreicht wird. Er besteht wie diese schlicht aus Mehl, Eiern, Salz und etwas Wasser oder Milch. Durch Zugabe von wenig Öl kann man den Teig noch etwas geschmeidiger gestalten.

Nicht zu vergessen sind Fadennudeln als Suppeneinlage und allen voran Buchstabennudeln, damit lässt sich am Tellerrand so schön schreiben.

Nudeln sind, neben Fladen, die älteste Zubereitungsform von Getreide – zumindest in China, wo sie schon vor 4000 Jahren aus Hirsemehl hergestellt wurden. In Europa hat die Nudel ihren Ursprung wohl in Sizilien, wo sie unter arabischem Einfluss entstand oder eingeführt wurde und seit 1154 schriftlich belegt ist (Peter[XPe2006], auf den ich mich in diesem Abschnitt auch weiter beziehe). Voraussetzung für die typische Pasta war der Hartweizen mit einem besonders hohen Kleberanteil, wodurch auf die Zugabe von Eiern verzichtet werden konnte. In Norditalien wurden jedoch spätestes seit 1300 Eiernudeln und ab 1350 Ravioli aus Weizenmehl hergestellt.

Spätestens im 16. Jhd. werden Pasta in Italien in Manufakturen im großen Stil hergestellt und auch exportiert. Das Vorbild wurde in Deutschland übernommen und spätestens im 18. Jhd. gab es eine Nudelherstellung in Manufakturen nach italienischem Vorbild, die von Krünitz[LKr1800] ausführlich beschrieben wird. Er schreibt dazu:

> *„Die Nürnberger machen Fadennudeln, dann faßonirte Nudeln, wie kleine Muscheln, Schnecken etc. Hafernudeln, die Haferkörnern ähnlich sehen etc..*
>
> *Werden auch in vielen Haushaltungen von den Köchen und Köchinnen Nudeln zu eigenem Gebrauche gemacht, welche, ob sie gleich ein anderes Ansehen haben, dennoch die fremden an Geschmack oft übertreffen. Diese letztern werden von Malouin zusammengesetzte Nudeln genannt.*

> *Uebrigens liefern auch Prag, Erfurt, Magdeburg, Wien etc. eine Menge Nudeln aller Art".*

In Deutschland ist Eierteig früh belegt, der aber im Gegensatz zu den italienischen Nudeln in Fett ausgebacken und nicht gekocht wurde. Erst mit Max Rumpolt (1581) werden Nudeln auch in Wasser gekocht (s. Abschn. 4.1.2 auf Seite 199). Im Rheinfränkischen Kochbuch[MRf1445], das um 1445 entstand, findet sich zu ausgebackenen Nudeln folgendes Rezepte:

113 buben pulbe

113 buben pulbe

iltu machen einen buben pulbe ſo nẏm eins kalbes czunge vnd lungen vnd ſnẏt die gar wol vnd ſnẏt ſpecke dar vnder vnde hacke iß clein vnd ſlage eyer daran vnd ſaffran vnd pfeffer vnde mach dan eyer bleter vnd bewelle iß dar in vnd beſtrijch iß an dem ende mit eyern vnd back iß in ſmalcze.

Rheinfränkisches Kochbuch[MRf1445]

Willst Du ein Buben-Kissen machen

Willst Du ein Buben-Kissen machen

- ▷ so nimm eine Kalbszunge und Lunge und schneide sie fein,
- ▷ schneide Speck darunter und hacke es klein.
- ▷ Schlage Eier daran und gib Safran und Pfeffer dazu.
- ▷ Mach dann einen Eierblättchen (ausgewellter Eierteig)
- ▷ und schlage die Füllung darin ein.
- ▷ Bestreiche die Enden mit Ei
- ▷ und backe es in Schmalz.

Das sind zweifellos typische gefüllte Teigtaschen, wobei der Teig auch weitgehend einem Nudelteig entsprechen dürfte. Allerdings wird er nicht gekocht, sondern in Fett ausgebacken, was natürlich nur bei frischem, recht feuchtem Teig zu brauchbaren Ergebnissen führen kann.

Bis ins 16te Jhd. wird Eierteig in den Kochbüchern ausgebacken, nicht gekocht. Dabei muss man allerdings berücksichtigen, dass die gesammelten Rezepte nicht die Essgewohnheiten der Bevölkerung widerspiegeln, sondern gezielt an höhere Schichten, Klerus und Adel, gerichtet wurden. Im Vordergrund stehen dabei häufig Fastenspeisen, da mehr als ein Drittel des Jahres Fastentage waren. Fleischfrei, aber fettig, könnte daher das Motto gewesen sein, während die normale Bevölkerung mangels Schmalz oder Butter den Teig kochte.

Das bleibt jedoch spekulativ, wie vieles um gefüllte Nudeltaschen (vgl. Maultaschen). So übersetzt Th. Gloning in Rezept Nr.5 des Rheinfränkischen Kochbuchs[MRf1445]: „. . . rolle es in einem beliebigen Teig ein und siede es dann". Im Original steht jedoch:"vnd welle es irgend in vnd sut isz dan", d. h. „wickle es in irgendwas und koche es dann". Es kann also irgend etwas sein, in das die Masse gewickelt wird. In den Münchner Kochbuchhandschriften werden „Gebackene Bubenpfühle" (Gebackene Bubenkissen, s. o.) auch nicht in Teig, sondern in Minzblätter eingerollt (Münchner Kochbuchhandschriften[MMü15tes]).

Es wird sogar in Fett ausgebacken, wenn die „Nudeln" anschließend in einer Brühe serviert werden. In den Münchner Kochbuchhandschriften findet sich dazu ein Rezept:

114 baches In ainem Juſſel

114 baches: In ainem Jussel

E Zů ainem bachem In ainem Juſſel nyem gerybẽ käß vnd mell vnd ſchlach daran ayer vnd bewúrtz es wohl vnd knytz vnder ain andren vnd will es vff ainem brett vnd mach daruff: lang ſchrentzen vnd dúnne vnd bachs. In ſchmaltz. dar nach ſo ſchúts in ainen Juſſel.

Münchner Kochbuchhandschriften[MMü15tes]

Gebackenes in einer Brühe (Suppe)

Gebackenes in einer Brühe (Suppe)

▹ nimm geriebenen Käse, Mehl und Eier und würze es gut.
▹ Knete alles untereinander
▹ und welle es auf einem Brett aus.
▹ Mache daraus lange und dünne (schmale) Streifen und backe sie in Schmalz.

▷ Danach schütte sie in eine Schüssel.

Dass Nudeln als solche hergestellt und ganz bewusst ausgebacken wurden, zeigt das Bernerische Koch-Büchlein von 1749:

115 *Nudlen zu machen*

115 Nudlen zu machen

Nimme vom zweyfachen Eierküchleinteig, tröle ihn gar dünn aus, siebe Mehl darüber und darzwischen, doch nicht gar zu viel, lege es vierfach aufeinander, und schneide schmale lange Riemlein daraus; backe sie auch im Anken der nicht gar zu heiß ist, daß sie weiß und röst werden, thue sie in eine Blatten und schabe Zucker darüber.

BERNERISCHES KOCH-BÜCHLEIN[SBE1749]

Nudeln herzustellen

Nudeln herzustellen

- ▷ Mache einen doppelten Eierkuchenteig (s. Flädle, doppelt bedeutet wohl fest).
- ▷ Welle ihn ganz dünn aus,
- ▷ siebe wenig Mehl darüber und lege ihn vierfach übereinander.
- ▷ Schneide lange schmale Streifen ab.
- ▷ Backe diese in Butter, die nicht zu heiß ist,
- ▷ gib sie auf eine Platte und streue Zucker darüber.

Die Nudeln werden hier ganz in der seit dem Mittelalter überkommenen Form aus Eierteig gemacht und in Butter bzw. Fett ausgebacken. Sie entsprechen damit weitgehend den in Streifen geschnittenen Flädle als Suppeneilage, wobei zu Flädle allerdings ein flüssiger Pfannkuchenteig genommen wird. Zum Teig gibt es im Berner Kochbüchlein noch ein ausführliches Rezept, das man in älteren Kochanweisungen meist vermisst. Es handelt sich um einen typischen Teig für Eiernudeln:

116 Zweyfach aufgeloffene Eyerküchlein

116 Zweyfach aufgeloffene Eyerküchlein

Mache ein nicht gar festen Teig von sechs Eyern, Salz und Mehl, tröle ihn gleich dünn aus, sprenge ein wenig Mehl darüber , überlegs und tröls noch ein wenig gar leicht[1], schlage nicht mit dem Trölholz auf den Teig, tröle ihn gar leicht aus, drücke mit einem zinnenen[2] Teller den Teig in gevierte Stück (gleich wie Hasenöhrlein[3]) ab, und backe es im Anken der nicht gar zu heiß, begieß sie mit Anken in der Pfanne, so lauffen sie schön auf und bleiben schön weiß; man kan auch Rosenwasser drein thun, wann man will.

Bernerisches Koch-Büchlein[SBe1749]

[1] *Der Teig wird zusammengeschlagen und erneut ausgerollt ähnlich einem Blätterteig.* [2] *Zinnener Teller mit schmalem Rand im Gegensatz zum Holzteller, damit werden beim Ausschneiden die übereinander liegenden Teigblätter am Rand zusammengedrückt, der Teig geht durch die eingeschlossene Luft doppelt auf.* [3] *s. Schmalzgebäck, s. S. 389.*

Doppelt aufgezogene Eierküchlein

Doppelt aufgezogene Eierküchlein

▷ Mache aus 6 Eiern, Salz und Mehl einen nicht zu festen Teig.
▷ Welle ihn gleichmäßig dünn aus,
▷ bestäube ihn mit Mehl,
▷ leg ihn zusammen und welle ihn noch einmal leicht aus ohne mit dem Wellholz darauf zu schlagen, nur leicht auswellen.
▷ Drücke mit einem Tellerrand den Teig in viereckige Stücke (nicht mit dem Messer oder Teigrad ausschneiden, die Teigschichten müssen am Rand zusammenhaften),
▷ Backe die Stücke in Butter, die nicht zu heiß ist, aus.
▷ Löffle auf die Stücke beim Backen Butter, dann gehen sie schön auf und bleiben schön weiß.
• Man kann (an den Teig) auch Rosenwasser geben, wenn man will.

Bei diesen Rezepten handelt es sich zweifellos um einen Nudelteig. Zum Garprozess findet man im Brockhaus, 3. Bd. 1839:

> ***Maccaroni*** *oder Maccheroni sind eine Art Nudeln, welche am besten in Italien aus feinem Weizenmehl und Wasser verfertigt werden, das man mit Maschinen zu einem sehr*

> *festen Teig knetet, dieses sodann in metallene Gefäße mit verschiedenen Öffungen thut, durch die es hindurchgepreßt wird und so Nudeln von gewundener und viereckiger Gestalt, in Faden–, Band–, und Röhrenform bildet. Die Maccaroni werden* ***in Fett, Butter, Öl, Fleischbrühe oder Wasser gesotten*** *und mit geriebenem Käse bestreut genossen und sind ein Leibgericht der Italiener, vorzüglich aber der Neapolitaner, die davon auch den Spottnamen der Maccaroni-Esser erhalten. ...*

Daraus geht zweierlei hervor:

1. *Maccaroni* bezeichnen in der Mitte des 19. Jahhunderts einfach Pasta, unabhängig von der Form, sind also nicht so eng gefasst wie heute.
2. Das Ausbacken von Nudeln wird um 1840 als normale Zubereitungsform gesehen, obwohl das mit getrockneter Pasta wirklich nicht funktioniert.

Im Gegensatz zu Pasta, lässt sich frisch zubereiteter eierreicher Nudelteig tatsächlich gut in Fett ausbacken. Sofern er genügend Wasser enthält, geht er auf und bildet Blasen, wobei ein relativ hoher Wassergehalt notwendig ist (der im Teig entstehende Wasserdampf treibt den Teig auf). Den erreicht man durch Zugabe von relativ viel Ei oder auch von etwas Wasser. Der Teig sollte zwar fest und auswellbar, andererseits noch leicht klebrig und gut feucht sein.

Italienische Nudeln, einschließlich des damit verbundenen Spottnames, haben tatsächlich eine alte Tradition und waren gleichzeitig schon früh bei uns beliebt, wie aus dem, den Abschnitt einleitenden, Text von Krünitz (S. 186) deutlich wird.

4.1.1 Was sind nun aber Nudeln im engeren Sinn?

Spätzle sind es nicht, wie schon im einschlägigen Kapitel angesprochen, Spätzle sind, ... nun Spätzle, denn sonst könnte man ihnen kein eigenes Kapitel widmen. Man könnte wie bei Wikipedia auf Teigwaren verweisen und dann alle Produktnamen aufzählen, die irgendwie unter diesen Oberbegriff fallen. Allein für Italien kommen dabei Dutzende Sorten zusammen, alle aus demselben Teig, nur in unterschiedliche Formen. Außerdem tauchen natürlich auch Spätzle, Schupfnudeln, Nocken, Reisnudeln und so weiter auf. Zu einer Systematik führt das nicht. Der Brockhaus[LBr1900] von 1903 fasst das enger und sagt dazu:

> “Teigwaren, Fabrikate, die aus ungegorenem Teig hergestellt werden, d.h. aus solchen, dem weder Sauerteig, noch Hefe, noch irgend ein Backpulver zugesetzt ist, wie Nudeln und Maccaroni; ...
>
> ... Zu den T. sind auch die Biskuits insofern zu rechnen, als sie wie diese aus ungegorenem Teig hergestellt werden, nur daß hierbei ein Backprozess stattfindet.“

In Meyers Großem Konversationslexikon wird weiter präzisiert und zwischen *Wasserteigwaren* und *Eierteigwaren* unterschieden.

Noch einmal Wikipedia unter dem Stichwort „Nudeln“:

> “Der Begriff Nudeln (in der Schweiz Teigwaren genannt) bezeichnet heutzutage beliebig geformte Teigwaren, die vor dem Verzehr gekocht werden. Sie werden eingeteigt, dann geformt und getrocknet. Ein Gärungs- oder Backverfahren wird bei der Herstellung nicht angewendet. Damit sind Dampfnudeln, Rohrnudeln und Schupfnudeln keine Nudeln in diesem engeren Sinn. Teigwaren (ausgenommen frische Teigwaren) dürfen einen Wassergehalt von höchstens 13 Prozent haben. Der Salzgehalt beträgt höchstens ein Prozent.“

Jetzt sind Schupfnudeln keine Nudeln mehr, weil der Autor nicht weiß, dass es Schupfnudeln gibt, die nur aus Mehl und Wasser, evtl. noch Ei, bestehen, andere dagegen basieren auf Kartoffeln. Auch Dampfnudeln sind keine Nudeln mehr. Was sind sie dann, Teigwaren? Oh lieber Schopenhauer, wie bei den Spätzle wird das mit der Begriffsbestimmung wieder nichts. Was sagt das Wort „Nudel“ könntest Du sagen:

Nudel

Nudel

nudel, ein erst um die mitte des 16. jh. aufkommendes wort, dessen volle form im schlesischen knudel erhalten zu sein scheint, so dasz es zu knote und dem dazu abgeleiteten knödel (mehlklosz) gehören würde, wofür im flämischen gebiete auch noedel vorkommt ('es scheint nodulus[1] sei das wort wovon nudel kommt').

ein durch walgern, kneten, pressen, schneiden in verschiedene formen (walzen-, laib-, klosz-, röhren-, riemen-, fadenförmig) gebrachter teig aus weizenmehl, roh oder als speise gekocht; die besonderen arten der nudeln werden durch adjectiva (grosze, kleine nudeln, lange nudeln), durch participia (geschnittene nudeln, gedrehte, gestutzte, gehefelte, aufgegangene, gefüllte nudeln) oder durch composition näher bestimmt, s. dampf-, druck-, farben-, finger-, gerben-, haus-, hefen-, kessel-, kirchtag-, kitzer-, kraut-, laibel-, milch-, rohr-, schmalz-, schott-, schupf-, schutz-, steck-, topfen-, zwetschgennudeln;

wirf gute klein-geschnittene nudeln in heiszes schmalz. Nürnberger kochbuch (1712)
nudeln in milch, nudeln mit brauner butter u. s. w., Amaranthes frauenzimmerlex.;

die nudel ein teig von mehl in einer blechern röhre oder in einem tuch gekocht zur speise (dampfnudel).
Grimmsches Wörterbuch, gekürzt.
[1]nodulus: kleiner Knoten, Knöllchen, Klümpchen; engl. nodule.

Und nun sind sie alle wieder da. Irgendwie hat dieses Thema auch Kochbuchautoren/innen beschäftigt. Bei der Löfflerin fallen Nudeln unter Gemüser, zusammen mit Gemüse, Grundbirnen (Kartoffeln), Reis, verschiedenartigen Aufläufen etc.. Auch im Kochbuch der Maria Magdalena Schorndorf-Iselin (Basler Kost) taucht die Klassifikation Gemüser auf, wozu der Herausgeber A. Morel eine Begriffserklärung gibt: "Nicht identisch mit 'Gemüse'. Gemüser ist ursprünglich Kollektivum zu Muos/Brei; kann fallweise mit 'Beilage' gleichgesetzt werden (Zugemüse)".

Andere Einteilungen versuchen es mit Mehlspeisen (Schneider-Schlöth), Gesalzene Speisen (Löffler, 1927) oder Teiggemüse (Kiehnle, 1912 ff.). Praktisch all diese Begriffe sind aber letztlich zu weit und unpräzise, nur Hermine Kiehnle entgeht dem Dilemma, indem sie einfach einen neuen Begriff definiert, den sie nach ihrer Vorstellung dann mit Inhalt füllt. Leider hat sich das 'Teiggemüse' aber nicht durchgesetzt.

Mit dem Versuch einer Definition hat sich schon Johann Heinrich Zedler[LZe1754] in der ersten Hälfte des 18. Jhds. herumgeschlagen:

> "Nudeln, *Vermicelli, Vermichelli, Tagliarini, Millefanti,* Französisch *Vermichel,* sind ein Teig, der von gutem Mehle mit Wasser zugerichtet, und als wie Fäden, in Gestalt der Würmer, durch Spritzen, die voll kleiner Löcher sind, gebildet wird: Die lassen sie hernach trocken werden, und heben sie zum Gebrauch auf: sie sehen weiß aus. Sie werden auch gelb gemacht, wenn Saffran, oder Eyer-Dotter drein gemischt werden.. . .

> Vornehmlich werden sie in Italien gemacht, und daselbst stärker als anderswo, in den Suppen verbraucht. Doch künstelt man sie heut zu Tage auch in Teutschland nach, aus einem Teige, welcher aus schönen Weizen-Mehle und Eyern bereitet, und zu ganz dünnen Fäden oder Riemlein zerschnitten wird, die man hernach unter dem Namen Nudeln, entweder an andere Essen, als Hüner, Cappaunen, Kalb-Fleisch ec. kochet, oder besonders in Milch kochet, und auf unterschiedliche Weise zurichtet.... "

Nach Zädler wären Nudeln in Deutschland damals eine Innovation aus Italien, die man mit Eierteig in Deutschland „nachkünstelt". Zur Zubereitung gibt er zwei Varianten, Kochen in Milch und nachfolgendes Aufziehen im Backofen oder Kochen in Salzwasser und Überschmelzen mit Butter und geriebener Semmel (Brötchen). Diese Zubereitung ist wahrscheinlich die Innovation aus Italien, der Eierteig war ja lange bekannt und wurde in Norditalien gekocht, während er in Deutschland klassischerweise ausgebacken wurde.

Viel detaillierter befasst sich um 1800 der schon zitierte Krünitz in seinem Lexikon mit der „Nudel". Die Herstellung hat ihn offensichtlich fasziniert und seine Beschreibung ist ein Musterbeispiel einer vorindustriellen Manufaktur. Krünitz unterscheidet nun verschiedene Teigvarianten, die hier sinngemäß und mit Ergänzungen zusammengefasst sind:

1. Italienische Nudeln (Pasta), Wassernudeln (im Sinn des Brockhaus) aus glutenreichem Hartweizengries und Wasser. Wobei zum Einkneten warmes Wasser benutzt wird, das Stärke und Kleber besser aufschließt und zu einem festen zähen Teig führt. Wichtig ist ein sehr fester, zäher und wasserarmer Teig, der mit großem Aufwand geknetet wird.
2. Gesäuerte Nudeln. Es ist interessant, dass um 1800 im großen Stil Nudeln auch aus gesäuertem Teig hergestellt wurden. Man kann Dampfnudeln durchaus als eine Variante dieser Nudeln sehen.

3. Zusammengesetzte Nudeln, Eiernudeln. Der Ausdruck „zusammengesetzt“ rührt daher, dass außer Mehl und Wasser noch Eier und evtl. Milch zugesetzt werden. Außerdem kommt normales Mehl zum Einsatz und der Teig wird weniger lange geknetet.
4. Reisnudeln erwähnt Krünitz als chinesische Nudeln und warnt vor Reismehl, das ohne Kennzeichnung als Nudelmehl verkauft wird.
5. Maisnudeln kommen im Krünitz nicht vor, stellen heute aber die häufigste Variante glutenfreier Pasta dar, nicht nur bei uns, sondern auch in Italien.

Irgendwie scheint die in der Überschrift formulierte Frage falsch gestellt. Man sollte es mit dem Grimm'schen Lexikon halten und Nudel sein lassen, was den Namen Nudel trägt. Schließlich gibt es auch noch die Stopfnudeln zum Mästen von Gänsen, die lustige Nudel und die dicke Nudel, die den Nudeln zu sehr zuspricht.

„Nudeln“ im engen Sinn spielen in der schwäbisch-alemannischen Küche eh keine wesentliche Rolle. Wie dargestellt lag die deutsche Nudelproduktion im Osten, Nürnberg, Prag, Wien sind Zentren. Im Südwesten hielt man sich mit Aufkommen der Nudel lieber an seine Spätzle und benutze den Nudelteig als Hülle für seine Maultaschen.

Zum Schluss noch die amtlichen, heute geltenden Leitsätze für Teigwaren, zu denen die Nudeln gezählt werden:

Leitsätze für Teigwaren

Leitsätze für Teigwaren

vom 2. 12. 1998 (BAnz. Nr. 66a vom 9. 4. 1999, GMBl. Nr. 11 S. 231 vom 26. 4. 1999); Bundesministerium für Ernährung, Landwirtschaft und Verbraucherschutz

Auszüge

I. Allgemeine Beurteilungsmerkmale

A. Begriffsbestimmungen und Herstellung

1. Teigwaren im Sinne dieser Leitsätze sind beliebig geformte Erzeugnisse, die aus Getreidemahlerzeugnissen mit oder ohne Verwendung von Hühnereiern und/oder anderen Zutaten durch Einteigen, Formen und Trocknen ohne Anwendung eines Gärungs- oder Backverfahrens hergestellt werden. Sie werden zuweilen vor demTrocknen mit heißem Wasser oder Wasserdampf behandelt. Dazu gehören auch Instant-Teigwaren, ausgenommen fritierte Erzeugnisse.
2. Frische Teigwaren (Frischteigwaren und Nudelteig) sind Teigwaren, die bei der Herstellung nicht getrocknet oder lediglich angetrocknet werden. Sie werden zuweilen mit heißem Wasser oder mit Wasserdampf behandelt, auch pasteurisiert und gekühlt oder tiefgefroren.

▪ ▪ ▪

B. Beschaffenheitsmerkmale

1. Der Wassergehalt (Feuchte), ausgenommen bei frischen Teigwaren (Frischteigwaren und Nudelteig), beträgt höchstens 13 Prozent.
2. Der Gehalt an Speisesalz (Natriumchlorid) beträgt höchstens 1 Prozent.
3. Als Zutaten werden üblicherweise verwendet:

a) Getreidemahlerzeugnisse aus Hartweizen, Weichweizen, Dinkel, Roggen,
b) Mahlerzeugnisse aus Buchweizen, Gerste, Hafer, Hirse, Mais, Reis, Triticale für Mehrkorn-Teigwaren,
c) Speisesalz, jodiertes Speisesalz, Meersalz,
d) Vollei, Eigelb, Eiklar, auch tiefgefroren oder getrocknet,
e) Milch, Milchpulver jeweils in verschiedenen Fettgehaltsstufen,
f) Gemüse, Kräuter, Pilze in geeigneter Zubereitung (z.B. Mark, Saft, Pulver, Konzentrat) sowie Gewürze,
g) färbende Lebensmittel,
h) Weizengluten,
i) Milcheiweißerzeugnisse,
j) Sojaerzeugnisse,
k) Trinkwasser.

▪ ▪ ▪

4.1.2 Eiernudeln

1581:

117 **Nudelsuppe** 117 *Nudelsuppe*

Nach ein Teig an mit einem Ey oder zwey / vnd treib jn gar dünn auff / walg jn fein vbereinander / vnd mehls wol darzwischen / schneidt jn fein klein / nim gute Erbeßbrüh / Mußkatenblüt vnd Butter darein / setz auff Kolen / vnd laß sieden / zeuch die Nudel darein / oder back sie in Butter. Vnd wen du sie wilt anrichten / so richt es auff ein gebeht Schnitten Brot / vnd sträw gerieben Parmesankäß darüber / begeuß mit heisser Butter vnnd gibs warm auff ein Tisch / so ist es ein gut Nudelsuppen.

Rumpolt, Ein new Kochbuch[AMR1581]

Nudelsuppe *Nudelsuppe*

- ▷ Mache aus 1 oder 2 Eiern einen Teig.
- ▷ Welle ihn sehr dünn aus,
- ▷ bemehle ihn und roll ihn zusammen,
- ▷ schneide feine Streifen herunter.
- ▷ Gib gute Erbsenbrühe, Muskatblüte, und Butter in die Brühe,
- ▷ stelle sie auf den Herd und lass sie kochen.
- ▷ Lass die Nudeln in der Brühe ziehen oder back sie in Butter aus.
- ▷ Wenn Du anrichten möchtest, so gib die Nudeln mit Brühe auf eine geröstete Brotscheibe und streue geriebenen Parmesankäse darüber sowie heiße (braune) Butter.
- ▷ Gib es warm zu Tisch, dann ist es eine gute Nudelsuppe.

In der 2. Hälfte des 16. Jahrhunderts scheint die gekochte Nudel, d. h. die italienische Zubereitungsform, Einzug in Deutschland gehalten zu haben. Dabei wird die Nudel allerdings häufig, nicht wie heute üblich, in Salzwasser gekocht, sondern in Gemüse- oder Fleischbrühe, eine Methode, die sich noch sehr lange in den Kochbüchern hält. Balthasar[OSt1547] dagegen kocht seine eingeschnittenen Nudeln nur in Wasser:

118 Eingeschnittene Nudeln

118 Eingeſchnittene Nudeln

NAch ein taig mit kaltem waſſer ab / wilt du gern haben ſo nimb auff ein Tiſch eins oder zwey ayer / vnnd mach wol ein veſten taig / wölg jn dünn auß / nimb der blätlin drey oder vier auff einander / ſcherbs[1] mit einem ſcharmeſſer[2] gar klein zelet[3] / thůs in ein ſiedend waſſer / laß ein gůte weyl ſieden / ſeichs[4] dann auff ein reütterlin / vnnd ſchlags mit warmen waſſer ab / thůs auff ein ſchüſſel / ſee ein linden käß darauff / brenn heiß ſchmalz darauff.

Balthasar Staindl[OSt1547]

[1] *sharps: schabs;* [2] *Scharmesser: schärmezzer, Rasiermesser;* [3] *zelet wohl zëdele, abgerissener Streifen ('Zettel');* [4] *hier: abseihen.*

Eingeschnittene Nudeln

Eingeschnittene Nudeln

- ▷ Mache einen Teig mit kaltem Wasser.
- ▷ Wenn du gern möchtest, so nimm ihn auf einen Tisch und mach mit ein oder zwei Eiern einen sehr festen Teig,
- ▷ welle ihn dünn aus und lege drei oder vier Teiglagen aufeinander,
- ▷ schabe mit einem Rasiermesser sehr feine Streifen,
- ▷ gib's in siedendes Wasser und lass es einige Zeit kochen.
- ▷ Schütts auf einen Durchschlag und spül mit warmem Wasser ab,
- ▷ streue einen milden Käse darüber
- ▷ und übergieße mit heißem Schmalz.

Insbesondere das Überstreuen der Nudeln mit Käse, das ja auch bei Rumpolt Teil des Rezeptes ist, deutet auf italienische Einflüsse, wie man sie auch bei Rabiolin (Raviolen, Ravioli) der Sabina Welserin um 1550 findet (s. S. 221). Obwohl Käse in diesem Zusammenhang auch in älteren, noch spätmittelalterlich geprägten Kochbüchern wie der Küchenmeisterei[MKü1480] vorkommt, wo die Nudeln noch in Fett ausgebacken werden und die Alternative „Kochen“ nicht in Betracht gezogen wird. Im folgenden Rezept aus der Küchenmeisterei steht zusätzlich die Anweisung, dieses Essen an Fastentagen anstatt Fleisch zu servieren. Damit wird nochmals deutlich, dass das Ausbacken in Fett wohl den Sinn hatte, den Röstgeschmack sowie den Fettgehalt von gebratenem Fleisch zu ersetzen bzw. sich dem anzunähern, analog zu anderen Rezepten, bei denen die äußere Tierform nachgeahmt wurde:

119 Geſtrichens Gebachenns

119 Gestrichens: Gebachenns:

ITem, wiltu ein geſtrichens gebachenns machenn, nim eier vnd «geribenn» kåſß, mell vnd milch. mach einen ſtarckenn teig, denn zúch uff ein brått gar dúnn«.» Schnide in als die wůrmlin«,» hålm gros vnd fingers lang«.» ſchús das in ein hais ſchmaltz. die «backe» beſunder, ſee zucker dar uff «an der anerichten». «vnd» Gib es uff fas tagenn fůr ein gebrattes in flachen zinen ſchůſſlen.

Küchenmeisterei [MKü1480] 1

Text nach der Solothurner Handschrift mit Korrekturen «...» nach der Kölner Handschrift, wo das zum Verständnis und aus praktischen Aspekten des Kochens sinnvoll erschien.

Ausgezogenes Gebackenes

Ausgezogenes Gebackenes

Möchtest du ein ausgezogenes (gestrichenes) Gebäck machen,
- ▷ nimm Eier, geriebeben Käse, Mehl und Milch
- ▷ und mach daraus einen festen Teig.
- ▷ Den ziehe auf einem Brett sehr dünn aus (wie bei Strudelteig),
- ▷ schneide ihn dann in Halme, so breit wie Würmchen und so lang wie ein Finger.
- ▷ Schütte es dann in heißes Schmalz und backe sie besonders.
- ▷ Streu beim Anrichten Zucker darüber.
- • Reiche das Essen an Fastentagen anstatt Gebratenem auf einer flachen Zinnschüssel (Platte).

Um 1750 ist die schwäbisch-alemannische Welt hinsichtlich der Nudel gespalten. Im Augsburger Kochbuch[OAu1750] fehlen sie, im Berner Kochbüchlein[SBe1749] werden sie in alt überkommener Weise in Anken (Butter) ausgebacken, ohne sie zuvor zu kochen. Im Tübinger Kochbuch[WTü1749] dagegen findet sich ein Rezept, das so noch heute in jedem Kochbuch stehen könnte (steht).

120 Gemeine Nudeln zu machen

120 Gemeine Nudeln zu machen

Iſt zwar keine Kunſt, doch müſſen wir auch denen Anfängerinnen unſer Verſprechen halten. Nehme dahero für einem Tiſch von etwa 8 Perſonen vier Aier in eine Schüſſel, oder wenn man für hart arbeitende Leute kocht, auch wohl ein klein Gläſlein Waſſer dazu; ſalze dieſes und rühre ſo viel Meel darein, als die Aier und das Waſſer anſchlucken. Nehme das angerührte auf ein Brett, würcke den Taig bis er einem Brodtaig gleicht, und, wenn man ihn in der Mitte voneinander ſchneidet, löchlich iſt; alſdann wärgle ihn in die Länge, ſchneide ihn in beliebige, doch nicht gar zu groſſe Stücke, lege die Stücke in das Meel, daß ſie nicht zu trocken werden; welle eines nach dem anderen recht dünne aus, laſſe die aufgewellte Böden ein wenig trücknen, wickle ſie auf, und ſchneide ſie ſo zart, als es möglich iſt. Daſ geſchnittene ſchüttle auf und ſiede es ein wenig im Waſſer; nach dem Sieden ſchütte die Nudeln in einen Durchſchlag, flöſſe ſie mit friſchem Waſſer zwey bis drey mahle ab, thue ſie hernach in einen Fußhafen[1], lege ein Stück Butter dazu, würtze ſie mit Saltz, Ingwer, Pfeffer, Muſcatenblüth, und wenns beliebt, ein wenig Saffran; begieſſe ſie mit guter Hüner- oder Fleiſchbrühe, laſſe ſie aufkochen, und richte ſie entweder allein, oder über eine geſottene Henne an.

TÜBINGER KOCHBUCH[WTü1749]

Fußhafen: Ein Topf (Tortenpfanne) mit „Füßen“, der über die Glut des offenen Feuers gestellt werden kann.

Herstellung einfacher Nudeln

Herstellung einfacher Nudeln

Für 8 Personen: 4 Eier, Mehl, Salz, evtl. Wasser, Gewürze zum Anrichten

- ▹ Die Herstellung ist zwar keine Kunst, doch muss das Versprechen an die Anfängerinnen gehalten werden die Rezepte so genau wie möglich zu beschreiben.
- ▹ Für 8 Personen gibt man 4 Eier in eine Schüssel. Kocht man für schwer arbeitende Leute, die hungrig sind und viel essen, so gibt man noch eine kleines Tässchen Wasser dazu, streckt also den Teig mit mehr Mehl bei reduzierter Qualität.

- ▷ Salzt und gibt so viel Mehl dazu, wie Eier und Wasser aufnehmen (ca. 100 g Mehl pro Ei).
- ▷ Den angerührten Teig gibt man dann auf die bemehlte Arbeitsfläche und knetet ihn, bis er einem Brotteig ähnelt und beim Aufschneiden kleine Löcher zeigt.
- ▷ Dann rollt man den Teig länglich aus und schneidet ihn in beliebige, aber nicht allzu große Stücke, die man bemehlt, damit sie nicht zu stark antrocknen.
- ▷ Die einzelnen Stücke wellt man dann möglichst dünn aus und lässt sie etwas antrocknen.
- ▷ Anschließend werden die Teigplatten in möglichst dünne Streifen geschnitten: Suppen- oder Haarnudeln.
- ▷ Die aufgeschnittenen Nudeln werden aufgelockert und kurz „al dente „in Wasser gekocht, abgesiebt und zwei– bis dreimal mit kaltem Wasser abgeschreckt, das unterbindet ein Nachgaren.
- ▷ Die abgetropften Nudeln gibt man in einen Topf, gibt ein Stück Butter dazu und
- ▷ würzt mit Salz, Ingwer, Pfeffer, Muskatblüte und nach Belieben Safran. Diese Würzorgie ist noch typisch barock.
- ▷ Dann gießt man gute Hühner- oder Fleischbrühe darüber, lässt nochmals aufkochen und richtet sie entweder alleine oder über einem gekochten Suppenhuhn an. Nach unserem Verständnis ist das eine Hühnersuppe mit Nudeleinlage.

Das Rezept aus dem Tübinger Kochbuch ist heute so aktuell wie damals.

Technische Aspekte zur Herstellung von Nudeln

Mehlmenge:

Im Tübinger Kochbuch wird keine genaue Angabe zur Mehlmenge gemacht, denn wie immer bei der Kombination von Mehl und Ei sind exakte Mengenangaben mit Vorsicht zu behandeln. Mehl kann in Qualität und Kleberanteil weit streuen, abhängig vom Ausmahlgrad, der Getreidesorte etc. Eier verlieren im Lauf der Zeit Wasser, was sich darin ausdrückt, dass sie in Wasser zunehmend aufschwimmen, abgesehen davon, dass sie unterschiedlich groß sind. Die heute häufig angegebene Zugabe von Wasser oder Milch stellt insofern ein „Korrektiv“ dar, um eine definierte Teigkonsistenz zu erreichen. Diese sollte fest und nicht klebrig sein, so dass sich der Teig gut auswellen lässt. Andererseits darf der Teig auch nicht spröde oder zu trocken sein, da er sich dann schlecht weiterverarbeiten lässt.

Bei glutenfreien Mehlmischungen sind genaue Mengenangaben noch schwieriger, da die Mehlsorten weit weniger standardisiert sind als bei Weizenmehl.

Kneten oder Walken des Teigs:

Ein wichtiger Aspekt ist das Kneten oder Walken. In den meisten Kochbüchern wird auf den Zeitpunkt Bezug genommen, an dem der Teigkloß glatt ist. In anderen Kochbüchern wird zusätzlich darauf hingewiesen, dass der Teig feine Blasen aufweisen sollte, z.B. Kiehnle[WKi1956], was schon im Tübinger Kochbuch betont wird. Die Bläschen zeigen, dass sich ein stabiles Glutengerüst gebildet hat und der Teig beim Kneten Luft aufnimmt und hält. Das ist ein Kriterium, wenn man den Teig in der Küchenmaschine mit Knethaken herstellt: Wird der Teig zu stark durchgearbeitet, dann wird er zäh und klebrig, da sich sehr viel Gluten bildet und vor allem die Stärke verkleistert. Dann eignet sich der Teig kaum noch zur Herstellung guter Nudeln. Stellt man den Teig von Hand her, so ist man auf der sicheren Seite.

Bei glutenfreiem Mehl kann sich naturgemäß kein Netzwerk aus Kleber aufbauen. Zu intensives Kneten führt nur zur Verkleisterung von Stärke, was die Teigqualität mindert. Man sollte also nur so lange kneten, bis ein glatter Teig vorliegt, der sich, evtl. bemehlt, auswellen lässt.

Ruhephase für den Teig:

Heute läßt man Nudelteig aus Weizenmehl nach dem Kneten mindestens $\frac{1}{2}$Stunde, besser 2-3 Stunden ruhen. Es schadet auch nicht, den Teig in Frischhaltefolie verpackt im Kühlschrank bis zu 24 Stunden ruhen zu lassen. Durch die Ruhephase entspannt sich das aus

Gluten entstandene Netzwerk, der Teig lässt sich besser auswellen.

> Im glutenfreien Teig muss sich nichts entspannen. Während einer Ruhephase wird vor allem Wasser eng an die Stärke gebunden, der Teig wird hart und fest. Die Ruhephase sollte man auf 15 bis maximal 30 Min. beschränken, der Teig hat dann i.a. eine zum Auswellen hinreichende Festigkeit.

Trockenphase nach dem Auswellen:

Eine ca. 1-stündige Trockenphase nach dem Auswellen stabilisiert die Teigoberfläche der Nudeln beim Kochen. Rollt man den Teig zum schneiden der Nudeln auf, so muss der angetrocknete Teig nicht oder nur sehr wenig bemehlt werden, um ein Zusammenkleben der Teigschichten zu verhindern. Sinnvoll ist, die Teigplatten aufzuhängen oder nach einiger Zeit zu wenden, damit sie von beiden Seiten antrocknen.

> Für glutenfreien Teig gilt daselbe.

Schneiden:

Zum Schneiden werden die Teigplatten aufgerollt, nachdem sie ggf. leicht bemehlt wurden. Danach mit einem scharfen Messer in gleichmäßig breite Steifen schneiden. Streifenbreite je nach Zubereitung wählen.

> Da glutenfreier Nudelteig häufig etwas brüchig ist, verzichtet man bei recht dünn ausgewelltem Teig auf das Aufrollen und schneidet Streifen direkt vom flach ausgelegten Teig.

Weiterverarbeitung der Nudeln:

Die Nudeln kocht man am besten direkt nach dem Schneiden.

1. Möchte man sie oder einen Teil zum Aufbewahren trocknen, hängt man sie möglichst an einer Leine bei hinreichender Belüftung auf oder trocknet im Backofen bei niedrigster Temperatur unter Umluft und geöffneter Tür. Beim Trocknen werden die Nudeln gewöhnlich grau.

2. Alternativ kann man den Teig zu etwas dickeren Platten auswellen (3-4mm) und einfrieren, wobei zwischen die einzelnen Scheiben ein entsprechend zugeschnittenes Blatt einer kräftigen Frischhaltefolie gelegt werden sollte. Nach dem Auftauen wird der Teig auf die gewünschte Stärke ausgewellt und wie frischer Teig weiterverarbeitet.

Ölzusatz:

Gelegentlich wird empfohlen, dem Teig ca. 1-2 EL eines geschmacksneutralen Öls (z.B. Sonnenblumenöl) zuzusetzen. Der Teig wird dadurch geschmeidiger, die Kleberbildung fällt allerdings schwächer aus.

Bei glutenfreiem Teig kann die Ölzugabe hilfreich sein, das sollte im Einzelfall ausprobiert werden, da die gewählten Mehlsorten sich unterschiedlich verhalten.

Zusatz von Essig:

Dem Teig wird ein TL Essig zugesetzt, eine nicht notwendigerweise einsichtige Maßnahme. Die Nudeln sollen dann aber besser trocknen.

Hand-Nudelmaschine

Hand-Nudelmaschine

Die Handnudelmaschine ermöglicht die Herstellung gleichmäßig dicker Nudeln oder einer Nudelteigplatte. Zunächst wird der Teig nochmals kurz geknetet, zu einem dünnen Fladen gedrückt und sehr dünn mit Mehl bestäubt bzw. auf der bemehlten Arbeitsplatte gewendet. Dann schickt man ihn mehrmals durch die unterste Auswellstufe (0), wobei der Teig nach jedem Durchgang einmal

gefaltet und wenn nötig (sofern er an den Walzen klebt) bemehlt wird. Dann verringert man schrittweise den Walzenabstand, bis die gewünschte Teigdicke erreicht ist. Dabei kann es notwendig sein, den Teig, wenn er nicht glatt durch die Walzen gleitet, auch auf den höheren Stufen zwei– bis dreimal durchzuschicken, wobei er jedesmal zunächst auf die halbe Länge zusammengefaltet wird.
Die Walze nur langsam drehen und eher kürzere Bahnen von ca. 30–35cm Länge herstellen. Insbesondere glutenfreier Teig erfordert Sorgfalt und etwas Übung.

Grundrezept(e)

Die folgenden Grundrezepte beziehen sich auf 500 g Mehl und entsprechen einer „Durchschnittserfahrung".

121 Grundrezept für Nudelteig

121 Grundrezept für Nudelteig

500 g Mehl, 5 Eier (Variation 4-6 Eier), Salz, 3-4 EL Wasser oder Milch

250 g Reismehl, 250 g Stärke, Salz, je 5-10 g Johannisbrotkernmehl und Xanthan, 4 Eier, 2 Eigelb, 150–175 ml Milch oder Wasser, 30 ml Öl

▷ Eier mit Wasser vorsichtig vermischen (nicht aufschlagen),
▷ mit Mehl und Salz zu einem Teig kneten, der gerade nicht mehr klebrig sein sollte
▷ ggf. etwas Mehl oder Wasser zugeben.
▷ Den Teig in Küchenfolie oder eine Gefriertüte einpacken und ca. 1 Stunde ruhen lassen.
• Glutenfreien Nudelteig nur 15–30 Min. ruhen lassen.
▷ Den Teig auf maximal 2 mm Stärke auswellen, wobei natürlich auch eine Nudelmaschine benutzt werden kann.
▷ Erweist sich der Teig als zu weich/nass, nach Bedarf wiederholt mit Mehl bestäuben.
▷ Den Teig evtl. noch einmal kurz abtrocknen lassen, er darf allerdings nicht spröde werden.
▷ Auswellen, aufrollen und zu Nudeln schneiden.

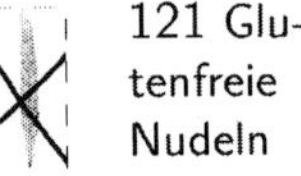
121 Glutenfreie Nudeln

123 Glutenfreie Nudeln

Anders als bei Spätzleteig muss ein Nudelteig eine gewisse Elastizität aufweisen. Zwar kann man von den Mehlmischungen für Spätzle ausgehen, ein paar Änderungen verbessern jedoch die Teigeigenschaften, wobei die Elastizität eines gewöhnlichen Nudelteigs allerdings nicht erreicht wird.

Die verschiedenen Teigvarianten wurden mit einer Handnudelmaschine ausgewellt. Zu den Teigvarianten sind die erzielten Auswellgrade angegeben, bei denen der Teig noch zu Herstellung von Maultaschen geeignet ist. Für Nudeln kann der Teig noch um ein bis zwei Stufen stärker ausgewellt werden. Je höher die angegebene Zahl, umso dünner der Teig.

Die Mehlkomponenten sorgfältig mischen. Eier mit Milch oder Wasser sowie Öl verquirlen, zum Mehl geben und alles zusammenarbeiten. Auf bemehlter Arbeitsplatte so lange kneten, bis ein glatter Teig entsteht. In Folie einpacken und 1–2 Stunden ruhen lassen.

1. *150 g Buchweizen, Mais- oder Hirsemehl, 150 g Reismehl, 150 g Stärke, Salz, je 13–14 g Johannisbrokerntmehl und Xanthan, 5 Eier, 150–175 ml Milch oder Wasser, 30 ml Öl*
   Der Teig ist wenig elastisch bis leicht spröde und muss sorgfältig ausgewellt werden. Die Auswellstufe 5 ist erreichbar.
2. *150 g Reismehl, 150 g Klebereismehl, 150 g Stärke, Salz, je 13–14 g Johannisbrotkernmehl und Xanthan. 4 Eier, 2 Eigelb, 150–175 ml Milch oder Wasser, 30 ml Öl.*
   Der Teig liefert gute Nudeln und ist mit Geduld bis Stufe 5/6 auswellbar. Die Nudeln sind bissfest und frisch gekocht in 4 – 6 Min. fertig.
3. *150 g Reismehl, 300 g Stärke, Salz, je 13–14 g Johannisbrotkernmehl und Xanthan, 4 Eier, 2 Eigelb, 150–175ml Milch oder Wasser, 30ml Öl.*
   Der Teig ist sehr gut zu bearbeiten und mit Geduld bis Stufe 7 auswellbar. Aus meiner Sicht der geschmeidigste Teig und für die meisten Fälle vorzuziehen.

Glutenfreie Mehle sind für die Herstellung von Nudelteig häufig etwas zu grob gemahlen. Das gilt insbesondere für Mais- und Reismehl, die auch keine große Streuung in der Korngröße besitzen. Möchte man sie verwenden, so greift man am besten zu Klebereismehl, das sehr gute Eigenschaften besitzt, und zu extra fein gemahlenem Maismehl. Oder man erhöht den Anteil an Stärke.

Auf jeden Fall muss man damit leben, dass glutenfreier Teig etwas spröder und bruchanfälliger ist als Weizenteig.

Teigvarianten:

Im Prinzip kann man Nudeln fast genauso variieren wie Spätzle, zumindest geht das mit unterschiedlichen Mehlsorten. Gröbere Bestandteile, gemahlene Nüsse, Kastanien etc. sind kaum zu verarbeiten. Hier einige klassische und neue Vorschläge zu Varianten:

125 Teigvarianten für Nudelteig

125 Teigvarianten für Nudelteig

▷ Zubereitung wie Grundteig Rez. 121 auf Seite 207

125.1 Feine Eiernudeln

125.1 Feine Eiernudeln

200 g Mehl, 7 Eigelb, Salz

200 g glutenfreie Mehlmischung, 6 Eigelb, 1 ganzes Ei und evtl. 1-2 EL Wasser

125.2 Buchweizen-Nudeln mit Eiern

125.2 Buchweizen-Nudeln mit Eiern

300 g Buchweizenmehl, 180 g Mehlmischung, 3 Eier, 3 Eigelb, ca. 200 ml Milch, Salz, Olivenöl

125.3 Vollkorn-Nudeln

125.3 Vollkorn-Nudeln

100 g Vollkornmehl, 200 g Weizenmehl (Type 405), 3 Eier, Salz, ca. 3 EL Wasser

Man ersetzt $\frac{1}{3}$ einer Mehlmischung für glutenfreie Nudeln durch Braunhirsemehl.

125.4 Grüne Nudeln

125.4 Grüne Nudeln

200 g Mehl(mischung), 2 Eier, 1 Eigelb, 100 g Spinat, Salz

- ▷ Spinat waschen und in einem geschlossenen Topf bei nicht zu hoher Hitze zusammenfallen lassen.
- ▷ Auskühlen lassen, ausdrücken und sehr fein hacken.
- ▷ Ist der Spinat sehr nass, so kann es notwendig sein, in den Teig zusätzlich Mehl(mischung) einzuarbeiten.
- ▷ Wie bei normalem Nudelteig weiter verfahren.

4.1.3 Einige Nudelrezepte

Im Zusammenhang mit Fleischgerichten gibt es fast nichts, zu dem in unserer Familie Nudeln die Spätzle ersetzen könnten. Das liegt einfach an der geringeren Fähigkeit von Nudeln Soße aufzunehmen. Die Ausnahme ist eine Tomatensoße (dann aber Pasta) oder ein kräftig mit Paprika gewürztes Gulasch (ungarisch). Allerdings ist das süddeutsche Gulasch meist weniger kräftig gewürzt und so wird in Wiener Traditionslokalen Gulasch meist mit Nockerln (Knöpfle) serviert. Fertige Nudeln sind eher „fast food", die es an arbeitsreichen Tagen oder zur Resteverwertung nach der Herstellung von Maultaschen gibt.

Übrig gebliebener Nudelteig kann natürlich für viele Nudelvariationen benutzt werden, wenn man sich der italienischen Küche nähert.

126 Schnelle Schinkennudeln

126
Schnelle Schinkennudeln

Fertig gekochte Nudeln, etwas abgetrocknet, Zwiebel, Schinken, Eier, Milch, Salz, Pfeffer

- ▷ Die Zwiebel wird kleingeschnitten und in Fett glasig gedünstet.
- ▷ Die Nudeln und der klein geschnittene Schinken zugegeben, salzen.
- ▷ Die Eier werden mit Milch verrührt, mit Salz und Pfeffer gewürzt und über die leicht angerösteten Nudeln gegossen.
- ▷ Alles mehrfach wenden, bis die Eier gestockt sind.
- ▷ Mit Salat servieren.

Häufiger wird dieses Rezept als Nudelauflauf bzw. als aufgezogene Nudeln zubereitet. Ein durchaus noch heute aktuelles Rezept findet sich schon bei der Löfflerin (1795):

127 Zu Schinken-Nudeln

127
Zu Schinken-Nudeln

Verrührt man ein ganze:s und ein halbes Ei, einen Eßlöffel voll sauren Rahm, 2 Loth (ca. 30g) Butter, nebst ein wenig Salz in einer Schüssel, nimmt fein Mehl dazu, macht einen Nudeltaig davon, wällt ganz dünne kleine Kuchen aus, schneidet sie zu viereckigen kleinen Stücken oder Blätlein so groß und so lang wie ein Glaich (?), und läßt sie trocken werden. Dann wird ein Vierling (ca. 125g) Schinken, wovon aber der Schinken rein weg seyn muß, klein gehackt, mit 4 Eiern angerührt, ein fein geschnittener Zwiebel in Butter gedämpft, und wenn er weich ist, auch an den Schinken nebst einer halben Maß (ca. 1l) guten sauren Rahm gerührt. Hierauf bestreicht man ein Pottage-Blech[1] mit Butter, mengt eine viertel Stunde vor dem Anrichten die geschnittenen Blättlein mit einer Gabel langsam unter den Schinken, füllt sie in das Blech, und läßt sie gemach aufziehen[2].

Oekonomisches Handbuch für Frauenzimmer[WLö1795], S. 153

[1] *Auflaufform;* [2] *im Backofen*

Auflauf von Schinkennudeln

Auflauf von Schinkennudeln

250–375 g abgetrocknete Nudeln, 180 g Schinken, 125 ml Sauerrahm, 2 El geriebener Käse (Parmesan, Bergkäse o. ä.), Salz, Butter, Paniermehl

Glutenfreie Nudeln

- ▷ Man legt eine Lage Nudeln in die Auflaufform, salzt, verteilt die Hälfte des Schinkens darauf und gibt etwas Rahm und Käse darüber.
- ▷ So schichtet man weiter auf, wobei die letzte Lage aus Nudeln besteht.
- ▷ Dann legt man Butterstückchen auf und bestreut mit Paniermehl.
- ▷ Der Auflauf wird im Backofen ca. $\frac{1}{2}$-$\frac{3}{4}$ Stunde gebacken.

Natürlich kann man Nudeln und Zutaten auch vermischen und dann in der Auflaufform überbacken.

128 Einfacher Nudelauflauf

128 Einfacher Nudelauflauf

375 g Nudeln, 2-3 Eier, 125 ml Sahne oder Milch, 20 g geriebener Käse, Salz, Butter, Paniermehl

Glutenfreie Nudeln

- ▷ Die gekochten, abgetropften Nudeln werden in einer Auflaufform verteilt.
- ▷ Eier, Sahne, Salz und Käse vermengt und über die Nudeln gegossen.
- ▷ Man legt Butterstückchen darauf und überbackt die Nudeln im Backofen ca. $\frac{1}{2}$ bis $\frac{3}{4}$ Stunde.

Sehr beliebt war es im 18. Jahrhundert, Nudeln in Milch zu kochen oder zumindest in Milch aufzuziehen. Die Nudeln wurden dann häufig auch süß, mit Zucker betreut, gegessen. Hier eine einfache Rezeptvariante aus dem Zedler [LZe1754] und eine aufwendigere Variante aus dem Tübinger Kochbuch:

129 Nudeln in Milch im Backofen

129 Nudeln in Milch im Backofen

Werden alſo zugerichtet: Man läßt Milch in einem Topf oder Caſſerole auf dem Feuer kochen, rührt Nudeln ſo viel man deren bedarff, hinein, welche auch eine Weile kochen müſſen, doch alſo, daß nicht viel lautere Milch mehr zu ſehen ſey.

Hernach rühret man ein ziemlich Stück Butter darein, macht auch um eine Schüssel, die man erst mit Butter anschmieren soll, ein Cräntzgen, schüttet die Nudeln dazu, und setzt sie in einen Back-Ofen, wo sie sauber backen müssen. Sind sie fertig, können sie wieder herausgenommen und hingegeben werden.
ZEDLER[LZE1754]

Nudeln in Milch im Backofen

Nudeln in Milch im Backofen

Nudeln, Milch, Salz, Butter

- ▷ Die Milch lässt man aufkochen, wobei sich die Menge nach der Nudelmenge richtet, sie sollte knapp bemessen sein.
- ▷ Dann rührt man Nudeln in der Menge ein, die man benötigt.
- ▷ Die Nudeln lässt man einige Zeit kochen, bis von der Milch kaum noch etwas übrig ist.
- ▷ Jetzt rührt man ein ziemlich großes Stück Butter dazu.
- • Zedler fettet eine Schüssel mit Butter ein, die er wohl umgekehrt auf ein Backblech legt, und macht darum einen Kranz, woraus, sagt er aber nicht (geeignet ist ein Tortenring). In den Kranz schüttet er die Nudeln und backt sie im Backofen.
- ▷ Man gibt die Nudeln in eine gut gefettete Kranzform und backt sie.
- ▷ Zum Servieren stürzt man die Nudeln auf eine Platte.

Dieser Nudelauflauf stellt im Prinzip das Äquivalent zu einem Kartoffelgratin dar. Beilagen, z. B. Gemüse, kann man in die Mitte des Rings geben und so servieren. Optisch ansprechend sind z.B. Karotten mit Erbsen in ihrem Farbkontrast zu den gelblichen Nudeln.

130 Struckeln

130 Struckeln

Mache einen gewöhnlichen Nudelteig, und welle ihn auch aus wie zu Nudeln; bestreiche einen jeglichen Boden mit saurem Rohn und lege etwas geschnittene Butter darauf, überwickle einen Boden nach dem andern, wie eine Wurst, schmiere eine Schüssel recht wohl mit Butter, lege die aufgewickelten Böden darein, giesse süsse Milch daran, lege aber wieder geschnittene Butter darauf; thue unten und oben Glut dazu, und lasse es kochen und ziehen, bis die Milch völlig eingekocht, und es schön gelb ist. Alsdenn gib es in dem Geschirr, worinn es gekocht worden, auf den Tisch.

TÜBINGER KOCHBUCH[WTü1749]

[1] *struckel, „in Schwaben, Steiermark, Kärnten eine mehlspeise, auf verschiedene art“; Grimm'sches Wörterbuch; evtl. = Strudel*

Struckeln

Struckeln

Eier-Nudelteig (Rez. 120 auf Seite 202), Sauerrahm, Butter, Milch

- ▷ Fertige einen gewöhnlichen Nudelteig an und welle ihn wie zu gewöhnlichen Nudeln aus.
- ▷ Bestreiche die Teigplatten mit Sauerrahm und lege etwas geschnittene Butter darauf.
- ▷ Wickle jede Nudelteigplatte zu einer Wurst.
- ▷ Bestreiche eine Auflaufform gut mit Butter,
- ▷ leg die Teigrollen darauf,
- ▷ fülle mit Milch auf und lege wieder geschnittene Butter darauf.
- ▷ Lass die Struckeln im Backofen backen, bis die Milch aufgesogen bzw. eingekocht ist und die Nudeln oben schön gelb sind.
- ▷ Serviere in der Auflaufform.
- In einem zweiten Rezept werden die Struckeln oder Nudeln gefüllt: Dazu nimmt man $\frac{1}{2}$l dicken Sauerrahm (oder Crème fraîch), verrührt es mit 2 – 3 Eiern, gibt etwas Schnittlauch und evtl. klein gehacktes gekochtes Fleisch dazu und bestreicht die Teigplatten damit dick. Wie zuvor fertigstellen.

Bei Zedler finden sich als Grundrezept auch einfach Nudeln, die wie Spätzle geschmälzt werden. Sie eignen sich als Beilage zu Gemüse oder kurz gebratenem Fleisch.

131 Nudeln mit brauner Butter

131 Nudeln mit brauner Butter

Bereitet man also: Man setzt Wasser in einem Kessel aufs Feuer, und wenn solches kocht, wirft man ein wenig Saltz hinein, schüttet die Nudeln auch dazu, rühret sie um, daß sie nicht zusammen kleben, und läßt sie ein wenig sieden. Hernach thut man sie vom Feuer, seichet sie durch einen Durchschlag, schüttet sie auf eine Schüssel, brennet Butter darüber, und bestreut sie mit geriebener Semmel.

ZEDLER[LZE1754]

Nudeln mit brauner Butter

Nudeln mit brauner Butter

Nudeln, Salz, Butter, Paniermehl

- ▷ Wasser bringt man zum Kochen und salzt es dann.
- ▷ Die Nudeln dazugeben, umrühren, damit sie nicht zusammenkleben, und kochen lassen.
- ▷ Nudeln absieben,
- ▷ in eine Schüssel geben und mit brauner Butter begießen.
- ▷ Mit Paniermehl bestreuen und servieren.

An Fleischgerichten sind mir nur zwei in Erinnerung, zu denen es bei uns Nudeln gab:

132 Gulasch

132 Gulasch

750 g Rindfleisch, Butter, 1 große Zwiebel, 1-2 Tomaten, Stärke, Salz, Paprikapulver, 350 ml Wasser, Brühe

- ▷ In einer gut schließenden Kasserolle oder einem Topf mit gut schließendem Deckel wird die fein geschnittene Zwiebel gelb gedünstet.
- ▷ Dann löscht man mit 350 ml Wasser ab und gibt das in Würfel geschnittene Fleisch, Salz, geviertelte Tomaten und Paprikapulver dazu und dämpft alles zugedeckt für 1 Stunde.
- ▷ Die Flüssigkeit sollte jetzt praktisch eingekocht sein.
- ▷ Dann streut man Stärke darüber, röstet sie braun, löscht mit Brühe ab und lässt das Fleisch weichkochen.

133 Geschmorte Kalbshaxe

133 Geschmorte Kalbshaxe

$\frac{3}{4}$ bis 1 kg Kalbshaxe in topfgerechten Stücken (vom Metzger zusägen lassen), Fett, 1 Zwiebel, Karotte, Salz, Pfeffer, Brühe

- ▷ Die gesalzene und gepfefferte Kalbshaxe brät man in heißem Fett braun,
- ▷ nimmt sie heraus und brät jetzt die kleingeschnittene Zwiebel und Karotte an.
- ▷ Jetzt löscht man mit wenig Brühe ab,
- ▷ gibt die Kalbshaxe wieder zu und schmort sie bei wenig Hitze im geschlossenen Topf weich.
- • Dazu passen abgeschmälzte Nudeln und Karotten.

4.2 Maul- und andere Taschen

Dieses Rezept sei einfach so dahingestellt:

Über Briefkuverts und Maultaschen

von

Sophie Juliane Weiler[1]

Zum Gefüll[2] wird 1 Vierling[3] abgezogener und mit Rosenwasser geriebener oder gestoßener Mandeln, mit eben so viel fein gesiebtem Zucker, 2 ganzen Eiern, und 2 Dottern, wie eine Mandel-Torte gerührt; das Gelbe von einer Citrone auf einem Reibeisen abgerieben, und auch dazu gethan. Dann nimmt man einen geblätterten oder mürben Butterteig, wärgelt[4] ihn 2 Messerrücken dick aus; legt ein Papier, das wie ein Brief-Kuwert geschnitten ist, darauf, und schneidet den Teig darnach. Dann legt man ihn auf ein Blech, thut in die Mitte deſ Kuwerts einen Löffel voll vom Gefüll, schlägt die 4 Ecken in der Mitte zusammen, bestreicht sie mit Ey, und legt ein großes rotheſ Zeltlein[5], statt deſ Siegels darauf. So läßt man sie schön backen.

NB: Beym Einschlagen der Ecken muß man sich in Obache[6] nehmen, daß sie recht nahe zusammen kommen; sonst läuft daſ Gefüll heraus.

Man kann von Butterteig auch nur viereckige Stückelein schneiden, von dem Gefüll in die Mitte einen Löffel voll darauf thun, die Ecken in der Mitte, aber nicht so gar nahe, zusammenschlagen und mit Ey bestreichen. Wann diese gebacken sind, heißen sie

Maultaschen.

[1] Sophie Juliane Weiler: Augsburgisches Kochbuch[OAu1788]; [2] Gefüll = Füllung; [3] 1 Vierling = $\frac{1}{4}$ Pfund, ca. 125 g ; [4] wärgeln = auswellen; [5] Zeltlein sind Kräuterbonbons, die in Apotheken hergestellt wurden[LZe1754]; [6] Obache, Obacht = Vorsicht.

Man könnte sagen, in Schwaben wurde der Nudelteig für Maultaschen erfunden. Im protestantischen Schwaben war der Donnerstag klassischer Maultaschentag, in Anlehnung an den Gründonnerstag, an dem es fast verpflichtend Maultaschen gab. Donnerstags gab es den fertigen Maultaschenteig beim Bäcker, so dass nur noch die Fülle zubereitet werden musste.

Maultaschen sind, wie vieles in Schwaben, ein Gericht zur Resteverwertung. Darauf beruht auch die beliebteste Sage (besser das Märchen) zur Herkunft der Bezeichnung Maultaschen: Im Kloster Maulbronn (vor der Reformation) war zu Beginn der Fastenzeit noch fertig gebratenes Fleisch übrig. Der Koch, sparsam, hackte das Fleisch klein, gab Eier und gedünsteten Spinat dazu und packte alles in Nudelteig. Nun war das Fleisch nicht mehr zu sehen und konnte so ruhigen Gewissens gegessen werden – worauf sich auch die alternative Bezeichnung „Herrgottsbscheißerle“ bezieht.

Andererseits können Maultaschen ihre Beziehung zu den italienischen Ravioli nicht verleugnen und darüber hinaus gibt es gefüllte Teigtaschen im gesamten eurasischen Raum. Als gefüllte Nudeln werden Maultaschen auch in den sehr frühen Kochbüchern aufgeführt, wobei die Füllung mit der klassischen Maultaschenfüllung praktisch übereinstimmt. Erst im Lauf des 19. Jahrhunderts taucht zunehmend der Begriff Maultaschen, zunächst wohl im Stuttgarter Raum, auf (Maulbronn liegt in der Nähe von Stuttgart).

4.2.1 Süße Maultaschen – ein Gebäck

Frühe „Maultaschen“ beziehen sich jedoch stets auf ein süßes Gebäck, das hier auch mit Rezepten repräsentiert sei.

Das folgende Rezept aus „Das kleine jedermann nützliche und wohleingerichtete Franckfurter Koch-Buch“[AFK1789] entspricht weitgehend dem eingangs zitierten „Brief-Kuvert“ aus dem „Augsburger Kochbuch“[OAu1788]:

135 Maultaschen

135 Maultaſchen

Mache einen guten Teich, welgere ihn ein wenig dick, ſchneide viereckigte Stück davon und nimm eingemachte Himberen oder Kirſchen, und thue ſie inwendig hinein, ſchlage es über die Ecken zuſammen, und mit Eyergelb angeſtrichen, alſdann in der Tortenpfanne gebacken, oder mit Füllſel[1] gefüllt wie eine Mandel-Torte[2].

Das kleine und jedermann nützliche und wohleingerichtetes Franckfurter Koch-Buch[RFK1789]

[1] *Füllsel, d. h. die Füllung ist in diesem Fall eine* [2] *Mandelfüllung, die entweder als eigenständiger Kuchen gebacken wird oder eben als Füllung in die Maultaschen kommt.*

Süße Maultaschen

Süße Maultaschen

- ▷ Mache einen guten (Mürb)-Teig.
- ▷ Welle ihn relativ dick aus und schneide daraus Vierecke.
- ▷ Lege Himbeeren oder Kirschen in die Mitte und bestreiche die Ränder mit Eigelb und schlage den Teig über Eck darüber:
- ▷ Lege die Maultaschen auf ein Blech und backe sie im vorgeheizten Ofen bei ca. 180 °C.
- ▷ Alternativ: fülle die Maultaschen mit einer Füllung wie für Mandeltorte.

Ist dieses Rezept auch am westlichen Rand und etwas nördlich des alemannischen Sprachraums in Hessen angesiedelt, so benutzt es doch den Begriff Maultaschen früher als er in den schwäbischen Kochbüchern auftaucht. Gehen wir nun, ein gute Jahrhundert später, ganz in den Osten, bleiben aber westlich der alemannisch–bayrischen Sprachgrenze, dem Lech, so findet man unter Maultaschen im Neuen Augsburger Kochbuch von 1908 wieder süße Maultaschen, die ganz ähnlich sind:

136 Maultaschen

136 Maultaschen

Zu diesen wird folgende Mandelfülle bereitet: Acht Loth (140 Gr.) abgezogene und mit etwas Rosenwasser gestoßene Mandeln werden mit ebenso viel fein gesiebtem Zucker, mit zwei ganzen Eiern und zwei Eidotter, sowie die abgeriebene Schale einer halben Zitrone gut gerührt, dann wird Butterteig zu einer zwei messerrückendicken Platte ausgerollt, auf diesem handbreite, viereckige Stücke geschnitten und diese in gleicher Entfernung auf ein Blech gelegt. Hierauf wird in die Mitte eines jeden Blattes ein kleiner Eßlöffel voll von der Mandelfülle gethan, dann werden zwei Ecken über die Fülle über einander gelegt, etwas zusammen gedrückt und die beiden anderen Ecken ebenso darüber gebogen und auch zusammen gedrückt, dann mit Ei bestrichen, leicht mit Zucker bestreut und langsam in schöner Farbe gebacken, dann erhaben angerichtet und lauwarm zu Tisch gegeben.
Neues Augsburger Kochbuch[OAu1908]

Mandel–Maultaschen

Mandel–Maultaschen

- ▷ 140 g geriebene Mandeln, 140 g Zucker und abgeriebene Zitronenschale gut mischen.
- ▷ Etwas Rosenwasser und 2 Eier sowie 2 Eigelb zugeben und alles gut rühren, mindestens 20 Min., besser länger.
- ▷ Jetzt wird Butterteig ca. 4 mm dick ausgerollt und in gleichmäßige Quadrate von ca. 8 cm Kantenlänge geschnitten und mit gleichmäßigem Abstand auf ein Blech gelegt.
- ▷ In die Mitte jedes Quadrats setzt man einen kleinen Esslöffel voll Mandelmasse.
- ▷ Anschließend werden zwei gegenüberliegende Ecken der Quadrate über die Füllung gelegt und etwas angedrückt.
- ▷ Dann verfährt man mit den anderen Ecken genauso.
- ▷ Abschließend bestreicht man die Maultaschen mit zerklopftem Ei und bestreut sie dünn mit Zucker.
- ▷ Die Maultaschen werden im vorgeheizten Ofen bei ca. 180 °C zu schöner Farbe gebacken.
- ▷ Die noch warmen Maultaschen richtet man erhöht auf einer Platte an (z.B. umgedrehter Teller) und serviert sofort.

Beim letzten Rezept handelt es sich offensichtlich um ein vollwertiges, wenn auch süßes Essen, wie man das von klassischen Maultaschen kennt.

Mürb- und Butterteig

Mürb- und Butterteig

kann wie gewöhnlich hergestellt werden. Das Mehl wird einfach durch glutenfreies Mehl ersetzt. Eventuell wird etwas zusätzliche Flüssigkeit benötigt (Ei, Wasser).

Dies ist möglich, da Kleber bei diesem Teig keine Rolle spielt, im Gegenteil, sogar schädlich ist, da der Teig bei zu starkem Kneten zäh wird.

Zum Schluss noch der Südwesten des schwäbisch-alemannischen Raums, Bern 1796. Auch hier gibt es ein Gebäck „Maultäschle", die allerdings nicht gefüllt werden. In der früheren Ausgabe des Kochbuchs von 1749 fehlen sie dagegen noch.

137 Maultäschlein

137 Maultäschlein

Nimm 3 Eyer, schwinge selbige wohl mit einem halben Pfund reingestossenem Zucker, vermische dieses mit anderthalb viertel Pfund Mehl, formire solche, thue sie auf Papier, überstreue sie mit reinem Zucker, und backe sie im Ofen.
BERNERISCHES KOCH-BUCH[SBE1796]

Maultäschlein

Maultäschlein

3 Eier, 260 g Puderzucker, 200 g Mehl/Reismehl, Zucker

- ▷ Eier und Butter schaumig rühren wie zu einem Biskuit.
- ▷ Mehl unterheben.
- ▷ Maultäschchen formen und auf Backpapier legen.
- ▷ Bei ca. 180 °C in 10 bis 15 Min. backen.

In den für die gutbürgeliche und herrschaftliche Küche geschriebenen Büchern fehlen die Maultaschen als schwäbisches Trivialgericht.

Sie tauchen als Rezept erst auf, nachdem eine breitere Schicht lesen konnte und sich auch Kochbücher gekauft hat, wie wir im nächsten Abschnitt sehen werden. Bis dahin waren sie in Kochbüchern ein süßes Gebäck,auf der Basis von Mürb- oder Butterteig, das wohl ursprünglich aus Schlesien stammt.

4.2.2 Maultaschen, Raviolen, Kräpfle und gefüllte Nudeln – eine Zeitreise

Das älteste mir bekannte Rezept gefüllter Nudeln mit einer „Maultaschen"–ähnlichen Füllung stammt aus dem 16. Jahrhundert von Sabina Welserin. Sie verwendet gegartes Fleisch (übrig gebliebener Braten) und Spinat. Sie bezeichnet das Gericht als Rabiolin was einfach Ravioli bedeutet. Hier nun das Gericht im Original und in einer freien Übertragung:

138 **Rabiolin zú machen**

138 Rabiolin zú machen

Nempt ain ſpinet vnnd briet jn, als welt ji ain gren kraút machen, vnnd hackens klain, nempt vngefarlich ain hendlin voll / wen es gehackt iſt / keß oder ain bret von ainer hennen oder kaponer, es ſeÿ geſotten oder gebratten / ſo nempt des keß 2 mall ſoúil deſ kraúts vnnd des brets aúch als vill vnnd ſchlagt 2 oder 3 air darein vnnd macht ain fein taigli / thiet ſaltz vnd pfeffer darein / vnnd macht ain taig mit einem ſchenen mel, als welt jr ain torta machen, vnnd wen jr den platz gemacht hand, ſo thiet ain betzlin am ortt des blatz vnnd fúrmen es zuú ainem krapffen / vnnd trúckens an erttern woll zú / vnnd legent es jn ain fleſchbrie / vnnd land es ſieden vngeferlich wie ain lind bar air, das bret ſoll klaingehackt ſein vnnd der kes klaingerieben.

Das Kochbuch der Sabina Welserin[OWS1553]

Beim Nudelteig wird darauf hingewiesen, dass er wie ein Tortenteig gemacht wird. Das mag erstaunen, es wird von der Welserin aber tatsächlich nicht zwischen Nudelteig, Pastetenteig und Tortenteig unterschieden. Dabei kann man sich englische Pie vorstellen.

Rabiolin der Sabina Welserin um 1550

Rabiolin der Sabina Welserin um 1550

- ▷ Der Spinat wird überbrüht, man lässt ihn zusammenfallen und hackt ihn dann fein. Davon nimmt man ungefähr eine Handvoll für die Fülle.
- ▷ Nun ist im Originaltext unklar, ob Käse und Fleisch genommen werden oder ob es sich um Alternativen handelt.
- ▷ Auf jeden Fall wird das gebratene oder gekochte, also vorgegarte, Fleisch sehr fein gehackt und dann geknetet, um ein Brät herzustellen.
- ▷ Der Käse wird gerieben. Von Käse und Brät kommen je zwei Handvoll an die Füllung.
- ▷ Zum Schluss werden zwei bis drei Eier dazu gegeben, mit Salz und Pfeffer gewürzt und alles zu einer homogenen Masse verarbeitet.
- ▷ Dann werden aus dem Nudelteig flache Fladen geformt.
- ▷ An den Rand des Fladens setzt man etwas von der Fülle und formt ihn zu einem Krapfen, wobei die Ränder gut zusammengedrückt werden.
- ▷ Jetzt kommen die Krapfen in heiße Fleischbrühe und werden ca. solange gekocht wie weiche Eier .

Bis auf den Käse ist dies eine typische Maultaschenfüllung, wobei im Text Käse und Brät einmal als Alternative und dann als gemeinsamer Bestandteil der Ravioli dargestellt werden. Heute kommt allerdings häufig Käse in italienische Ravioli, so dass dieses Rezept irgendwo zwischen diesen und Maultaschen (ohne Käse) angesiedelt werden kann.

Die reine Käsefüllung mit Spinat ergibt auf jeden Fall eine schmackhafte vegetarische Variante.

Im Kochbuch der Philippine Welser[OWP1545] gibt es ein Rezept für Kräuter-Kräpfchen in Teig:

139 wilt du kreptter krepfla machen

139 wilt du kreytter krepfla machen

So nim 1 ſalfenn[a] blettla / 8 maſeron[b] ſteydlin / ain hand fol beterling[c] / 3 blettle meliſen[d] / 12 oxen‿zungen[e] bletter / 10 an‿dyfa[f] bletter / ain wenig kera‿krautt[g] / 10 bur‿augen[h] bletter / mangelt[i] 4 mal ſo fil als der anderer kreytter allen ſent / vn gefohrlich hacks dar nach klein / vnnd dauß jn ain ſchmaltz / vnd riers dar jn vm / vnd ſchitz jin ain ſchiſel / vnd ſchlag 4 ayr dar ein / vnnd nim ain hand fol gerybes kes vnd der nu ſey / vnd ain wenig grybes brott / ryers als wohl durch ain ander / las ain weyl ſton das er er‿ſtar / ſo kan mas jn dayg don / den dayg macht ma dar zu wie den zu den dortten , mus jn din walgla / vnd ſchlag dar nach die kreytter darein / vnd ſeut ſy jn ainer erwas brye die gar goutt iſt , oder fleſch brye , wie ma wil / ſo fyl kertt auff ain dyſch .

Kochbuch der Philippine Welser[OWP1545]; Interpunktion eingefügt

Der handschriftliche Text und ebenso die Transkription sind ohne jede Interpunktion, wie viele diese Texte. Die Interpretation fängt deshalb schon beim Zusammenfassen der Texteinheiten an. Meine Interpretation ist durch die eingesetzte Interpunktion mit / gekennzeichnet.

Kräuter: [a] Salbei; [b] Majoran; [c] Petersilie; [d] Melisse; [e] Ochsenzungen (Anchusa officinales), die jungen Blätter wurden wie bei Borretsch als Spinat genutzt, z. T. angebaut. [f] Endivie, eine leicht bittere Salatsorte, war früher in Süddeutschland verbreitet; [g] Kerbel?; [h] Borretsch; [i] Mangold

Kräuter–Kräpfle der Philippe Welser, 1545

Kräuter–Kräpfle der Philippe Welser, 1545

- ▷ So nimm 1 Salbei-Blatt, 8 Majoran-Stengel, eine Handvoll Petersilie, 3 Blättchen Melisse, 12 Ochsenzungen-Blätter, 10 Endivien-Blätter, ein wenig Kerbelkraut, 10 Borretsch-Blätter und 4mal so viel Mangold wie alle anderen Kräuter zusammen.
- ▷ Hack es danach klein und tu es in Schmalz und rühre es um.
- ▷ Schütte es in eine Schüssel und schlage 4 Eier hinein.
- ▷ Nimm eine Handvoll geriebenen Käse (gleichgültig woher er kommt) und ein wenig geriebenes Brot,
- ▷ rühre alles gut durcheinander und lass es dann ein Weilchen stehen, damit es fest wird.
- ▷ So kann man es in Teig tun.

▷ Den Teig mach dazu wie den zu den Torten, du musst ihn dann dünn auswellen.
▷ Schlage danach die Kräuter (in den Teig) ein.
▷ Siede sie (offensichtlich soll der Teig für mehrere Krapfen in Stücke geschnitten sein) in einer sehr guten Erbsen- oder Fleischbrühe, wie man will.
▷ So viel gehört auf eine(n) (Platte) Tisch.

Die Mengenangaben sind für ein Kochrezept erstaunlich genau, insbesondere was die Kräuter betrifft. Es dürfte sich um ein Diät-Rezept mit medizinischem Hintergrund handeln.

Sabina Welserin gibt ein ganz ähnliches Rezept für gekochte Krapfen, jedoch mit den üblichen ungenauen Angaben: Nimm Mangold, soviel du willst, und etwas Salbei und Rosmarin. Dann wird noch mit Zimt, Nelken, Pfeffer und Käse gewürzt und die Fülle mit Rosinen angereichert.

Bemerkenswert ist, dass die Krapfen gekocht werden. Sie unterscheiden sich deshalb nicht von Rabiolen (Raviolen) und letztlich auch nicht von den späteren „Grünen Maultaschen“. Es werden dann noch Kräpfla mit Fisch-Füllung (s. Abschn. 4.2.4 auf Seite 258) und Leberkräpfla (s. Abschn. 4.2.4 auf Seite 251) aufgeführt, die gebacken oder gekocht werden. In den weiteren Rezepten werden die Krapfen in Schmalz gebacken, ganz im Sinn unserer Fasnachtskrapfen – sie waren schon damals eine Fastenspeise. Die Rezeptsammlung der Philippine Welser baut in vielem auf ältere Kochanweisungen auf, so findet sich im Rheinfränkischen Kochbuch[MRf1445] ein ganz ähnliches Rezept für Fischkrapfen.

In späteren Kochbüchern sind es dann nur noch Raviola oder Raviolen oder auch Nudeltaschen, so im Augsburger Kochbuch[OAu1750]. An erster Stelle stehen Hühner-Ravioli wie bei Sabina Welserin, allerdings besteht die Füllung aus Hühnerleber und anstatt Spinat kommt Mangold zum Einsatz. Dann folgen noch Ravioli mit Füllungen aus Nieren bzw. Kalbfleisch sowie von Kuh-Euter. Der Teig enthält ausnahmsweise Fett, evtl. eine frühe Variante eines Butterteigs.

krapfe, krapfen, ein festgebäck

Nach „Grimm'sches Wörterbuch":
I. Form und verwandtschaft. a) chrapho artocrea, rapheola, mittelhochdeutsch krapfe; mittellateinisch craphus, crafus.
b) überhaupt scheinen beide (chrapho, rapheola) ursprünglich ein wort. schweizerisch gibt es selbst chrämpfli. mittellateinisch hiesz raffius ein haken, harpago, und das gebäck rapheola, beide klingen nahe an krapf, kräpfel (davon italienisch raviólo ein eiergebäck, auch schwäbisch raffiolen gefüllte krapfen in die suppe).

In diesem frühen Augsburger Kochbuch (ca. 1750) wird auch verarbeitet, was wir heute „minderwertige Fleischstücke" nennen. Um die selbe Zeit (1749) ist das „Tübinger Kochbuch"[WTü1749] erschienen, also ein Kochbuch aus dem Württemberger Kernland, in dem Därme und/oder Kutteln in der Füllung verarbeitet werden.

Mitte des 18ten Jahrhunderst steigt das Selbstbewusstsein des Bürgertums, wie es der nachfolgende Text deutlich macht:

Carl Eugen war seit 1744 mündig und hatte die Regierungsgeschäfte übernommen, wobei er die Rechte der Ständevertretung anerkannte. In den Folgejahren versucht er jedoch die 'württembergische Ehrbarkeit' zu entmachten und schließt außenpolitische Verträge ohne Zustimmung des 'Geheimen Rats' oder der 'Landschaft' (Vertreter der 'Ämter'). Schließlich verklagt der ständige Ausschuss der Landschaft den eigenen Herzog wegen fortgesetzten Verfassungsbruchs beim Reichshofrat in Wien (1764). 1770 ergeht dann das Urteil und gibt den Landständen in allen Klagepunkten recht, des Herzogs Zugriff auf die finanziellen Ressourcen des Landes und seine Macht waren damit erheblich eingeschränkt.

In diesem Umfeld drückt das 'Tübinger Kochbuch' wohl den gestiegenen Wohlstand und das gestiegene Selbstbewusstsein der Bürgerschaft aus. Es steht am Anfang einer württembergischen Kochbuchtradition, die dann 1791 von F. L. Löffler, der Köchin des Landtags, für die nächsten 140 Jahre begründet wurde.

Der Begriff Maultaschen kommt im 'Tübinger Kochbuch' von 1749 zwar nicht vor, aber nun ist von gefüllten Nudeln die Rede und das sind, nach allen Merkmalen, typische Maultaschen. Zur Fülle werden auch hier billige Innereien genommen, aber auch vorgegartes Fleisch mit Krebsen, mit dem Hinweis „Dann muss aber auch eine Krebsbrühe dazu gereicht werden“ – ein Rezept, das heutzutage, auch bei gehobenem Anspruch, ohne Weiteres durchgehen würde:

140 Gefüllte Nudeln

140 Gefüllte Nudeln

... welle ihn (den Nudelteig) zu dünnen Böden aus. Nehme hierauf ein Kalbſkrös[1]:, ein Stück Speck und etliche gebachene Aier[2], hacke alles klein, thue beliebiges Mutſchelmeel darunter, würtze es mit geſchnittenen Citronen, Salz, Ingwer, Muſcatennuß, und rühre es, aber nicht gar zu dünne, mit Aiern an; überſtreiche die Böden damit, und wickle ſie zuſammen, lege ſie in ſiedendes Waſſer und laſſe ſie kochen. Nach dem Sieden legt man ſie in eine Schüſſel, und läßt ſie entweder mit Butter oder Fleiſchbrühe ein wenig aufkochen, oder man gießt etwas von der Brühe daran, worinnen ſie geſotten worden, und ſchmälzet etwas geröſtet Brod darüber her. Man kan die Fülle darein auch von Kalbſlungen machen, wenn man ſie ſiedet, und mit etwas Speck, Zwibel und Quendel[3] hacket, obangezeigter Maſſen würtzet, und mit Aiern anrühren. Nicht weniger kann man geſotten oder gebraten Kalb- oder Schweinen-Fleiſch mit eingeweichtem Weißbrod und Zwibeln hacken, auf die vorige Art würtzen, und mit Rohn und Aiern zu einer Fülle anrühren. Wer ſie recht niedlich will, der nehme gebraten Fleiſch, zimlich viel Nierenfett und gute Krebſe dazu. Alſdann aber muß auch eine Krebſbrühe darüber gemacht werden.

Neues Wohleingerichtetes Koch-Buch[WTü1749]]

[1] *Kalbskrös: Kutteln (Pansen), Därme* [2] *gebachene Eier: ?Eierstich oder Spie-*

geleier, [3]Quendel: wilde Thymian-Art (Thymus serpyllum) in den Wacholderheiden der Schwäbischen Alb und des Vorlandes, geschmacklich milder als der echte, Garten- oder Kulturthymian (Thymus vulgaris).

140.1 Füllung von Kutteln und Gekröse

140.1 Füllung von Kutteln und Gekröse

- ▷ Die gut vorgekochten Kutteln bzw. die Därme und der Speck werden klein gehackt.
- ▷ Dann kommt Mutschelmehl dazu sowie die kleingehackten bzw. geriebenen Gewürze, von der Zitrone die Schale.
- ▷ Binde die Masse mit Eiern, sie darf aber nicht zu flüssig werden.
- ▷ Bestreiche mit der Masse den dünn ausgewellten Nudelteig und rolle ihn (wie einen Strudel) auf.
- ▷ In Stücke schneiden und in siedendem Salzwasser gar ziehen lassen.
- ▷ Nach dem Sieden legt man die gefüllten Nudeln in eine Schüssel und lässt sie mit Butter oder etwas Brühe im Backofen etwas aufkochen,
- ▷ oder man nimmt etwas vom Kochwasser und schmälzt geröstetes Brot darüber.

140.2 Füllung aus Kalbs–Lunge

140.2 Füllung aus Kalbs–Lunge

- ▷ Die Lunge wird gekocht.
- ▷ Dann zusammen mit Speck, Zwiebel und den Blättchen des Quendels hacken und wie oben würzen.
- ▷ Mit Eiern und falls nötig Paniermehl binden.
- ▷ Die Nudeltaschen wie vorstehend herstellen.

140.3 Fleisch–Fülle

140.3 Fleisch–Fülle

- ▷ Gekochtes Kalb– oder Schweinefleisch zusammen mit Zwiebel und Weißbrot hacken und wie oben würzen.
- ▷ Mit Rahm (Sahne) und Eiern zu einer Füllung anrühren.
- ▷ Nudeltaschen wie zuvor fertigstellen.

140.4 Fleisch–Krebs–Füllung

140.4 Fleisch–Krebs–Füllung

- ▷ Krebse in sprudelnd kochendem Wasser töten und sofort herausnehmen.
- ▷ Abkühlen lassen und das Fleisch auslösen.
- ▷ Gebratenes (Kalb–)Fleisch, Krebsfleisch, Nierenfett und evtl. etwas Zwiebel (alternativ Schalotte oder Schnittlauch) fein hacken.

▷ Mit Salz, Pfeffer und etwas Muskat würzen.
▷ Die Masse mit Ei und Sahne binden und die gefüllten Nudeln wie vorstehend fertigstellen.

4.2.3 Geburtsstunde der „schwäbischen Maultasche“

In der ersten Ausgaben des Kochbuchs der Löfflerin kommen keine Maultaschen vor, wie E. Knittel und R. Maurer feststellen, ja es fehlen sogar Raviolen oder gefüllte Nudeln. In der verbesserten Auflage von 1795 gibt es dann eine Suppe von gefüllten Nudeln, die man als Maultaschen akzeptieren kann. Im Oberrheinischen Kochbuch von 1811 gibt es ebenfalls ein Rezept für gefüllte Nudeln mit einer Fleischfüllung. Im gesondert veröffentlichten Anhang oder Zweiten Teil des Löffler'schen Kochbuchs von 1825 (erstmals veröffentlicht 1804) sind dann „Grüne Maultaschen“ und „Grüne Raviolen“ aufgeführt. Dieser Anhang, der als eigenständiges Kochbuch geführt wurde, mit eigene Auflagenzählung und unabhängiges Erscheinungsweise, führt u. a. Rezepte der einfachen täglichen Küche auf, und das waren wohl Maultaschen, ein Essen einfacher Leute.

In der mir vorliegenden 15. umgearbeiteten Auflage des „Löfflerschen Kochbuchs“, Neues Stiuttgarter Kochbuch von 1873 (nach Knittel & Maurer schon ab 1858) sind Maultaschen unter der Bezeichnung „Spinat-Strudel oder Maultaschen“ im Hauptband des Kochbuchs enthalten und bleiben unter dieser Bezeichnung einige Zeit erhalten. In der wohl vorletzten Ausgabe von 1927 findet man schließlich wieder „Maultaschen oder gefüllte Nudeln“.

Mit den Kochbüchern der Hermine Kiehnle (ab 1912) hört das Bezeichnungswirrwarr auf, sie spricht konsequent von „Maultaschen“.

Mit den „grünen Raviolen“ wird ein deutlicher Bezug zum Rezept der Welserin hergestellt und ein Vergleich der Rezepte für „Grüne Maultaschen“ und „Grüne Raviolen“ im Löffler'schen Kochbuch von

1825 lohnt sich, es ist schlicht eine Fleisch- und eine vegetarische Variante des selben Gerichts.

Für glutenfreie Maultaschen

Für glutenfreie Maultaschen

in den hier beschriebenen Rezepten verwendet man am besten eine der Teigvariationen aus Abschn. 4.1.2 auf Seite 208.

Brötchen ersetzt man durch glutenfreie Brötchen oder Baguette.

Man verwendet glutenfreies Panier– bzw. Weckmehl oder ersetzt es durch Maisgrieß (Polentagrieß), der ggf. etwas eingeweicht ist.

141 Grüne Maultaschen

141 Grüne Maultaschen

Für 6 biſ 7 Perſonen verfertigt man von 4 Eyern, 4 Eyerſchalen voll Milch, ein wenig Salz und feinem Mehl einen Nudeltaig, wällt 5 biſ 6 Kuchen davon aus, brühet zur Fülle darein einige Hände voll Spinat mit ſiedendem Waſſer an, gießt dieſes nach einer halben Stunde ab und kaltes Waſſer daran, drückt dann den Spinat feſt aus, hackt ihn klein, ſchneidet 2 Weißbrode oder Wecken von einander, weicht ſie in kaltes Waſſer ein, ſchneidet 1 Pfund gebratenes Schweine- oder Kalb-Fleiſch nebſt einer Zwiebel und etwaſ Peterſilie, hackt dieſe 3 Stücke auch fein, nimmt das Gehackte zuſammen in eine Schüſſel, drückt den eingeweichten Weck feſt dazu aus, (wenn der Spinat zuvor in einer Kachel [Fußhafen] mit einem Stücklein Butter gedämpft iſt, iſt er beſſer), thut Salz, Muſkatnuß und ein wenig Pfeffer dazu, und rührt es mit 4 biſ 5 Eyern an. Wenn die Kuchen nun ein wenig abgetrocknet ſind, ſtreicht man von der Fülle 2 biſ 3 Eßlöffel voll auf jeden Kuchen gleich herum, legt ſie 3 Fingerbreit zuſammen, ſchneidet aus jedem Kuchen 4 biſ 5 Stückchen, legt ſie in ſiedendes Waſſer, welches zuvor geſalzen ſeyn muß, läßt ſie eine Viertelſtunde darin ſtehen, richtet ſie auf eine Platte an, und ſchmälzt ſie mit in Butter oder Schmalz geröſtetem Brod.

In Ermangelung des gehackten Fleisches kann man von einer oder 2 Bratwürsten das Fleisch herausnehmen, und unter das Grüne: rühren.
(F.L. LÖFFLERIN) NEUES KOCHBUCH[WLÖ1825*]

Grüne Maultaschen

Grüne Maultaschen

Teig

I Teig

4 Eier, 4 (halbe) Eierschalen voll Milch, wenig Salz, Mehl(mischung)

- ▷ Alternativ: vorbereiteter glutenfreier Nudelteig aus Abschn. 4.1.2 auf Seite 207.
- ▷ Eier, Milch und eine Prise Salz gut vermischen.
- ▷ Anschließend soviel Mehl bzw. Mehlmischung zugeben, bis ein fester Nudelteig entsteht.
- ▷ Der Teig wird in 5–6 Stücke geschnitten und alle so dünn wie möglich und möglichst rechteckig ausgewellt.

Füllung

II Füllung

1 Handvoll Spinat, 2 Scheiben Weißbrot oder Brötchen (glutenfrei), 500 g gebratenes Schweine- oder Kalbfleisch, 4–5 Eier, Zwiebel, Petersilie, Salz, Muskat, Pfeffer
Alternative: Stehen keine Bratenreste zur Verfügung, so ersetzt man das Fleisch durch das Brät von 2 bis 3 Bratwürsten oder man brät ca. 400 g Hackfleisch in wenig Öl an und bindet es mit dem Brät einer Bratwurst.

- ▷ Der Spinat wird mit kochendem Wasser überbrüht und wenn er zusammengefallen ist mit kaltem Wasser abgeschreckt.
- ▷ Eine bessere Alternative ist: Die Zwiebel klein schneiden, in Butter glasig dämpfen, dann den Spinat zugeben und im geschlossenen Topf bei mittlerer Hitze zusammenfallen lassen.
- ▷ Der etwas abgekühlte Spinat wird klein gehackt (nicht im Mixer pürieren, es sollten noch kleine Stückchen vorhanden sein).
- ▷ Das Brot wird klein geschnitten, in wenig Wasser (oder Milch) eingeweicht und anschließend gut ausgedrückt.
- ▷ Fleisch, Brot, Zwiebel und Petersilie treibt man durch den Fleischwolf oder hackt sie mit dem Messer klein.

- ▷ Alle Zutaten plus 4 bis 5 Eier gibt man in eine Schüssel, würzt mit Salz, Pfeffer, Muskat und arbeitet alles zu einer homogenen Masse zusammen.
- ▷ Die Teigfladen werden jetzt jeweils dünn mit Fülle bestrichen und parallel zur Schmalseite zusammengeklappt bzw. gerollt.
- ▷ Die Rollen schneidet man anschließend in 7 bis 8 cm lange Stücke und legt sie in siedendes (nicht sprudelnd kochendes) Salzwasser. Die Maultaschen sind fertig, wenn sie an die Oberfläche steigen.
- ▷ Die Maultaschen nimmt man heraus, lässt sie kurz abtropfen, richtet sie auf einer Platte an und stellt sie warm.
- ▷ Jetzt lässt man Butter in einer Pfanne zergehen und röstet das (glutenfreie) Paniermehl etwas an.
- ▷ Schließlich verteilt man die Butter–Paniermehl–Mischung auf den Maultaschen (schmälzt sie ab) und serviert die Maultaschen mit Salat, traditionell Kartoffelsalat, oder einem gemischten schwäbischen Salat.

Dieses Rezept von 1825 entspricht vollständig unserer heutigen Vorstellung von schwäbischen Maultaschen. Auch die angegebene Variante mit Brät ist zeitgemäß und für manche ein Muss als Zusatz in der Füllung.

Die folgenden Rezepte, als 'Grüne Raviolen' und 'Gesottene Raviolen' bezeichnet (siehe unten), führen eine vegetarische Variante grüner Maultaschen ein und vor allem auch noch ein Rezept für Maultaschen ohne Spinat, mit reiner Fleischfülle. Letztere sind für manche Schwaben, die Spinat nicht ausstehen können, das non plus ultra.

Findet sich kein älteres Rezept, so kann man hier die Geburtsstunde der schwäbischen Maultasche sehen.

142 Grüne Raviolen

142 Grüne Raviolen

Eine Hand voll gewaschenen Spinat brüht man mit kochendem Wasser ab, drückt ihn, nachdem er zuvor erkaltet ist, fest aus, hackt ihn fein mit etwas Petersilie, Zwiebel oder Schnittlauch, dämpft dieß in einem Stücke Butter, thut einen zuvor in Wasser eingeweichten und wieder fest ausgedrückten Weck zu dem Gehackten in eine Schüssel, rührt es mit Salz und etwas Muskatnuß untereinander, 2 ganze Eier und von 2 anderen das Gelbe daran. Wenn es recht untereinander gerührt ist, zerläßt man zum Taig 2 Loth Butter mit ein wenig warmem Wasser, nimmt das Gelbe von 3 Eyern in eine Schüssel, rührt das Wasser mit der Butter daran (es dürfen nur 2 Eßlöffel voll von dem Wasser seyn), ein wenig Salz dazu, macht von feinem Mehl einen Taig – nicht so fest wie ein Nudeltaig, wällt ihn zu runden Kuchen aus, schneidet, sobald die Kuchen abgetrocknet sind, viereckigte Stückchen daraus, daß ein jedes wenn die Fülle darein gethan ist, ein zusammengelegtes Würstlein gibt. Sobald nun alle zusammengelegt sind, bestreicht man ein Potageblech[1] mit Butter, streut es mit Mutschel- oder Semmel-Mehl, legt die Raviolen neben einander darein, thut ein paar Eßlöffel voll süßen Rahm dazwischen, bestreicht einen Bogen Papier mit Butter, legt denselben darauf, und backt sie in einem nicht mehr heißen Ofen gelb. Sie können trocken aufgetragen, oder mit guter Fleischbrühe und Eyergelb abgezogen und aufgestellt werden.

(F.L. Löfflerin) Neues Kochbuch[WLö1825*]

[1] *Potageblech=Auflaufform*

Diese Raviolen oder Maultaschen werden hier aufgezogen (wie ein Auflauf) serviert, man kann sie aber auch in der Brühe servieren

Grüne, vegetarische Maultaschen Teig

Grüne, vegetarische Maultaschen

I Teig

30 g Butter, , 2 EL (30ml) warmes Wasser, 3 Eigelb, Salz, Mehl(mischung)

- ▷ Die Butter zerlässt man mit 2 EL warmem Wasser.
- ▷ In einer Schüssel mischt man 3 Eigelb, die zerlassene Butter und etwas Salz.
- ▷ Dann arbeitet man langsam so viel Mehl oder Mehlmischung

ein, bis ein auswellbarer Teig entsteht, der aber noch relativ weich sein soll.

- ▷ Der Teig wird dünn ausgewellt und in Quadrate von ca. 9 cm Kantenlänge geschnitten.

II Vegetarische Füllung

Vegetarische Füllung

1 Handvoll Spinat, Petersilie, Zwiebel oder Schnittlauch, Butter, 2 Eier und 2 Eigelb, 1 Brötchen (glutenfrei), Salz, Muskat

- ▷ Das Brötchen wird in Stücke geschnitten und mit etwas Wasser beträufel (bzw. Paniermehl/Maisgrieß mit Wasser beträufeln).
- ▷ Der Spinat wird mit kochendem Wasser überbrüht und, nachdem er zusammengefallen ist, mit kaltem Wasser abgeschreckt.
- ▷ Dann drückt man den Spinat gut aus und hackt ihn mit etwas Schnittlauch oder Zwiebel sowie Petersilie recht klein (nicht im Mixer oder der Moulinette, es soll kein Mus entstehen).
- ▷ Schließlich dämpft man alles in etwas Butter.
- ▷ Das in wenig Wasser eingeweichte Brot oder Brötchen wird ausgedrückt, gehackt und mit der gedünsteten Spinat-Zwiebel–Mischung vermengt.
- ▷ Jetzt gibt man zwei ganze Eier, 2 Eigelb, Salz und etwas Muskat zu und verarbeitet die Masse zu einer homogenen Farce.

III Fertigstellen und Aufziehen der Maultaschen

Fertigstellen und Aufziehen der Maultaschen

Zerklopftes Eigelb, Paniermehl, evtl. glutenfrei, oder Maisgrieß, Sahne

- ▷ Von der Füllung setzt man je einen EL leicht versetzt zu Mittellinie auf ein Teigquadrat, wobei ringsum ein Rand bleiben muss.
- ▷ Der Rand wird mit Eigelb bestrichen und der Teig zu einem Rechteck umgeklappt, so dass die Ränder aufeinander liegen. Diese etwas zusammendrücken.
- ▷ Eine Auflaufform oder ein tiefes Backblech wird mit Paniermehl bestreut und die Maultaschen darauf gelegt.
- ▷ Zwischen die Maultaschen verteilt man einige Löffel Sahne.
- ▷ Die Maultaschen dann im vorgeheizten Backofen gelb backen (ca. 180 °C)

143 Gesottene Raviolen

143 Gesottene Raviolen

Ist übriggelassener Nieren- oder anderer Braten vorräthig, so hackt man denselben mit einer Zwiebel und etwas Petersilie fein, nimmt ihn hierauf in eine Schüssel, dämpft einen zuvor in Wasser eingeweichten und wieder fest ausgedrückten Kreuzerweck in einem ziemlich Stück Butter, thut ihn dann nebst Salz und Muskatnuß zu dem gehackten Fleisch, und rührt es mit 3 Ganzen Eyern an. Sollte es noch zu dick seyn, so werden 2 Eßlöffel voll süßer Rahm dazu gethan. Hierauf macht man von 2 ganzen Eyern und einem gelben, 4 Eyerschalen voll Milch, feinem Mehl und ein wenig Salz einen Nudeltaig, wällt solchen zu runden Kuchen, schneidet sie, wenn sie getrocknet sind, zu runden Stücklein in der Größe wie zu einer Maultasche, streicht von der angerührten Fülle halb Fingersdick darauf, bestreicht sie oben mit einem verklepperten Ey, legt ein anderes Stückchen oder Blättlein darauf, und drückt sie neben mit dem Finger ein wenig hin. Wenn alle gefüllt sind, werden sie in siedende Fleischbrühe oder in deren Ermangelung in Salzwasser gelegt, nachdem sie eine Viertelstunde gesotten haben, angerichtet, und mit Butter und Semmel- oder Mutschel-Mehl geschmälzt.

(F.L. Löfflerin) Neues Kochbuch[WLö1825*]

Gekochte Maultaschen, ohne Spinat

Gekochte Maultaschen, ohne Spinat

Teig

I Teig

2 Eier, 1 Eigelb, 4 halbe Eierschalen voll Milch, Mehl(mischung)

- ▹ Eier, Eigelb, Milch und Salz werden vermischt. Dann arbeitet man soviel Mehl ein, bis ein fester Nudelteig entsteht.
- ▹ Der Teig wird dünn ausgerollt.
- ▹ Aus dem dünn ausgewellten Teig sticht man mit einer Ringform (7–8 cm Durchmesser, evtl. auch kleiner) runde Fladen aus. Dazu kann man auch ein dünnwandiges Glas verwenden (z. B. Weinglas mit geschliffenem Rand).
- ▹ Übrig gebliebener Teig wird zusammengearbeitet, erneut ausgerollt und wieder runde Fladen ausgestochen, etc..

II Füllung

Füllung

Übrig gebliebener Braten oder sonstiges vorgegartes Fleisch, z. B. Kochschinken, 1 Zwiebel, Petersilie, 3 Eier, 1 Brötchen (evtl. glutenfrei) oder 2–3 EL Paniermehl, Butter, Salz, Muskatnuss, evtl. Sahne
Alternativ: Hackfleisch, das in einer Pfanne angebraten wird

- ▷ Das Fleisch, Zwiebel und Petersilie werden klein gehackt.
- ▷ Zwiebel und Petersilie werden in recht viel Butter gedünstet (evtl. zusammen mit dem zunächst angebratenen Hackfleisch).
- ▷ Dann gibt man das klein geschnittene, zuvor eingeweichte und wieder ausgedrückte Brötchen dazu und dünstet es kurz mit.
- ▷ Etwas abgekühlt kommt die Masse zum gehackten Fleisch, wird mit Salz und Muskat gewürzt und schließlich mit 3 Eiern zusammengearbeitet.
- ▷ Ist die Masse zu fest, so gibt man etwas Sahne dazu (ca. 2 EL).

III Fertigstellen

Fertigstellen

zerklopftes Eigelb oder Wasser, Brühe oder Salzwasser

- ▷ Auf die zuvor ausgestochenen Teigfladen setzt man nicht zu wenig Füllung, wobei ein ca. 1 cm breiter Rand bleiben sollte.
- ▷ Der Rand wird mit Eigelb oder auch nur Wasser bestrichen, ein zweiter Teigfladen darauf gelegt und die Ränder gut zusammengedrückt. Zur Verzierung kann man dazu eine Gabel benutzen, mit der man kreisförmig um die Fladen geht (die Zinken zur Mitte gerichtet) und den Teig zusammendrückt.
- ▷ Alternativ kann man auch größere Fladen ausstechen, die Füllung versetzt neben die Mitte geben und die Fladen zu Halbmonden zusammenklappen.
- ▷ Die fertigen Maultaschen werden in die siedende (nicht sprudelnd kochende) Brühe oder Salzwasser gelegt. Sie sind fertig, wenn sie an die Oberfläche treiben.
- ▷ Die Maultaschen werden auf einer Platte angerichtet und mit Butter und Semmelbröseln abgeschmälzt oder in der Brühe serviert.

Offensichtlich müssen patriotische Schwaben, die in Maultaschen eines ihrer Heiligtümer sehen, sich daran gewöhnen, dass bestenfalls die Bezeichnung „Maultaschen“ besonders ist, ansonsten sind es gefüllte Nudeln, die je nach Form als Taschen, Ravioli oder Strudel durchgehen. Was bedeutet der Begriff Maultaschen nun? Mit Maulbronn hat er sicher nichts zu tun, die frühen Erwähnungen liegen z. T. sogar außerhalb von Schwaben. Ich würde den Begriff so definieren:

Maultasche:
offensichtlich etwas in Teig Eingepacktes, das ins Maul, Nichtschwaben mögen verzeihen, den Mund, passt.

Man kann es auch mit dem Grimm'schen Wörterbuch halten, danach ist eine Maultasche: „klatschender schlag aufs maul, maulschelle“. So steht bei Luther (Luther 5, 341b) „das ihrer zween einander reufen oder einer dem andern eine maultaschen gibt“.

Maultaschen

Maultaschen

Grimm'sches Wörterbuch:
klatschender schlag aufs maul, maulschelle
in Schlesien ein gebäck. in Schwaben gefüllte nudel.

Im Krünitz (Ausgabe 1802) findet man 3 Rezepte für schlesische Maultaschen, hier eines davon:

*„**Maultaschen** oder **Maulschellen**, gebackene, sind eine Art Gebackenes, welches auf folgende Art bereitet wird. Man nimmt sechs Loth Mandeln, vier Loth gestoßenen Zucker, ein Quentchen Zimt, Pfeffer, Nelken, Muskatennuß und Ingber, von jedem ein halbes*

Quentchen, und zwar alles gestoßen, wie auch zwey Gran Bisam. Man rührt erstlich die Mandeln und den Zucker gut ab, schlägt dann drey Eyer darein, damit man es in eine Masse zusammen bringen kann.

Dann formt man diesen Teig nach Belieben, entweder frey, oder drückt ihn in beliebige Formen, so wie die Muskatenschnitzchen. Hernach läßt man sie abbacken, und wenn dieses geschehen ist, so überzieht man sie mit einem Eise, oder bestreicht sie nur mit Zuckerwasser, oder überstreicht sie nach Belieben mit Zimmt.“

Allgemeines Küchenlexicon für Frauenzimmer. II. Th. Leipzig 1794. Col. 124–125.

In Dietrich[XDi1865] sind sie so definiert:

Maultaschen. Man bereitet Blätterteig und schneidet von dem messerrückendick ausgetriebenen Teig 4 Zoll im Quadrat große Stücke. In die Mitte derselben lege man etwas Kirschen- oder Pflaumenmuß (oder sonst beliebiges Eingemachtes), schließe die 4 Ecken darüber, bestreiche sie mit Ei und backe bei rascher Hitze.

Den schlesischen Maultaschen gehört danach eigentlich die Priorität. Erst um 1825 taucht der Begriff Grüne Maultaschen zunehmend auf, meist als Zusatz oder mit der Ergänzung Gefüllte Nudeln oder Strudel. Der Name Maultaschen für die schwäbischen Nudeln war offensichtlich noch nicht so geläufig, dass er ohne zusätzliche Erklärung stehen konnte, im Gegensatz zum schlesischen Gebäck, das vielfach im Gebäckteil desselben Kochbuchs einfach nur unter Maultaschen geführt wurde.

Das änderte sich erst Anfang des 20ten Jahrhunderts, das schlesische Gebäck wurde langsam vergessen und die grünen Maultaschen wurden zu **den Maultaschen**.

Damit sind wir auch noch des vermeintlichen Alleinstellungsmerkmals des Begriffs verlustig gegangen. In der allgemeinen Küchenlehre für Frauenzimmer (1794, Leipzig) werden drei Rezepte für Schlesische Maultaschen aufgeführt, eines mit dem schönen Titel „Maultaschen oder gebackene Maulschellen“, und sie entsprechen den süßen Mandelmaultaschen, die schon mehrfach erwähnt wurden. Das schlesische Gebäck „Maultaschen“ hat die Priorität und das entspricht offensichtlich den Vorstellungen vieler Kochbuchautoren/innen des 19. Jahrhunderts, die unsere Maultaschen als „Grüne Maultaschen“ bezeichnen, um sie von den ebenfalls aufgeführten eigentlichen „Maultaschen“ zu unterscheiden.

Nachdem ich nun kräftig am Selbstbewusstsein des Schwaben in mir gerüttelt habe, ist es nur ein kleiner Schritt, auch süße Maultaschen in Betracht zu ziehen, die eigentlich Zwetschgenknödel sind:

144 "Böhmische Maultaschen mit Zwetschgen"

144 "Böhmische Maultaschen mit Zwetschgen"

Dieses Rezept greift in gewisser Weise die Süßen Maultaschen von 1789 (Rez. 135 auf Seite 218) auf, andererseits ist es das einzige mir bekannte Rezept dieser Art, das als „Maultaschen“ bezeichnet wird.

144.1 Böhmische Maultaschen mit Zwetschgen

144.1 Böhmische Maultaschen mit Zwetschgen

Von 3 Eyern wird ein ähnlicher Taig gemacht, wie bey den grünen Maultaschen, nur bleibt die Milch weg. Hierauf wascht man ein Pfund dürre Zwetschgen sauber in heißem Wasser, setzt sie mit einem Stückchen ganzem Zimmet, 2 ganzen Gewürznelken, etwas Zitronenschale nebst einem Stückchen frischer Butter zu, und läßt sie so lange kochen, bis sie recht weich und ganz kurz eingekocht sind, dann werden die Steine herausgenommen, und die Zwetschgen klein gehackt. Hierauf röstet man in einem Stücklein Butter einen Kochlöffel voll Semmel- oder Mutschel- Mehl gelb, kehrt die gehackten Zwetschgen darin um, nimmt sie in eine Schüssel, und rührt 2 Eigelb daran. Ist etwas Saft von den eingekochten Zwetschgen übrig, so wird er dazu gethan, jedoch dürfen es nicht über 2 Eßlöffel voll seyn. Nun setzt man von der Zwetschgen-Masse Häuflein auf den Kuchen, eines Daumen breit, neben einander, bestreicht jedes ringsherum mit einem aufgeklopften (verklepperten) Ey, legt einen anderen Kuchen darauf, drückt sie so neben der Fülle zusammen, und schneidet sie mit dem Backrädlein aus, daß sie wie runde Krapfen Kräpflein sind. Wenn alle zusammen aufgeschnitten sind, macht man in einer messingenen Pfanne Wasser siedend, thut etwas Salz hinein, legt die Krapfen hinein, richtet sie, wenn sie eine Viertelstunde gesotten haben, auf einer Platte an, läßt sehr wenig Brühe daran, röstet in frischer Butter eine Handvoll Brodbrosamen, und schmälzt sie damit.

F.L. LÖFFLERIN: NEUES KOCHBUCH,[WLö1825*]

Die Messingpfanne wird benutzt, da die Taschen in wenig Salzwasser aufgezogen werden. Die damals üblichen Eisenpfannen würden darunter leiden, ggf. rosten.

Zwetschgen-Maultaschen

Zwetschgen-Maultaschen

Für den Teig: 3 Eier, Mehl(mischung), Wasser
Für die Füllung: getrocknete Zwetschgen, Zimtstange, Nelken, Zitronenschale, Butter, Paniermehl, 2 Eigelb, Ei

▷ Aus 3 Eiern, Mehl und Wasser stellt man einen Nudelteig her wie bei den grünen Maultaschen, nur ohne Milch.
▷ Die getrockneten Zwetschgen werden mit heißem Wasser gewaschen und man kocht sie auf dem Herd mit sehr wenig Wasser, einem Stück Zimt, 2 Gewürznelken, etwas Zitronenschale und einem kleinen Stück Zucker. Solange kochen, bis sie recht weich sind. Dann werden die Steine entfernt und die Zwetschgen klein gehackt.
▷ Nun röstet man in etwas Butter einen Schöpflöffel Paniermehl gelb, wendet die gehackten Zwetschgen darin, gibt sie in eine Schüssel und vermengt sie mit 2 Eigelb.
▷ Ist etwas Saft von den gekochten Zwetschgen übrig, so gibt man maximal 2 EL davon an die Füllung.
▷ Jetzt werden auf einen Teil des ausgewellten Teigs kleine Häuflein im Abstand von einem Daumen breit gesetzt.
▷ Die Zwischenräume bestreicht man mit zerklopftem Ei und legt schließlich einen zweiten Teigfladen auf, den man entlang der Zwischenräume gut andrückt.
▷ Dann schneidet man Maultaschen aus oder sticht sie mit einem runden Ausstecher aus.
▷ Die fertigen Maultaschen werden in eine weite Pfanne mit leicht gesalzenem siedendem Wasser gesetzt.
▷ Man lässt sie ca. 15 Min. sieden, bevor man sie auf einer Plat-

te anrichtet und mit in Butter geröstetem Paniermehl überschmälzt.

144.2 Die Zwetschgenknödel meiner Großmutter

144.2 Die Zwetschgenknödel meiner Großmutter

Hefeteig

I Hefeteig

175 g Mehl, evtl. 1 Eigelb, 10 g Hefe, 5 g Salz, Zucker nach Geschmack, ca. 40 g Butter, 75–125 ml Milch oder Wasser

60 g Hirsemehl, 60 g Reismehl, 60 g Stärke, 10 g Hefe, 5 g Salz, Zucker nach Geschmack, Ca. 40 g Butter, ca. 125–200 ml Milch oder Wasser, 5–6 g Johannisbrotkernmehl, 5–6 g Xanthan

▷ Das Mehl oder die Mehlmischung gibt man in eine Schüssel und verteilt Salz und die klein geschnittene Butter am Rand.
▷ In die Mitte des Mehls macht man eine Mulde, in der man die in der lauwarmen Milch aufgelöste Hefe mit etwas Mehl zu einem dünnen Vorteig verrührt.

• Bei der glutenfrein Mischung nimmt man zunächst nur die Hälfte der Milch.

▷ Den Vorteig lässt man mindestens $\frac{1}{2}$ Stunde gehen.
▷ Jetzt werden alle Zutaten zusammengearbeitet und der Teig mehrfach mit dem Rührlöffel aufgeschlagen (s. Spätzle), bis er glatt ist und Blasen wirft.

• Bei glutenfreiem Teig wird während der Bearbeitung noch so viel Milch zugegeben, dass ein glatter Teig entsteht.

▷ Den Teig lässt man nochmals $\frac{1}{2}$–$\frac{3}{4}$ Stunde in der Wärme gehen.

Fertigstellung der Knödel

II Fertigstellung der Knödel

ca. 1 kg Zwetschgen, gemahlener Zimt, Zucker, Butter

▷ Die Steine der Pflaumen werden entfernt, wozu man sie an der „Naht“ aufschneidet.
▷ Der Hefeteig wird ca. 0,4 cm dick ausgewellt und in Quadrate von 7–8 cm Kantenlänge geschnitten.
▷ Die Zwetschgen werden jetzt einzeln eingepackt, wobei der Teigmantel dicht schließen muss. Nahtstellen evtl. leicht be-

feuchten.

- ▷ Die Knödel legt man in relativ viel siedendes Salzwasser und wartet, bis sie an die Oberfläche aufsteigen.
- ▷ Herausnehmen, in eine Schüssel oder auf eine Platte legen und die einzelnen Knödel sofort mit zwei Gabeln in der Mitte etwas aufreißen, damit der enthaltene Wasserdampf entweichen kann (nur so bleiben sie locker).
- ▷ Sind alle Knödel gekocht, so werden sie mit Zucker und Zimt bestreut, mit zerlassener Butter übergossen und sofort aufgetragen.

Natürlich kann man zur Füllung auch andere Früchte nehmen, z. B. Kirschen, wie im Franfurter Kochbuch (s. o.), Mirabellen oder Marillen (Aprikosen), wie in Österreich üblich. Nimmt man dann noch einen Kartoffelteig (s. u.), so hat man klassische böhmisch-österreichische Marillenknödel.

Hat man an dieser Stelle endgültig mit dem überkommenen Weltbild von den Maultaschen der 1960er und 70er Jahre des wirtschaftlich aufsteigenden Württemberg abgeschlossen, so kann man sich der „Neuen schwäbischen Küche“ zuwenden und auch Kartoffelmaultaschen akzeptieren:

145 Kartoffelmaultaschen nach Hermann Engel

145 Kartoffelmaultaschen nach Hermann Engel

IN: DIE NEUE SCHWÄBISCHE KÜCHE, WEIL DER STADT 1988

145.1 Kartoffelteig

145.1 Kartoffelteig

400 g geschälte mehlig kochende Kartoffeln, 80 g Mehl, 4 Eigelb, Salz, frisch geriebene Muskatnuss

Mehl durch Kartoffel- oder andere Stärke ersetzen.

- ▷ Die Kartoffeln werden in Salzwasser weichgekocht.
- ▷ Kartoffeln abgießen, gut ausdämpfen lassen und anschließend durch die Kartoffelpresse drücken bzw. pürieren.
- ▷ • Oder 1 Tag alte gekochte Kartoffeln schälen und pürieren.
- ▷ Die Kartoffelmasse mit Mehl (Stärke), Ei und etwas Salz zu einem Kartoffelteig zusammenarbeiten.

145.2 Spinatfüllung

145.2 Spinatfüllung

150 g geputzter, gewaschener Spinat ohne Stiele, 10–15 ml(1 EL) Traubenkernöl oder Sonnenblumenöl, 20 g fein gewürfelter geräucherter Bauchspeck, 20 g (1 EL) gewürfelte Schalotte oder Zwiebel, 50 g Topfen oder Rahm, 1 Knoblauchzehe, 1 Eigelb, 10 g geriebenes Weißbrot ohne Rinde oder Paniermehl (ggf. glutenfrei)

- ▷ Den Spinat kurz blanchieren und mit kaltem Wasser abschrecken, ausdrücken und fein hacken.
- ▷ Den Speck im Öl kross anbraten, die Schalottenwürfel dazu geben und bei verminderter temperatur glasig werden lassen.
- ▷ Die Sahne (Topfen) und die Knoblauchzehe zugeben und auf die Hälfte einkochen.
- ▷ Die Knoblauchzehe entfernen, vom Herd nehmen und unter Rühren abkühlen lassen.
- ▷ Zum Schluss mit dem gehackten Spinat, Paniermehl bzw. Weißbrotkrümeln und dem Eigelb vermischen.

145.3 Formen der Maultaschen

145.3 Formen der Maultaschen

Kartoffelteig, Spinatfüllung

- ▷ Mit bemehlten Händen jeweils ca. 70–80 g der Kartoffel–Masse abnehmen, zu flachen Quadraten formen, auf eine mit Mehl bestreute Frischhaltefolie setzen, mit Folie abdecken und mit dem Nudelholz zu gleichmäßigen Quadraten von ca. 1 cm Dicke auswellen.
- ▷ Die Abdeckfolie abziehen und die Hälfte der Quadrate mit der Farce bedecken.
- ▷ Jeweils eines der restlichen Quadrate darauf legen und festdrücken.
- ▷ In einer großen Pfanne viel Butter oder Öl erhitzen, dann die Maultaschen darin braten, ohne dass sie sich berühren.
- ▷ Evtl. in mehreren Schüben arbeiten und die fertigen Maultaschen warmstellen.

Und wenn schon, warum nicht auch noch süße Kartoffelmaultaschen, auch wenn das nun doch Marillenknödel sind … … … Moment! … … denk schwäbisch: Gfüllte Schupfnudla, des isch’s, ond m’r hends doch erfonda.

4.2.4 Das Prinzip „Maultasche"

Eigentlich wurde mit den alten Rezepten und deren neuzeitlicher Fassung schon alles zu Maultaschen gesagt. Insbesondere die Rezepte der Löfflerin von 1925 definieren die drei Grundvarianten der typischen schwäbischen Maultasche hervorragend: Grüne Maultaschen (Rez. 141 auf Seite 229), die Maultaschen ohne Spinat (Rez. 143 auf Seite 234) und die grünen vegetarischen Maultaschen (Rez. 142 auf Seite 232).

Man kann das Problem jedoch auch abstrakter angehen und die Herstellung sehr allgemein betrachten:

Der Maultaschenteig

ist ein gewöhnlicher Nudelteig auf der Basis von Mehl, Eiern und Wasser. Rezepte dafür finden sich im Abschn. 4.1.2 auf Seite 207.

Für außergewöhnliche Maultaschen mit Kartoffelteig sei auf die Rezepte für Katoffelmaultaschen auf Seite 241 verwiesen.

Ein Hefeteig schließlich ist im Rezept für Zwetschgenködel auf Seite 240 aufgeführt.

Das Verpacken der Füllung

Bevor wir zur Fülle kommen, hier die Verpackung. Bei Maultaschen sind sich alle in einem einig: Die Fülle wird in Nudelteig eingepackt. Wie das geschieht, das ist schon fast eine philosophische Frage und demoskopisch noch nicht untersucht. Allerdings zeigte sich oben, dass früher diese Sicherheit wohl nicht gegeben war. Hier einige Varianten:

Gerollte Maultaschen (Strudel):

Der Teig wird möglichst dünn ausgerollt und mit der Füllung bestrichen, dann rollt man ihn ca. 4 cm dick auf und schneidet ca. 8 cm lange Maultaschen evtl. leicht schräg ab. Der Teig ist also an der Seite offen. Damit die Füllung beim Kochen nicht ausläuft und sich gut aufrollen lässt, sollte sie deshalb recht fein und gut gebunden sein. Das erreicht man durch die reichliche Zugabe von Brät und Eiern. Gleichzeitig benötigt man einen sehr zähen Teig, der sich besonders dünn auswellen lässt (auf der Nudelmaschine Stufe 6 oder dünner), wobei man sich einem Strudelteig nähert. Ansonsten werden die Maultaschen zu teiglastig. Diese Maultaschen sind nach dem Kochen sehr gut zum Rösten geeignet, wozu man sie in feine Scheiben schneidet und in der Pfanne anbrät.

Rautenform:

Es werden zwei gleich große Teigplatten ausgerollt. Auf die eine gibt man in regelmäßigen Abständen ca. einen gehäuften Esslöffel Fülle und bestreicht die Zwischenräume mit leicht aufgeschlagenem Ei. Dann legt man die zweite Platte auf und drückt sie zwischen den Füllungen fest. Zum Schluss werden die Maultaschen mit einem Teigrädchen rautenförmig herausgeschnitten. Die Maultaschen sind also seitlich geschlossen, man kann mit lockeren, wenig gebundenen Füllungen arbeiten und der Teig kann etwas dicker ausgewellt werden (Nudelmaschine Stufe 4). Die Maultaschen eignen sich nach dem Kochen zum Abschmälzen im Backofen. Braten geht natürlich auch, wobei durch die Teigränder das Ganze etwas nudellastig werden kann.

Rechtecke:

Der ausgewellte Teig wird in ca. 8 cm x 12 cm große Rechtecke geschnitten. Dann gibt man etwas verschoben zur Mitte der langen Seite die Füllung darauf, streicht den Rand mit Ei ein und klappt die lange Seite zusammen. Jetzt werden die Seiten noch gut zusammengedrückt, fertig.

Kreisförmige Maultaschen:

Aus dem ausgewellten Teig sticht man Kreise aus. Jetzt wird die Fülle in der Mitte eines Fladen gegeben, der Rand mit Ei bestrichen, ein zweiter Fladen aufgelegt und die Ränder gut zusammengedrückt. Dabei kann man mit einer Gabel ein Muster eindrücken.

Halbmonde:
Es werden runde Teigfladen aus dem ausgewellten Teig ausgestochen und leicht versetzt zur Mitte die Füllung aufgebracht. Dann bestreicht man eine Hälfte des Teigs mit Ei und klappt den Teig halbmondförmig zusammen. Die Ränder drückt man, z. B. mit einer Gabel, gut zusammen.

Der Teig sollte immer so dünn wie möglich ausgewellt werde. Maultaschen dürfen nicht teiglastig sein. Es muss immer die Füllung dominieren.

Für welche Form man sich entscheidet, bleibt Geschmacksache. Ich nutze die unterschiedlichen Formen, um zwischen gewöhnlichen (für meine Frau und mich) und vegetarischen Maultaschen (für meine Kinder) zu unterscheiden und ggf. auch noch zwischen verschiedenen Füllungen.

Die Füllung

Wie schon erwähnt, bestand das Grundkonzept der Maultaschen aus der Resteverwertung von gebratenem oder gekochtem Fleisch. Heutzutage greift man oft auf frisches Hackfleisch und Wurstbrät zurück, dem man noch feingehacktes geräuchertes Fleisch oder geräucherte Wurst beimengt. Ein zweites klassisches Standbein ist Spinat in der Füllung, nicht von allen geliebt, und abgeriebene altbackene Wecken, die etwas eingeweicht werden – kann man weglassen oder durch wenig Paniermehl ersetzen. Zu beachten ist, dass das eingeweichte Brot oder Paniermehl wesentlich zur Bindung beiträgt. Lässt man es weg, wird die Bindung sehr locker und fällt leicht aus den Maultaschen, insbesondere wenn sie als Strudel aufgerollt sind.

Worauf nicht zu verzichten ist, sind Eier zur Bindung der Fülle, Ausnahme sind sehr stark Käse dominierte Füllungen.

Die Zahl der möglichen Füllungen sind in der modernen Küche Legion, klassisch oder vegetarisch, Mit Fisch, Schnecken, Käse, alles geht. In diese Hinsicht nähern wir uns wieder den Rabioli an. Hier nun einige Rezepte zu den Füllungen:

Füllungen mit Fleisch:
Fleischfüllungen folgen mehr oder weniger immer dem gleichen Muster, was an wenigen Beispielen gezeigt wird. Wie die oben aufgeführten historischen Rezepte zeigen, ist man dabei jedoch nicht auf die „klassischen“ Fleischsorten Rind, Kalb und Schwein angewiesen. Man kann genauso Reste von Geflügel wie Huhn, Ente und Gans nehmen oder auch extra zubereiten, d.h. kochen oder braten.

Muskat

fehlt fast nie an schwäbischen Gerichten. Zur Abwechslung kann man

Koriander oder Piment

verwenden, um andere Geschmacksvariationen zu erhalten.

An diese Füllungen denkt man bei Maultaschen. Eine umfangreiche Zusammenstellung findet man in: Knittel& Maurer, Spätzle, Maultaschen & Co., Stuttgart 2003[WKM2003].

146 Klassische Fleischfüllung I

146 Klassische Fleischfüllung I

3 Hände voll Spinat, 3 Brötchen, 500 g gebratenes Kalb- oder Schweinefleisch, 5 Eier, Petersilie, Zwiebel, Butter, Salz, Pfeffer, Muskat

- ▷ Den Spinat lässt man in einem Topf mit Deckel zusammenfallen, drückt ihn gut aus und wiegt ihn fein.
- ▷ Das Fleisch wird fein gehackt, ebenso Zwiebel und Petersilie.

▷ Jetzt gibt man, einschließlich der Brötchen oder des Paniermehls alles zusammen, würzt mit Salz, Pfeffer und Muskat, gibt noch die Eier dazu und arbeitet alles zu einer homogenen Farce zusammen.

147 Klassische Fleischfüllung II

147 Klassische Fleischfüllung II

500 g Spinat, 200 g Bratenfleisch oder gekochter Schinken oder Bratwurstbrät, 200 g Brötchen (glutenfrei), 1 Ei, Salz, Pfeffer, Muskat, Zwiebel, Petersilie, 20 g Speck

▷ Speck in feine Würfel schneiden und glasig dünsten.
▷ Die fein gewiegte Zwiebel und Petersilie mitdämpfen.
▷ Den gewiegten Spinat und die eingeweichten und zerkleinerten Brötchen zugegeben, kurz ziehen lassen.
▷ Das Fleisch fein wiegen, die gedämpften Zutaten und die Eier einarbeiten.
▷ Würzen mit Salz, Pfeffer und Muskat.

148 Fleischfüllung, nicht so klassisch

148 Fleischfüllung, nicht so klassisch

300 g Hackfleisch, 1 Paar Landjäger[1], 3 Eier, 2 altbackene Brötchen, 1 Zwiebel, 2 EL gehackte Petersilie, Salz, Pfeffer, Muskat

▷ Brötchen in Scheiben schneiden und in etwas Wasser einweichen.
▷ Zwiebel und Petersilie fein wiegen.
▷ Zwiebel, Petersilie und die ausgedrückten Brötchen in Butter dämpfen.
▷ Das Hackfleisch scharf anbraten, das setzt Geschmacksstoffe frei und tötet eventuelle Keime ab. So können die Maultaschen nach der Fertigstellung roh eingefroren werden.
▷ Alles mit den fein gewiegten Landjägern sowie den Eiern zu einer Farce zusammenarbeiten, würzen.

[1] *Landjäger kann man durch geräucherten Speck oder Schinken ersetzen oder ergänzen. Ein gewisser Anteil an Geräuchertem in der Füllung ist sehr beliebt.*

149
Feine Fleischfüllung mit Brät

149 Feine Fleischfüllung mit Brät

250 g Hackfleisch (gemischt oder vom Kalb), 200 g Wurstbrät, 2 Eier, 250 g Spinat, 1 kleine Zwiebel, 1 Bund Petersilie, Salz, Pfeffer, Muskat

- ▷ Den Spinat im geschlossenen Topf zusammenfallen lassen und ebenso wie die Zwiebel und die Petersilie fein wiegen.
- ▷ Hackfleisch anbraten.
- ▷ Alles mit Brät und Eiern zu einer homogenen Masse verarbeiten.
- ▷ Mit Salz, Pfeffer, Muskat abschmecken.

150
Fleischfüllung ohne Spinat

150 Fleischfüllung ohne Spinat

Petersilie oder Mangold

- Sämtliche aufgeführten Füllungen können auch ohne Spinat gemacht werden. Man kann den Spinat durch gedämpften Mangold ersetzen oder man gibt etwas mehr fein gehackte und leicht gedämpfte Petersilie dazu, oder man lässt alles einfach weg.

151
Varianten von Geflügel und Wild

151 Varianten von Geflügel und Wild

- ▷ Geflügel: In diesem Fall lässt man Speck und geräucherte Würste weg und ersetzt sie durch gekochten Schinken. Zur Bindung verwendet man ggf. dicke Béchamelsoße.
- ▷ Wild: Hier lässt man ebenfalls Geräuchertes weg. Zur Bindung der Füllung kocht man übrig gebliebene Soße mit etwas brauner Einbrenne zu einem nicht zu dicken Brei.

Innereien:

In Frankreich gibt es die Andouillette, eine Kuttelwurst (enthält auch andere Innereien), mit einer sehr lockeren Bindung. Ähnlich kann man Maultaschen füllen, die dann am besten abgeschmälzt gegessen werden.

An Füllungen aus Innereien denkt heute niemand mehr. Sie waren aber im 18. Jahrhundert beliebt und sind es wert, wieder entdeckt zu werden.

Zur Füllung

kann man eigentlich alles verwenden, was schmeckt. Der Phantasie sind keine Grenzen gesetzt und beim Fleisch kann man, wie die Welserin auch, gegartes Geflügel oder Wild nehmen. Dazu in den folgenden Rezepten das angegebene Fleisch einfach ersetzen.

152 Kuttelfüllung

152 Kuttelfüllung

300 g Kutteln (Pansen), gereinigt und vorgekocht, 2 Zwiebeln, etwas Butter, Petersilie, Salz, Pfeffer, 1 EL Essig, etwas Kalbsfond oder Brühe

▷ Die Kutteln in sehr feine Streifen schneiden und dann quer in kleine Würfel.
▷ Die Zwiebeln in feine Würfel schneiden.
▷ In einer möglichst großen Pfanne die Zwiebel in etwas Butter andünsten, die Kutteln zugeben und mitdünsten. Die Kutteln sollten in der Pfanne möglichst vollständig ausgebreitet sein.
▷ Haben Zwiebeln und Kutteln etwas Farbe genommen, mit etwas Fond bzw. Brühe ablöschen, die Kutteln sollen nicht „schwimmen"
▷ Vorsichtig salzen und pfeffern, der evtl. schon gewürzte Fond kocht ein, dadurch besteht die Gefahr zu überwürzen.
▷ Mindestens 30 Min., besser 1 Stunde, köcheln lassen.
▷ Kocht der Fond ein, etwas nachgießen. Ist die Würzung sehr kräftig, nur noch Wasser nachgießen.
▷ Petersilie klein hacken. Kurz mitdünsten.
▷ 1 EL Essig zugeben und alles gut vermengen, mit Salz und reichlich Pfeffer abschmecken.
▷ Bei hoher Hitze die Flüssigkeit weitgehend reduzieren.
▷ Abkühlen lassen.

153
Briesfüllung

153 Briesfüllung

1 Kalbsbries, etwas frischer Speck, 1 Zwiebel, 3–4 El Paniermehl, Petersilie, 1 Ei, Salz, Pfeffer

- ▷ Das Kalbsbries parieren, d.h. alle fasrigen, knorpeligen und fettigen Teile entfernen.
- ▷ Das Bries in viel kaltes Wasser legen und mindestens über Nacht, besser länger, stehen lassen. Das Wasser, wenn möglich, öfter wechseln. Dadurch wird das Blut entzogen und das Bries wird weiß.
- ▷ Das Bries halbieren. Eine Hälfte pürieren, die andere in nicht zu dicke Würfel schneiden.
- ▷ Die Scheiben salzen und in heißer Butter von beiden Seiten anbraten. Aus der Pfanne nehmen und beiseite stellen.
- ▷ Den Speck in kleine Würfel schneiden und glasig andünsten.
- ▷ Die Zwiebel fein würfeln, zum Speck geben und glasig dünsten.
- ▷ Petersilie hacken und kurz mitdünsten.
- ▷ Püriertes Brät, Speck-Zwiebel-Mischung, Paniermehl und Ei zu einer Farce verarbeiten, mit Salz und Pfeffer würzen.
- ▷ Die gebratenen Briesscheiben in kleine Würfel schneiden und untermischen.

154
Hirn

154 Hirn

1 Kalbshirn, anderes kann auch verwendet werden

- ▷ Die Herstellung erfolgt wie beim Bries. Nach 12-stündiger Wässerung die Häute entfernen und evtl. nochmals ausführlich wässern. Dann wie beim Bries weiterverfahren.

• Zu Bries und Hirn passt eine Rieslingsoße (s. Fischfüllung) oder die Maultaschen werden überschmälzt bzw. etwas angebraten und Salat dazu gereicht. Schließlich kann man sie auch in einer Kräutersuppe servieren.

Leber als Füllung kommt sowohl im Augsburger[OAu1750] wie im Tübinger Kochbuch[WTü1749] vor. Ein weiteres Rezept ist im Kochbuch der Philippine Welserin vorhanden, zu dem Gerold Hayer[OWP1545] S.30

sagt: „Die in der süddeutschen/österreichischen Küche gerne zubereiteten gebackenen Leberknödel als Suppeneinlage dürften in dem *leberkrepfla* (...) ihre direkten Vorfahren gehabt haben.“ Eine kritische Betrachtung des Rezepts zeigt jedoch, dass die Füllung in „Blättla“ eingepackt wird, wobei der Text aber unvollständig ist. Im Vergleich mit anderen „krepfla-rezepten“ kann es nur ein mit Safran gefärbter Teig sein (gilb), so dass es sich am Ende um Nudeltaschen handelt. Diese werden entweder gebraten oder gesotten, wobei im letzteren Fall gilt: „auf die anderen (die gekochten) gieße heißes Schmalz“. Dass noch Zucker darüber gestreut wird – eine Frage des damaligen Geschmacks.

Interessant ist auch die Zutat „wein-berla“ (Rosinen). Dies erinnert an Rezepte aus dem vorderen Orient, wo in Hackfleischbällchen gerne Rosinen und Pinienkerne eingearbeitet werden[AAr1998].

155 **wilt du leberkrefla machenn** *155 wilt du leberkrefla machenn*

Ittem nim kalbs leber oder henen leber / die kalbſs‿leber nim halb und zer‿ſchneyt ſy vnnd zeuch odern al dar von / dar nach dau leber jn ain mairſer vnd ſtayß ſy / vnnd wan dus geſtoſen haſt ſo dreyb ain gutten letzelten[1] dar‿an , und geuſs ain hays ſchmaltz dar‿yber ab , vnd nim 3 ayr vnd guotte griene kreytter , klaine wein‿berla vnnd rieſs / als durch‿ain‿ander vnnd gwirtz noch dem beſten / «gilbs / vnnd bledla[2] mit ayrenn vnnd ſchlag dis dar‿ein»[3] / bach ſy dan oder ſeutz / die du bechſt ſe zucker dar‿auf , vnd auf die andern geus ain hayſ ſchmaltz und auch ein zucker .

Das Kochbuch der Philippe Welserin[OWP1545]

Der text folt der Transkription von Gerold Hayer[in [OWP1545]].

[1]*letzelten=Lëbkuoche=Lebkuchen;* [2]*bledla=Blätter.*

[3] «» *unverständliche Wortfolge: Im nachfolgenden Rezept „ayr krepfla zu machen“ heißt es „... fas jn bledla und bachs... “.*

„gilbs“ bezieht sich typischerweise auf das gelb Färben des Teigs mit Safran, in den die Füllung eingeschlagen (gefasst) wird.

Hier fehlen Satzteile. Im Vergleich mit anderen Rezepten der Sammlung sollte es wohl sinngemäß heißen: Bereite einen Teig, färbe ihn gelb, welle ihn aus und schneide Blättchen heraus, bestreiche diese mit Ei und schlage die Füllung ein.

Leberkräpfla

Leberkräpfla

- ▷ Nimm Kalbs- oder Hühner-Leber.
- ▷ Die Kalbs-Leber nimm zur Hälfte, zerschneide sie und entferne Haut und Gefäße („Zeuch" davon entfernen).
- ▷ Danach gib sie in einen Mörser und zerstoße sie.
- ▷ Wenn du sie gestoßen hast, dann (treibe) gib einen guten, zerriebenen Lebkuchen daran und gieße heißes Schmalz darüber.
- ▷ Nimm 3 Eier und gute grüne Kräuter, Rosinen, rühre es durcheinander und würze es zum Besten.
- ▷ (Mache einen Teig) färbe ihn gelb (mit Safran), (forme dünne) Blättchen (bestreiche sie) mit Ei, und schlag das (die Füllung) darin ein.
- ▷ Backe sie dann oder siede sie.
- Die du backst, bestreue mit Zucker und auf die anderen (gesottenen) gieße heißes Schmalz und bestreue sie auch mit Zucker.

.

Vegetarische Füllungen:

In allen Betrachtungen bisher blieb der hochalemannische Bereich außen vor. Die Schweizer mögen es verzeihen, aber Maultaschen sind nicht ihre Stärke. Für vegetarische Maultaschen wurde ich jedoch fündig, hier die genial einfache Basler Variante nach A. Schneider-Schlöths „Basler Kochschule" (1908):

156 Basler Maultaschen mit Kräuterfülle

156 Basler Maultaschen mit Kräuterfülle

Nudelteig, Süßrahmbutter, Zwiebelgrün, Schnittlauch, Petersilie

- ▷ Zwiebelgrün, Schnittlauch und Petersilie werden fein geschnitten.
- ▷ Etwas Butter zerlassen.
- ▷ Den Teig dünn auswellen und in gleichmäßige Rechtecke schneiden.
- ▷ Die Hälfte der Teigblätter wird mit Butter bestrichen, die Gewürze aufgestreut, mit einem weiteren Teigblatt abgedeckt.

- ▷ Zum Schluss noch die Ränder etwas zusammendrücken und in siedendem Wasser köcheln lassen, bis der Teig die gewünschte Konsistenz erreicht (je nach Geschmack mit Biss oder „schlontzig“).

Ganz vorn bei vegetarischen Maultaschen stehen natürlich Gewürz- und Gemüsefüllungen, die geschmacklich den klassischen Fleischfüllungen entsprechen und wie diese gut in eine kräftige Brühe, hier natürlich eine Gemüsebrühe, passen oder auch aufgezogen, abgeschmelzt oder geröstet serviert werden können.

Hier einige Beispiele: *Sie entstehen im Wesentlichen dadurch, dass man bei den klassischen Füllungen den Fleischanteil weglässt.*

157 Kräuterfüllung

157 Kräuterfüllung

Fertige dicke Béchamelsoße (s. Rez. 74 auf Seite 139), 1 Ei, evtl. 1 Eiweiß, Petersilie, Estragon, Kerbel, Gewürze

- ▷ Die Kräuter nicht zu fein hacken.
- ▷ Das Ei trennen.
- ▷ Die Béchamelsoße, das Eigelb und die Kräuter zusammenarbeiten.
- ▷ Ist die Farce zu dünn, mit etwas Stärke andicken.
- ▷ Würzen.
- ▷ Zum Schluss das sehr steif geschlagene Eiweiß unterheben.

158 Spinatfülle

158 Spinatfülle

Spinat, Butter , Brötchen, am besten Milchbrötchen(Semmeln), Milch, Eier, Salz, Pfeffer

- ▷ Brötchen in Scheiben schneiden und mit Milch beträufeln. Stehen lassen.
- ▷ Den Spinat waschen und noch feucht mit etwas Butter im geschlossenen Topf erhitzen und zusammenfallen lassen. Wer möchte, entfernt vorher die Stiele.
- ▷ Den Spinat nicht zu fein hacken, mit dem (den) eingeweichten Brötchen und Ei zu einer relativ festen Farce verarbeiten, ggf. etwas Milch zugeben.
- ▷ Würzen.

159 Mangoldfülle

159 Mangoldfülle

Mangold, Butter , Brötchen, Sahne, Eier, Salz, Pfeffer, Koriander

- ▷ Brötchen in Scheiben schneiden und mit Milch beträufeln. Stehen lassen.
- ▷ Die Stengel aus den Blättern lösen. Klein schneiden und in Butter weichdünsten. Sie dürfen auch leicht anbraten.
- ▷ Die Blattteile in Butter im geschlossenen Topf erhitzen und zusammenfallen lassen.
- ▷ Blattteile und Stengel fein hacken, mit den eingeweichten Brötchen, Ei, und etwas Sahne zu einer Farce verarbeiten, mit Salz, Pfeffer und Koriander (aus der Mühle oder frisch im Mörser zerstoßen) würzen.

Pilzfüllungen sind eine echte vegetarische Alternative zu den klassischen Füllungen. Die Pilze ersetzen schlichtweg das Fleisch.

160 Steinpilz- oder Maronenfüllung

160 Steinpilz- oder Maronenfüllung

Steinpilze oder Maronenpilze, Zwiebel, Petersilie, Ei, Paniermehl

- ▷ Pilze reinigen und klein schneiden, in Butter leicht anbraten, dann dünsten.
- ▷ Die Zwiebel (klein) in feine Würfel schneiden, zu den Pilzen geben und mitdünsten.
- ▷ Petersilie klein hacken und kurz vor Ende zu den Pilzen geben, nur kurz mitdünsten.
- ▷ Die Pilzmasse mit Salz und Pfeffer abschmecken.
- ▷ Die Pilze abkühlen lassen, das Ei mit 1 bis 2 EL Sahne zerquirlen und unter die Pilze arbeiten.
- ▷ Soviel Paniermehl zugeben, dass eine relativ feste Füllung entsteht. Nochmals abschmecken.

161 Champignonfüllung

161 Champignonfüllung

Champignons, fertige dicke Béchamelsoße (s. Rez. 74 auf Seite 139), 1 kleine Zwiebel, Butter, 1 Ei), Estragon, Salz, Pfeffer

- ▷ Champignons und Zwiebel klein schneiden und in Butter nur glasig dünsten.
- ▷ Zum Schluss den klein gehackten Estragon ganz kurz mitziehen lassen.
- ▷ Mit Salz und Pfeffer abschmecken.
- ▷ Mit 1 Eigelb und Béchamelsoße binden. Nochmals abschmecken.
- ▷ Das steif geschlagene Eiweiß unterziehen.

162 Kartoffelfüllung

162 Kartoffelfüllung

Übrig gebliebener Kartoffelbrei, kann man natürlich auch frisch zubereiten, Zwiebel, Ei, Sahne, Topfen oder Sauerrahm, frische Kräuter wie: Schnittlauch, Zwiebelgrün (Frühlingszwiebel), Bärlauch, Petersilie, Estragon, Kerbel

Bei der Auswahl der Kräuter darauf achten, dass sie harmonieren, z. B. Zwiebel-, Knoblauch- oder Estragon- Kerbel-dominiert sind.

- ▷ Die Zwiebel in kleine Würfel schneiden und hellbraun anrösten.
- ▷ Die ausgewählten Gewürze nicht zu fein hacken.
- ▷ Alles zusammen mit 1–2 Eiern, je nach Menge, in die Kartoffelmasse einarbeiten.
- ▷ Mit Rahm in die gewünschte Konsistenz bringen (darf nicht zu flüssig sein).
- ▷ Mit Salz, Pfeffer, Muskat oder Koriander oder Piment abschmecken.

163 Kastanienfüllung

163 Kastanienfüllung

Esskastanien (Maronen), 1 Schalotte, Butter, 1 Ei, Sahne, Salz, Pfeffer, Piment

- ▷ Kastanien vorkochen und schälen, dann die Hälfte pürieren und den Rest kleinhacken.
- ▷ Die Schalotte in feine Würfel schneiden und in Butter weichdünsten.
- ▷ Alles zusammenmischen, mit Eigelb und etwas Sahne zu einem festem Mus verarbeiten.

▷ Mit Salz, Pfeffer und Piment abschmecken.
▷ Zum Schluss das sehr steif geschlagene Eiweiß unterheben.

Frischkäse- und Tofufüllungen: Vegetarische Füllungen lassen sich auch sehr gut auf der Basis von Frischkäse herstellen, wozu sich alle Varianten eignen: Quark, Topfen, Ricotta, Schichtkäse, aber auch die verschiedenen Schafs- und Ziegenfrischkäse. Je nachdem muss jedoch die Würzung angepasst werden.

Für Kuhmilchprodukte verwendet man eher milde Kräuter wie Petersilie, Estragon, Kerbel, Liebstöckel, Pimpinelle zusammen mit Zwiebeln und Schnittlauch, bedingt und dann mehr oder weniger als einziges Gewürz auch Bärlauch.

Zu Schafs- und Ziegenkäse passt immer Knoblauch, insbesondere die jungen grünen Röhrenblätter oder Schnittknoblauch aus dem Garten oder von der Fensterbank. Es empfiehlt sich durchaus verschiedene robuste Kräuter, die man nicht ohne Weiteres kaufen kann, im Balkonkasten zu ziehen.

Zu kräftigen Frischkäsevariationen passen außerdem alle mediterranen Gewürze wie Thymian und natürlich die wilde Sorte, der Quendel, Rosmarin, Bergbohnenkraut oder Dost (Oregano), der ebenfalls wild an Wegrändern auf der schwäbischen Alb wächst.

Tofu ist weitgehend geschmacksneutral. Man verwendet ihn statt Frischkäse und ersetzt diesen einfach in den folgenden Rezepten.

Sollten eingefleischte Schwaben Einwände haben, so kann man leicht auf das ’Tübinger Kochbuch’ von 1749 hinweisen, wo Quendel verwendet wird. Ansonsten sind es eben gefüllte Nudeln, die auf den Tisch kommen.

164 Frischkäse mit Kräutern

164 Frischkäse mit Kräutern

Quark, Schichtkäse oder Ricotta, 1 Ei, Zwiebel oder Schalotte, Zwiebelröhrchen, Schnittlauch, Estragon, Salz, Pfeffer

- ▷ Quark zunächst in einem feinen Sieb abtropfen lassen (am besten über Nacht) oder in einem Tuch auswringen.
- ▷ Zwiebel in feine Würfel schneiden, Gewürze hacken.
- ▷ Frischkäse, Ei, Gewürze gut vermengen. Mit Salz und Pfeffer abschmecken.
- ▷ Ist die Masse zu dünn, mit etwas Stärke binden.

165 Schafs– oder Ziegenfrischkäse mit Kräutern

165 Schafs– oder Ziegenfrischkäse mit Kräutern

Schafs- oder Ziegenfrischkäse, 1 Knoblauchzehe, 1 Bund Thymian oder Quendel, 1–2 Salbeiblätter oder 1 Zweig Rosmarin, Salz, Pfeffer

- ▷ Den Knoblauch in sehr feine Würfel schneiden oder in den Käse pressen, so dass der Saft nicht verloren geht (Ersteres ist besser).
- ▷ Salbei- und Rosmarinblätter kleinhacken. Von den Thymianzweigen die Blättchen abstreifen bzw. abzupfen.
- ▷ Die Gewürze in wenig Butter anschwitzen.
- ▷ Alles gut durchmischen und mit Salz und Pfeffer würzen.
- ▷ Ist die Masse zu spröde, mit Eigelb und etwas Stärke binden.

Hartkäse und Ziegenhartkäse: Damit verlässt man nun freilich endgültig die Maultaschen und auch den alemannisch-schwäbischen Raum. Teigtaschen gefüllt mit Ziegenhartkäse gibt es z. B. auf Sardinien.

Die Herstellung ist einfach, auf Gewürze verzichtet man weitgehend, der Käse ist selbst Gewürz genug. Es eignen sich alle gut schmelzende säuerlichen Hartkäse, die man z. B. auch für eine Käsefondue nimmt: z.B. Emmentaler, Greyerzer, Appenzeller und entsprechende säuerliche Ziegenhartkäse.

166
Teigtaschen mit Hartkäse

166 Teigtaschen mit Hartkäse

Nudelteig, geriebener Teig oder Hefeteig säuerlicher Hartkäse, 1 Ei, Butter oder Olivenöl, Salbei, Thymian

▷ Den Teig dünn auswellen.
▷ Den Käse in ca. 2 mal 4 cm große und 2 cm hohe Rechtecke schneiden und in passende Teigrechtecke packen, dabei die Ränder mit Ei bestreichen und gut zusammendrücken.
▷ Nudelteig: Die Teigtaschen zunächst in Salzwasser köcheln, herausnehmen, abtropfen lassen und in reichlich Butter goldbraun braten.
• geriebener Teig und Hefeteig: Die Teigtaschen direkt in viel Fett schwimmend ausbacken.

Fertigstellen und Anrichten: Die Blätter von den Gewürzen abstreifen und in reichlich Butter oder Olivenöl bei nicht zu hoher Temperatur kross ausbacken, nicht anbrennen.
▷ Die Teigtaschen auf einer Platte anrichten und die Gewürze sowie etwas vom Bratfett darüber geben.

Fisch, Krebse, Schnecken

sind als Maultaschenfüllung weitgehend aus der Mode gekommen. Adolf Niefer (in: Die Schwäbische Küche) hat die Weinbergschnecke als Füllung wiederentdeckt (S. 267). Vom Mittelalter bis ins 19te Jahrhundert waren fleischfreie Füllungen für Nudeltaschen jedoch fester Bestandteil der Küche, zumindest in den katholischen Regionen.

167 willt du fisch krepfla machen

167 willt du fisch krepfla machen

So nim hausen oder hecht / last jn syedenn / hacks dar‿nach klain / m[=n]im ain zwyfel vnd greinen kreytter , hacks klain / nim pfefer vnd jmber vnd ain wenig wech«halter ber»[1] , riers als durch durch‿ain / ander / geuß dan ain hays schmaltz dar‿an vnd nim zucker wasser / mach ain dayglin , gilbs / schlag dise fyl dar‿ein / machss auch bachen jn ainem kielen schmaltz oder gebenn jn ainem bryelin / vnd sieden gutten «guotten»[2]" wein mit zucker vnd dem selben brielin / an‿richten .

Das Kochbuch der Philippine Welser[OWP1545]

Der wiedergegebene Text folgt der Transkription von Gerold Hayer in [OWP1545]. Die Schreibweise im Text ist sehr ungenau, teilweise fehlerhaft. Dank des Glossars von G. Hayer können einige Textstellen „erraten“ werden:
[1]"halter ber“ macht keinen Sinn. Es dürfte sich um „helders“ mit dem Sinn „aushöhlen“ (nach Hayer) handeln, also die aus einem Brötchen (wech=weck) genommene Krume. Das macht als Zutat zur Füllung Sinn. [2]gutten=guotten: Wiederholung in anderer Schreibweise. Hier wechselt der Schreiber zwischen ?fränkisch und alemannisch.

Willst du Fisch-Kräpfchen machen

Willst du Fisch-Kräpfchen machen

- ▷ Nimm Stör oder Hecht und siede ihn und hack es (das Fischfleisch) danach klein.
- ▷ Nimm eine Zwiebel und grüne Kräuter, hacke es klein.
- ▷ Nimm Pfeffer und Ingwer und ein wenig (vom Inneren eines) Wecken. Rühre alles durcheinander und gieße dann heißes Schmalz daran.
- ▷ Und nimm Zuckerwasser, mach einen Teig, gilbe ihn (mit Safran), und schlage die Füllung darin ein (auswellen und Krapfen formen).
- ▷ Backe es in etwas Schmalz oder gib es in ein Brühlein und siedenden guten Wein mit Zucker.
- ▷ Mit demselben Brühlein anrichten.

Auch wenn sie einer „Neue Schwäbische Küche“ angemessen wären, die gefüllte Krapfen, Nudeltaschen oder dann auch Maultaschen entstanden als Fastenspeisen und dazu passt Fisch.

In meiner Kindheit kam, typisch nord–württembergisch, kaum Fisch auf den Tisch, bestenfalls an Weihnachten ein Karpfen. Und das auch nur einmal. Zwei Karpfen hatten wir, einer war schlecht ausgenommen, die Galle war noch drin. Natürlich wurde die als erstes angeschnitten. Es war sehr kümmerlich, was für sechs Personen noch an genießbarem Fisch übrig war. Seitdem schaue ich bei jedem Fisch genau nach, was denn da noch so im Bauchraum ist, ganz nach dem Rheinischen Kochbuch.

168 Krebsfüllungen

168 Krebsfüllungen

Die Restvorkommen des europäischen Edelkrebses, auf den sich alte Rezepte beziehen, stehen unter strengem Naturschutz. Die europäischen Krebsbestände sind schon im letzten Quartal des 19. Jahrhunderts infolge der von Nordamerika eingeschleppten Krebspest, einer Pilzerkrankung, eingebrochen und haben sich auch nicht hinreichend erholt.

- Als Ersatz erhält man den Nordamerikanischen Flusskrebs, der aber weniger schmackhaft ist. Er kommt meist aus der Türkei.
- Alternativ kann man vorgekochtes Flußkrebs-Fleisch aus Nordamerika und China verwenden oder Kaisergranat. Ebenfalls schmackhaft ist Krabbenfleisch (z.B. Taschenkrebse).
- Krabben darf man nicht mit Garnelen verwechseln, die zu einer anderen Gruppe gehören und viel weniger Eigengeschmack besitzen. Leider werden im Deutschen Garnelen häufig als Krabben bezeichnet, auch in Kochbüchern.
- Langusten und Hummer sind viel zu schade, um in Maultaschen verpackt zu werden.

168.1 Tübinger Fleisch–Krebs Farce 1749

168.1 Tübinger Fleisch–Krebs Farce 1749

Siehe Rezept „Gefüllte Nudel", Rez. 140 auf Seite 226.

168.2 Fleisch-Krebs Füllung

168.2 Fleisch-Krebs Füllung

Kalbsbrät, Krebse, 1 Schalotte, Schnittlauch , Sahne

- ▷ Krebse in sprudelnd kochendem Wasser töten und sofort herausnehmen.
- ▷ Abkühlen lassen und das Fleisch auslösen. Die Schalen beiseite stellen.
- ▷ Schalotte in feine Würfel, Schnittlauch in feine Rädchen schneiden.
- ▷ Brät, Krebsfleisch, Zwiebel, Schnittlauch, Salz und Pfeffer (vorzugsweise weißer) und etwas Sahne zu einer glatten, nicht zu flüssigen Farce verarbeiten.

168.3 Fisch-Krebs Füllung

168.3 Fisch-Krebs Füllung

Krebse, weißes Fischfilet z. B. Hecht, Zander oder Forelle, bzw. Meeresfische mit kurzfaserigem Fleisch wie Flunder, Scholle, Wittling, pro 250g Fischgewicht 1 Eiweiß, ca, 125 ml Sahne, Schalotte, Schnittlauch oder Kerbel

- ▷ Das Fischfilet entgräten, in kleine Stücke schneiden und im Tiefkühlfach kaltstellen, leicht anfrieren lassen.
- ▷ Krebse wie oben töten und auslösen. Das Fleisch klein hacken, die Schalen beiseite stellen.
- ▷ Schalotte in feine Würfel schneiden, Schnittlauch oder Kerbel feinhacken.
- ▷ Eine nicht zu große Menge Fischfleisch mit etwas Sahne in die Moulinette geben und zu einer festen Farce pürieren. Schrittweise, entsprechend dem Fassungsvermögen des Geräts, das restliche Fischfleisch pürieren.
- ▷ Das Fischpüree in eine Schüssel geben und das Eiweiß schrittweise sehrkKräftig unterrühren.
- ▷ **Alternativ:** Das Fischfleisch in einem hinreichend großen Mörser mit einer Prise Salz zerstoßen und dabei nach und nach das Eiweß einarbeiten.

- ▷ Fischfleisch, Krebsfleisch, Schalottenwürfel, Gewürz in einer Schüssel mit etwas Sahne zu einer glatten Farce verarbeiten.
- ▷ Die Sahnezugabe so wählen, dass die Farce nicht zu flüssig wird, aber gut zusammenhält. Hängt von der Art und der Frische des Fischs ab.
- ▷ Nochmals abschmecken.

Zu Krebsfüllungen passt keine kräftige Brühe, man serviert die Maultaschen entweder überschmälzt oder in einer Rieslingsoße bzw. einer Krebsschaumsoße, zu der man die Schalen verwendet.

168.4 Krebs-Schaum Soße

168.4 Krebs-Schaum Soße

Schalen der Krebse, 50–100 ml Riesling, $\frac{1}{2}$ Schalotte, evtl. eine Brise Safran, Sahne, etwas Butter, Salz, Pfeffer, Wasser

- ▷ Die Krebsschalen klein hacken und in wenig Butter andünsten.
- ▷ Die Schalotte in sehr feine Würfel schneiden, zu den Krebsschalen geben und ebenfalls andünsten.
- ▷ Mit der Hälfte des Weins ablöschen, diesen fast vollständig einkochen, den restlichen Wein zugießen, wieder einkochen, mit etwas Wasser ablöschen und gut 20 Min. köcheln lassen.
- ▷ Jetzt den Safran dazu geben und mitköcheln lassen.
- ▷ Sahne angießen und noch einmal 10 Min. köcheln lassen.
- ▷ Durch ein sehr feines Sieb passieren.
- ▷ Schaumig aufschlagen, evtl. mit dem Stabmixer.

Brät selbst herstellen

Brät selbst herstellen

Das Fleisch (Fisch, Innereien) von allen Sehnen befreien, es darf nur das schiere Fleisch übrig bleiben.

Das Fleisch möglichst klein schneiden und ins Tiefkühlfach stellen. Es soll leicht anfrieren, aber auf keinen Fall durchfrieren!

Das Fleisch mit etwas Eiswasser in eine Moulinette geben und mit kurzen Stößen pürieren. Wird die Masse zu dick, etwas Eiswasser zugeben.

Das Fleisch und die Messer dürfen auf keinen Fall heiß werden, deshalb die Moulinette nur in kurzen Stößen laufen lassen. In einem Mixer laufen die Messer langsamer, die Gefahr, dass das Fleisch gerinnt, ist relativ groß.

Eiswasser

Kaltes Wasser in das man Eiswürfel gibt, dadurch bleibt die Temperatur bei $0\,^\circ\mathrm{C}$

Benutzt man das Eiswasser nur zum Kühlen, so kann man noch reichlich Salz zugeben, die Temperatur sinkt dann noch weiter. Dies reicht aus, um z.B. Halb-Gefrorenes herzustellen, das häufig umgerührt werden muss.

169 Fischfüllungen

169 Fischfüllungen

- Darauf achten, dass der Fisch wirklich frisch ist.

1) Bei ganzen Fischen sollten die Augen klar sein (Ausnahme: das Auge lag direkt auf Eis), das kann man von der Ladentheke aus sehen. Insbesondere müssen aber die Kiemen noch rosig sein, die muss man sich zeigen lassen.
2) Filets müssen fest und geruchlos sein.
3) Fisch darf nicht nach „Fisch“ riechen, sondern nach „Algen und Meer“ (Ausnahme Heringe, die einen sehr spezifischen und kräftigen Geruch haben, schon wenn sie aus dem Wasser kommen).

169.1 Hechtmus

169.1 Hechtmus

200 g Hechtfilet vollständig entgrätet, alternativ kann man z. B. Wittling oder Scholle verwenden, 1 Eiweiß, 125 ml Sahne, Salz, Pfeffer, Muskat oder Koriander

- ▷ Das gut gekühle Hechtfilet kleinschneiden und mit Sahne pürieren. Erneut kaltstellen, evtl in einer großen Schüssel mit Eiswasser.
- ▷ Mit Salz, Pfeffer und Muskat oder Koriander würzen.
- ▷ Schrittweise das Eiweiß kräftig einarbeiten, dann langsam die Sahne einarbeiten.
- ▷ Die Masse evtl. durch ein Haarsieb streichen, um wirklich auch die letzte Gräte zu entfernen.
- ▷ Vor der Verwendung nochmals kaltstellen.

169.2 Forellen- oder Lachsfüllung

169.2 Forellen- oder Lachsfüllung

1 Lachsforelle oder 1 Lachsfilet, ca. 125 ml Sahne, Salz, Pfeffer, Muskat oder Koriander

Alternativ kann man auch Plattfische (Scholle, Flunder), Seebarsch oder Wolfbarsch sowie Dorade verwenden.

Fülle

I Fülle

- ▷ Die Forelle filetieren, die Filets sorgfältig entgräten.
- ▷ Den Bauchteil der Filets ablösen und kleinhacken und für ca. 15 Min. ins Tiefkühlfach stellen.
- ▷ Die Rückenteile der Filets in möglichst gleichmäßige Stücke von 4 bis 5 cm Länge schneiden. Die Stücke in den Kühlschrank stellen. Reste kleinhacken und zum Rest in das Tiefkühlfach geben.
- ▷ Die gehackten Fischteile in der Moulinette oder im Mixer mit etwas Sahne pürieren.
- ▷ Mit Salz, Pfeffer und Muskat oder Koriander kräftig würzen, aber nicht versalzen.

II Fertigstellen der Maultaschen

Fertigstellen der Maultaschen

- ▷ Den Teig möglichst dünn auswellen.
- ▷ Je nach Größe der Fischstücke Rechtecke bzw. Quadrate ausschneiden (ca. 8-10 cm Kantenlänge).
- ▷ Die Rechtecke mit Fischfarce bestreichen, dabei einen Rand von knapp 1cm lassen.
- ▷ Ein Fischstück auflegen und den freien Rand mit Wasser bestreichen. Mit einem zweiten bestrichenen Rechteck bedecken (Farce nach unten) und die Ränder gut zusammendrücken.

Die Soßen dazu: Zu Fisch–Maultaschen passt sehr gut eine Riesling oder Safransahnesauce.

170 Rieslingsoße

170 Rieslingsoße

50 ml Riesling, 20 ml Wehrmut oder je 1 Prise Anis– und Fenchelkörner, 1 kleine Schalotte, 125 ml Sahne, Salz, Pfeffer, etwas Butter

- ▷ Schalotte in sehr feine Würfel schneiden und in wenig Butter glasig anschwitzen.
- ▷ Mit Wein ablöschen und diesen fast vollständig reduzieren.
- ▷ Den Wermut ebenfalls zugeben und reduzieren oder wenig gestoßene Anis– und Fenchelkörner zugeben.
- ▷ Mit Sahne ablöschen. 10-15 Min. köcheln lassen. Wird die Soße zu dick, mit etwas Wasser verdünnen.
- ▷ Abschmecken und durch ein Haarsieb passieren.
- ▷ Die Soße schaumig aufschlagen.

171 Safransahnesoße

171 Safransahnesoße

1 kleine Zwiebel, 50 ml Weißwein oder Wasser, je 1 Messerspitze Anis- und Fenchelkörner, etwas Safran, 125 ml Sahne, Salz, Pfeffer, etwas Butter

- ▷ Die Zwiebel sehr klein schneiden und in wenig Butter glasig dünsten.
- ▷ Anis- und Fenchelkörner im Mörser zerstoßen. Zur Zwiebel geben und etwas anrösten.

- ▷ Mit Wein oder Wasser ablöschen, Safran zufügen und einreduzieren.
- ▷ 1EL Wasser, dann die Sahne zugeben und ca. 15 Minuten köcheln lassen. Wird die Sauce zu dick, mit etwas Wasser verdünnen.
- ▷ Mit Salz und Pfeffer würzen.
- ▷ Durch ein Haarsieb passieren und schaumig aufschlagen.

Um zu den Ursprüngen der Maultaschen zurückzukehren, der Resteverwertung: Auch übrig gebliebener Fisch kann verwertet werden. Voraussetzung ist, dass man ihn direkt nach dem Essen eingepackt in den Kühlschrank gibt und am nächsten Tag weiterverarbeitet.

Im „Elsässer Kochbüchlein“ finden sich einige Rezepte zur Verwertung von übrig gebliebenem Fisch, von denen zwei in modifizierter Form für Maultaschenfüllungen geeignet sind.

172 Fülle von übrig gebliebenem Fisch

172 Fülle von übrig gebliebenem Fisch

Von wenigen Ausnahmen abgesehen, z.B. eine besondere Einlage in einer geeigneten Suppe, ist frischer Fisch tatsächlich zu schade für eine Maultaschenfüllung. Als eine Methode zur Resteverwertung dagegen ist er sehr geeignet.

172.1 Fischfarce 1

172.1 Fischfarce 1

Fülle von übrig gebliebenem Fisch, Béchamelsoße (s. auf Seite 139), Champignons, 1 Schalotte, 1–2 Eigelb, Salz, Pfeffer, Zitronensaft

- ▷ Die Fischreste feinhacken.
- ▷ Die Menge Champignons an der Fischmenge messen: ca. $\frac{1}{3}$. Ebenfalls fein hacken.
- ▷ Zwiebel in feine Würfel schneiden, zusammen mit den Champignons weichdünsten.
- ▷ Fischreste, Zwiebel und Champignons mit Eigelb vermengen und mit Béchamelsoße binden.
- ▷ Würzen.

172.2 Fischfarce 2

172.2 Fischfarce 2

pro 250 g Fischresten: 2 EL Paniermehl, 2 EL (30 ml) Milch, 50 g Butter, 1 Ei, Petersilie, Salz, Pfeffer

▷ Das Ei trennen.
▷ Die Semmelbrösel mit der Milch befeuchten.
▷ Den Fisch und die Petersilie kleinhacken.
▷ Butter schaumig rühren, alle Zutaten einarbeiten, würzen.
▷ Das Eiweiß sehr steif schlagen und vorsichtig unterheben.

Zum Schluss noch Schneckenmaultäsche nach Adolf Niefer (in: Die Schwäbische Küche), die man sehr gut als Suppeneinlage essen kann, zum Beispiel als Variante der Badischen Schneckensuppe.

173 Schneckenmaultäschle nach A. Niefer

173 Schneckenmaultäschle nach A. Niefer

ca. 30 Schnecken aus der Dose, 200 g Kalbsbrät, 1 Brötchen, 1 kleine Zwiebel, ca. 70 g Champignons, ca. 40 g Spinat, Basilikum, 2 Eigelb oder 1 Ei, Salz, PfefferGlutenfreies Brötchen oder Paniermehl

▷ Brötchen in Scheiben schneiden und mit Wasser beträufeln.
▷ Die Schnecken abtropfen, die Flüssigkeit für die Soße oder Suppe aufbewahren.
▷ Schnecken hacken, Zwiebel in feine Würfel schneiden.
▷ Zwiebelwürfel in Butter glasig andünsten. Champignonwürfel und Schnecken zugeben und mitdünsten
▷ Spinat hacken und ebenfalls mitdünsten.
▷ Brötchenscheiben ausdrücken, mit den gedünsteten Zutaten, gehackten Basilikumblättern, dem Brät, dem Eigelb bzw. dem Ei zu einer glatten Farce verarbeiten.
▷ Mit Salz und Pfeffer würzen.

IN: DIE NEUE SCHWÄBISCHE KÜCHE, WEIL DER STADT 1988

Dazu passende Soßen:

174 Badische Schneckensuppe

174 Badische Schneckensuppe

- Suppengrundlage der Badischen Schneckensuppe, aber ohne Schneckeneinlage (s. Rez. 15 auf Seite 37).

- Für die Suppenbrühe den Saft der Schnecken aus der Dose verwenden.

oder

175 Schnecken–Riesling–Soße

175 Schnecken–Riesling–Soße

- Der Riesling–Sauce, Rez. 170 auf Seite 265, fügt man den Saft der Schnecken aus der Dose zu und lässt die Soße etwas köcheln.

Maultaschen richtig präsentiert

Maultaschen präsentieren: H. Rösch[WRö2001] widmete den klassischen Maultaschen mit Fleischfülle sein „Schwäbisches Maultaschenbüchle“. Gekocht werden Maultaschen bei ihm in Rinderbrühe. Das ist Geschmackssache, denn der Teig nimmt sehr stark den Geschmack der Brühe an. Deshalb ziehe ich es vor, die Maultaschen wie Nudeln in Salzwasser zu kochen.

Zu Maultaschen gehört, wie schon erwähnt, ein (und nur ein) Kartoffelsalat. Nachdem ich nach sehr langer Zeit zu einem Klassentreffen nach Esslingen kam, waren Maultaschen das bevorzugte Essen in der Runde. Ich sah erstaunt, wie etliche sich den Kartoffelsalat zu den Maultaschen in die Brühe kippten. Auf meine Nachfrage war die Antwort: „Das macht man doch so“ ... hätte ich eigentlich wissen müssen ...

176 Maultaschen präsentieren

176 Maultaschen präsentieren

Das Schöne an Maultaschen ist, dass man aus ihnen mehr als ein Gericht machen kann, selbst wenn die Füllung immer dieselbe bleibt. So werden sie nicht so schnell langweilig.

176.1 ... in der Brühe

176.1 ... in der Brühe

Der Klassiker, man muss nur darauf achten, dass Füllung und Brühe harmonieren.

I Klassische Maultasche

Klassische Maultasche

Die gekochten Maultaschen werden in Rinder- oder Gemüsebrühe serviert. Auf die Brühe streut man geröstete Zwiebel und grob geschnittenen Schnittlauch.

II Maultaschen der „Neuen Küche"

Maultaschen der „Neuen Küche"

Maultaschen mit Fischfüllung oder hellen Innerreien werden am besten mit einer Riesling- oder Kräutersoße serviert, wobei milden Kräutern wie Estragon oder Kerbel der Vorzug zu geben ist. Auch eine leichte Käsesoße passt dazu.

▷ Zusätzlich kann man auf die Maultaschen fein geschnittenen Schnittlauch streuen.

176.2 … aufgezogen

176.2 … aufgezogen

Die gekochten Maultaschen legt man nebeneinander in eine Auflaufform und füllt zwischen die Maultaschen etwas Brühe und/oder Sahne, die man mit Salz, Pfeffer und Muskat würzt. Die Flüssigkeit darf nicht über die Maultaschen gehen.

▷ Dann im Ofen überbacken.

▷ Auf die Maultaschen kann man einen zur Füllung passenden Käse geben: für Fleisch– und kräftige Kräuterfüllungen z.B. Emmentaler und Parmesan, für Fisch und helle Innereien gewürzten Frischkäse oder Mozarella.

176.3 … überbacken

176.3 … überbacken

Die gekochten Maultaschen werden nebeneinander in eine Auflaufform gelegt, mit geriebenem Käse (Emmentaler, Bergkäse, Greyerzer etc.) und nach Geschmack gerösteten Zwiebelringen bedeckt bei Oberhitze kurz überbacken.

▷ Eignet sich für kräftige Füllungen von Fleisch, Kräutern, Kutteln oder auch Schnecken.

176.4
... geröstet

176.4 ... geröstet

- Geröstet werden vor allem übrig gebliebene Maultaschen.
- ▷ Die Maultaschen werden in Scheiben geschnitten und in einer möglichst großen Pfanne in Butter oder Schmalz kross angebraten.
- ▷ Zum Schluss kann man gewürzte, mit Milch oder Sahne verrührtes Ei darüber geben und stocken lassen.

4.2.5 Nachtrag oder „Das Bůch von gůter Spise“

Nachdem ich mit den Maultaschen schon abgeschlossen hatte, stieß ich im Internet[MB1350] auf eine Übersetzung des „Bůch von gůter Spise“ (ca. 1350), und dort zufällig auf die Anmerkung zum 19. Rezept: „mit gewürztem Lachs gefüllte Teigtaschen“. Musste ich jetzt alles noch einmal überarbeiten? Die Übersetzung des mittelalterlichen Textes ließ dies vermuten. Also zur Transkription von Th. Gloning:

177
Diz ist ein gůt spise von eime lahs:

177 Diz ist ein gůt spise von eime lahs

Nim einen lahs, schabe im abe die schůpen, spalde in vnd snit in an stücke. hacke peterlin, selbey, nim gestozzen yngeber, pfeffer, enys, saltz zvů mazzen[1], mache eynen derben[2] teyk noch der gro̊zze der stücke und wirf dazu krut vf die stůcke vnd bewirke sie mit dem teyge. kanst du sie gestemphen in ein forme[3]. das tů. so mahtu machen hechde, fo̊rheln, brasmen, und backe ieglichez besunder in sime teyge. ist ez aber eins fleischtages, so mahtu machen hůnre, rephůnre, tuben und vasande mahtu machen, ab du hast die formen[3a], vnd backe sie in smaltze oder süt sie in den formen. nim von den brůsten der hůnre oder gůt fleisch, so wirt die kunst deste bezzer vnd versaltzez niht[1a].

Dies ist eine gute Speise von einem Lachs

Dies ist eine gute Speise von einem Lachs

- ▷ Nehme einen Lachs, schuppe ihn, spalte ihn und schneid ihn in Stücke.
- ▷ Hacke Petersilie, Salbei, nimm gestoßenen Ingwer, Pfeffer, Anis, Salz in Maßen[1].
- ▷ Mache einen festen[2] Teig entsprechen der Größe der Stücke (des Fisches) und bestreue sie mit den Kräutern und packe sie in den Teig ein.
- ▷ Kannst du sie in eine Form[3] drücken, so mache das.
- ▷ So kannst du Hechte, Forellen, Brassen zubereiten, backe jedoch jede Sorte gesondert in Teig gepackt.
- ▷ An einem Fleischtag (kein Fastentag) kannst du auf diese Art Hühner, Rebhühner, Tauben und Fasan zubereiten, wenn du die Formen hast[3a]. Backe sie in Schmalz oder siede (koche) sie in den Formen. Dieses Gericht (diese Kunst) wird umso besser, wenn du die Brust der Hühner oder anderes gutes Fleisch nimmst und es nicht versalzt[1a].

Übertragung in Anlehnung an Th. Gloning(2001)

[1,1a] *„zu:o mazzen“ interpretiere ich als „in Maßen“ nicht als „reichlich“ wie bei Glöning, darauf weist* [1a] *„es nicht versalzt“ hin.*

[2] *„derben teyk“ interpretiere ich als einen „festen oder groben“ ungesäuerten Teig, wobei die Betonung auf fest liegt (vgl. Grimm'sches Wörterbuch), bzw. einen Torten- oder Pastetenteig ohne Fett*

[3,3a] *Insbesondere* [3a]*„wenn du die Formen hast“ weist darauf hin, dass es sich um Formen der jeweiligen Tiere handelt, die man haben kann, aber nicht haben muss. Derartige Fischformen sind noch heute in Frankreich beliebt (s. z.B. Bocuse, 1977, „Seewolf aus dem Mittelmeer in Teigkruste“ Abb. gegenüber S. 161).*

Im Kochbuch der Sabina Welserin findet sich ein sehr ähnliches Rezept. Es wird zwar auf eine Fischform verzichtet, mangels einer solchen im normalen Haushalt, die Teighülle wird jedoch ebenfalls in Fischform gebracht und sogar Flossen werden angesetzt.

Die „Maultaschen“ sind gerettet: Es handelt sich um Fisch oder Geflügel in einem Teigmantel, der vorzugsweise in einer passenden Tierform gebacken oder gekocht wird. Die gebackene Variante ist noch heute für festliche Tafeln beliebt, wobei jedoch je nach Fleischsorte entweder Blätterteig oder Brotteig verwendet wird – mit Maultaschen hat das nichts zu tun.

4.3 Von Hefe– und Dampfnudeln

dampfnudel, f. aus weizenmehl mit hefe, oder aus roggenmehl mit sauerteig bereitete speise, die in der pfanne oder einem verschlossenen ofen gebacken, gedünstet wird.
Grimm'sches Lexikon

178
Steigleder

178 Steigleder

Nimb warme Milch vnd ſchön Mehl / thu Bierhefe darvnter / vnd mach den Teig wol darmit an / beſprengs ein wenig mit Saltz / vnd arbeit den Teig wol / ſetz jn zum Feuwer / daß er vberſich gehet / waſch die Fäuſt ſauber / vnd greiff in den Teig / nimb ein Stück darauß / vnnd zeuchs fein voneinander / biß dünn vnd fein lang wirt / zeuchs in heiſſe Butter / die in einer länglichten Pfannen iſt / ſo bäckſtu den Teig geſchwindt auß / gibs warm oder kalt auff ein Tiſch. Du magſt mit Zucker beſträwen oder nicht. Vnnd in Baierlandt heißt mans das gebackene Steigleder[1].

Max Rumpolt[AMR1581]

[1] *Steigleder: Lederriemen die man sich zum Bergsteigen um die Schuhe band, um ein Sohlenprofil zu erzeugen. Später wurden dazu Nägel in die Schuhe geschlagen. Das Leder ist im Sohlenbereich kräftiger als im Schnürbereich, hat also ausdünnende Enden.*

178.1 Steigleder

178.1 Steigleder

- ▷ Nimm warme Milch und gutes Mehl (Type 405),
- ▷ gibt (in Milch aufgelöste) Hefe dazu und verarbeite alles zu einem Teig.
- ▷ Streue etwas Salz darüber und arbeite den Teig gut durch.
- ▷ Stelle ihn warm, so dass er gut aufgeht.
- ▷ Wasch dir die Hände sauber und nimm ein Stück Teig heraus.
- ▷ Ziehe es gut auseinander, bis es dünn und recht lang ist.
- ▷ Gib es in heiße Butter in einer länglichen Pfanne (Auflaufform)
- ▷ und backe den Teig darin schnell aus.
- ↻ Verfahre mit dem restlichen Teig genauso.
- ▷ Serviere es noch warm, wobei du Zucker darüber streuen kannst oder auch nicht.
- • In Bayern nennt man das „Gebackene Steigleder".

Bis auf die Form sind das zweifellos Dampfnudeln, wobei Balthasar Staindl sein Rezept für Germ-Krapfen (Germ = Hefe) rund 10 Jahre vorher veröffentlicht hat:

179 Germben Krapffen

179 Germben Krapffen

NImb ein gůt meel / nimb dann ein Germb die von Pier iſt / geůß etwan als vil als ein ay mócht ſein in das meel / nimb dann ein lawes waſſer / mach darnach ein taig an ſaltz jn / in der dick als ein dumpffel den man zu einem brot macht / ſetz jn das er auffgeht. So du bachen wilt / ſo nimb ein laws waſſer / netz die hend darein / nimb ein wenig teig in die Hand / vnnd zeůchs auß einander / bach jhn wol im heiſſen ſchmaltz / man mags in ól auch bachen.

B. Staindl[OST1547]

179.1 Germ-Krapfen

179.1 Germ-Krapfen

- ▷ Nimm gutes Mehl und Bierhefe (Germ vom Bier),
- ▷ gieße davon ca. so viel wie die Menge von einem Ei in das Mehl.
- ▷ Mach dann einen Teig mit lauwarmem Wasser an, der ca. so dick ist wie ein Dampferl (Vorteig) für ein Brot,

- ▷ salze den Teig,
- ▷ stell in beiseite (in die Wärme) und lass ihn gehen.
- ▷ Wenn du dann backen möchtest, so benetze die Hände mit lauwarmem Wasser,
- ▷ nimm ein wenig Teig auf die Hand und ziehe es auseinander,
- ▷ backe es dann gut in heißem Schmalz, man kann auch in Öl backen.

Hefe oder Germ

Hefe oder Germ

Hefe wird in Österreich und z. T. in Bayern Germ genannt, daher Germknödel etc..

Hefen sind einzellige Organismen, die zu den Pilzen gerechnet werden, wobei erst Louis Pasteur dies im 19ten Jahrhundert erkannte und auch ihre Bedeutung für die Gärung herausstellte. Damit begann dann die gezielte Nutzung und insbesondere die Zucht von Reinhefen für die unterschiedlichen Anwendungen: Bier, Wein, Backen.

Davor war man auf Wildhefen angewiesen, die spontan auftreten. Nun sind inzwischen über 700 Hefearten bekannt, die sich auf über 5000 Linien aufteilen und wovon man noch längst nicht alle im Detail kennt.

Ganz generell bauen Hefe Zucker und auch Stärke ab, wobei z. B. Alkohol und Kohlendioxyd entstehen. Die einzelnen Arten und Linien können das unterschiedlich gut bzw. verwenden unterschiedliche Zucker. Ende des 19ten Jahrhunderts wurden deshalb gezielt Linien für die unterschiedlichen Zwecke gezüchtet. Bei Verwendung von Backhefe (frisch als Würfel oder als Trockenhefe) können deshalb heute recht genaue Mengenangaben pro Mehleinheit und Backverfahren gemacht werden. Früher war das ein Glückspiel. Deshalb wurde immer ein

Vorteig, in Bayern Dampferl

angesetzt, um die Qualität der Hefe zu testen und die Entwicklung der geeigneten Linien im Teig zu fördern.

Dazu wird ein kleiner Teil des Mehls ohne Salz, aber möglichst mit etwas Zucker mit lauwarmem Wasser oder Milch angesetzt und warm gestellt. Erst wenn dieser recht feuchte Vorteig kräftig aufgegangen ist, wird der eigentliche, dann ggf. auch gesalzene Teig hergestellt und der Vorteig eingearbeitet, worauf man den Teig nochmals gehen lässt. Bei manchen Verfahren der Teigführung ist das auch heute noch sinnvoll, meist kann man die Hefe aber direkt auflösen und in den Teig einarbeiten.

Das Rezept des Balthasar Staindl gehören wohl zu den frühesten, in denen Hefe in der Küche verwendet wird, und zwar für Hefenudeln und für Krapfen. Hefe war sonst, zumindest in den Städten, den Bäckern vorbehalten und die Zünfte wie auch die Staatsmacht achteten strikt auf ihre Rechte. Den einen ging es um ihren Verdienst, den anderen um die kontrollierte Steuereinnahme wie noch heute. Schwarzarbeit war schon damals unerwünscht. Bekannt ist z. B., dass überall, wo Mühlen bestanden, das Getreide ausschließlich vom Müller gemahlen werden durfte, die Herstellung zu Hause war bei Strafe verboten. Spycher[XSp2008] berichtet, dass noch Anfang des 19. Jhds. den Liestalerinnen (in der Nähe von Basel) das Backen von Gugelhupf nicht gestattet war, da dies als Bäckerarbeit eingestuft wurde.

Daneben war die Verwendung von Hefen auch schwierig und das Ergebnis mehr oder weniger dem Zufall überlassen, da man auf natürlich vorkommende Wildhefen angewiesen war, von denen nur ein Teil in der Lage ist, Zucker und vor allem Stärke in Alkohol und Kohlendioxyd zu spalten. Zuchtlinien der Backhefe, wie wir sie heute kennen, wurden erst gegen Ende des 19ten Jahrhunderts gezüchtet.

Auch die Bierhefe war keine zuverlässige Quelle, da nur die obergärige Hefe fürs Backen günstige Eigenschaften besitzt, die ursprünglich in Bierhefe stark vertretene untergärige Hefe dagegen ist kaum geeignet. Natürlich benutzt man heute auch für die unterschiedlichen Biersorten reine Hefelinien. Die Unsicherheit über die Qualität der Hefe drückt sich z.B. in dem noch immer üblichen Verfahren, einen Vorteig anzusetzen, aus. Er diente ursprünglich dazu, die Eignung der Hefe zu testen und geeignete Linien zunächst im Teig anzureichern.

Wie aufwändig es tatsächlich war, mit ungereinigter Bier- oder Weinhefe zu backen, zeigt das folgende Rezept aus „Ein sehr Künstliches und fürtrefflichs Kochbuch von allerley Speysen…“, das um 1650 in Nürnberg verlegt wurde. Der erste Abschnitt beschreibt nur das Reinigen der Hefe:

180 Hefenküchlein mit Weinbeerlin

180 Hefenküchlein mit Weinbeerlin

Nim Bierheffen / ein halbes seidlin[1] Weinheffen / in ein hafen / darein ein mas[2] gehet / geus vol warm laubs wasser / rürs wol mit eim löffel vntereinander / lass ein nacht stehen / seyhe denn dz wasser morgens herab / geus ein warm wasser dran / rürs wider vnter einander / mit einem Kochlöffel / las ein stund oder zwo stehen / seybe dz wasser herab / so bleibt die Heffen vnten im hafen / nim warm wasser / saltz wie ein leise wassersuppen / thu die heffen / die vnten im hafen ist / mit einem löffel das weiss herab / das die Heffe schön sey / thu es in das gesaltzen wasser / must vier löffel vol haben.

Das gesaltzen wasser soll auch sieden / lass kalt werden / das lœ ist / thu die heffen darein

Nim ein Schüssel die nit zu klein ist / thu weis mäl darein / rür dann die heffen vnnd das wasser durch einander / seyhe es durch ein seyherlein in dz mäl / rüre es mit eim löffel vnter einander / Mache den taig nit zu dünn / Er soll dick sein / wie gewolner Küchleinstaig.

So man die abwirckt / klopffe in wol / das kein putz[3] darinn sey / leg den löffel oben auff die schüssel / decke ein tuch drüber / setze auff den Ofen / vnd thu warm einheitzen / las stehn / so gehet der taig auff / Nim jhn darnach / klopf den wider / thu Weinberlein darein / rüre jn wol durch einander / das die Weinberlin durch einander kommen / zerklopffs dennoch nicht / thu jn wider auff den Ofen decke das tuch vnd löffel wieder darüber / las ein weyl auffgehen / mach ein schmaltz heys / thu warm wasser in den hafen / Nim den taig aus der schüssel / als ein halbs Ey breit / thu jn flucks mit den fingern heraus / machs oben wie ein fledlein / legs es inn das heis schmaltz / schöpffe mit einem löffel darauf / sie sollen nicht braun / sondern weis sein.

So du die wilt einlegen / mustu die hend in warmem wasser nass halten / sonst bleibet der taig an henden / Also must du gut Heffenkuchen machen.

“Nürnberger Kochbuch“[ANü1560]

Die Absätze sind zur Verdeutlichung der Arbeitsschritte eingefügt und entsprechen den Punkten ohne Absatz im Original.

[1]*Seidl: in Bayern ca. 0.5 l;* [2]*Maß: 1 l;* [3]*putz: Stückchen, Klümpchen.*

180.1 Hefeküchlein mit Weinbeeren

180.1 Hefeküchlein mit Weinbeeren

Vorbereitung der Hefe

I Vorbereitung der Hefe

- ▷ Nimm Bierhefe (und) $\frac{1}{4}$ l Weinhefe in einen Topf, in den ein Liter passt.
- ▷ Gieße mit lauwarmem Wasser bis zum Rand auf und rühre es mit einem Löffel gut untereinander.
- ▷ Lass es über Nacht stehen.
- ▷ Schütte (siebe) das Wasser morgens ab und gieße mit frischem warmen Wasser erneut auf und rühre es mit einem Kochlöffel wieder gut auf.
- ▷ Lass es ein oder zwei Stunden stehen, dann schütte das Wasser ab, so dass die Hefe unten im Topf bleibt.
- ▷ Nimm warmes Wasser und salze es leicht wie eine dünne Wassersuppe.

- ▷ Schöpfe die Hefe, die unten im Topf ist, mit einem Löffel in der Weise ab, dass es eine schöne Hefe ist
- ▷ und gib sie in das gesalzene Wasser. Du brauchst vier Löffel voll (ca. 120ml) Hefe.
  Anmerkung: Das gesalzene Wasser sollte zunächst kochen, danach lass es abkühlen bis es lauwarm ist, gib dann (erst) die Hefe hinein.

II Teigzubereitung

Teigzubereitung

- ▷ Nimm eine nicht zu kleine Schüssel und gib weißes Mehl hinein.
- ▷ Rühre dann das Wasser und die Hefe durcheinander, siebe es durch ein Sieblein in das Mehl und rühre alles mit einem Löffel untereinander.
- ▷ Mach den Teig nicht zu dünn, er soll so dick sein wie ein ausgewellter Küchleinteig.

Fertigstellen

III Fertigstellen

- ▷ Knete den Teig und „klopfe“ ihn gut (schlage ihn auf der Arbeitsfläche auf), damit keine Klümpchen im Teig verbleiben.
- ▷ Lege den (Koch-)Löffel oben auf die Schüssel, decke ein Tuch darüber und stelle die Schüssel auf den Ofen.
- ▷ Heize warm ein und lass den Teig stehen, bis er aufgeht.
- ▷ Nimm ihn danach und Klopfe ihn erneut,
- ▷ gib Rosinen hinein und rühre alles gut durcheinander, so dass sich die Rosinen gut verteilen.
- ▷ Zerklopfe den Teig trotzdem nicht (d. h. arbeite die Rosinen vorsichtig ein, ohne dass der Teig zusammenfällt).
- ▷ Stell ihn wieder auf den Ofen, lege Tuch und Löffel darüber und lass ihn einige Zeit aufgehen.
- ▷ Inzwischen mach Schmalz heiß und gib warmes Wasser dazu.
- ▷ Nimm den Teig aus der Schüssel (in Stücken) so breit wie ein halbes Ei,
- ▷ nimm ihn dabei schnell mit den Fingern heraus,
- ▷ forme ihn wie ein Flädlein und leg das Stück in das heiße Schmalz.
- ▷ Schöpfe Schmalz mit dem Löffel auf den Teig, der nicht braun werden, sondern weiß bleiben soll.

Tipp: Zum Einlegen des Teigs musst du die Hände in warmem Wasser nass machen und halten, sonst bleibt der Teig an den Händen kleben. Genau so musst du guten Hefekuchen machen.

Das Rezept ist offensichtlich aufwendig und der Autor hat zweimal Nachträge eingeschoben oder nachgereicht, um nochmals zusätzliche Aspekte des Arbeitsablaufs zu verdeutlichen. Andererseits handelt es sich hier ganz offensichtlich um eine frühe Form der Dampfnudel, bei der die Unterseite braun, die Oberseite dagegen weiß ist. Das wird zwar noch nicht durch Aufziehen in Wasserdampf erreicht, sondern dadurch, dass die Oberseite nur durch das ständige Übergießen mit dem heißen Fett–Wassergemisch erfolgt. Der „Kuchen" wird also nicht in heißem Fett ausbebacken wie bei Krapfen, sondern aufgezogen. Es wird zwar nicht beschrieben, aber die flachen Teigfladen bilden so eine schöne kissenförmige Aufwölbung aus.

Hefeteigrezepte bleiben in den Kochbüchern zunächst weiterhin selten. Insbesondere im alemannisch-schwäbischen Bereich fehlen sie. 1750 findet sich dann ein Rezept im Augsburger Kochbuch, wobei der Teig wohl auch in Schmalz ausgebacken wurde, da es sich zwischen anderen Rezepten für Schmalzgebäck findet.

181 Gute Hefen-Küchlein zu bachen

181 Gute Hefen-Küchlein zu bachen

Nimm ein weisse Hefen, und so viel in der hefen ist, so viel Milchraum must du auch nehmen, aber keine Milch, so viel du Eyer wilt nehmen, stehet bey dir, und thue auch ein Schmalz darein, klopffe alsdenn den Taig wol, lasse ihn gehen darnach bache[1] ihn.

[1] *Das Rezept steht zwischen Rezepten für Schmalzgebäck, so dass das Ausbacken in Schmalz wohl impliziert ist.*

Augsburger Kochbuch[OAu1750]

181.1 Gute Hefe-Küchlein zu backen

181.1 Gute Hefe-Küchlein zu backen

▷ Nimm weiße Hefe
▷ und so viel Hefe es ist, so viel Rahm <Sahne> musst du nehmen,
▷ aber keine Milch<!>.
▷ Wieviel Eier du nimmst, liegt bei dir.
▷ Gib auch Schmalz hinein.
▷ Klopfe den Teig dann gut,
▷ lass ihn gehen
▷ und backe ihn <in Schmalz>.

Der Teig entspricht in seiner Zusammensetzung einem typischen Dampfnudelteig wie er auch heute noch hergestellt wird, nur dass in den Teig Schmalz statt Butter kommt.

Ende des 18. Jahrhunderts tauchen Hefe- und Dampfnudeln dann plötzlich in vielen Kochbüchern auch des schwäbisch-alemannischen Bereichs mit Ausnahme der Schweiz auf. Dabei häufen sich die Rezepte für Varianten der Hefenudeln im Osten. Österreich, Böhmen und Bayern sind die Zentren dieser Nudeln. In M. A. Neudeckers „Die bayrische Köchin in Böhmen“ finden sich verschiedenste Varianten und K. Prato[APr1858] verwendet 1858 in ihrer „Süddeutsche Küche“, die eigentlich österreichisch ist, 30 Seiten für in Schmalz gebackenen Hefeteig. Westlich des Lech setzt sich dagegen fast nur die Dampfnudel durch, aber mit Erfolg. Im 19. Jahrhundert erobert sie alle Kochbücher dieses Raums.

4.3.1 Hefen– bzw. Rohrnudeln

Hefenudeln waren, wie erwähnt, in erster Linie im Südosten Deutschlands verbreitet, sie waren aber auch in Nordwürttemberg bekannt:

Mehlmischung für Rohr– und Dampfnudeln

Mehlmischung für Rohr– und Dampfnudeln

Für **Rohrnudeln**, die auch auf der Oberseite bräunen, kann man die Standardmischung von

je $\frac{1}{3}$ Mais–, Reismehl, Stärke, und je 2–3% Xanthan und Johannisbrotkernmehl

verwenden.

Für **Dampfnudeln**, die möglichst farblos weiß sein sollen, verwendet man besser

$\frac{2}{3}$ Reismehl, $\frac{1}{3}$ Stärke, je 2–3% Xanthan und Johannisbrotkernmehl

oder man ersetzt gelbes Maismehl durch das meist grobkörnigere weiße Maismehl. Schließlich kann man alternativ auch Buchweizenmehl verwenden, der Teig wird dann jedoch leicht grau.

183 Klumpen-Nudel

183 Klumpen-Nudel

Es werden ohngefähr drey Händevoll Mehl, ein paar Handvoll sogenannte Knollen[1] von saurer Milch, drey Eier, ein paar Löffelvoll Bierhefe, etwas Salz, unter einander gemacht, daß es ist wie ein vester Knöpflestaig; hierauf wird der Taig auf das Nudelnbrett heraus gethan, ein paar Wärgeln davon gemacht, Stücklein daraus geschnitten wie ein kleines Ey, hieraus wieder langlechte Wärgeln gemacht und auf ein Brett, mit Mehl bestreut, gesetzt, worauf man sie gehen läßt, sie darfen aber nicht viel gehen, sonst bleiben sie nicht hoch; alsdann wird in einem Becken oder Casserol ein Stück Butter zerlassen, und ein klein wenig gute Milch daran geschüttet, und dann wie obige[2] Dampfnudeln aufgezogen, sie darfen oben auch keine Schärre haben; wenn sie unten schön gelb sind, wird ein wenig süßer Rohn daran gegossen, daß sie wohl saftig bleiben, alsdann werden sie aufgestochen und auf den Tisch gegeben; wenn man ein wenig sauren Rohn unter den süßen thut, ist es auch recht gut.

GÖPPINGER KOCHBUCH[WGö1790]

[1]*Knollen: Zusammenklumpungen in der sauren Milch, die fett- und eiweißreicher sind, da sich das Wasser abgetrennt hat, heute wird man zu Créme frâiche oder Schmand als Alternative greifen.* [2]*Das Rezept „Dampfnudeln mit Krebsen" folgt unten.*

183.1 Hefe–Nudeln

183.1 Hefe–Nudeln

- ▷ Ungefähr 3 Hände voll Mehl, ein paar Handvoll sogenannte Knollen von saurer Milch (alternativ Schmand), 3 Eier, ca. 20 g Hefe und etwas Salz werden zusammengearbeitet, so dass der Teig die Konsistenz eines festen Knöpfleteigs hat.
- ▷ Den Teig gibt man auf das Nudelbrett und formt daraus ein paar Würste.
- ▷ Davon schneidet man kleine Stücke, etwa so groß wie ein kleines Ei.
- ▷ Daraus rollt man wieder längliche Würste,
- ▷ setzt sie nebeneinander auf ein bemehltes Brett und
- ▷ lässt sie etwas gehen (nicht zu stark, dann bleiben sie nicht hoch).
- ▷ In einer Kasserolle zerlässt man ein Stück Butter und schüttet etwas gute Milch daran und
- ▷ zieht die Nudeln wie Dampfnudeln auf (s. nächstes Rezept).
- ▷ Die Nudeln dürfen oben keine Kruste bekommen.
- ▷ Wenn sie unten schön gelb sind, gießt man etwas Sahne an, damit sie saftig bleiben.
- ▷ Die Nudeln ausstechen und servieren.
- • Wenn man etwas Sauerrahm unter die Sahne mischt, ist es auch sehr gut.

Die Hefenudeln unterscheiden sich von Dampfnudeln im Wesentlichen durch Form und z. T. durch das Garverfahren. Es sind im heutigen Verständnis Rohrnudeln oder ungefüllte **Buchteln**. Zum Füllen, d. h. für Buchteln, wellt man die Würstchen aus bzw. drückt sie flach und gibt etwas Pflaumenmarmelade in die Mitte. Dann zieht man die Ränder hoch und drückt den mit Wasser oder Milch angefeuchteten Teigrand zusammen, setzt sie nebeneinander in eine Auflaufform und backt sie im Backofen. Sie dürfen braun werden.

4.3.2 Dampfnudeln

Dampfnudeln müssen schön weiß sein und unten eine braune Kruste, eine Scharre, haben. Für glutenfreie Dampfnudeln kommen deshalb nur Reis–, Klebereismehl und Stärke, allenfalls noch grobes weißes Maismehl, in Frage. Alle anderen Mehlsorten färben zu stark.

Dampfnudeln oder Germknödel in Österreich, werden heute meist als Süßspeise oder sogar Nachtisch gegessen. Früher sah man das nicht so eng, wie das folgende Rezept aus dem Göppinger Kochbuch von 1790 zeigt, das darüber hinaus auch heute kulinarisch gehobene Ansprüche erfüllt. Das Problem sind die Flusskrebse, genauer Edelkrebse, die es in guter Qualität kaum noch gibt (vgl. Rez. 168 auf Seite 260). Man kann zu Languste, Hummer oder Königskrabbe greifen, aus deren Schalen man auch die Krebsbutter herstellen kann. Billiger geht es mit Crevetten, deren Schalen aber zur Verarbeitung nicht geeignet sind.

185 Krebs-Dampfnudeln

185 Krebs:-Dampfnudeln

Von ohngefähr 12 Krebſen, die nicht gar zu klein ſind, wird, wie ſchon mehrmalen gemeldet worden, von einem vollen Vierling Butter ein Krebſbutter[1] gemacht; wenn der Butter aufgepreßt worden, gießt man an die Krebſſchalen ohngefähr einen Schoppen gute Milch, preßt ſie wieder durch das nämliche Tuch in ein beſondres Geſchirr, und macht einen Dampfnudel-Taig auf folgende Art:

Ein völlig halbes pfund Mehl wird mit drey kleinen Eyern, etwas lauer Milch und einem Löffel voll guter Bierhefe, auch etwas Salz, wie ein gewöhnlicher Dampfnudel Taig[2] angemacht; wenn ſolcher wohl geklopft worden, läßt man ihn noch ein wenig gehen, nimmt ihn auf das Nudelbrett heraus, wellet ein viereckiges Stück nicht gar Fingerſdick aus, überſtreichet es wohlmit dem Krebſbutter, doch ſo, daß noch etwas davon überbleibt, ſchneidet nicht gar einen Finger breit und anderthalb Finger lang Riemen davon, rollt einen jeden auf, ſetzt ſie ſo gerad als möglich auf ein mit Mehl beſtreuteſ Blech, läßt ſie langſam gehen, nimmt das Obere von der Krebſmilch in einen Caſſerol oder Becken, doch nicht mehr, als daß die Dampfnudeln einen halben Finger dick darein zu ſitzen kommen; wenn die Milch oben kein fett mehr hat, muß noch etwas von dem Krebsbutter darzu gethan werden; hernach setzt man die Dampfnudeln in dem Blech herum, stellt sie auf Kohlen, deckt sie mit einem wohlschliessenden Deckel zu, worauf ein wenig Kohlen, oder heisse Asche gethan wird, weil sie mehr von dem Dampf als dem Feuer müssen aufgezogen seyn, indem sie oben nicht gelb werden, sondern nur fertig sein müssen; wenn sie wohl aufgezogen, werden sie mit dem übrigen Krebsbutter vollends überstrichen; wenn sie unten recht schön gelb sind, wird von der übrigen Krebsmilch, welche siedend seyn muß, mit einem Löffel ein wenig darzwischen gegossen, aber nicht mehr, als daß sie unten etwas saftig davon seyn; alsdann werden sie ausgestochen, und auf einer Platte auf den Tisch gegeben; wer will, kann auch die übrige Krebsmilch auf den Tisch geben.

Göppinger Kochbuch[WGö1790]

185.1 Krebs-Dampfnudeln

185.1 Krebs-Dampfnudeln

- Von ca. 12 (großen) Krebsen und 125 g Butter macht man eine Krebsbutter (s. nächstes Rezept). Wenn die Butter ausgepresst ist, gießt man an die Krebsschalen ungefähr $\frac{1}{2}$ l Milch und presst sie wieder durch das Tuch in eine Schüssel. Dann macht man folgenden Dampfnudelteig:

▷ Ein halbes Pfund Mehl wird mit drei kleinen Eiern, lauer Milch und 20–30 g Hefe sowie etwas Salz zu einem weichen Teig angemacht.
▷ Nachdem dieser gut durchgearbeitet wurde, lässt man ihn etwas gehen.
▷ Dann wellt man Teig rechteckig ca. fingerdick aus,
▷ bestreicht ihn mit Krebsbutter, behält jedoch etwas davon zurück,
▷ schneidet einen Finger breite und anderthalb Finger lange Riemen ab,
▷ rollt sie auf und
▷ setzt sie möglichst gerade auf ein bemehltes Blech und
▷ lässt sie langsam gehen.
▷ Jetzt gibt man das Obere (fetthaltige) der Krebsmilch mit etwas Krebsbutter in eine Kasserolle,
▷ jedoch nur so viel, dass die Dampfnudeln einen Finger hoch darin stehen,
▷ setzt die Dampfnudeln hinein,
▷ deckt mit einem gut schließenden Deckel ab und

▷ stellt die Kasserolle auf die nicht zu heiße Herdplatte (alternativ in den Backofen).
• Die Nudeln müssen mehr durch den Dampf als durch die direkte Hitzeeinwirkung aufgehen und dürfen oben nicht gelb werden.
▷ Wenn sie gut aufgezogen sind, werden sie mit der restlichen Krebsbutter überstrichen und
▷ wenn sie unten schön braun sind,
▷ gießt man einen Löffel (nicht mehr) von der kochenden Krebsmilch zwischen die Nudeln, so dass sie unten etwas saftig sind.
▷ Ausstechen, auf eine Platte legen und servieren, man kann noch die restliche Krebsmilch dazu reichen.

186 Einen Krebſbutter zu machen

186 Einen Krebsbutter zu machen

Die Krebſe werden mit Salz geſotten, die Schalen davon abgemacht, die Gallen oder Magen davon heraus gethan, und ſodann wird von den Krebſen alles was roth iſt, auch die Füſſe, genommen, nur der dicke Bauch wird weggeworfen, welcher einen üblen Geſchmack macht, und nichts zu der Farbe beyträgt; die Schalen werden alſo klein geſtoſen, und nach Proportionen der Krebſe in einem guten Theil Butter wohl verdämpft; ferner wird etwas Fleiſchbrühe daran gegoſſen, womit man es ein wenig kochen läßt, und alſdann durchgepreßt. Will man eine Krebſſuppe davon machen, ſo wird, wenn die Krebſe gedämpft ſind, ſo viel Mehl daran gethan, als man glaubt, daß die Brühe etwas dicklecht darvon wird; wenn es noch ein wenig gedämpft, wird gute Fleiſchbrühe daran gethan, und aufgeſotten, endlich durch ein Haartuch oder Haarſieb gegoſſen. Auf ſolche Weiſe kann man es zu einer Krebſſuppe gebrauchen, und entweder ſüſſen oder ſauren Rohn mit Eyerdottern legiren.

Göppinger Kochbuch[WGö1790]

186.1 Krebsbutter herzustellen

186.1 Krebsbutter herzustellen

▷ Die Krebse werden in Salzwasser (3–5 Min.) gekocht.
▷ Schälen und sämtliche Innereien entfernen.
▷ Die Schale und alles, was rot ist, einschließlich der Füße, wird klein gestoßen und in reichlich Butter gut gedämpft.
▷ Dann gießt man etwas Fleischbrühe an und lässt etwas kochen.
▷ Schließlich wird alles in einem Tuch oder einem Haarsieb ausgepresst.
• Möchte man eine Krebssuppe davon machen, so gibt man etwas

Mehl dazu, dämpft es, bis die Brühe dicklich wird, verdünnt mit guter Fleischbrühe und zieht die Suppe mit Rahm oder Eigelb ab.

Für Dampfnudeln, süße oder salzige, verwendet man einen Grundteig. Variiert wird vor allem die Art des Aufziehens. Hier nun eine Zusammenstellung der grundlegenden Varianten:

187 Dampfnudeln

187 Dampfnudeln

Auf der Basis ein und desselben Teigs lassen sich verschiedene Varianten herstellen:

187.1 Gesalzener Teig

187.1 Gesalzener Teig

500 g Mehl, ca. 250 ml Milch, 1 Prise Zucker, 1 Prise Salz

Mehlmischung Abschn. 4.3.1 auf Seite 281, die Milchmenge erhöht man auf 300–350 ml.

▷ Aus den Zutaten wird ein weicher Hefeteig hergestellt, den man zunächst gehen lässt.

▷ Dann formt man kleine Kugeln, die man auf einem bemehlten Brett nochmals gehen lässt.

• Beim glutenfreien Teig ist der Feuchtigkeitsgehalt entscheidend. Ist der Teig zu trocken, so geht er nicht auf. Zu feuchter Teig ist zu weich und hält die Form nicht. Hier muss je nach Mehlsorten nachjustiert werden. Verbindliche Mengenangaben sind problematisch.

187.2 Süßer Teig

187.2 Süßer Teig

Dem Teig für gesalzene Dampfnudeln fügt man noch 40–50 g Zucker zu.

▷ Zubereitung wie gesalzener Teig.

187.3 Fertigstellung

187.3 Fertigstellung

• Man kann im Wesentlichen drei Varianten unterscheiden, die sich auch in den zitierten historischen Rezepten wiederfinden.

I Aufgezogene Dampfnudeln

Aufgezogene Dampfnudeln

- ▷ In einer gut schließenden Kasserolle oder Pfanne mit dichtem Deckel lässt man auf dem Herd
- ▷ ein nussgroßes Stück Butter und ca. 1 Glas Wasser oder eine Mischung aus Wasser und Milch aufkochen. Die Flüssigkeit sollte nicht höher als 2 cm stehen.
- ▷ Die Dampfnudeln werden rasch hineingesetzt,
- ▷ zugedeckt und
- ▷ bei geringer Hitze 20–30 Min. gedämpft. Den Topf nicht öffnen!
- Wenn es im Topf knistert und „kracht“ sind die Dampfnudeln fertig. Sie müssen unten eine Kruste gebildet haben und sollen oben weiß und glänzend sein.

II Gebackene Dampfnudeln

Gebackene Dampfnudeln

- ▷ Den Teig wellt man fingerdick aus, sticht mit einem Glas oder Ring runde Küchlein aus und setzt sie auf ein mit Butter bestrichenes Blech.
- ▷ Die Küchlein lässt man nochmals aufgehen,
- ▷ besteicht sie dann mit Eigelb und bestreut sie mit Hagelzucker.
- ▷ Sie werden im Backofen bei ca. 180 °C gebacken.

III Gerollte Dampfnudeln

Gerollte Dampfnudeln

- ▷ Der Teig wird als langer Streifen ausgewellt,
- ▷ mit zerlassener Butter bestrichen und mit Zucker und ggf. Rosinen und geriebenen Nüssen bestreut,
- ▷ aufgerollt,
- ▷ in dünne Scheiben geschnitten und
- ▷ wie vorstehend im Backofen gebacken.
- Alternativ lässt sich auch eine herzhafte Fülle auf den gesalzenen Teig aufbringen, wie im Rezept für Krebs-Dampfnudeln (1 auf Seite 284).
- Die süßen gerollten Dampfnudeln stellen im Prinzip eine einfache Form der Schneckennudeln dar. Dazu bereitet man aus dem Grundteig einen Plunderteig:

Schneckennudeln

Schneckennudeln

- ▷ Der Teig wird ca. fingerdick als Rechteck ausgerollt.
- ▷ Eine Hälfte wird mit dünnen Butterscheiben belegt, wobei die Butter dieselbe Festigkeit wie der Teig haben muss. Alternativ bestreicht man den Teig mit weicher Butter.
- ▷ Jetzt wird der Teig zusammengeklappt und
- ▷ ausgewellt.
- ▷ Den Teig wellt man erneut aus,
- ▷ klappt ihn zusammen und
- ▷ wiederholt dies zweimal.
- ▷ Bei der letzten Tour wird der Teig möglichst auf 3–4 mm ausgewellt,
- ▷ mit zerlassener Butter bestrichen und
- ▷ mit Zucker, Zimt, Korinthen und ggf. gemahlenen Haselnüssen bestreut.
- ▷ Aufrollen und gleichmäßige, ca. 1 Finger dicke Scheiben abschneiden,
- ▷ auf ein gefettetes Backblech legen und erneut gehen lassen.
- ▷ Mit Eigelb oder Milch bestreichen und
- ▷ im ca. 180 °C heißen Ofen backen.
- ▷ Noch heiß mit Zuckerwasser, dem etwas Zitronensaft zugesetzt ist, bestreichen.

Gesalzene Dampfnudeln eignen sich sehr gut als Beilage zu Sauerkraut, Sauerbraten oder sonstigem Schmorbraten mit sehr viel schwäbischer Soße.

Süße Dampfnudeln isst man klassisch mit Vanillesoße und bestreut sie mit Zucker und Zimt. Alternativ isst man ein Kompott dazu. In Österreich werden die Germknödel (Dampfnudeln ohne Scharre) mit Mohnkörnern und Puderzucker bestreut und mit Nussbutter übergossen.

4.4 Schupfnudeln oder Die Kartoffel lernt schwäbisch

Schupfnudeln sind die „großen Geschwister" der Spätzle, allerdings hat hier die Kartoffel einen festen Platz in der schwäbischen Küche erobert, während sie Spätzle nicht wesentlich beeinflussen konnte.

188 Strützel

Nach ein Teig an von lauter Dottern / geuß ein wenig Süſſen Rahm darvnter / vnd mach den Teig darmit an / vnd mach Strützel[1] darauß / etwan eines Fingers lang / vnd eines Fingers dick / vnd ſchaw / daß du es nicht verſaltzeſt / wirffs in Butter / die nicht gar heiß iſt / backs fein kül auß / vnnd gibs warm oder kalt auff ein Tiſch / beſtäw es mit Zucker / ſo iſt es gut vnd wolgeſchmack. *188 Strützel*

Marx Rumpolt, New Kochbuch[AMR1581]

[1] *Strützel: strützel oder striezel, bezeichnete ursprünglich wohl nur einen länglich geformten körper, historisch betrachtet liegen die verhältnisse so, dass strützel von jeher schon inhaltlich bestimmt ist: es bedeutet den länglich geformten kuchen. Mittel- und niederdeutsches Wort östlich der Elbe. Grimm'sches Wörterbuch.*

Striezel nach Marx Rumpolt, 1581

Striezel nach Marx Rumpolt, 1581

- ▷ Mache aus Eidottern einen (Nudel-)Teig.
- ▷ Gib etwas Süßrahm dazu und mache den Teig damit an (relativ fest).
- ▷ Forme daraus Striezel, ca. so lang und dick wie ein Finger.
- ▷ Schaue darauf, dass du es nicht versalzt (offensichlich soll der Teig gesalzen werden).
- ▷ Gib die Striezel in nicht zu heiße Butter und backe sie aus.
- ▷ Gib sie warm oder kalt auf den Tisch
- ▷ und bestreue sie mit Zucker, so schmecken sie gut.

Das Rumpolt'sche Rezept wird im 18. und 19. Jahrhundert mit leichten Abwandlungen weiter tradiert. So wird z. B. im Süddeutschen Kochbuch der Katharina Prato[APr1858] Topfen statt Rahm verwendet, um Topfen-Nudeln herzustellen. In „Die praktische Küche“[EPK1931] (vgl. Rez. 44 auf Seite 105) sind es Kässpatzen, bei der Löfflerin 1825 wird das geronnene Eiweiß von Sauermilch verwendet (Rez. 193 auf Seite 297). Nur bei der Löfflerin[WLö1825*] und nur in der zitierten Ausgabe von 1825 kommt der Begriff Schupfnudeln vor, ansonsten wird von Knöpflein oder Nudeln gesprochen, auch wenn sie alle Merkmale von Schupfnudeln erfüllen und Kartoffeln als Grundlage haben. Der Begriff „schupfen“ erweist sich bei einem Blick in das Grimm'sche Wörterbuch als schillernd:

schupfen im Grimm'schen Wörterbuch

schupfen im Grimm'schen Wörterbuch

schupfen, schuppen, verb. schnell und heftig stoszen, durch stosz in schaukelnde bewegung versetzen, in solcher bewegung sein. altes intensiv zu schieben.

als die uff und nider hüpfent ...
mit dem wunderlichen tantz ...
also schupfentz ab und uff.

Laszberg liedersammlung

- nudeln schupfen, den teig durch wälzen mit der hand zu länglichen nudeln (schupfnudeln, vgl. daselbst) formen.
- im schwäbischen auch den faden an die spindel drehen Birlinger[1]

[1] *was Sinn macht, wenn man sich vorstellt, dass die Spindel mit einer Hand gerollt wird und die andere den Faden führt.*

auch: ... wenn daneben bereits Alberus anführt 'ejicio, ich schüpp hinaus', so ist hier vielleicht vermischung mit schüppen 'schaufeln' anzunehmen. dasz diese wörter sich sehr nahe stehen und leicht mit einander wechseln, ...
oder: abwerfen, in dem sprichwort: ein pferd das zu viel futter hat schupft seinen herrn.

Im Grimm'schen Wörterbuch finden sich noch weitere Bedeutungen, die aber wohl auf ähnliche Wörter zurückgehen und durch verschleifen zu „schupfen" wurden. Z.B. schuppen → schuphen → Schupfen, von Schuppen, Hütte.

Der Begriff Strützel oder Striezel bezeichnet im Wesentlichen einen länglichen, leicht bauchigen Körper. Rezepte dazu finden sich schon in den mittelalterlichen Handschriften:

189 strötzlen auf käß

189 strötzlen aus käsz

tem nym geriben käß vnd schlach ayer dar an vnd gewurtz wol vnd knit ez durch ein ander. vnd mach ez zw langen strötzlen auff ein pret, die dün sein, vnd pachs in schmaltz vnd schneytz dan in ein schüssel.

Münchner Kochbuchhandschriften[MMü15tes]

Striezel

Striezel

Nimm geriebenen Käse und schlage Eier dazu, würze es gut und knete es durcheinander. Und mach es auf einem Brett zu langen, dünnen Striezeln. Backe sie in Schmalz und schneide sie dann in eine Schüssel.

Krünitz erläutert den Begriff Striezel, der vor allem im Osten verbreitet ist, näher im Zusammenhang mit Gebäck:

> *Strietz der Strietzel oder die Strietzel, ein im gemeinen Leben vieler Gegenden übliches Wort, einen länglichen schmalen und dicken Körper zu bezeichnen. Ein in länglicher Form gebackenes Brod, heißt in einigen Gegenden Strietzel, in andern Weck, und in noch andern Stolle. Butterstrietzel, ein Buttergebackenes in dieser Gestalt. In einem andern Verstande ist die Butterstrietzel ein Stück Butter in ähnlicher länglicher Gestalt, ein Butterweck, Ital. Striscia. In Baiern und Oesterreich sind die Strietzeln eine Art Kuchen, vielleicht von ähnlicher Gestalt, welche im Wendischen Struza heißen, wo es von Einigen von strotzen abgeleitet wird. In allen Fällen sticht der Begriff der Länge hervor, daher ist dieses Wort von Striem, Streifen nur im Suffixo verschieden.*
> KRÜNITZ[LKR1800]

4.4.1 Historisches und Regionales

Den Begriff „Schupfnudeln" findet man erst spät in den Kochbüchern, das haben sie mit den Spätzle gemein. Es gibt jedoch bei diesen frühen Rezepten, mindestens ein, häufig mehrere typische Merkmale die typisch für Schupfnudeln sind: Sie sind so lang und so dick wie ein Finger, die Enden laufen spitz aus, sie werden „geschupft", d. h. zwischen den flachen Händen oder mit einer Hand auf einem Brett gerollt, sie werden gekocht und anschließend in der Pfanne angebraten oder direkt in der Pfanne in Schmalz gebacken.

Das Rezept von Marx Rumpolt (Rez. 188 auf Seite 289) erfüllt die Bedingungen: 'lang und dick wie Finger' und 'ausgebacken'. Dasselbe gilt für das folgende Rezept aus dem Tübinger Kochbuch, das, mit anderer Benennung, das Rumpolt'sche Rezept in „modernisierter" Form wiedergibt:

190 Nudeln von saurem Rohn, der aber recht dick seyn muß

190
Nudeln von saurem Rohn, der aber recht dick seyn musz

Nehme recht weisses Mehl, so viel du nöthig hast, thue sauren Rohn daran, bis du es zu einem rechten Taig würcken kanst, der doch gleichwohl etwas locker seyn muß, saltze den Taig und mache Fingerds dicke und halb Fingers lange Nudeln daraus; bestreue ein Brett recht wohl mit Meel, lege die Nudeln darauf, lasse sie eine Stunde lang an einem warmen Orte gehen[1], und bache sie gantz gemächlich im Schmaltz.

Tübinger Kochbuch[WTü1749]

[1] *Hier ist nicht klar, ob die Nudeln wirklich aufgehen sollen, dazu wäre die Zugabe von Hefe notwendig, die aber nicht im Rezept erwähnt ist. Auf jeden Fall trocknet die Nudeloberfläche so ab.*

Nudeln aus dickem Sauerrahm (Topfen, Crème fraîche)

Nudeln aus dickem Sauerrahm (Topfen, Crème fraîche)

- ▷ Nimm so viel weißes Mehl wie erforderlich.
- ▷ Gib langsam so viel Sauerrahm dazu, bis sich die Masse zu einem Teig kneten lässt, der aber noch locker sein soll.
- ▷ Arbeite Salz in den Teig,
- ▷ forme fingerdicke und halbfingerlange Nudeln daraus.
- ▷ Lege die Nudeln auf ein bemehltes Brett.
- ▷ Lasse die Nudeln an einem warmen Ort eine Stunde lang abtrocknen (gehen?).
- ▷ Backe sie langsam in Schmalz.

Dieses Rezept steht noch ganz in der Tradition des Barock und Rumpolts. Die Kartoffel ist noch nicht bekannt oder verbreitet. Aber auch später, ja bis heute, blieben die mehlbasierten Schupfnudeln, vor allem im östlichen Teil des schwäbisch-alemannischen Raums, erhalten. Hier noch ein Rezept von 1908, das in moderner Schrift wiedergegeben, die älteren Rezepte quasi erläutert:

191 Schwäbische Schupfnudeln (Regenwürmer)

191 Schwäbische Schupfnudeln (Regenwürmer)

Ein Pfund gröberes Mehl[1], s. g. Nachmehl, wird mit einem Stückchen zerlassener Butter, genügend Salz und so viel lauwarmem Wasser, dass es einen gelinden[2] Teig gibt, der aber nicht anklebt, so lange tüchtig durchgeknetet, bis der Teig Blasen wirft. Dann lässt man ihn eine Weile ruhen, formt nun eine lange Wurst daraus, schneidet nussgroße Stücke davon ab und dreht oder vielmehr schupft diese mit der flachen Hand zu möglichst dünnen Nudeln (Würmern), die man auf einem Brett trocknen lässt. Hierauf kocht man sie in siedendem Salzwasser auf, schüttet sie in einen Seiher[3], kühlt sie mit frischem Wasser ab und röstet sie kurz vor dem Gebrauch in einer flachen Pfanne <aus>[4] (in) heißem Schmalz leicht gelb.

Christine Haller[OAu1908]

[1] *Am besten verwendet man Type 550 oder Dinkelmehl Type 630.*

[2] *weichen, lockeren.*

[3] *Sieb, Abschlag.*

[4] *Die Pfanne sollte sicher nicht aus Schmalz sein.*

Das ist die echte Sparvariante, nur Mehl, Wasser und Salz. Andererseits wird die Nähe zu Spätzle deutlich, nicht nur zur Sparvariante der Weißmehlknöpfle Rez. 33 auf Seite 94, der Teig wird bearbeitet, bis er Blasen wirft, d. h. genügend Kleber aktiviert ist, um die Nudeln zusammenzuhalten. Insofern ist diese Variante nur mühsam glutenfrei herzustellen, auch wenn Gelbildner zugesetzt werden.

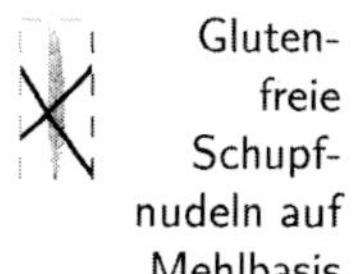

Glutenfreie Schupfnudeln auf Mehlbasis

Gekochte Schupfnudeln erfordern die Zugabe von Gelbildnern, Jahannisbrotkernmehl, Xanthan. Dasselbe gilt für **Hefeteig**.

Gebratene Schupfnudeln, die vorher nicht gekocht werden, können ohne Zusätze hergestellt werden. Dafür ist ein hinreichender Flüssigkeitsgehalt (Eier, Wasser) des Teigs erforderlich, damit sie aufgehen. Außerdem sollten sie in reichlich gut heißem Fett, fast schwimmend, schnell von allen Seiten angebraten werden.

Mehlmischungen

je $\frac{1}{3}$Reismehl, Klebereismehl und Stärke
oder
je $\frac{1}{3}$Maismehl, Reismehl und Stärke
ggf.
je ca. 2% Johannisbrotkernmehl und Xanthan, bei gekochten.

In einem offenbar weitgehend vergessenen Kochbuch aus Reutlingen „Die gelehrige Hauswirtin“ werden spätestens 1803 „Finger-Nudeln“ aus Mehl aufgeführt, wobei interessant ist, dass die Mehl-Nudeln wie in mittelalterlichen Nudelrezepten ungekocht in Schmalz gebacken werden:

192
Finger-Nudeln, gebackene

192 Finger-Nudeln, gebackene

Nimm feines Mehl, salze es, siede Milch mit einem Stück Butter, mache den Taig mit an, nimm ihn auf ein Teller, mache Fingers große Nudeln, und bake sie gelb im Schmalz, thue sie gleich auf dem Schmalz in siedende Milch und schüttle sie, laß sie ein wenig auflaufen in der Milch, darneben halte eine Kachel mit süßem Rahm, nimm die Nudeln aus der Milch, lasse sie ein klein wenig in dem Rahm aufsieden, decke eine Schüssel darauf, und stürze die Kachel um, setze die Schüssel ein wenig auf die Kohlen und gieb sie auf den Tisch.

DIE GELEHRIGE HAUSWIRTHIN[WRE1803]

Gebackene Fingernudeln

Gebackene Fingernudeln

- ▷ Feines Mehl salzen,
- ▷ Milch mit einem Stück Butter zum Sieden bringen.
- ▷ Die Milch nach Bedarf zum Mehl geben und zu einen festen Teig kneten.
- ▷ Den Teig auf einen Teller geben und Nudeln von der Größe eines Fingers formen.
- ▷ Backe die Nudeln in Schmalz gelb,
- ▷ gib sie direkt aus dem Schmalz in siedende Milch und schüttle sie (damit sic nicht anhängen?),
- ▷ lass sie in der Milch etwas ziehen (auflaufen).
- ▷ Halte eine Kachel (Platte, Teller), am besten eine flache Pfanne, mit Süßrahm bereit.
- ▷ Nimm die Nudeln aus der Milch und gib sie in die Pfanne mit Süßrahm.
- ▷ Lass den Rahm etwas aufkochen.
- ▷ Decke eine Schüssel über die Pfanne und drehe beides gemeinsam um.
- ▷ Stelle die Schüssel noch etwas in den heißen Backofen und serviere sie anschließend.

Die Nudeln, die keine Eier enthalten, werden zunächst gebraten und anschließend in Milch gekocht. Zum Schluss kommen sie in Rahm, der noch etwas eingekocht wird, um anschließend serviert zu werden. Dass die Nudeln zuvor nochmals in der Schüssel warm gestellt werden, dient wohl dazu, sie am Tisch länger warm zu halten. Das Rezept hat Ähnlichkeit mit Schleifernudeln Rez. 203 auf Seite 312, durch die Milch und die Sahne werden sie allerdings aufgewertet.

Im zweiten Band des Löfflerschen Kochbuchs von 1925, das auch alltägliche Rezepte enthält, wird der Begriff „Schupfnudeln" tatsächlich benutzt, wobei diese den „Elsässer Käsepatzen" (Rez. 44 auf Seite 105) sehr nahe kommen:

193 Schupf-Nudeln

193 Schupf-Nudeln

Eine halbe Maaß gestandene (saure) Milch rahmt man ab, läßt sie an der Wärme zusammenklumpen, gießt sie in einen engen Seiher oder in ein Haarsieb, nimmt die Klumpen, wenn alles Wasser davon gelaufen ist, in eine Schüssel, schlägt 3 Eyer daran, rührt so viel Mehl und etwas Salz darein, daß man Fingersdicke und ebenso lange Nudeln davon machen kann, legt diese in siedendes Wasser, läßt sie schnell kochen, gießt sie in einen Seier, und läßt sie recht ablaufen, macht hierauf in einer Pfanne oder Kachel ein Stück Schmalz heiß, thut die abgelaufenen Nudeln darein, läßt sie auf einer Seite gelb werden, kehrt sie um, streut eine Hand voll geriebenes Weißbrot darüber, läßt sie vollends gelb werden, und gibt sie warm auf den Tisch.

LÖFFLER[WLö1825*]

Schupfnudeln

Schupfnudeln

500 g Magerquark oder Topfen, 3 Eier, Mehlmischung, Salz, Schmalz oder Öl, geriebenes Weißbrot (glutenfrei)

Die Zubereitung von Weißem Käse aus Milch ist zwar interessant, man wird aber vorzugsweise auf Quark oder Topfen zurückgreifen. Das Rezept ist letzlich eine Variante der Elsässer Käsepatzen (Rez. 44 auf Seite 105)

- ▷ Den Quark in einem Haarsieb gut abtropfen lassen.
- ▷ Dann den Quark mit 3 Eiern, etwas Salz und so viel Mehl zusammenarbeiten, dass ein hinreichend fester Teig entsteht.
- ▷ Fingerdicke und fingerlange Nudeln formen,
- ▷ in siedendes Wasser legen,

▷ kochen, bis die Nudeln aufschwimmen,
▷ absieben und gut abtropfen lassen.
▷ In einer Pfanne Schmalz (Öl) bei mittlerer Temperatur erhitzen,
▷ die abgetropften Nudeln hineinlegen und gelb werden lassen.
▷ Die Nudeln umdrehen,
▷ Geriebenes Brot darüber streuen (ca. 1 Handvoll),
▷ die zweite Seite gelb werden lassen
▷ und warm servieren.

Der Begriff „Schupfnudel“ war bekannt und möglicherweise in der einfachen Küche geläufig. Allerdings bezog er sich wohl auf die lange überkommenen Nudeln aus Mehl. Die auf Kartoffeln basierende Nudel dagegen war etwas Neues und wohl noch nicht allgemein verbreitet. Sie findet im Lauf des frühen 19ten Jhds. als Grund- und Erdbir(n)en-, Erdäpfel- oder eben Kartoffel–Nudel Eingang in die Kochbücher.

4.4.2 Die Kartoffel revolutioniert die Schupfnudel

So könnte man die letzten Jahre des 18. und die frühen des 19. Jahrhunderts charakterisieren. Die Kartoffel hat sich jetzt in Deutschland als Grundnahrungsmittel durchgesetzt und findet auch als „Mehlersatz“ Verwendung. Man kann sich gut vorstellen, dass während der klimatisch bedingten Hungersnöte in dieser Zeit (Abschn. 6.1 auf Seite 394) das Mehl für die traditionellen „Regenwürmer“ einfach mit zerquetschten Kartoffeln gestreckt wurde – und damit war sie geboren, die Kartoffel–Schupfnudel, lockerer, luftiger und alles in allem im Vergleich ein kulinarisches „Highlight“.

Die Kartoffeln heißen noch Grundbiren im Stuttgarter und Erdbirn im Augsburger Raum. Den Begriff Schupfnudeln gibt es noch nicht, zumindest in den Kochbüchern; sie laufen unter Grundbiren Knöpflein (Göppinger Kochbuch[WGö1790], Löflerin[WLö1795] oder Erdbirn-Nudeln (Weiler[OAu1788]). Die Stuttgarter Varianten sind noch im Versuchsstadium, was den Weg zur Schupfnudel betrifft, obwohl

Grundelemente zu erkennen sind wie folgende Rezepte zeigen:

Welche Kartoffeln für Schupfnudeln?

Im Prinzip kann man für Schupfnudeln alle Kartoffel verwenden, fest-, vorwiegend fest- und mehlig kochende.

Vorteilhaft, und vor allem leichter zu verarbeiten, sind jedoch

mehlig kochende Kartoffeln

194 Grundbirenknöpflein

194 Grundbiren-knöpflein

Es wird ohngefähr ein Vierling Butter mit 5 oder 6 Eyern weiß gerührt; alsdann werden 2 grose Handvoll geriebene Wecken oder Semmelmehl, auch eben so viel gesottene und geriebene Grundbiren, etwas Salz, ein wenig Pfeffer und Majoran dazu genommen, die Masse wird wohl unter einander gerührt, und die Knöpflein daraus formiert, welche in Wasser gesotten und mit geriebenem Brod geschmälzt werden.

Göppinger Kochbuch[WGö1790]

Kartoffel-Knöpflein

Kartoffel-Knöpflein

125 g Butter, 5–6 Eier, 2 Hände voll Weckmehl (glutenfrei), 2 Hände voll geriebene gekochte Kartoffeln, Salz, Pfeffer, Majoran

- ▷ Butter und Eier werden gerührt, bis die Masse weiß (schaumig) ist, d.h. genügend Luft aufgenommen hat.
- ▷ Jetzt das Weckmehl und die geriebenen Kartoffeln zugeben,
- ▷ würzen mit Salz, Pfeffer und Majoran.
- ▷ Die Masse gut verrühren.
- ▷ Knöpflein formen (Mit einem Löffel Teig abstechen und mit Hilfe eines zweiten Löffels in Form bringen.)

- ▷ Knöpflein direkt in siedendes Wasser einlegen und entnehmen, sobald sie aufgestiegen sind.
- ▷ Auf einer Platte anrichten und mit in Butter gebräuntem Weckmehl überschmälzen.

In einem weiteren Rezept wird das Weckmehl durch Mehl ersetzt. Beide Rezepte sind Modifikationen der Produktgruppe „Knöpflein“, wie sie sich auch bei der Löflerin findet. Bei der Löflerin[WLö1795] finden sich auch entsprechende Rezepte für „Knöpflein von Grund- oder Erdbirnen“, wobei mit Muskat gewürzt wird, ein für Schupfnudeln durchaus übliches Gewürz.

Sind es im Stuttgarter Raum Erdbire-Knöpfle, so zeigen die Erdbirn-Nudeln des Augsburger Kochbuchs die heute typischen Elemente von Schupfnudeln, deren Geburtsraum wohl hier im Osten des schwäbisch-alemannischen Raums liegt:

195 Erdbirn-Nudeln

195 Erdbirn-Nudeln

Man siedet nach Belieben Erdbirn in gesalzenem Wasser. So bald sie weich sind, werden sie abgegossen, geschält; und, so lange sie noch recht heiß sind, auf einem Nudelbrett mit dem Wargelholz zerdruckt, gesalzen und dann so viel Mehl darein gewirkt, daß der Teig wohl beysammen bleibt. Nun bestreicht man eine Bratpfanne oder ein Becken dick mit Butter; macht Milch siedend, gießt solche 2 Finger hoch hinein und wann der Teig länglich gewirkt worden ist; so schneidet man gut Fingers lange und 2 Fingers dicke Nudeln daraus; legt sie nebeneinander in die Milch, und läßt sie im Backofen, oder zwischen unten und oben gelegten Kohlen[1] langsam backen. Unter dem Backen müssen sie einmal mit Butter bestrichen werden.

Weiler[OAu1788]: Augsburger Kochbuch

[1] *Hier wird alternativ zum Backofen eine Backpfanne benutzt, die man auf Kohlen stellt und deren nach innen gewölbter Deckel mit glühenden Kohlen bedeckt wird, um Unter- und Oberhitze zu erzeugen.*

Kartoffel–Nudeln aus frisch gekochten Kartoffeln

Kartoffel–Nudeln aus frisch gekochten Kartoffeln

Kartoffeln, Salz, Mehl(mischung), Butter, Milch

- ▷ Kartoffeln, Menge nach Bedarf, werden in der Schale in Salzwasser gekocht.
- ▷ Die Kartoffeln, während sie noch heiß sind, schälen und
- ▷ auf einem Nudelbrett mit dem Wellholz zerdrücken (man kann auch die Kartoffelpresse nehmen oder sie reiben).
- ▷ Die Masse wird gesalzen und dann so viel Mehl hineingearbeitet, dass der Teig gut zusammenhält.
- ▷ Jetzt wird eine Kasserolle oder ein Backblech dick mit Butter bestrichen,
- ▷ man bringt Milch zum Sieden und gießt diese hinein, so dass sie 2 fingerbreit hoch steht.
- ▷ Den Teig länglich ausrollen und dann
- ▷ gut 2 Finger dicke Nudeln in der Länge eines Fingers herausschneiden.
- ▷ Die Nudeln nebeneinander in die Milch legen und
- ▷ langsam backen (ca. 180 °C).
- ▷ Während des Backens müssen sie einmal mit Butter bestrichen werden.

Dies sind nun „Schupfnudeln", die aus frisch gekochten Kartoffeln hergestellt werden und auch kein Ei enthalten.
Deshalb lassen sie sich nicht in Wasser schwimmend garen (sie würden sofort zerfallen), sondern werden in der Pfanne in Milch „aufgezogen" und ergeben ein durchaus interessantes fleischloses Gericht, zu dem man z.B. eingemachtes Obst reichen kann oder einfach etwas Zucker darüberstreut.
In „D'schwäbisch' Kuche"[OKL1973] werden Schupfnudeln immer ohne Eier hergestellt, damit sie besonders locker bleiben.

Das Hauptverbreitungsgebiet der Schupfnudeln ist, in der Tat, der östliche Teil des schwäbisch-alemannischen Bereichs, obwohl sie auch im badischen und nordwürttembergischen Raum durchaus bekannt sind. Darüber hinaus lässt sich eine Verwandtschaft zu Nocken im ehemaligen Österreich-Ungarn und zu italienischen Gnocchi nicht verleugnen. Das muss nicht verwundern, schließlich standen etliche dieser Teilräume unter den Habsburgern lange in enger Verbindung zu Österreich und Norditalien.

... Kartoffeln vom Vortag

... Kartoffeln vom Vortag

Stärke liegt in den pflanzlichen Zellen in mikrokristalliner Form vor. Beim Kochen quillt Stärke auf und die Primärstruktur beginnt sich aufzulösen. Lässt man sie dann abkühlen, so rekristallisiert die Stärke, d.h. sie kehrt in eine kristalline Form zurück. Allerdings nicht in ihre ursprüngliche sehr dichte Packung.

In einer ein bis zwei Tage alten Kartoffel liegt im Gegensatz zu frisch gekochten Kartoffeln wenig freies Wasser vor, es ist in und an den Stärkekristallen gebunden und die Kartoffel ist wieder relativ fest. Zerdrückt man sie, so ergibt sich mit wenig Mehl oder Stärke sowie evtl. Ei ein fester Teig, wobei Mehl oder Stärke noch zusätzlich Wasser aus der Kartoffel binden.

4.4.3 Schupfnudeln, nichts als Schupfnudeln

Schupfnudeln oder Bubaspitzle, Bauntzen, Bauraseckel, Regenwürmer usw., alles dasselbe, eine Sprachverwirrung, größer als bei den Spätzle. Noch größer als die Zahl der Bezeichnungen ist die Zahl der unterschiedlichen Varianten, die vom einfachen Teig bis zu Kartoffelteig reicht und mit oder ohne Eier oder mit oder ohne Wasser, und nimmt man das größere Umfeld hinzu, mit oder ohne Weizengrieß hergestellt werden. Einen Zusammenhang zwischen den verschiedenen Namen und den unterschiedlichen Zubereitungen gibt es dabei kaum, allerdings historische Traditionen, die in ihren Grundzügen im vorhergehenden Abschnitt aufgezeigt wurden.

Der Name Schupfnudeln kommt von schupfen, , zwischen den Händen oder mit der Hand auf einem Brett reiben, rollen. Durch

Im Wasser zerfallender Schupfnudelteig ...

... die Schupfnudeln direkt in heißem Fett ausbacken, anstatt den Teig durch zusätzliche Stärke zu binden. Die Schupfnudeln bleiben dann innen sehr locker.

Dies nutzt man aus, um auch aus frisch gekochten Kartoffeln Schupfnudeln herzustellen – sie werden direkt in Fett ausgebacken.

das Rollen eines kleinen Teigstücks zwischen den bemehlten Händen oder auf einem mit Mehl bestreuten Brett erhalten die Schupfnudeln ihre typische Form: Leicht bauchig in der Mitte mit dünnen, spitz ausgezogenen Enden; daher auch der Name Bubaspitzle oder Bauraseckel. Daneben gibt es weitere regionale Bezeichnungen, z.B. Baunze oder Bauntzen. Im Grimm'schen Wörterbuch findet sich dazu auch nur:

> *baunzen, pl. intestina: als sie (des Gargantua mutter) zu viel baunzen gegessen het, baunzen sind feiszte magendärm von barrenrindern (krippenvieh, mastvieh).*

was nicht wirklich einen logischen Bezug zu unseren Schupfnudeln ergibt.

Glutenfreie Mehlmischung für Mehlschupfnudeln

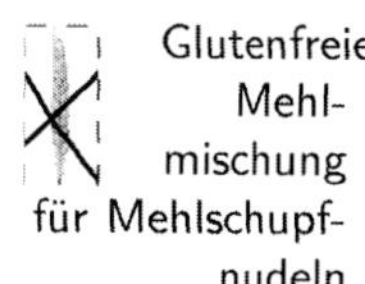

Glutenfreie Mehlmischung für Mehlschupfnudeln

Es empfiehlt sich die Standardmischung

$\frac{1}{3}$ Maismehl, $\frac{1}{3}$ (Klebe-)Reismehl, $\frac{1}{3}$ Maisstärke.

Zusätzlich: 1–2% Johannisbrotkernmehl, 1–2% Xanthan

Gewöhnlich sind Schupfnudeln fingerdick, maximal $1\frac{1}{2}$ cm, besser nur um 1 cm dick. Das hängt von der Konsistenz des Teigs ab, Mehl–Schupfnudeln macht man eher dünner, sehr lockere Kartoffel–Schupfnudeln dagegen automatisch dicker. Die Schupfnudeln sind gewöhnlich fingerlang. Daneben findet man noch sehr dünne Varianten, so genannte Regenwürmer.

Um der Vielzahl von Bezeichnungen und Zubereitungsformen Herr zu werden, hier ein Versuch der Klassifikation, dem sicher nicht jeder Fachmann uneingeschränkt zustimmen wird:

196 Schupfnudeln von Mehl und Kartoffeln

196 Schupfnudeln von Mehl und Kartoffeln

Glutenfreie Schupfnudeln *werden wie normale Schupfnudeln zubereitet, nur wird das Mehl durch die vorstehende definierte Mehlmischung (Abschn. 4.4.1 auf Seite 295) bzw. die Mischung für Spätzle ersetzt. Glutenersatzstoffe sind bei Kartoffel–Schupfnudeln nicht notwendig, da die Kartoffelstärke, mit Stärke oder Klebereismehl sowie Ei genügend Bindung entwickelt, evtl. ein Ei mehr zugeben als gewöhnlich.*

Hier eine Liste der Zutaten unterschiedlicher Schupfnudeln, die Zubereitung wird weiter unten erläutert.

196.1 Mehl-Schupfnudeln

196.1 Mehl-Schupfnudeln

sind etwas für Liebhaber dieser Teigwaren. Der Teig darf nicht zu zäh werden, da sie sonst furchtbar hart sein können, muss aber auch fest genug sein, damit sie in Wasser gekocht werden können. Kann man es, lassen sich sehr kleine, feine Schupfnüdelchen produzieren.

▷ Schleifernudle, die Urform aus Mehl

500 g Mehl(mischung), 1 Prise Salz, 350 ml Wasser (keine Eier!)

▷ G'schupfte Eiernudle

300 g Mehl(mischung), 2 Eier, Salz, 1 Tasse Wasser

196.2 Die klassischen Kartoffel–Schupfnudeln

196.2 Die klassischen Kartoffel–Schupfnudeln

Das, was man heute eigentlich unter Schupfnudeln versteht.

I Klassische Schupfnudeln/ Kartoffelnudeln

Klassische Schupfnudeln/ Kartoffelnudeln

werden aus am Vortag gekochten Kartoffeln hergestellt. Das ist wichtig, da die gequollenen Stärkekörnchen in der langen Zeit rekristallisieren und eine kohärente, gut zusammenhängende Masse bilden.

A: 500 g Kartoffeln, 200 g Mehl/Stärke, Salz, evtl. Muskat

B: 500 g Kartoffeln, 1-2 Eier, ca.125-150 g Mehl/Stärke, Salz, evtl. Muskat

C: 1 kg Kartoffeln, 1-2 Eier, ca. 2-3 EL Mehl/Stärke, Salz, Muskat

II Schupfnudeln aus frisch gekochten Kartoffeln

Schupfnudeln aus frisch gekochten Kartoffeln

Die Kartoffelmasse hält sehr schlecht zusammen. Deshalb werden diese Schupfnudeln nicht gekocht, sondern direkt in der Pfanne ausgebacken, was Kiehnle[WKi1956] betont und ich aus leidvoller Erfahrung weiß.

A: 1 kg Kartoffel, 1 Ei, 80 g Mehl/Stärke, Salz, Muskat

B: 1 kg Kartoffeln, 1 Ei, Salz, Muskat, so viel Mehl/Stärke zugeben, dass der Teig gerade zusammenhält, direkt braten oder sehr vorsichtig sieden.

Alternative: *Die Schupfnudelmasse wird analog zu Gnocchi (* *Rez. 209 auf Seite 318**) hergestellt: Die gekochten Kartoffeln werden ganz heiß püriert, gesalzen und die Masse in einer Schüssel kräftig durchgerührt, bis sie sich zusammenballt und* *von der Schüssel löst. Dabei langsam das Mehl zufügen. Dabei verschleimt die Stärke entsprechend einem gebrühten Teig, und „klebt“ zusammen. Nachdem die Masse etwas abgekühlt ist, das Ei einarbeiten und evtl. noch notwendiges Mehl zufügen (Kochprobe). Es lassen sich sehr feine Schupfnudeln formen, die gut in siedendem Wasser gegart werden können.*

Schupfnudeln mit Sauerrahm

III Schupfnudeln mit Sauerrahm

werden aus 1 Tag alten abgekochten Kartoffeln hergestellt. Die Mehlzugabe hängt wesentlich von der Kartoffelsorte und dem gewählten Mehl ab, man nimmt so viel, dass sich die Masse gut verarbeiten lässt, zu viel ergibt allerdings harte Schupfnudeln.

A: 1 kg Kartoffeln, 2-3 Eier, 3 EL Mehl/Stärke, 1 EL Sauerrahm, Salz, Muskat.

B: 1 kg Kartoffeln, 2 Eier, 3 EL Sauerrahm, Mehl/Stärke, Salz, evtl. Muskat

Zubereitung aller Schupfnudeln:

- ▷ Kartoffeln, soweit im Rezept vorgesehen, werden gerieben oder durchgedrückt.
- ▷ Dann werden alle Zutaten, einschließlich Salz, zusammengemischt, wobei man vorteilhaft Kartoffelstärke statt Maisstärke verwendet.
- • Kartoffel-Nudeln nicht zu sehr kneten (außer Gnocchi u. ä. aus frisch gekochten Kartoffeln), da sonst die Stärke schmierig wird, d. h. verkleistert. Möglichst locker zusammenarbeiten.
- ▷ Es muss jedoch ein hinreichend fester Teig entstehen, der möglichst nicht an den Händen klebt.
- ▷ Jetzt formt man zwischen den bemehlten Händen längliche Würstchen mit spitz zulaufenden Enden, Kinder eine Knetmasse, oder 'schupft' auf einem bemehlten Brett bzw. der Arbeitsfläche.
- ▷ Zunächst legt man eine Versuchsschupfnudel in schwach siedendes, nicht sprudelnd kochendes! Salzwasser. Hält sie zusammen, so fährt man mit weiteren fort; zerfällt sie, wird der Teig durch zusätzliches Mehl gebunden oder man brät sie direkt in Fett aus (s. Alternative).
- ▷ Die Schupfnudeln sind fertig, wenn sie an die Oberfläche treiben, wer-

den mit der Siebkelle entnommen und zum Antrocknen nebeneinander auf eine gemehlte Platte oder ein gemehltes Brett gelegt.

▷ Zum Schluss brät man die Schupfnudeln in Butter, Schmalz oder Öl von allen Seiten an, so dass die Außenseite knusperig, das Innere jedoch weich ist.

Alternativen:

- *Kartoffel-Schupfnudeln* werden, ohne sie vorher zu kochen, in heißem Fett oder Öl langsam, bei mittlerer Temperatur, ausgebraten. Das gelingt auch mit recht weichem Teig, der im Kochwasser zerfällt.
- *Die Schupfnudeln* werden in einer Flüssigkeit liegend, meist Milch oder der Kochbrühe, im Backofen oder auf dem Herd aufgezogen. Das ist mit Mehl- und Kartoffel-Schupfnudeln möglich. Bei letzteren verwendet man i. a. Milch oder Sahne.

4.4.4 Schupfnudeln, konkrete Einzelrezepte

Der vorhergehende Abschnitt könnte für manchen Leser mehr verwirrend als erhellend gewesen sein. Deshalb sind hier einige ausgewählte Rezepte zusammengefasst, die den heutigen Vorstellungen von Schupfnudeln entsprechen und immer gute Ergebnisse liefern.

Allerdings bleiben immer einige Unwägbarkeiten, wie ...

- Sind die Kartoffeln mehlig, halbfest oder fest (speckig) kochend? Alle können verwendet werden, es können aber Modifikationen bei der Mehlzugabe erforderlich werden. Daraus folgt weiter:
- Welches Mehl wird verwendet, Type 405, 550, Dinkelmehl oder Mais- bzw. Kartoffelstärke? Auch hier kann, wie bei Teigwaren, eine Anpassung nötig sein. Dies gilt ganz besonders für glutenfreies Mehl das je nach Sorte oder Hersteller sehr unterschiedlich sein kann.
- Wie sollen sie sein, lieber fest oder eher locker? Das ist Geschmackssache. Ich bevorzuge sehr lockeren Teig, der in leicht siedendem Wasser gerade zusammenhält. Entsprechend benutze ich wenig Ei und Mehl. Allerdings müssen die Schupf-

nudeln nach dem Anbraten eine schöne knusprige Kruste haben und gleichzeitig innen weich sein. Dieser Kontrast ist für mich der kulinarische Gag. Man könnte es so ausdrücken:

> Schön knusperig mit weichem Kern,
> wie harte Männer sollen sie sein.

197
Grundrezept

197 Grundrezept

1 kg Kartoffeln (am Tag zuvor gekocht),1-2 Eier, Mehl bzw. Stärke, Salz, Muskat, Butter oder Schmalz

▷ Die Kartoffeln werden gerieben oder durchgedrückt.

▷ Dann gibt man Eier, Salz, Muskat und langsam so viel Stärke (oder Mehl) zu, dass die Masse gut zusammenhält.

• Man macht in leicht siedendem Salzwasser eine Garprobe: fällt die Schupfnudel auseinander, so bindet man zusätzlich mit weiterer Stärke. Die Schupfnudeln sind fertig, wenn sie aufsteigen und an der Oberfläche treiben. Man nimmt sie heraus , lässt sie etwas abtrocknen und brät sie dann in Butter oder Schmalz knusprig an.
  Alternative:
  Man brät die Schupfnudeln bei mäßiger Hitze direkt, ohne sie vorher zu kochen, in Fett. Dies sollte langsam erfolgen, damit die Schupfnudeln innen durchgaren ohne anzubrennen.

Schupfnudeln lassen sich auch aus frisch gekochten Kartoffeln herstellen, wenn man darauf verzichtet, sie zu kochen und direkt in Fett brät. Allerdings haben diese Schupfnudeln eine andere Kosistenz, die aber durchaus ihren eigenen Reiz hat und Abwechslung bietet.

198 Schupfnudeln aus frisch gekochten Kartoffeln

198 Schupfnudeln aus frisch gekochten Kartoffeln

1 kg frisch gekochte Kartoffeln, 1 Ei, ca. 80 g Mehl bzw. (Kartoffel-)stärke, Salz, Muskat, Fett zum ausbacken

▷ Die Kartoffeln werden so heiß wie möglich durch eine Kartoffelpresse gedrückt und mit den restlichen Zutaten zu einer homogenen Masse verarbeitet.

▷ Dann brät man sie langsam in Fett, da sie in Wasser meist zerfallen.

Gekochte Kartoffeln, ein Tag alt

Diese Formulierung findet sich stets im Zusammenhang mit klassischen Schupfnudeln. Sie bedeutet:

Die Kartoffeln müssen mindestens einen Tag alt sein,

ansonsten hält der Teig beim Kochen nicht zusammen. Sie dürfen aber auch älter sein: Gekochte Kartoffeln in der Schale halten ohne Weiteres mehrere Tage bei Raumtemperatur, wobei die Schale allerdings nicht beschädigt sein sollte. Bei aufgeplatzten Kartoffeln trocknet die Stärke im Rissbereich ein und muss vor der Verarbeitung entfernt werden.

Eine weitere Variante sind „Regenwürmer“. Dies ist einmal nur eine weitere Bezeichnung für dünne, bleistiftstarke Schupf- bzw. Schleifernudeln (Haller[OAu1908],Prato[APr1858]). Es gibt jedoch Varianten, die im Bayrischen und im Süddeutschen Kochbuch sehr ähnlich ausfallen:

199
Regenwürmer

199 Regenwürmer

250 g Mehl(mischung), 1-2 Eier, 2 EL saurer Rahm, 1 nussgroßes Stück zerlassene Butter, Salz, Milch

- ▷ Aus den Zutaten rührt man einen Teig, dem man so viel Milch zugibt, dass er nicht zu fest ist.
- ▷ Auf dem Nudelbrett wird er durchgeknetet und eine Stunde ruhen gelassen.
- ▷ Jetzt formt man bleistiftstarke Nudeln daraus und lässt sie antrocknen.
- ▷ Anschließend werden sie in Milch mit etwas Zucker*) weich gekocht.
- ▷ Dabei die Milch unter ständigem Rühren langsam einkochen.
- ▷ Ist die Milch eingekocht, gießt man zerlassene Butter darüber und bestreut mit Zucker.
- ▷ Abschließend im Backofen bei Oberhitze noch überbacken, bis sie eine gelbe Kruste haben.

Variante: In Neudeckers[ANe1867] „Die Bayrische Köchin" wird aus Mehl, 4 Eiern und einem Stück zerlassener Butter sowie etwas Salz ein weicher Nudelteig geknetet und daraus die Regenwürmer geformt. Ansonsten verfährt man wie vorstehend.

**) Den Zucker kann man natürlich auch weglassen.*

4.4.5 Schupfnudeln, nicht alltäglich

Schupfnudeln können wie Spätzle in verschiedener Weise variiert werden, eine Spezialität nach „D'schwäbische Küche" sind die

200
Krautbauntzen

200 Krautbauntzen

500 g rohes Sauerkraut, ca. 330 g Mehl(mischung), Salz. Zum Ausbacken Schweine- oder Gänseschmalz oder Öl

- ▷ Das Sauerkraut lässt man abtropfen oder drückt es leicht aus,
- ▷ schneidet es klein,
- ▷ gibt Mehl, Pfeffer und bei sehr mildem Sauerkraut evt. etwas Salz dazu
- ▷ und knetet alles zu einem homogenen Teig zusammen.
- ▷ Von diesem Teig kleine Portionen abstechen
- ▷ und zwischen den bemehlten Händen zu Schupfnudeln rollen.

▷ Die fertigen Schupfnudeln lässt man auf einem bemehlten Brett oder Pergamentpapier (Butterbrotpapier) 1 Stunde ruhen.
▷ Danach lässt man sie in siedendem (nicht sprudelnd kochendem) Wasser ziehen,
▷ entnimmt sie, wenn sie an die Oberfläche steigen,
▷ und lässt sie gut abtropfen.
▷ Anschließend werden die Krautbaunzen in einer Pfanne mit viel und gut heißem Schmalz oder Pflanzenfett möglichst leicht schwimmend ausgebacken, damit sie nicht anhängen,
▷ oder man röstet sie in einer Eisenpfanne.
▷ Sind sie von allen Seiten braun gebraten, werden sie sofort serviert.
• Die Krautbauntzen können als eigenständiges Gericht oder als Beilage z. B. zu Schweinefleisch gegessen werden, das ohne Soße im Backofen gegart/gebraten wurde. Dafür eignet sich auch warmes Kassler.

201 Schupfnudeln mit Maronenmehl

201 Schupfnudeln mit Maronenmehl

500 g gekochte mehlige Kartoffeln – 1 Tag alt, Salz, 2 Eier, 120 bis 150 g Maronenmehl, evt. Stärke

Die Kartoffeln reiben oder durch die Kartoffelpresse drücken, Salz und Ei dazugeben und alles gut vermischen. Das Maronenmehl langsam einarbeiten, bis ein fester Teig entsteht. Kochprobe in schwach siedendem, nicht kochendem Salzwasser durchführen. Fallen die Schupfnudeln auseinander, etwas Stärkemehl einarbeiten. Die Schupfnudeln formen und in das siedende Wasser einlegen. Sie sind fertig, wenn sie an die Oberfläche steigen.
Die Schupfnudeln etwas abtrocknen lassen und dann in Schweine- oder Gänseschmalz bzw. Butter bei nicht zu hoher Hitze langsam kross braten.

202 Maronenwürstchen

202 Maronenwürstchen

> *400 g gekochte mehlige Kartoffeln vom Vortag, 1–2 Eier, Salz, 200–250 g gekochte Maronen, Stärkemehl*

- ▷ Die Kartoffeln durchdrücken,
- ▷ die Maronen sehr fein hacken.
- ▷ Kartoffel-, Maronenmasse, Salz und Ei(er) vermischen und alles mit wenig Stärkemehl binden.
- ▷ Zu ca. 20 cm langen und 1.5–2 cm breiten Rollen auf der Arbeitsfläche formen
- ▷ und in gleichmäßige 3–4 cm lange Stücke schneiden.
- • Nicht kochen, der Teig ist zu weich.
- ▷ Die Würstchen direkt in der Pfanne mit viel Butter oder Schmalz bei mittlerer Temperatur ausbacken, bis sie eine schöne Kruste haben.

  Der Maronengeschmack ist viel intensiver als bei den Schupfnudeln mit Maronenmehl

Wie bei Spätzle kann man bei Schupfnudeln auch mit anderen Mehlsorten experimentieren.

Schupfnudeln lassen sich auch gut mit Kräutern würzen, wobei – im Gegensatz zu Spätzle – auch mediterrane Kräuter zum Einsatz kommen können.

4.4.6 Schupfnudeln pur und vegetarisch

Schupfnudeln gibt es meist als Beilage zu Fleisch, früher waren sie häufig ein vollständiges Gericht. Man sollte sie für einen fleischfreien Tag in Betracht ziehern.

Den Weißmehlknöpfle ganz ohne Eier (Rez. 33 auf Seite 94) entsprechen die Schleifernudeln, die als eigenständiges Essen gereicht werden:

203 Schleifernudeln

203 Schleifernudeln

> *Mehl-Schupfnudeln ohne Eier*

- ▷ Die Schupfnudeln werden wie beschrieben zubereitet.

▷ Dann gibt man sie in eine gebutterte Terine
▷ und gibt Schleiferbrühe dazu, die aus 1 Tasse Kochwasser in das 1TL Stärke eingerührt und das gesalzen wurde, besteht.
▷ Schließlich lässt man die Schleiferbrühe unter Wenden der Schupfnudel kurz aufkochen und serviert sie.
▷ *In "D'schwäbisch Kuche" wird der Begriff Schleiferbrühe so erklärt, dass sie der trüben Brühe ähnelt, die am Schleifstein entsteht.*

Kinder in der Küche

Kinder in der Küche

Schupfnudeln sind besonders geeignet, schon relativ kleine Kinder in der Küche zu beteiligen.

Sobald sie mit Knetmasse Würmchen produzieren können, können sie auch Schleifernudeln und Regenwürmer aus einem stabilen Teig herstellen.

Kartoffel-Schupfnudeln erfordern etwas mehr motorisches Feingefühl und stellen eine nächste Stufe dar.

Auch die klassischen Kartoffel-Schupfnudeln werden gern als eigenständiges vegetarisches Rezept serviert:

204 Gröstete Schupfnudel

204 Gröstete Schupfnudel

Gekochte Schupfnudeln, Zwiebel, evtl. Sauerrahm oder Crème fraîche

▷ Die Schupfnudeln werden wie üblich gekocht.
▷ Beim Anbraten in der Pfanne gibt man gegen Ende klein geschnittene Zwiebeln dazu und röstet diese hellbraun.
▷ Nach Geschmack gibt man zum Schluss Sauerrahm an die Schupfnudeln.

Dazu wird Salat gereicht

Mit brauner Butter überschmälzt und mit Zucker und Zimt bestreut kann man die Schupfnudeln zusammen mit eingemachten Früchten als eigenständiges Gericht oder auch als nicht zu süßen Nachtisch servieren.

205 *Gebackene Schupfnudeln mit Zucker*

205 Gebackene Schupfnudeln mit Zucker

Teig für klassische Schupfnudeln oder besser für Schupfnudeln aus frisch gekochten Kartoffeln, Zucker, ca. 200 ml Milch, 2 Eigelb

- ▹ Dem Teig gibt man nach Geschmack 3 bis 4 EL Zucker zu.
- ▹ Die gerösteten Schupfnudeln legt man nebeneinander in eine passende Auflaufform.
- ▹ Jetzt wird die Milch mit den Eigelb und dem Zucker verrührt und zu den Schupfnudeln gegeben.
- ▹ Zu- bzw. abdecken, z. B. mit Alufolie, und
- ▹ im Backofen bei 160 – 180 °C backen, bis die Milch praktisch eingezogen ist.
- ▹ Mit Zucker oder Vanillezucker bestreuen.

Dazu eingemachtes Obst.

PRATO[APR1858]

Schupfnudeln als Beilage

Schupfnudeln passen ganz allgemein zu Sauerkraut. Als Sauerkraut pur mit Schupfnudeln, Schlachtplatte aus Sauerkraut, Siedfleisch, Blut- und Leberwurst, oder zu einem Schweinebraten mit Sauerkraut. Dabei kommt es auf die Soße nicht an, es passt ein Jusbraten, wie man in der Schweiz sagt. Hier drei Rezepte:

206 *Schupfnudeln mit Sauerkraut*

206 Schupfnudeln mit Sauerkraut

Schupfnudeln, Sauerkraut

- ▹ Die gekochten Schupfnudeln zusammen mit dem Sauerkraut (Abschn. 3.6.3 auf Seite 172)] in Schmalz in einer Pfanne rösten.

207 Krautbaunzen mit Schweinebraten

207 Krautbaunzen mit Schweinebraten

Krautbaunzen [1], 1 kg Schweinefleisch, z.B. Nacken, 1 Karotte, 1 Zwiebel, 1-2 Esslöffel Stärke, 1 Lorbeerblatt, 1 gut reife Tomate, etwas Medium Sherry, 1 Glas Weißwein, Salz, Pfeffer, etwas Fett

▷ Das Schweinefleisch salzen und pfeffern und von allen Seiten gut anbraten,
▷ warm stellen.
▷ Jetzt die kleingeschnittene Karotte und die Zwiebel leicht anbraten,
▷ das Mehl darüber streuen und alles Farbe nehmen lassen.
▷ Die klein geschnittene Tomate, einen Schuss Sherry und das Lorbeerblatt zugeben,
▷ unter Umrühren den Sherry fast vollständig einkochen lassen.
▷ Mit Weißwein und Wasser ablöschen.
▷ Das Fleisch zugeben und in einen möglichst kleinen Topf mit gut schließendem Deckel 1 bis $1\frac{1}{2}$ Stunden langsam schmoren (evtl. im Backofen bei 160 – 180 °C).
• Nebenher die Krautbaunzen fertigstellen.
▷ Das Fleisch herausnehmen, warmstellen.
▷ Die Soße reduzieren, mit Pfeffer und Salz abschmecken und neben der Herdplatte kalte Butter einarbeiten.
▷ Das Fleisch in Scheiben schneiden, auf einer Platte anrichten, mit etwas Soße überziehen und mit den Krautbaunzen umlegen.
▷ Zusammen mit der restlichen Soße sofort servieren.

[1] *Krautbaunzen: eine alternative Bezeichnung für Schupfnudeln mit Sauerkraut.*

208 Jusbraten von Kalb–, Schweine– oder Rindfleisch

208 Jusbraten von Kalb–, Schweine– oder Rindfleisch

1 Löffel Fett, 600g Fleisch, 1 Zwiebel, 1 Karotte, ca. 1 Tasse Wasser, Salz

▷ In einem kleinen Topf, in den das Fleisch gerade passt, nacheinander das Fleisch, die geviertelte Zwiebel und die Karotte mit etwas Fett rundum braunbraten.
▷ Mit etwas Wasser ablöschen,
▷ alle Zutaten in den Topf füllen und leicht salzen.

▷ Auf dem Herd leicht siedend oder im Backofen in 1-2 Stunden weichschmoren.
▷ Das Fleisch gelegentlich mit dem Bratensaft begießen.
▷ Kocht der Jus (Bratensaft) ein, füllt man etwas Wasser nach.
▷ Den Braten quer zur Faser in Scheiben schneiden.
• Dazu Schupfnudeln und Salat.

Maronenwürstchen bzw. Schupfnudeln mit Maronenmehl passen ausgezeichnet zu Gans, zusammen mit Rotkraut, und ersetzen dabei als Beilage z.B. Maronenmus.

Kräuterspätzle ergänzen kurzgebratenes Fleisch zusammen mit frischem Gemüse oder Salat. Kräuterspätzle passen zu Schweinekotelett, mediterrane Schupfnudeln zu Lammkotelett, oder man isst sie wie Gnocchi nur mit Butter überschmälzt. In letzterem Fall sollte man sie nach dem Kochen nicht anbraten, sondern nur in Butter schwenken.

Insgesamt passen Schupfnudeln zu fast allen Fleischgerichten ohne oder mit nur wenig Soße, hier ist der Fantasie freier Lauf gelassen.

4.4.7 Jenseits des Schupfnudelrandes

Man spricht vom bayrischen Weißwurst–Äquator, das könnte man auch von den Schupfnudeln sagen. Überspringt man jedoch Österreich, so findet man in Norditalien die kleinen, feinen Verwandten der Schupfnudel, die die Grenzen aufweichen.

Gnocchi, ein italienischer Schlager

Italien ist nicht das Land der Kartoffel. In Peters[XPe2006] „Kulturgeschichte der italienischen Küche“ tauchen sie gar nicht erst auf, denn Kartoffelgerichte sind nicht berühmt bis, ja, bis auf Gnocchi, ein Klassiker der italienischen Küche. Trocken mit Parmesan oder mit einer beliebigen Soße ersetzen sie den typischen Pasta-Gang eines italienischen Menüs. Mit den grobschlächtigen Schupfnudeln scheinen die feinen, eleganten Gnocchi nichts zu tun zu haben. Doch schauen wir hinter das äußere Erscheinungsbild, so sieht das anders aus:

Schupfnudeln:
Die Kartoffeln werden in der Schale gekocht. Sie werden ausgekühlt gestampft. Vorzugsweise nimmt man einen Tag alte gekochte Kartoffeln. Mit Ei, Mehl, Salz, evtl. Muskat wird eine Masse zubereitet, von der man Stücke abnimmt, die man zwischen den Händen schupft. Die Nudeln werden in Salzwasser gekocht, etwas angetrocknet und in Fett gebacken, alternativ verzichtet man auf das Kochen und brät die Nudeln direkt.

Gnocchi:
Die Kartoffeln werden geschält, in gleich große Stücke geschnitten und, wie Salzkartoffeln, in Salzwasser gekocht. Alternativ dämpft man sie in Dampf. Sie werden ganz heiß gestampft und mit Mehl, Ei und Salz zu einer Masse verarbeitet. Man nimmt Stücke ab, formt dünne Rollen, schneidet diese in Stücke, verziert die Stückchen nach Geschmack und kocht sie in Salzwasser. Man reicht sie noch heiß mit Parmesan oder einer Soße.

Der Unterschied liegt allein in zwei Punkten: 1) Werden die Nudeln nach dem Kochen angebraten, und 2) werden die Kartoffeln heiß oder kalt gestampft? Im „Silberlöffel“[ASL2011] steht zu den Gnocchi:

> *„Die Kartoffeln müssen unbedingt gestampft werden, solange sie heiß sind. Dadurch lässt sich der Teig leichter kneten und wird glatter.“*

Werden heiße Kartoffeln geknetet oder stark gerührt, so verkleistert die Stärke, die Masse wird klebrig, ein Vorgang, den man z.B. bei Kartoffelbrei unbedingt zu verhindern sucht, indem man Butter oder Sahne nur sehr vorsichtig einarbeitet. Bei kalten Kartoffeln tritt kaum Verkleisterung ein, solange man die Masse nicht zu intensiv durchwalkt, man verhindert sie also bei den Schupfnudeln durch das „Altern“ der Kartoffeln. Bei den Gnocchi dagegen ist die klebrige Masse erwünscht, sie hält beim Kochen besser zusammen. Die Gelehrten sind sich übrigens uneins, ob Nocken von Gnocchi oder umgekehrt Gnocchi von Nocken kommt:

Gnocchi oder Nocken?

Gnocchi oder Nocken?

nock, nocke, nocken, m., plur. nocken, deminutiv nockelein, nöcklein, nockerl, kleine mehlklösze (ähnlich den spatzen), mit der nähern unterscheidung in butter-, gries-, käs-, milch-, rahm-, wassernocken u. a. Schm.2 1, 1723.

Hintner, der es für eine übertragung aus dem vorigen und das gleichbedeutende ital. gnocco (Diez4 376) für eine entlehnung aus dem deutschen hält, während Weigand2 2, 234 entlehnung aus dem ital. annimmt. Zu beachten ist auch das böhm. gleichbedeutende wnock, da im frauenzimmerlex. 1335 die nocken geradezu ein böhmisches essen genannt werden; auf die nacht gab er uns meistentheils linsen, nocken, nudel und rüben.

Grimm'sches Wörterbuch

209 Kartoffel-Gnocchi

209 Kartoffel-Gnocchi

1 kg mehlig kochende Kartoffeln, 120-180 g Mehl(mischung), 1 Ei, Salz

▷ Kartoffeln schälen und in gleichmäßige Stücke schneiden (ca. 4 cm Kantenlänge).

▷ Kartoffeln in gesalzenem Wasser ca. 25 Min. sieden oder besser in Dampf garen (Siebeinsatz mit Deckel, der Siebboden muß über dem Wasser im Topf hängen).
Das Garen im Dampf hat den Vorteil, dass alle Bestandteile in der Kartoffel bleiben und diese weniger Wasser aufnimmt. Dadurch wird der Teig fester.

▷ Die Kartoffeln abschütten und sofort stampfen.

▷ Ei und Salz zugeben, durchkneten und
▷ so viel Mehl einarbeiten, dass ein fester Teig entsteht.
▷ Kochprobe durchführen, ggf. noch etwas Mehl einarbeiten.
▷ Den Teig nochmals durchkneten,
▷ Stücke abnehmen und auf einer bemehlten Arbeitsfläche fingerdicke Rollen formen.
▷ Ca. 2 cm lange Stückchen abschneiden,
▷ nach Geschmack mit einem Gabelrücken etwas flachdrücken und damit verzieren (muss nicht sein).
▷ Die Gnocchi möglichst gleich in siedendem Salzwasser garen,
▷ sie sind fertig, wenn sie an die Oberfläche steigen.
▷ Möglichst sofort mit geriebenem Parmesan bestreut, mit Butter überschmälzen oder mit einer Soße servieren.

Es gibt noch eine ganze Reihe von Varianten, die nicht auf Kartoffeln basieren, sondern Grieß, Nüsse oder Käse als Grundlage haben. Man kann die Kartoffel-Gnocchi auch mit Spinat, Petersilie etc. aromatisieren. Einige Varianten sind im „Silberlöffel“[ASL2011] aufgeführt.

Nocken, auch von Kartoffeln

Österreich ist das Land der Nocken, denkt man. Nockerln erweisen sich bei näherer Betrachtung jedoch als schlichte Knöpfle bzw. Spätzle und bei Nocken fallen einem die Salzburger Nockerln ein, die in einer Kasserolle aufgezogen werden und eine beliebte Süßspeise sind.

Im „Süddeutschen Kochbuch“ der Katharina Prado[APr1858] wird man fündig. Es gibt „Erdäpfel-Nocken mit Rammeln“. Rammeln sind eine Scharre oder schlicht eine Kruste:

210 Kartoffel-Nocken mit Kruste

210 Kartoffel-Nocken mit Kruste

Einige große gekochte Kartoffeln, 6 Eigelb, Salz, Sahne, Mehl(mischung), Schmalz oder Butterschmalz

Mehl durch Reis- bzw. Klebereismehl und glutenfreie Stärke ersetzen, Verhältnis 1:1

▷ Die gekochten, abgekühlten Kartoffeln schälen und zerdrücken.
▷ Salz, die 6 Eigelb und 4 EL Sahne daruntermischen.

Nocke

die, ein nur im gemeinen Leben einiger Gegenden, besonders in Oberdeutschland*, übliches Wort, eine Art in Milch gekochter großer Klöße zu bezeichnen. Ital. Gnocco.
KRÜNITZ[LKR1800]

**Süddeutschland*

- ▷ Etwas Mehl nur leicht einarbeiten, sodass sich ein lockerer, aber standfester Teig ergibt.
- ▷ In einer Kasserolle oder einem Topf 2 EL Schmalz oder Butterschmalz und 6 EL Wasser erhitzen.
- ▷ Von der Kartoffel-Ei-Masse große Nocken mit einem Löffel abstechen und in die Kasserolle setzen,
- ▷ einen dicht schließenden Deckel auflegen.
- ▷ So lange kochen, bis man es prasseln (knistern) hört, d.h. dass die Unterseite braun wird.
- ▷ Deckel abnehmen und die Unterseite evtl. noch etwas bräunen.
- ▷ Servieren.

Auch wenn die Zusammensetzung der Masse der von Schupfnudeln ähnlich ist, so unterscheidet sie sich dadurch, dass die Kartoffeln eine eher untergeordnete Rolle spielen, das Ganze ist sehr eilastig. Und natürlich die Zubereitung, das sind aufgezogene Nocken, ähnlich den Salzburger Nockerln. Hier dürfte sich der böhmische Einfluss bemerkbar machen, der im Grimm'schen Wörterbuch erwähnt wird, wobei Nocken schon 1335 als „böhmisches essen“, insbesondere für Frauenzimmer, erwähnt sind.

... megen schmalz brauchen, so gleichwol hiervor der mererthail in teutschen landen vom gemainen mann zu solcher zeit kein schmalz genossen, sondern allain des öles sich behelfen mieszen.
Grimm'sches Wörterbuch

5 In Fett oder Öl gebacken

In der Fastenordnung für die Bistümer des Deutschen Reiches aus dem Jahre 1930 wurde beispielsweise Folgendes festgelegt:
An Fasttagen durfte man nur einmal am Tag eine volle Mahlzeit halten und musste sich am Morgen und Abend mit einer kleinen Stärkung begnügen. An den Abstinenztagen hatte man sich jeglicher Fleischspeisen zu enthalten. Eier und Milch, Schmalz, Grieben und Kunstbutter waren hingegen erlaubt. *Auch Fleischbrühe durfte man (außer am Karfreitag) zu sich nehmen.*
Als Fast- und Abstinenztage wurden festgelegt:

- *der Aschermittwoch,*
- *die Freitage der 40-tägigen Fastenzeit,*
- *der Karsamstag bis 12 Uhr Mittag,*
- *die Freitage der vier jährlichen Quatemberwochen.*

Bloße Fasttage waren darüber hinaus:

- *die übrigen Wochentage der vierzigtägigen Fastenzeit,*
- *die Mittwoche und Samstag der vier jährlichen Quatemberwochen,*
- *die Vigiltage vor Weihnachten, Pfingsten, Mariä Himmelfahrt und Allerheiligen.*

Bloße Abstinenztage waren alle Freitage außerhalb der Fasten- und der Quatemberzeit.

http://www.bistum-augsburg.de/index.php/bistum/Hauptabteilung-VI/Glaube-und-Lehre/Glaubenslehre/Glaubensfragen/Fastenzeit-frueher-und-heute

Fladen sind sicherlich das älteste Backwerk der Menschheit, Mehl mit Wasser angerührt und auf einem heißen Stein gebacken. Dabei kommt es auch nicht auf's Mehl an, ob Hirse, Mais oder Weizen – sind die Fladen schön dünn und knusprig, schmecken sie, vorausgesetzt, man hatte noch etwas Salz.

Schmalzgebäck ist der nächste Schritt, nachdem der Topf erfunden ist. Jetzt kann der Speck erlegter Tiere ausgelassen und der Fladenteig darin ausgebacken werden. Das erhöht zumindest den Nährwert.

Irgend jemand kommt auf die Idee, das Ei, das bisher gesondert zum Fladen gebraten wurde, zur Vereinfachung der Arbeitsgänge direkt dem Fladenteig beizumischen. Der Flädlesteig ist geboren, wenn man ihn auf den heißen Stein dünn aufstreicht. Lässt man ihn in heißes Fett einlaufen, so werden es Strauben und in heißem Wasser eben Spätzle: Drei Gerichte auf derselben Grundlage, einem einzigen Grundteig.

Schmalzgebäck ist aus der Mode gekommen, zumindest, wenn es darum geht, es selbst herzustellen, denn Fett gilt als ungesund. Deshalb greifen wir zu Chips, Pommes frites, Fischstäbchen ...

Schmalz war an Fasttagen erlaubt, entsprechend beliebt war Schmalzgebäck als Kalorienlieferant, vor allem in der langen Fastenzeit von Aschermittwoch bis Karfreitag.

Schmalz wird seit langem durch **Öl** ersetzt, das geschmacksneutraler und leichter zu handhaben ist, allerdings war es auch das „Schmalz" des kleinen Mannes, wie das Zitat aus dem Grimm'schen Wörterbuch zeigt.

Dabei kommt es darauf an, das richtige Öl zu benutzen. Ungeeignet sind hochwertige Öle der ersten Pressung mit einem hohen Anteil an ungesättigten Fettsäuren. Diese sind nicht hitzestabil und ihre Zersetzungsprodukte ungesund, evtl. Krebs erregend. Zum Frittieren verwendet man Öle der Heißpressung oder raffinierte Öle, die eine hohe Temperaturstabilität haben.

Teig zum Ausbacken in Fett

Mehl, Ei, Wasser oder Milch, Salz

sind die Grundlagen. Der Teig entspricht dabei völlig einem Spätzleteig, der dünn zubereitet wird, so wie man ihn für Tropf- bzw. Trichternudeln benötigt. Beim Ausbacken in Fett hat man den Vorteil, dass Gluten keine Rolle spielt: Beim Kochen eines Spätzleteigs nimmt dieser zusätzliches Wasser auf. Ohne das stabilisierende Netzwerk des Glutens zerfließt der Teig einfach im Wasser.

Wird derselbe Teig in Fett ausgebacken fehlt die Wasserzufuhr und es bildet sich schnell eine den Teig einhüllende Haut bzw. Kruste. Der Teig zerfällt nicht. Konsequenz:

Auf Glutenersatzstoffe kann verzichtet werden.

Für Flädle und Strauben bzw. ähnliches Schmalzgebäck kann man prinzipiell fast jedes Mehl verwenden. Meist empfiehlt sich jedoch eine Mischung 1:2 mit Mehl oder 1:1:1 mit (Klebe-)Reismehl und glutenfreier Stärke, derselben Mischung wie bei Spätzle.

Rauchpunkt von Fett und Öl

Rauchpunkt von Fett und Öl

Als Rauchpunkt bezeichnet man die Temperatur, bei der sich das Fett oder Öl zu zersetzen beginnt. Dabei entstehen Stoffe, die als gesundheitsschädlich und z.T. krebserregend eingestuft werden. Für die Stabilität der Fette beim Erhitzen spielt der Anteil verschiedener Fettsäuren, aber auch der Anteil anderer Stoffe wie Proteine eine

Rolle (z.B. Butter mit Eiweißanteil, dagegen ist Butterschmalz oder geklärte Butter reines Fett).

Generell gilt: Je höher der Rauchpunkt, um so geeigneter ist ein Fett oder Öl zum Frittieren oder sehr heißem Anbraten. Dagegen ist der Nährwert bei Ölen mit niedrigem Rauchpunkt meist höher, sie werden deshalb für Salate oder zum schonenden Garen bei niedriger Temperatur genutzt und natürlich auch wegen des Geschmacks.

Rauchpunkt einiger Fette und Öle	
Sojaöl, raffiniert	235 °C
Erdnussöl, raffiniert	230 °C
Palmkernfett	220 °C
Sonnenblumenöl, raffiniert	210 – 225 °C
Schweineschmalz	220 °C
Butterschmalz	200 °C
raffinierte Öle meist	> 200 °C
Kokosfett	185 – 205 °C
Rapsöl, kalt gepresst	130 – 190 °C
Natives Olivenöl, kalt gepresst	130 – 180 °C
Butter	175 °C
Margarine	170 °C
Erdnussöl, kalt gepresst	170 °C
Sonnenblumenöl, kalt gepresst	107 °C

Wichtig ist auch, dass das Öl heiß genug ist, wenn das Frittier-/Backgut zugegeben wird, damit sich die schützende Haut sehr schnell bildet und verhindert, dass Öl vom Backgut aufgesogen wird. 180 °C sollten möglichst erreicht sein, was die Ölauswahl begrenzt (s. vorstehende Tabelle). Außerdem sollte das Öl natürlich frisch und geruchsfrei sein – wer kennt ihn nicht, den Geruch an manchen Pommes–Buden?

Entfettet man das Backgut noch, so hält sich die Fettbelastung im Vergleich zu den meisten Fertigprodukten in Grenzen. Zum Entfetten reicht es, das Backgut auf 2–3 Lagen Küchenpapier abtropfen zu lassen.

5.1 Flädle, Pfannkuchen und Schmarren

213
ein clůge spise

213 ein clůge spise

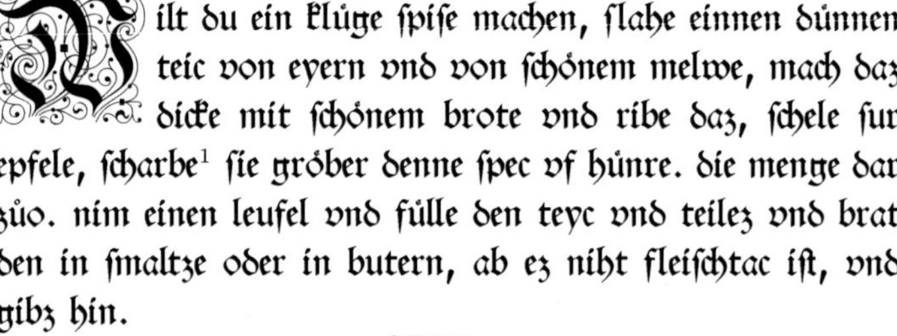

Wilt du ein klůge spise machen, slahe einnen dünnen teic von eyern vnd von schônem melwe, mach daz dicke mit schônem brote vnd ribe daz, schele sur epfele, scharbe[1] sie gróber denne spec vf hünre. die menge dar zůo. nim einen leufel vnd fülle den teyc vnd teilez vnd brat den in smaltze oder in butern, ab ez niht fleischtac ist, vnd gibz hin.

DAS BŮCH VON GŮTER SPISE[MB1350].

[1] *scharbe, ein instrument, mit dem geschnitten, „gescharbt" wird. In der Oberlausitz heiszt scharbe das schnittbrett zum scharben von rüben, obst u. dergl. (Grimm'sches Wörterbuch).*

Eine kluge Speise

Eine kluge Speise

Willst du eine kluge Speise machen, schlage <rühre> einen dünnen Teig aus Eiern und schönem <feinem> Mehl, dicke ihn mit schönem Brot an, das du gerieben hast. Schäle saure Äpfel, schneide sie gröber als den Speck von Hühnern (Suppenhuhn, evtl. 4–5 mm) und menge (mische) sie darunter (in den Teig). Nimm einen Löffel und fülle ihn, teile den Teig und brate ihn in Schmalz oder Butter, wenn es kein Fleischtag (sondern Fastentag) ist, und serviere.

Das älteste, als Pfannkuchen interpretierbare Rezept. Ansonsten werden Fladen mit allem Möglichen belegt oder gefüllt. Dabei handelt es sich aber um einen festen Teig, eben einen Fladenbrotteig, der gebraten oder gebacken wird. Anweisungen zur Herstellung des Fladenteigs fehlen in den mittelalterlichen Handschriften bzw. tauchen erst im 16. Jhd. auf (z.B. Sabina Welserin[OWS1553]). Erwähnt werden sie dagegen häufig in unterschiedlichem Zusammenhang. Wie man den Teig bereitet, das war Grundwissen, das musste nicht festgehalten werden.

5.1.1 Zur Geschichte

Gerne werden die „pfanzelten“ mitelalterlicher Küche als Pfannkuchen interpretiert (T. Ehlert[MMü15tes], A. Spycher[XSp2008]). Schaut man sich aber das Rezept in den Münchner Kochbuchhandschriften[MMü15tes] an, so hat das wenig mit einem Pfannkuchen zu tun:

214 **'pfanzelten von ayern** — *214 'pfanzelten von ayern*

Item mach ein tayg von ayeren, so du aller hertest magst, vnd gilb in vnd wurch dünne pleter dar auß alz pfanczelten. vnd pach ez in schmaltz. auch nym gueten wein vnd halb als vil hönigk und well das unter ein ander. vnd zeuch daz pachen dar durch, so du ez wilt anrichten.

Münchner Kochbuchhandschriften[MMü15tes]

"Pfannzelten aus Eiern" — *"Pfannzelten aus Eiern"*

Mache einen Teig aus Eiern so hart, wie du nur kannst, und färbe ihn gelb[1] und wirke (forme) dünne Blätter davon wie flache Kuchen[2]. Backe sie in Schmalz. Nimm auch guten Wein und halb soviel Honig und mische es untereinander. Ziehe das Gebackene da durch, wenn du es anrichtest.

[1] *z. B. mit Safran,* [2]*zelten = flache Kuchen, s. Adelung, Lexer, Findebuch.*

Der Teig wird so hart wie möglich gewirkt (geknetet) und zu dünnen Blättchen geformt. Das sind Nudeln, die man tatsächlich so herstellt. Das Ausbacken dieses Nudelteigs findet später seine Fortsetzung im Ausbacken von Nudeln in Fett, wie es z. B. Rumpoldt praktiziert und im Kap. 4 auf Seite 186 dargestellt ist, bzw. entspricht „Hasenöhrchen“ (Rez. 265 auf Seite 389), einem vergleichbaren Schmalzgebäck.

Vom Schmarren zum Pfannkuchen

Näher kommt man Pfannkuchen und Flädle im 16ten Jahrhundert. Die folgenden Sackküchlein der Sabina Welser stellen einen Schmarren dar, einen recht dicken Pfannkuchen, der vor der Fertigstellung zerschnitten bzw. zerrissen wird:

215 *Wiltú gúte sackkiechlen bachen*

215 **Wiltú gúte sackkiechlen bachen**

So nempt ain mel vnnd schlagt air darein, als vil jr welt / vnnd nim milch darzú / als vill dú air nimpst, so nimm ain halbe airschalen voll milch, thús darein vnnd riers woll vnterainander / vnd saltz das mell vnnd lassz ain schmaltz jn ainer pfannen zergen vnnd geúß den taig jn die pfannen vnnd lasts aúf ainem glietlin fein drúcken werden vnnd schneit dan fein brot schnitz vnnd laß bachen.

Das Kochbuch der Sabina Welserin[OWS1553]

Sackküchlein

Sackküchlein

Nimm Mehl und schlag Eier hinein, so viel ihr wollt, und gib Milch dazu. Nimm für jedes Ei, das du nimmst, eine halbe Eierschale voll Milch, gibs dazu und rühre alles wohl untereinander. Lasse Schmalz in einer Pfanne zergehen und gieß den Teig in die Pfanne und lass es bei niederer Temperatur trocken werden. Schneide es in breite Schnitze und lasse es backen.

Auffallend ist die Bezeichnung Sackküchlein, die in verschiedenen Rezeptsammlungen der Zeit vorkommen und durchgängig anders gemacht werden, es sind eigentlich Serviettenknödel. Hier ein etwas kryptisches Rezept der Maria Stengler (1554), das sich erst bei sehr genauer Betrachtung erschließt bzw. unter Berücksichtigung anderer Quellen und das damit die Probleme verdeutlicht, die bei der Interpretation vor allem handschriftlicher Rezepte auftreten:

216 Sack kuechle zu machen

216 Sack kuechle zu machen

Item die sack kiechle mach also, nimb souil wasser als vil ayr vnnd machen ain dinen taig, dinner dann den streibla dayg, leg jn jnn ain siedenns wasser laß in also siedenn ain viertel stund, bis er drucken wuert, vnd der sack soll oben weit sein vnnd vnden eng, das man den taig gantz heraufs bring, vnd schneid schnitz, vnd pachs langsam.

Maria Stenglerin[OAu1554]

In der folgenden Übertragen sind Lücken ausgefüllt und die Reihenfolge ist dem tatsächlichen Arbeitsablauf angepasst.

Sackküchle

Sackküchle

- ▷ Nimm so viel Wasser (gefüllte $\frac{1}{2}$ Eischalen) wie Eier und
- ▷ mache (mit Mehl) einen dünnen Teig, dünner als Straubenteig.
- ▷ Fülle den Teig in ein Säckchen, das oben weiter als unten ist, damit man den Teig (das Küchlein) ganz herausnehmen kann.
- ▷ Gib das mit Teig gefüllte Säckchen in siedendes Wasser,
- ▷ lass es eine Viertelstunde sieden, bis der Teig trocken (fest) wird.
- ▷ Nimm das Küchlein aus dem Säckchen,
- ▷ schneide es in Scheiben (Schnitze)
- ▷ und backe es langsam mit Schmalz in einer Pfanne.

Eine dieser Übertragung entsprechende detaillierte, zeitgenössische Darstellung findet sich z. B. bei Philippine Welser[OWP1545].
Die Sackküchle entsprechen den in Oberschwaben und Bayern verbreiteten Knöpfen bzw. Klößen und Serviettenknödeln, die ebenfalls in einem Säckchen oder in ein Tuch eingebunden gekocht werden.

Sabina Welser(Rez. 215 auf der vorherigen Seite) vereinfacht in ihrem Rezept einfach die Vorgehensweise und lässt den Teig gleich in der Pfanne stocken, zerschneidet ihn und brät die Stücke an, macht also eigentlich einen Schmarren. Das war wohl ein Trend der Zeit, wobei ihre Verwandte Philippine Welser konsequenter ist und dem Rezept die Bezeichnung „Große Schnitze“ gibt:

217
wilt du gros schnitzs bachenn

217 wilt du groſ ſchnitzſ bachenn

So nimm 6 ayr vnnd 3 oder 4 ſchallenn fol milch vnnd mach ain dayglin wye ain ſtreyblin dayg vnd dau ain wenig ſchmaltzs in ain dortten pfanen vnd las das ſchmaltz hays dar jn werden vnd geuß den dayg dar ein vnd ain glaudt dar vnder vnd obenn dar auff las gmach bachenn bis drucken wyrt dar nach ſchneyt ſchnitzs 2 finger brayt vnnd ain ſchnitzlin jn die mit vnd bachſs langß am vnnd legß kyel ein vnd ryttla die pfanen ſetz vnd geus vmetter[1] mit aim lefel darauff ſo gatt es deſter bas auf.

Das Kochbuch der Philippine Welser[OWP1545]

[1] *unverständlich, evtl. Butter??*

Gebackene große Schnitze

Gebackene große Schnitze

▷ Nimm 6 Eier und 3 oder 4 (halbe) Eierschalen voll Milch,
▷ mach einen Teig (mit Mehl) wie einen Straubenteig.
▷ Gib etwas Schmalz in eine Tortenpfanne,
▷ lass es heiß werden,
▷ gieße den Teig hinein.
▷ Stell die Pfanne auf die Glut, deck sie zu und gib Glut auf den Deckel[1].
▷ Backe den Teig langsam, bis er trocken (fest) wird.
▷ Schneide den Teig in 2-fingerbreite Streifen und einmal in der Mitte,
▷ leg ihn kalt in die Pfanne und backe ihn langsam,
▷ rüttle die Pfanne,
▷ stell sie ab und gieße mit einem Löffel Butter?? darauf,
▷ so geht es besser auf.

[1] *heute wird man die Pfanne oder Kasserolle in den vorgeheizten Backofen stellen (160 – –180 °C).*

Schrift und Schreibweise sind bei Philippine Welser sehr schwierig, sodass einzelne Worte in ihrer Bedeutung häufig unklar bleiben.

In „Eyn sehr künstlichs und fürtreffliches Kochbuch ... “ (1559) gibt es schließlich „Scharr–Küchlein“, die sich von heutigen Schmarrenrezepten (Rez. 233 auf Seite 346) so gut wie nicht mehr unterscheiden :

218 Schar Küchlein

218 Schar Küchlein

Nimme meel vnd ayer / mach ein taig dick wie streublein tayg / so offt eins wilhaben nimme ein ayerschalen vol Milch / allemal so vil der ayer so vil der milch / mach sonst wie streublein teig / wann der gemacht ist / so nimme eine flache pfannen thu schmaltz darein das den Boden decket / laß das nicht zu heyß werden / thu den tayg darein wie ein ayer platz / thu ein schart[1] vber die pfannen / lege glühende kolen darauff / vnd thu jm vnden nit zu heyß / so wirdts fein dick / rüer ihn vmb / damit er sich anlegt / darnach thu jn herauß auff ein Deller / schneyd stücklein wie gewolne Küchlein / leg die in ein pfannen / bach sie wie sonst Küchlein.

Eyn sehr künstliches...[ANÜ1560]

[1] *Pfanne, Tiegel*

Scharr–Küchlein

Scharr–Küchlein

- ▷ Nimm Mehl und Eier und mach einen Teig so dick wie Straubenteig. "Erläuterung:" Für jedes Ei, das du haben möchtest, nimm eine Eierschale voll Milch, genau so viel Milch wie Eier, sonst wie Straubenteig.
- ▷ Ist der Straubenteig gemacht,
- ▷ nimm eine flache Pfanne und
- ▷ gib so viel Schmalz hinein, dass der Boden bedeckt ist.
- ▷ Lass das Schmalz nicht zu heiß werden.
- ▷ Gib den Teig in die Pfanne wie einen Eierfladen,
- ▷ stelle eine Pfanne/Tiegel darauf und leg glühende Kohlen darauf,
- ▷ stelle die Pfanne unten nicht zu heiß, so wird es schön dick.
- ▷ Drehe den Fladen um, damit er sich anlegt (beidseitig fest wird).
- ▷ Nimm den Fladen auf einen Teller,
- ▷ schneide Stückchen wie Gewollne Küchlein (ein Rezept),
- ▷ leg die Stücke in eine Pfanne und
- ▷ backe sie wie sonst Küchlein.

Mitte des 16. Jahrhunderts war der Schmarren als eine Pfannkuchenvariante zumindest im oberschwäbischen Bereich damit etabliert.

Zum Flädle übers Omelett

Auf dem Weg zum „Flädle“ zeichnet sich eine zweite Entwicklung ab, die über den „Eierkuchen“ führt:

219 *Ain fladen zu machen*

219 Ain fladen zu machen

 imm ain ormilch, die wohl außgſechnet ſey, ſchlag wider air darein vnnd weinberlen, ſchlags auff den boden, laß ſittig bachen.

Das Kochbuch der Sabina Welserin[OWS1553]

219.1 *Einen Fladen machen*

219.1 Einen Fladen machen

Nimm gut abgeseihte Eiermilch und schlage zusätzliche Eier hinein. Gib Weinbeeren (Rosinen) dazu, stürze sie auf den Boden (einer Pfanne) und lass es langsam backen.

219.2 *Eiermilch*

219.2 Eiermilch

Ein Originalrezept liegt nicht vor. Eiermilch wird aber noch als Hausmittel für Kranke genutzt. Hier eine Variante:

- ▹ In 250 ml kochende Milch wird ein Eigelb eingerührt.
- ▹ Je nach Verwendung kann noch gesüßt und Alkohol zugesetzt werden.
- ▹ Durch ein Haarsieb gießen und abkühlen lassen.

Unter dem Einfluss der französchen Küche wird aus dem Fladen ein dünnes Omelett, von dem es nur noch ein kleiner Schritt zum Crêpe ist:

220 *Bletzlein wie man die in welsch landen machet dick wie ein messerrucken*

220 Bletzlein wie man die in welſch landen machet dick wie ein meſſerrucken

Nimm ayer / klopff die wol / zu einem ayerplatz / ſalz vnnd nim ein ſchmalzpfendlein / thu ein wenig purter darein / laß im pfendlein herumb lauffen ongeuer ein halben löffel vol / ſo es hays iſt worden / ſo nymm ein löffel vol ayer / vnnd thu es darein / ſo braytet es ſich fein heraus / ſo weyt da pfendlein iſt / Wende es vmb ſo wirdt es fein braun / lege darnach zway oder vier auff ein Deller.

Französische Plätzchen

Französische Plätzchen

- ▷ Nimm Eier und zerklopfe sie gut zu einem Eierfladen.
- ▷ Salze.
- ▷ Nimm ein Schmalzpfännchen und
- ▷ lass darin etwa $\frac{1}{2}$ Löffel Butter zerlaufen und verteile sie gleichmäßig in der Pfanne.
- ▷ Ist die Butter heiß, so gib einen Löffel voll Eier hinein,
- ▷ so brät es schön in der ganzen Breite der Pfanne.
- ▷ Wende es und lass es schön braun werden.
- ▷ Lege zwei oder vier auf einen Teller.

Die beiden Rezepte liefern zwei von drei Komponenten eines Flädle, die Eier-Milch-Mischung und das dünne Ausbacken, es fehlt das Mehl. Hier zeichnet sich noch ein weiterer Weg ab über den mittelalterlichen Brot-Eierfladen.

Pfannkuchen, Eierfladen und Arme Ritter

Im „Nürnberger Kochbuch“, das an der Wende vom 16. zum 17. Jahrhundert entstand und sich als eine Art universelle Rezeptsammlung verstand, taucht dann der Begriff Pfannkuchen auf. Dabei wird er mit Eyer-Platz gleichgesetzt. Dabei handelt es sich um Eier-Brot-Fladen, die auf mittelalterliche Rezepte zurückgehen. In unserem Verständnis handelt es sich dabei um Varianten von „Arme Ritter“, ein Begriff, der schon von Frantz de Rontzier[ARo1598] benutzt wurde.

Unter den verschiedenen Varianten im „Nürnberger Kochbuch“ sticht nun eine hervor, bei der geriebenes Brot Bestandteil der Masse ist:

221 Ein dünner Eyer-Platz oder holländischer Pfann-Kuchen mit Schunken / geräucherter Zunge oder Bratwürsten

221 Ein dünner Eyer-Platz oder holländischer Pfann-Kuchen mit Schunken / geräucherter Zunge oder Bratwürsten

SChlage drey Eyer aus / zerklopfet und saltzet sie / rühret gar ein wenig gerieben Brod / soviel ihr zwischen fünff Fingern fassen könnet / darein / nehmet eine weite flache Pfanne / thut ein wenig frisches Schmalz darein / lasset es über dem feuer zergehen / schwingt es in der Pfanne um und um / damit der Eyer-Platz sich nicht anhängt / giesset das Schmalz bis auf gar was weniges heraus / und die zerklopften Eier dagegen hinein / haltet sie über das Feuer rüttelt aber die Pfanne immerzu hin und her / daß es sich nicht anlege / wann sich die untere Seite gilben will / wendet den Eier-Platz um / leget alsdann dinn geschnittene Stücklein von agesottenen Schinken / dürren Plätzweiß geschnittenen Zungen oder abgebratenen Bratwürsten darauf / schlaget noch einmal so viel Eyer aus und macht es wie zuvor / giesset über die auf den Eyer-Platz gelegte Zungen / Schinken / oder Bratwürste / haltet solches über daf Feuer / wann nun die Eier zu ertrocknen beginnen / wendet den Eyer-Platz um / daß er auch auf dieser Seite gar werde / und lasset ihn also warm verspeisen.

VOLLSTÄNDIG-NEUVERMEHRTES NÜRNBERGISCHES KOCH-BUCH[ANü1712]

Ein dünner Eierfladen oder holländischer Pfannkuchen mit Schinken, geräucherter Zunge oder Bratwürsten

Ein dünner Eierfladen oder holländischer Pfannkuchen mit Schinken, geräucherter Zunge oder Bratwürsten

▷ Schlage drei Eier auf und zerklopfe und salze sie.
▷ Rühre etwas geriebenes Brot, soviel wie man zwischen fünf Fingern fassen kann, darunter.
▷ Nimm eine weite flache Pfanne und gebt etwas frisches Schmalz hinein,
▷ lasse es über dem Feuer zergehen und schwingt es in der Pfanne herum, damit der Eierfladen nicht anhängt.
▷ Schütte das Schmalz bis auf ganz wenig heraus und
▷ die zerklopften Eier hinein,
▷ haltet die Pfanne über das Feuer und rüttelt die Pfanne dabei ständig, dass die Masse nicht anhängt.

- ▷ Wenn die Unterseite beginnt gelb zu werden wendet den Eierfladen,
- ▷ legt dünn geschnittene Stückchen von gekochtem Schinken, Zunge oder gebratenen Bratwürsten darauf.
- ▷ Schlagt nochmals dieselbe Menge Eier auf und bereite die Masse wie vorher zu.
- ▷ Gießt die Masse über die aufgelegten Zungen-, Schinken- oder Bratwurststückchen,
- ▷ haltet die Pfanne übers Feuer und wenn die Eimasse anzieht, wendet den Eierfladen, sodass er auch auf der zweiten Seite gar wird.
- ▷ Verspeist ihn warm.

Im späten Barock wurde damit der Begriff des Pfannkuchens in einem Kochbuch verbreitet, das mit mehreren Auflagen offenbar eine große Reichweite hatte. Es handelt sich aber nicht um Pfannkuchen in unserem Sinn, genauso wenig wie das vorstehende Rezept, anders als der Titel verspricht, in unserem Sinn dünne Eierfladen ergibt – entsprechend dick waren dann die anderen aufgeführten Pfannkuchen.

Anders verhält es sich mit den Eierküchlein von Balthasar Staindle von Dillingen[OSt1547], einem Ort am Südrand der Schwäbischen Alb, dirckt an der Donau gelegen:

222 Ayer Küchlein

222 Ayer Küchlein

Nimm zwölff ayer/ vnd ein geriebne semel / vnnd frisch zergangen schmaltz ein löffel vol / gesaltzen ein hand vol / schöns wasser / das der taig ein wenig dicker sey als ein straubentaig / vnd der ofen muß fast hinden heiß sein vnnd schön außgewüscht / darnach geüß in die pfannen / da man die küchen eingeüßt / in dem ofen auff den blossen herd / laß ein viertel stund bachen / wann du es auß dem ofen nimmst / so scheyds von einander / nach der breit / vnd nimb ein frisch schmalz oder butter / vnnd vmbgossen ein wenig / ein zucker darauff vnd darein / also heiß auff ein Tisch tragen.

Staindl: Ain künstlichs und nutzlichs Kochbuch[OSt1547].

Eierküchlein

Eierküchlein

- ▷ Nimm 12 Eier, eine geriebene Semmel, 1 Löffel flüssiges Schmalz, 1 Hand voll Salz, frisches Wasser.
- • [1]Arbeite es zu einem Teig zusammen und gib so viel frisches Wasser dazu, dass der Teig etwas dicker als ein Straubenteig ist.
- ▷ Der (Back-)Ofen muss hinten fast heiß sein und gut ausgewischt.
- ▷ Danach gibs in der Pfanne, in die man die Küchlein (den Teig) reingibt, in den Ofen, direkt auf die Bodenplatte.
- ▷ Lass es eine Viertel Stunde backen.
- ▷ Wenn Du es aus dem Ofen nimmst, so schneide den Kuchen nach der Breite in Stücke,
- ▷ lass frisches Schmalz oder Butter zergehen und übergieße die Stücke ein wenig,
- ▷ bestreue alles mit Zucker und
- ▷ bringe es heiß zu Tisch.

[1]*Staindel pflegt hier einen Stenogrammstil, Anweisungen bleiben unvollständig: Hier fehlt der Hinweis einen Teig zuzubereiten. Auch im Folgenden wurden Anweisungen sinngemäß ergänzt.*

Abgesehen davon, dass hier wie in anderen Rezepten für Eierkuchen Semmelbrösel statt Mehl genommen wird, kann man dieses Rezept als Anweisung für Pfannkuchen ansehen, der aufgeschnitten wird, da er sehr dick gebacken wurde. Dies führt zum Schmarren zurück.

Insgesamt gesehen, bleibt der Begriff „Pfannkuchen“ sehr allgemein. Noch Krünitz[LKr1800] stellt dazu fest:

> *Pfannkuchen, ein Nahme, welcher in den Küchen verschiedenen Arten von Kuchen, welche man in Pfannen zu backen pflegt beygelegt wird. So kennet man den bloßen Eyerkuchen an manchen Orten, besonders Niedersachsens, nur unter dem Nahmen des Pfannkuchens. Engl. Pancake. In Obersachsen ist der Pfannkuchen ein Kuchen, welcher aus einem feinen wohlgearbeiteten Teige, entweder bloß in dünnen runden oder viereckigen Stücken oder mit einer Fülle in einer Pfanne mit Butter oder Schmalz gebacken wird, und welcher, wenn er*

ungefüllt ist, in Nürnberg ein Hefenkuchen, in Oberdeutschland Pfänzel, in Niedersachsen Plinze, Plinse heißt.

Ueberhaupt wird keine Art häufiger, als die Pfannkuchen, gebacken. In manchen Gegenden heißen sie auch Fastenkuchen, weil sie vornehmlich in der Fastenzeit gebacken und gegessen werden; wenn es etwa zu anderer Zeit nicht geschehen sollte. Man findet aber sehr mancherley Bereitungsarten dieser Kuchen. Sie sind theils inwendig mit einer Fülle von Kirschmus, durchgestrichenen Aepfeln, oder Mandelteig, oder ohne alle Fülle.

Der Pfannkuchen in unserem Sinn, ein Eierkuchen, war noch um 1800 ein Spezialfall neben allen möglichen anderen Varianten in der Pfanne gebackener Kuchen.

5.1.2 Flädle

Irgendwie führen viele Wege zu Pfannkuchen und Flädle, trotzdem bleiben Flädle, wie die Spätzle weitgehend im Dunkel der Geschichte, bis sie 1749 plötzlich im Tübinger Kochbuch[WTü1749] stehen. Das Rezept für Eierflädle unterscheidet sich dabei nicht von modernen Rezepten:

223 Aier-Flädle

223 Aier-Flädle

Nimm einen kleinen Löffel voll Meel und acht Aier / rühre es recht wohl untereinander / giesse ein wenig Milch dazu / thue Peterling und Saltz darein; mache in einer breiten Pfanne Schmaltz heiß / giesse solches heraus[1] und einen guten Löffel voll von dem angemachten Taig darein / lasse ihn bachen, kehre die Pfanne um / daß das gebachene Flädle auf ein Brett fällt, wickle es auf und fahre auf diese Weise fort / bis alles gebachen ist. Die aufgewickelte Flädlein lege entweder gantz / oder mitten entzwey geschnitten in ein Zinn / mache eine Butterbrühe daran / und lasse sie aufkochen. Man kann sie auch nach dem aufwickeln in kleine Stücke schneiden und in eben dieser Brühe als einen Beugis[2] aufstellen.

[1] *vgl. Holländische Pfannkuchen.* [2] *unverständlich, eine Art Suppe, Eintopf?*

(Kräuter–) Eierflädle

(Kräuter–) Eierflädle

- ▷ Nimm einen Löffel Mehl und acht Eier und rühre es gut untereinander,
- ▷ gib etwas Milch dazu, Salz und Petersilie.
- ▷ Mach in einer Pfanne Schmalz heiß und gieße es ab,
- ▷ gib einen guten Löffel des angemachten Teigs in die Pfanne,
- ▷ lasse den Teig backen (wende das Flädlein).
- ▷ Kehre die Pfanne über einem Brett um, sodass das Flädlein auf das Brett fällt,
- ▷ wickle es auf und fahre in dieser Weise fort, bis der Teig aufgebraucht ist.
- ▷ Lege die aufgewickelten Flädlein entweder ganz oder in der Mitte halbiert in eine Kasserolle,
- ▷ gibt gute Butterbrühe (-soße) dazu und lasse sie aufkochen.
- ▷ Oder: Schneide sie nach dem Aufwickeln in kleine Stücke und serviere sie in der Butterbrühe als Beugis (? Suppe, Eintopf).

Von da an sind Flädle fester Bestandteil schwäbischer Kochbücher. Im Göppinger Kochbuch[WGö1790]findet man in einem Rezept für „gebackene Milchflädlein“ den schlichten Hinweis „Es werden, wie gewöhnlich, gute Flädlein gebacken...“, sie waren jetzt Bestandteil der gewöhnlichen Küche und ihre Herstellung musste nicht mehr erläutert werden.

Im Augsburger Kochbuch[OAu1788] sind dagegen schon die meisten, bis heute tradierten, Rezepte enthalten. An das Rezept für „Gefüllte Flädle“ ist folgende grundlegende Anweisung angelehnt:

224 Flädle

224 Flädle

Mehl bzw. beliebiges glutenfreies Mehl im Verhältnis 1:1 mit Stärke, 4 bis 5 Eier, Milch, Salz

- ▷ Zu Flädle für 4 Personen nimmt man ca. 4 kleine Esslöffel voll Mehl, rührt dieses mit Milch, ein wenig Salz und 4 bis 5 Eiern an, bis der Teig so dünn ist, dass er gut verläuft.

- ▷ Dann macht man Schmalz in einer Flädlein- oder Backpfanne heiß, schüttet alles wieder heraus, so dass die Pfanne nur gefettet ist, gießt einen halben Schöpflöffel voll Teig hinein, lässt ihn durch Kippen der Pfanne überall verlaufen, so dass das Flädlein nur messerrückendick wird. Danach lässt man mit einem Löffel etwas flüssiges Fett am Rand entlang in die Pfanne laufen.
- ▷ Ist eine Seite gebacken, wird das Flädlein umgedreht und die zweite Seite fertig gebacken. Man legt es auf einen Deckel und fährt genauso fort, bis der Teig aufgebraucht ist.

Hier wird eine spezielle Flädlein-Pfanne empfohlen, ohne dass diese näher beschrieben ist. Das erinnert jedoch stark an die französischen Crêpe-Pfannen mit nach oben gewölbtem Boden. Flädle sind in der Tat nur innerhalb Deutschlands etwas Besonderes, wo sie sich durch Eleganz vom grobschlächtigen Pfannkuchen abheben.

Entsprechend wird man z. B. auch in einem italienischen Kochbuch fündig. Unter „Brodo con Tagliolini de crêpes“, in der Übersetzung „Flädlessuppe“ findet man ein Rezept, wie es nahezu gleichlautend auch im Kiehnle-Kochbuch[WKi1956] steht. Nimmt man anschließend ein schwedisches Kochbuch zur Hand (Schwedische Küche[XSK1995]), so findet man für „Pannkakor“ und „Plättar“ wieder ein Rezept für Flädlesteig.

Der Grundteig

Der Grundteig oder besser die Masse für Flädle lässt wenig Spielraum, es sind nur kleine Unterschiede, über die man sich streiten kann. Es gibt jedoch Kniffe, mit denen das Ausbacken der Flädle vereinfacht wird. So hilft der Masse zugegebene Butter, dass der Teig nicht an der Pfanne festbackt, und dabei reduziert man die Arbeit beim wiederholten Fetten der Pfanne.

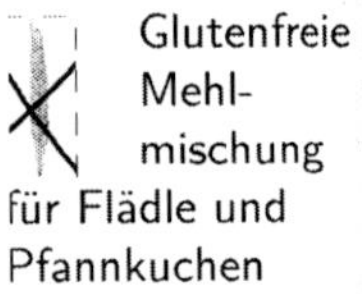

Glutenfreie Mehlmischung für Flädle und Pfannkuchen

Glutenfreie Mehlmischung für Flädle und Pfannkuchen

Es empfiehlt sich die Standardmischung

$\frac{1}{3}$ Maismehl, $\frac{1}{3}$ (Klebe-)Reismehl, $\frac{1}{3}$ Maisstärke.

Weitere Zusätze sind nicht notwendig.

Hier einige Teigvarianten:

225 Grundvarianten für Flädle

225 Grundvarianten für Flädle

1. 150 g Mehl(–mischung), 3 Eier, 600 ml Milch, $\frac{1}{2}$ TL Salz, 2–3 EL flüssige Butter.
2. 120 g Mehl(–mischung), 1 Ei, 1 Eigelb, 200 ml Milch, 25 g flüssige Butter, Salz.
3. 150 g Mehl(–mischung), 1–2 Eier, ca. 250 ml Milch, Salz.
4. 250 g Mehl(–mischung), 4 Eier, 500 ml Milch, ca. 1 TL Salz.

- Die Zugabe flüssiger Butter macht den Teig geschmeidiger und erleichtert vor allem das Ausbacken, da im Teig schon genügend Fett vorhanden ist, das ein Anhaften der Flädle vermindert (bei allen Varianten möglich).

225.1 Teigzubereitung

225.1 Teigzubereitung

▷ Mehl, Salz und Eier mit der Hälfte der Milch zu einem glatten Teig verarbeiten.

- ▷ Die, falls vorgesehen, flüssige Butter zur restlichen Milch geben, durchrühren und
- ▷ unter den Teig arbeiten.
- ▷ Ist der Teig zu dick, evtl. noch etwas Milch einarbeiten.

225.2 Ausbacken der Flädle

225.2 Ausbacken der Flädle

- ▷ Eine Pfanne (optimal ist eine Crêpe–Pfanne) mit flüssiger Butter bestreichen (Küchenpinsel). Eine dünne Fettschicht reicht.
- ▷ Einen kleinen Schöpflöffel Teig in die Pfanne geben und sehr dünn in der Pfanne verteilen.
- ▷ Sobald der Teig angezogen hat, durch leichtes Rütteln der Pfanne das Flädle vom Boden lösen.
- ▷ Bei nicht zu großer Hitze backen, bis die Unterseite schön gelb ist, dabei wiederholt rütteln.
- ▷ Wenden und die zweite Seite backen.
- ▷ Den Pfannkuchen warmstellen.
- ▷ Wiederholen, bis der Teig aufgebraucht ist.

Wer möchte, kann das Wenden der Flädle durch Hochwerfen bewerkstelligen. Das wollte ich einmal meiner dreijährigen Tochter vorführen, mit dem Ergebnis, dass sie aufgeregt aus der Küche rannte und rief: „Mama, Mama komm, der Pappa wirft mit Pfannkuchen“. Seitdem wende ich Pfannkuchen mit einer Spatel.

Flädle-Rezepte

Ganz vorne dabei ist die Flädlessuppe, der sparsame Schwabe isst seine übrig gebliebenen Flädle am nächsten Tag in der Suppe (oder backt extra ein paar mehr). Einfacher geht es nicht:

226 Flädlessuppe

226 Flädlessuppe

Flädle vom Vortag (oder frisch), Rinder-, Hühner- oder Gemüsebrühe

- ▷ Flädle zusammenrollen und in dünne (<5 mm) Streifen schneiden.
- ▷ In Tellern verteilen.
- ▷ Heiße Brühe darauf geben,
- ▷ servieren.

Flädle lassen sich wie Spätzle mit Kräutern oder exotischen Mehlsorten variieren. Die Zugabe von in Butter angedünsteter feingehackter Petersilie bzw. von Schnittlauch ergibt Kräuterflädle. Maronenmehl, geriebene Mandeln oder Nüsse, die ca. $\frac{1}{3}$ des Mehls ersetzen, ergeben entsprechende Geschmacksrichtungen. Für Details und weitere Varianten sei auf den Abschnitt „Variation von Spätzle“ (Abschn. 3.4 auf Seite 89 ff.) verwiesen.

Flädle gefüllt:
Klassisch werden Flädle entweder als Hauptgericht mit Fleisch und/oder Gemüse gefüllt oder süß als Nachspeise mit Marmelade oder eingemachtem Obst. Unsere Standardessen mit Flädle

Flädle mit Spargel und gekochtem Schinken gefüllt

Flädle mit Marmelade bestrichen, aufgerollt und bis zum Sattwerden aus der Hand gegessen

Geeignet zur Füllung ist auch Spinat, entweder als Blattspinat oder Mus, der dadurch für Kinder evtl. interessanter wird. Pilze, kleingeschnitten und mit Zwiebeln gebraten, bilden eine schön würzige Fülle und natürlich sind der Phantasie hier keine Grenzen gesetzt, auch nicht bei süßen Füllungen.

Aufgezogen und gefüllt
werden Flädle ganz klassisch zubereitet. So finden sich schon im Augsburger Kochbuch von 1788 aufgezogene Flädle:

228 Aufgezogene Flädle

228 Aufgezogene Flädle

Flädle, 5–6 El zurückbehaltener Flädlesteig, Butter, 3-4 Eier, 1/4 l Sahne oder Milch, Salz

- ▷ Die Flädle werden zusammengerollt und in 5-6 cm breite Stücke geschnitten.
- ▷ Die Stücke stellt man senkrecht, dicht nebeneinander, in eine passende tiefe Auflaufform, die mit Butter bestrichen ist.

- ▷ Der zurückbehaltene Teig wird mit 3–4 Eiern, der Sahne (Milch) und etwas Salz angerührt und
- ▷ über die Flädle geschüttet, sodass diese zu $\frac{2}{3}$ bedeckt sind.
- ▷ Auf die Flädle verteilt man Butterflocken und
- ▷ backt den Auflauf im Backofen bei ca. 180 °C, bis die Oberfläche schön gelb ist.

Süße Variante

Süße Variante

ca. 1 EL Zucker, Rosinen nach Geschmack

- ▷ Der Guss wird mit Zucker gesüßt und es werden nach Geschmack Rosinen untergemischt.
- Man kann zusätzlich die Oberfläche des Auflaufs mit Zucker bestreuen und zum Schluss kurz unter dem Grill oder mit dem Bunsenbrenner karamellisieren.

229 Aufgezogene Flädle, süß, gefüllt mit Apfelmus

229 Aufgezogene Flädle, süß, gefüllt mit Apfelmus

Flädle, Apfelmus, Rosinen, 1 Ei, 2 EL Zucker, 150 ml Milch oder Sahne, Butter

- ▷ Die Flädle werden dick mit Apfelmus bestrichen,
- ▷ mit Rosinen bestreut und
- ▷ in einer passenden Auflaufform aufgeschichtet.
- ▷ Aus dem Ei, Zucker und der Milch oder Sahne bereitet man einen Guss und gibt ihn an die Flädle.
- ▷ Auf den Flädle verteilt man Butterstückchen und
- ▷ backt den Auflauf im Backofen bei 180 °C, bis die Oberfläche gelb ist.

Für salzige Füllungen greift man mehr oder weniger auf die Füllungen für Maultaschen zurück. Hier eine Variante mit Fleisch:

230 Flädle mit Fleischfüllung, aufgezogen

230 Flädle mit Fleischfüllung, aufgezogen

Hackfleisch oder fein gehackter übrig gebliebener Braten, Petersilie, Frühlingszwiebeln, 1 Ei, evtl. eingeweichtes Brot oder Semmelbrösel, Fleischbrühe

- ▷ Die kleingehackte Petersilie und klein geschnittene Frühlingszwiebeln werden in Butter weich gedünstet,
- ▷ das Hackfleisch zugegeben und angebraten,
- ▷ vom Herd nehmen, Ei und nach Geschmack eingeweichtes Brot oder Semmelbrösel einarbeiten,
- ▷ salzen, pfeffern und nach Geschmack Muskat zugeben.
- ▷ Die Flädle damit bestreichen und zu „Päckchen" falten,
- ▷ in eine eingefettete Auflaufform schichten,
- ▷ Fleischbrühe bis knapp unter den Rand der Flädle füllen und
- ▷ im Backofen ca. 15 Min. sieden lassen.

231 Überbackene gefüllte Flädle

231 Überbackene gefüllte Flädle

Flädle, Fleischfüllung wie vorstehend, Weiße Soße, Emmentaler, Parmesankäse oder Bergkäse, Butter

- ▷ Füllung und Flädle wie im vorhergehenden Rezept füllen und in eine Auflaufform schichten.
- ▷ Mit einer weißen Soße, Abschn. 3.5.2 auf Seite 137, übergießen,
- • Alternativ zur weißen Soße kann man mit Eigelb legierte Sahne verwenden, die man mit Salz und Pfeffer würzt.
- ▷ Mit geriebenem Käse bestreuen und
- ▷ Butterflocken darauf verteilen.
- ▷ Im Backofen bei 180 °C backen, bis die Oberfläche gelb ist.

Die Aufgezogenen Flädle eignen sich hervorragend zur Resteverwertung am Tag nach dem großen Flädlesessen. Insbesondere die gefüllten Varianten lassen sich aus abgekühlten Flädle viel leichter herstellen als aus frischen, da diese, wenn sie wirklich dünn sind, sehr leicht reißen. Flädle lassen sich abgedeckt sehr gut im Kühlschrank aufbewahren. Die Abdeckung ist nicht zuletzt notwendig, da sie sonst austrocknen. Als „Vorspeise" kann man noch eine Flädlesuppe reichen.

5.1.3 Pfannkuchen

Pfannkuchen bereitet man deutlich dicker zu als Flädle, was sich ganz automatisch aus der Teigkonsistenz ergibt. Außerdem werden sie meist als süße Speise genossen, während Flädle auch als Suppeneinlage und Beilage verwendet werden.

Der wichtigste Unterschied zu Flädle liegt darin, dass das Eiweiß der Eier zu Schnee geschlagen und unter den Teig gehoben wird. Dadurch kann der Mehlanteil im Teig erhöht werden, das geschlagene Eiweiß bringt Luft in den Teig ein, die sich beim Braten ausdehnt und den Teig lockert. Selbst sehr dicke Pfannkuchen für Schmarren sind so möglich.

Pfannkuchen mit Eischnee

Anders als bei Flädle sollte man einem Pfannkuchenteig auf der Basis von Eischnee kein Fett (Butter) zufügen. Fett verträgt sich schlecht mit Eischnee und führt dazu, dass dieser instabil wird.

Schmarren oder Eierhaber

Schmarren bzw. Eierhaber, lässt sich in Bayrisch–Schwaben bis ins 16te Jahrhundert zurückverfolgen. Aus Augsburg stammt auch das folgende Rezept von 1908: Ansonsten ist Schmarren in Bayern und Österreich verbreitet und ein beliebtes touristisches Essen auf den Almen der östlichen Alpen.

232 Eierhaber oder Mehlschmarren

232 Eierhaber oder Mehlschmarren

Auf jeden Kochlöffel voll Mehl rechnet man ein Ei. Je nach Bedarf wird Mehl und das gehörige Salz mit kalter Milch zu einem Teig angerührt, gut abgeklopft, nach und nach die Eier hinzugerührt; sollte er zu dick sein, so gibt man noch Milch hinzu, daß er etwas dicker als ein Pfannkuchenteig ist. Dann läßt man in einer

Pfanne Schmalz heiß werden, etwa vier Loth (70 Gr.) gießt den Teig hinein und bäckt ihn auf beiden Seiten, zerstößt ihn mit dem Schäufelchen zu schönen Stücken, richtet ihn erhaben an, und bestreut ihn mit Zucker, wenn er zu einem Compot gegeben wird. Selbverständlich bleibt der Zucker weg, wenn der Eierhaber zu Ragout gegeben wird.
HALLER[OAu1908]

Eierhaber oder Mehlschmarren

Eierhaber oder Mehlschmarren

1 Kochlöffel Mehl(-mischung), 1 Ei, Milch, Salz

- ▷ Mehl und Salz mit Milch zu einem Teig anrühren,
- ▷ gut durchschlagen,
- ▷ nach und nach die Eier einarbeiten.
- ▷ Ist der Teig zu dick, wird noch etwas Milch eingearbeitet, er soll einem dicken Pfannkuchenteig entsprechen.
- ▷ In einer Pfanne macht man ca. 70 g Schmalz heiß,
- ▷ gießt den Teig hinein
- ▷ und backt ihn auf beiden Seiten.
- ▷ Man zerstößt ihn mit einer Spatel in schöne Stücke,
- ▷ schichtet sie pyramidenförmig auf und bestreut sie mit Zucker, sofern es dazu Kompott gibt.
- • Auf den Zucker verzichtet man natürlich, wenn der Schmarren zu einem Ragout gereicht wird.

Das Ei wird hier nicht getrennt, wie das z. B. beim österreichischen Kaiserschmarrn und Pfannkuchen der Fall ist. Daneben sind die Mengenangaben sehr vage gehalten. Hier noch ein präzisiertes Rezept:

233 Eierhaber oder Schmarren II

233 Eierhaber oder Schmarren II

375 g Mehl(-mischung), 3 Eier, 375 ml Milch, Salz, Fett

- ▷ Mehl und Salz mit einem Teil der Milch zu einem glatten Teig anrühren,
- ▷ Eier trennen und die Eigelb nach und nach in den Teig einarbeiten,
- ▷ die restliche Milch zufügen,
- ▷ das Eiweiß zu festem Schnee schlagen und unter den Teig heben.
- ▷ In einer Pfanne Fett erhitzen,

- ▷ Teig zugeben und auf einer Seite goldbraun braten.
- ▷ Wenden, mit einer Spatel in Stücke teilen und
- ▷ ebenfalls braun braten.
- ▷ Die Stücke aufschichten und mit Zucker oder Puderzucker bestreuen, wenn der Schmarren süß gereicht wird.

Eierhaber mit Zwetschgen

Eierhaber mit Zwetschgen

Eierhaberteig, Zwetschgen

- ▷ Ca. 20 Zwetschgen halbieren und entsteinen.
- ▷ Den Eierhaber (Schmarren) auf der ersten Seite ca. zur Hälfte fertig backen.
- ▷ Die Zwetschgen darauf verteilen,
- ▷ die Pfanne mit einem passenden Deckel zudecken.
- ▷ Den Eierhaber bei niederer Temperatur fertigstellen.

Pfannkuchen

Für Pfannkuchen gibt es eine Vielzahl von Rezepten. Hier einige Beispiele, wobei zwischen Eierpfannkuchen und einfachen Pfannkuchen aufgrund des Ei–Mehl–Verhältnisses unterschieden wird:

234 Grundvarianten für Eierpfannkuchen

234 Grundvarianten für Eierpfannkuchen

Für je 4 Pfannkuchen:

1. 4 EL Mehl(-mischung), 8 Eier, 4-8 EL Milch, Salz, Butter
2. 4 EL Mehl(-mischung), 4 Eier, Milch, Salz, Butter

- ▷ Eier trennen.
- ▷ Eiweiß steif schlagen.
- ▷ Mehl, Eigelb und Salz mit etwas Milch glatt rühren.
- ▷ Das steif geschlagene Eiweiß vorsichtig unterheben.
- ▷ Ca. 25 g Butter in einer Pfanne heiß werden lassen.
- ▷ Die Pfannkuchenmasse einfüllen und durch Kippen der Pfanne gleichmäßig verteilen.
- ↻ Nachdem die Masse angezogen hat, unter wiederholtem Rütteln von beiden Seiten fertig backen, zwischendurch wenden.

Bei diesen Teigvarianten handelt es sich im Prinzip um einen „Wasserbiskuit“, bei dem der Wasserzusatz durch Milch ersetzt ist. Das gilt auch für folgende einfachere Varianten, bei denen der Eianteil verringert ist.

235 Grundvarianten für einfache Pfannkuchen

235 Grundvarianten für einfache Pfannkuchen

1. 200 g Mehl(-mischung), 3–4 Eier, ca. 350 ml Milch, Salz
2. 250 g Mehl(-mischung), 2–3 Eier, ca. 250 ml Milch, Salz

- ▷ Eier trennen, Eiweiß zu steifem Schnee schlagen.
- ▷ Mehl, Eigelb, Salz und Milch zu einer glatten Masse verarbeiten.
- ▷ Den Eischnee unterheben.
- ▷ In einer Pfanne Butter erhitzen.
- ▷ 1 Schöpflöffel Teig in die Pfanne geben und verteilen.
- ▷ Unter wiederholtem Rütteln hellbraun braten.
- ▷ Wenden und die 2. Seite genauso fertigstellen.
- ↻ Weitere Pfannkuchen backen, bis der Teig aufgebraucht ist.

Pfannkuchen lassen sich vielfältig variieren. Im einfachsten Fall reicht man ein Kompott dazu. Man kann Gewürze oder Früchte in den Pfannkuchen einbacken. Dabei gilt, je dicker der Pfannkuchen, umso größer können die zugegebenen Früchte sein.

236 Verschiedene Pfannkuchen 236.1 Kräuterpfannkuchen

236 Verschiedene Pfannkuchen

236.1 Kräuterpfannkuchen

Pfannkuchenteig, Zwiebel, Petersilie, Schnittlauch

- ▷ Zwiebel kleinschneiden und in Butter weich dünsten.
- ▷ Petersilie kleinhacken und kurz mit den Zwiebeln dünsten.
- ▷ Schnittlauch kleinschneiden und zusammen mit Zwiebel und Petersilie
- ▷ unter den Teig mischen,
- ▷ backen.

236.2 Pilz–Pfannkuchen

236.2 Pilz–Pfannkuchen

Pfannkuchenteig, Pilze, Zwiebel, Salz, Pfeffer

▷ Pilze sehr klein schneiden,
▷ ebenso die Zwiebel
▷ alles in Butter weich dünsten,
▷ salzen und pfeffern.
▷ Unter den Pfannkuchenteig mischen,
▷ backen.

236.3 Pfannkuchen mit Rosinen

236.3 Pfannkuchen mit Rosinen

Pfannkuchenteig, Rosinen

▷ Rosinen unter den Teig mischen,
▷ fertigstellen.

236.4 Apfel-Pfannkuchen

236.4 Apfel-Pfannkuchen

Pfannkuchenteig, säuerliche Äpfel, Zucker

▷ Äpfel sehr klein schneiden,
▷ mit Zucker bestreuen,
▷ möglichst 1 Stunde stehen lassen.
▷ Die Apfelstücke unter den Teig mischen,
▷ fertigstellen.

236.5 Kirsch-Pfannkuchen

236.5 Kirsch-Pfannkuchen

Pfannkuchenteig, Kirschen, Zucker

▷ Kirschen entsteinen,
▷ mit Zucker bestreuen und
▷ möglichst 1 Std stehen lassen.
▷ unter den Teig mischen,
▷ fertigstellen.

Zum Abschluss noch eine Variante mit Spinat, eine weitere Möglichkeit Spinat zu verstecken:

237
Spinatrolle

237 Spinatrolle

Pfannkuchenteig gesalzen, ca. 800 g Spinat, Salz, Pfeffer, Muskat

- ▷ Den Spinat waschen, ausschütteln und ohne Flüssigkeit in einem geschlossenen Topf bei mittlerer Hitze zusammenfallen lassen (nicht übergaren).
- ▷ Spinat fein hacken,
- ▷ auswinden,
- ▷ etwas mit Salz, Pfeffer und evtl. Muskat würzen.
- ▷ Unter den Pfannkuchenteig mischen.
- ▷ Eine Alufolie buttern und
- ▷ ca. 5-8 mm dick mit der Teigmasse möglichst rechteckig bestreichen.
- ▷ Auf ein Backblech legen und bei 180 °C ca. 10–15 Min im Backofen backen.
- ▷ Herausnehmen und heiß aufrollen.
- ▷ Dabei die Alufolie als Hilfe nutzen.
- ▷ Die Rolle in ca 1–1,5 cm breite, gleichmäßige Scheiben schneiden.
- ▷ Entweder als Beilage oder als eigenständiges Gericht mit einer Weißen, Butter- oder Rahmsoße (z. B. Abschn. 3.5.2 auf Seite 137) servieren.

Varianten

Varianten

- Den Spinat ersetzt man durch Petersilie und fein gehackte Frühlingszwiebeln einschließlich der grünen Teile oder auch Schnittlauch, die kurz in Butter gegart wurden oder
- man fügt sehr klein geschnittene Pilze, kurz in Butter gegart, zu.

5.1.4 *Pfitzauf*

Der Pfitzauf unter Flädle und Pfannenkuchen? Ja, er wird im Ofen gebacken – einen Schmarren zieht man nach dem Anbacken auch gelegentlich im Ofen auf oder deckt ihn mit einem Deckel zu, die Eierkuchenmasse geht dann auf.

Aber der Pitzauf oder auch Pfizauf sieht aus wie ein Soufflé. Ein Soufflé wird auf der Basis eines gebrühten Teigs wie Strauben hergestellt (Abschn. 5.3.1 auf Seite 376). Der Pfitzaufteig besteht da-

PFITZ: alle pfitz, alle augenblicke

pfitzen, verb. schnell wohin (mit dem laute pfitz) entweichen, entwischen (ins wirtshausz pfitzen)

hinweg pfitzen, sich schnell fortmachen.

in plötzliches lachen ausbrechen, mit etwas hervorplatzen. Grimm'sches Wörterbuch

gegen ganz einfach aus Flädles– oder Pfannkuchenteig. Nur F. L. Löf(f)lerin verwendet warme, aber keine heiße Milch, später wird auch noch auf das Erwärmen der Milch verzichtet. Bemerkenswert ist, dass sie das Rezept schon 1795 aufführt.

238 Pfitzauf

238 Pfitzauf

Man nimmt ein halbes Pfund Mehl in eine Schüssel, rührt es mit etwas von einem Schoppen Milch glat, dann 5 Eier daran und einen Vierling zerlassenen Butter darein, behält von diesem nur soviel zurük, daß 12 Mödelein damit bestrichen werden können, rührt die Masse mit der übrigen inzwischen warm gemachten Milch vollends an, füllt die bestrichene Mödelein halb voll, bakt sie in frischer Hize, und überstreut sie vor dem Auftragen mit Zuker und Zimmet.
LÖFLER[WLö1795]

Pfizauf

Pfizauf

- ▷ 250 g Mehl rührt man mit einem Teil von 500 ml Milch glatt,
- ▷ gibt 5 Eier dazu und
- ▷ 125 g zerlassene Butter, von der man nur so viel zurückbehält, dass man noch 12 Förmchen damit bestreichen kann.
- ▷ Die Masse jetzt mit der übrigen, inzwischen erwärmten Milch anrühren.

- Die Milch darf nicht heißer als 40 °C sein, da sonst die Eier gerinnen!

▷ Die mit Butter bestrichenen Formen werden zur Hälfte gefüllt und
▷ bei 200 °C gebacken.
▷ Vor dem Auftragen mit Zucker bestreuen.

Die Milch darf nicht zu warm sein, da sonst die Eier gerinnen und die Bindung verloren geht. Auffallend ist, dass das Rezept keinerlei Würzung erhält, deshalb noch ein modernes Rezept, das jedoch immer noch auf den gleichen Mengenverhältnissen aufbaut. Der Pitzauf wird dabei süß interpretiert.

239 Pfitzauf

239 Pfitzauf

250 g Mehl, 5 Eier, 250 ml Milch oder 125 g Sahne und 125 g Milch, 80–100 g Butter, 1 Prise Salz, 30–40 g Zucker

Glutenfreie Mehlmischung: $\frac{1}{3}$ *Maismehl,* $\frac{1}{3}$ *(Klebe-)Reismehl,* $\frac{1}{3}$ *Maisstärke*

▷ Mehl, Eier, Milch (Sahne), Salz, Zucker zu einem glatten Teig anrühren und
▷ die zerlassene, nur lauwarme Butter einarbeiten.
▷ Gut gebutterte Pfitzaufformen mit dem Teig zur Hälfte füllen.
▷ Im vorgeheizten Backofen bei 200 °C ca. 45 Min backen.
▷ Heiß in der Form servieren und die Soufflés mit zwei Gabeln herausheben.

wafels en vrijsters moeten heet behandeld en gegeten worden

waffeln und freier müssen warm genossen werden.
Wander 4, 1723.

5.2 Waffeln

Fastnachtsszene mit Waffelbacken. Zeichnung von Hieronymus Bosch (1450–1516). http://commons.wikimedia.org/wiki/File

Waffel iſt ein zartes in Holland erfundenes Backwerk, ſo von feinem Mehl mit Milch, Eyern und etwas Zucker eingerühret, in einem beſondern zuſammen ſchlagenden Waffeleiſen gebacken wird, und eine viereckige Form mit kleinen viereckigen Riefen gewinnet.
Zedler[LZe1754]

240
Waffel-Küchlein zu bachen

240 Waffel-Küchlein zu bachen

BRühet ein Pfund Reiß / setzet ihn im Kern[1] oder einer obern Milch[2] zu / lasset solchen fein dick sieden (man rechnet zwar insgemein zu einem Pfund wohl-gewogenen Reises / vier Maas Kern / hiezu ist es aber zu viel / und würd der Reiß zu dinn<)>; wann er nun dick gesotten ist / schüttet selbigen in eine Schüssel / streuet Zucker darein / rühret ihn wohl unter einander / lasset ihn an einem kühlen Ort stehen / damit es erkalte; schlaget hernach Eyer daran / thut ein geriebenes Brod / und zu einem Pfund Reiß ungefehr ein viertel Pfund Butter darunter / rühret auch so dann alles wohl untereinander:

Leget das darzu gehörige Eisen auf einen Dreyfuß / schüret ein starkes Kohl- oder anderes Feuer darunter / lasset das Eisen auf beyden Seiten wohl heiß werden / bindet eine Butter in ein Tüchlein / und schmieret dessen inwendig beyde Theile damit; leget dann einen guten Löffel voll von dem Teig in das Eisen / leget es wieder auf den Dreyfuß / lasset ihn allgemach zergehen / drucket es aber nicht alsobald gar zu / es lauffet sonst der Teig heraus; kehret das Eisen einmal oder zwey herum / und wann die Küchlein schön licht-braun sind / nehmet sie heraus / schmieret das Eisen wieder mit der in das Tüchlein eingewickelten Butter / leget / wie zuvor / einen Löffel voll Teig hinein / und so fort: Soofft man aber einen Teig auf das Eisen leget / muß selbiges allezeit zuvor mit der Butter in dem Tüchlein wie gedacht / überschmieret werden.

Auch werden zu diesem Gebach zwo Personen nothwendig erfordert / deren die eine den Teig einleget und heraus nimmt / die andere aber mit dem Bachen beschäftiget ist:

Wenn sie nun alle fertig / muß man das Eisen mit einem Tuch auswischen / und also auffstellen / daß die zwey Blätter so voneinander gethan auf den Boden stehen / dann man darff die Eisen nicht netzen / scheuern oder fegen.

Nürnbergisches Kochbuch[ONü1712]

Absätze eingefügt. [1]kern heiszt in der Oberpfalz, Nürnberg der milchrahm, besonders der süsze der die butter gibt. Grimm'sches Wörterbuch. [2]Der Sahne, die sich bei einer nicht homogenisiertem Milch oben absetzt.

Waffel-Küchlein zu backen

Waffel-Küchlein zu backen

▷ Brühe ein Pfund Reis mit heißem Wasser,
▷ koche ihn in Rahm (Sahne) schön dick ein (man rechnet zwar allgemein vier Liter Rahm auf ein Pfund Reis, hier ist das aber zu viel, und der Reis würde zu dünn).
▷ Wenn der Reis dick eingekocht ist, schüttet man ihn in eine Schüssel, streut Zucker darüber und rührt den Reis gut durch.
▷ Lass ihn an einem kühlen Ort auskühlen.
▷ Schlagt dann Eier hinein und
▷ gib geriebenes Brot und, zu einem Pfund Reis, ca. ein viertel Pfund Butter darunter und
▷ arbeitet alles gut durch.

▷ Lege das dazugehörige (Waffel-)Eisen auf einen Dreifuß und mache darunter ein starkes Kohle- oder anderes Feuer und lass das Eisen auf beiden Seiten gut heiß werden.
▷ Binde ein Stück Butter in ein Tüchlein und schmiere beide Innenseiten des Waffeleisens damit ein.
▷ Gib dann einen guten (Schöpf-)Löffel Teig in das Eisen,
▷ lege es wieder auf den Dreifuß und lass den Teig im Eisen sich langsam verteilen.
▷ Drücke das Eisen aber nicht zu früh zu fest zusammen, da sonst der Teig heraus läuft.
▷ Drehe das Eisen ein- oder zweimal um und
▷ wenn das Küchlein schön hellbraun (licht-braun) ist, nimm es heraus.
↻ Schmiere das Eisen wieder mit der ins Tüchlein gewickelten Butter ein, gib wieder einen Löffel Teig ins Eisen und so weiter. So oft man aber Teig auf das Eisen gibt, muss dieses zuvor mit der Butter im Tüchlein eingestrichen werden.

▷ Zum Waffelbacken sind zwei Personen zwingend notwendig, eine gibt den Teig ins Waffeleisen und nimmt die Waffeln heraus, die andere aber führt das Backen mit dem Eisen durch.

▷ Wenn alle Waffeln fertig sind, muss das Waffeleisen mit einem Tuch ausgewischt und so aufgestellt werden, dass die Blätter geöffnet auf dem Boden stehen. Man darf die Eisen nicht abwaschen, scheuern oder mit einer Bürste bearbeiten.

Abgesehen davon, dass das eigentliche Rezept sehr vage gehalten ist, besticht der komplexe Text durch die detaillierte Schilderung der Mühsal des damaligen Waffelbackens. Waffeln konnten damit kein gewöhnliches Essen sein, ihre Fertigung war mit Feiertagen verbunden. Das „Grimm'sche Wörterbuch" stellt dazu fest:

> *die waffel ist ein uraltes niederfränk. fest- und fastengebäck, ähnlich den krapfen, strauben u. s. w. in andren deutschen landschaften, durch die Franken nach Frankreich gebracht, in Deutschland von den Rheingegenden aus allmählich allgemeiner verbreitet. sie pflegen jetzt bei festlichkeiten, auf jahrmärkten gebacken zu werden, in den häusern bei besonderen gelegenheiten.*

Neben dem Begriff Waffel war und ist auch die Bezeichnung Eisenkuchen in Gebrauch. Krünitz[LKr1800] schreibt dazu:

> *Eisenkuchen, eine Art Gebackenes, welches in einer eisernen Form mit einem langen Griffe gebacken wird. Es giebt eine dünnere und eine dickere Art. Jene wird eigentlich Eisenkuchen, Fr. Oublie, diese aber Waffelkuchen, Fr. Gauffre, oder Gaufre genannt.*
>
> *Die Eisenkuchen werden folgendergestalt zubereitet. Zu 1 Pfund Butter nimmt man 1 Pfund Zucker, 8 Eyer, von deren einigen das Weiße weggelaßen werden kann, mischet alles wohl unter einander, und schüttet nach und nach etwas Mehl darzu, doch daß es nicht zu dick werde. Sodenn bestreicht man das Eisen oder die Form, (so aus 2 runden oder viereckigen Blättern besteht, welche beyde einen langen Griff, und in den innern, gegen einander schlagenden Seiten, allerley Figuren, Sternchen, Namenszüge etc. haben) mit ein wenig Butter, gießt auf das eine Blatt einen Löffel voll Teig, wendet und drehet ihn so lange darinn um, bis*

das Eisen von dem Teige völlig überläuft, kneipt das andere Blatt darauf, und bäckt alsdenn die Kuchen darinn über einem Kohlfeuer, bis sie eine hochgelbe Farbe bekommen. Sollen diese Kuchen noch besser schmecken, so leget man zwey einfache über einander, streuet kleine Rosinen dazwischen, und läßt sie in dem Eisen wieder etwas backen.

5.2.1 Die Waffel breitet sich aus

Die Waffel breitet sich erst im 16. Jahrhundert von Holland nach Deutschland aus und wird zum festen Bestandteil im deutschen Küchen-Repertoire. Zum normalen Essen wird sie aber erst, nachdem moderne Waffeleisen Verbreitung fanden. In einigen Regionen, wie der Schweiz, hat die Waffel wohl nie eine wesentliche Rolle gespielt.

Das Rezept aus dem Nürnbergischen Kochbuch ist insofern noch etwas Besonderes, als es Reiswaffeln beschreibt und das zu einem sehr frühen Zeitpunkt. Reiswaffeln werden später auch im Tübinger Kochbuch[WTü1749] aufgeführt, fehlen dann aber in den späteren Kochbüchern. Ansonsten bestehen die frühen Waffeln aus einem dünnen Hefeteig, wozu im Nürnbergischen Kochbuch zwei Rezepte gegeben werden. Deutlich früher hat die Junckfraw Maria Stengler[OAu1554], wie bei ihr üblich in Kurzform, ein Rezept für Hefewaffeln aufgeschrieben:

241 Wafflen zu machen

241 Wafflen zu machen

Item nimb zwelff ayr, klopffs auff, nimb ain halbe maſs ſieſſer millich jn ain ſchiſſel, vnd ain vngeſaltzen puter ſchmaltz, thus alles vnder ainander darnach thu ain leffel vol heffen darein, vnd ain ſchöns mel, riers woll durch ain ander ſetz auf den ofen, laſs anſs gon, darnach thu es jn ain waffel Eiſſen.

Maria Stengler[OAu1554]

Waffeln zu machen

Waffeln zu machen

- ▷ Klopfe zwölf Eier in eine Schüssel,
- ▷ gib einen halben Liter süße Milch und ungesalzenes Butterschmalz dazu,
- ▷ rühre alles untereinander und gib
- ▷ einen Löffel Hefe und schönes Mehl dazu.
- ▷ Gut untereinander rühren und an einen warmen Platz (auf dem Ofen) stellen.
- ▷ Lass den Teig gehen und
- ▷ backe ihn danach im Waffeleisen.

Typischer Weise sind diese Waffeln nicht gesüßt, so auch in „Der wohlunterrichtete Koch[AWK1738]", wobei die Anweisung etwas genauer ist als bei Maria Stengler:

242 Waffeln zu machen

242 Waffeln zu machen

Nimm 1. Maas Mehl und lasse gute Milch warmlecht werden, thue ein halb Pfund Schmalz und 9. Eyer, dann 3. Löffel voll Bier-Heffen darzu rühren, salze es so viel vonnöthen, und mache also einen Teig, laß ihn wohl gehen, dann nimm den Form zur Hand und backe sie.

Der wohlunterrichtete Koch[AWK1738]

Waffeln machen

Waffeln machen

- ▷ Nimm 1[1] l Mehl, lauwarme Milch, ein halbes Pfund Schmalz, 9 Eier und 3 Löffel Bierhefe,
- ▷ rühre alles zusammen und salze es wie nötig.
- ▷ Mache also einen Teig und lass ihn gehen,
- ▷ dann nimm die Form (das Waffeleisen) zur Hand und backe sie (die Waffeln).

[1] *1 Mäßlein wäre 0,5 l, 1 Maß evtl. 1 l*

Eine Ausnahme von diesen gesalzenen Hefewaffeln findet sich bei Zedler, wo die Waffeln darüber hinaus stark, man könnte sagen barock gewürzt sind:

243 Waffeln

243 Waffeln

Man nimmt nehmlich ein Pfund Mehl, 1 Nösel[1] Rahm, drey Viertel Pfund abgeklärte Butter, drey Stück kleingestossenen Zwieback, sechs Eyer mit dem Weissen und Gelben, zwey Löffel voll Gest oder Hefen, welcher die Nacht im Wasser gestanden, Muscaten-Nüsse und Cardamom einen guten Löffel voll Zucker und Rosen-Wasser, rühret es wohl ab in einem steinernen Topffe, setzet es denn an einen warmen Ort, läst es drey Stunden stehen, daß es wohl stehet oder aufgehet im Topffe; es muß aber an einem Ort stehen, daß es nicht anbrenne oder sich ansetze in dem Topffe, es will sonst nicht aufgehen. Backet es denn in dem Waffeleisen auf einem Kohlfeuer.

ZEDLER[LZE1754]

[1] *~0,5 l: ein kleineres flüssigkeits- und trockenmasz (eine halbe kanne, ein halb quartier); ein halbes quart, welches in Oberteutschland ein seidlein. Grimm'sches Wörterbuch.*

Waffeln

Waffeln

- ▷ Man nimmt 1 Pfund Mehl, $\frac{1}{2}$ l Rahm (Sahne), 375 g Butter, 3 kleingestoßene Zwieback (ca. 3 Hände Semmelbrösel), 6 Eier, 15–20 g Hefe (über Nacht in Wasser eingeweicht – heutzutage nicht notwendig), Muskat, Kardamon, 1 EL Zucker, Rosen-Wasser.
- ▷ Alles gut zusammenrühren,
- ▷ 3 Stunden an eimnem warmen Ort gehen lassen (nicht so warm, dass der Teig anbrennt oder ansetzt, sonst geht er nicht auf).
- ▷ Im Waffeleisen auf einem Kohlefeuer backen.

Diese Grundrezepte für Hefewaffeln, einmal ohne, einmal mit Zusatz von geriebenem Brot, halten sich bis ins 20. Jahrhundert in den Kochbüchern, wobei eine Vielzahl in Details abweichende Varianten entwickelt wurden. Erst in jüngster Zeit wurde die Hefe zunehmend durch Backpulver ersetzt. Dieser Ersatz, evtl. begünstigt durch eine Popularisierung des amerikanischen Pancake, scheint sich inzwischen nahezu vollständig durchgesetzt zu haben, glaubt man den Backforen im Internet. Das erinnert mich auch an eine Episode in einer Gruppe, in der es darum ging, Waffeln für eine Weihnachtsmarkt zu backen. Als ich bei der Rezeptdiskussion, der Teig musste eine lange Standzeit bewältigen, sagte: Wenn kein Hefeteig, dann im Prinzip ein Pfannkuchenteig, wurde schroff klargestellt: „Waffelteig macht man immer mit Backpulver!".

Historisch taucht zunächst im westlichen schwäbischen Raum die Waffel aus Eierkuchenteig auf. Typisch dafür ist das „Tübinger Kochbuch" mit einem Rezept für „Waffel ohne Heffen", was insofern bemerkenswert ist, als gar kein Rezept für Hefewaffeln gegeben wird. Die Hefewaffel, das war der Standard, während hier Rezepte für „Gar gute Waffeln", wie das nächste Rezept benannt ist, gegeben wurden. Die schwäbischen Kochbücher verzeichnen von da an, neben Hefewaffeln, immer Waffeln auf der Basis eines Eierkuchenteigs oder auch nur diese, wie in den frühen Bänden des Löffler'schen Kochbuchs. Selbst in der ersten Ausgabe des Kochbuchs von Hermine Kiehnle[WKi1912] fehlen Hefelwaffeln, während diese im östlichen Bereich (Bayrisch–Schwaben, Oberschwaben) die Normalform in den Kochbüchern bleiben.

244 *Wafflen ohne Hefe*

244 Wafflen ohne Hefe

Rühre ein Pfund Butter und 8 Eier recht wohl miteinander, thue hernach den Rohn von einer sauren Milch, und ein Pfund Meel dazu, und rühre es mit lauer süsser Milch vollends zu einem Taig an, welcher etwas dicker ist, als sonst ein Hippentaig[1]. Aus diesem bache die Wafflen, und lege eine jede nach dem bachen auf ein sauber Tuch, aber ja keine auf die andere[2], bis alle fertig sind. Streue sie mit vermischtem zucker und zimmet, lege sie artig auf ein zinn, und gib sie auf den Tisch.

Tübinger Kochbuch[WTü1749]

[1] *Hippen sind ein sehr dünnes, waffelähnliches Gebäck, dessen Teig meist Zucker, enthält der karamellisiert, sie werden dadurch hart und knusperig. Sie werden traditionell ebenfalls in einem Eisen gebacken.*

[2] *Einzeln ausgelegt bleiben die Waffeln knusprig, ansonsten werden sie leicht weich.*

Waffeln ohne Hefe

Waffeln ohne Hefe

- ▷ Ein Pfund Butter und 8 Eier werden schaumig gerührt,
- ▷ Dann gibt man Sauerrahm <125 ml> und ein Pfund Mehl dazu und rührt alles zu einem Teig an,
- ▷ der mit Milch auf die Konsistenz eines dicken Hippenteigs <dünner Spätzleteig> gebracht wird.
- ▷ Daraus werden die Waffeln gebacken und einzeln auf ein sauberes Tuch gelegt <damit sie knusperig bleiben>.
- ▷ Sind alle Waffeln fertig, werden sie mit Zucker und Zimt bestreut, die man zuvor vermischt hat.
- ▷ Man ordnet die Waffeln hübsch auf einer Platte an und bringt sie zu Tisch.

Das Rezept ist typisch für schwäbische Waffeln bis hin zum Zucker mit Zimt, den es zu den Waffeln gibt (häufig auch zu Flädle), einer typisch schwäbischen Variante – für meine Frau ein Muss. Im Gegensatz zu diesen einfachen Waffeln werden die „gar guten Waffeln“ noch mit geriebenen Mandeln, Rosenwasser, Zitronenschale und Branntwein aromatisiert.

5.2.2 Waffelrezepte

Abgesehen von der Frage: Hefe ja oder nein, evtl. doch Backpulver oder lieber nur Eier?, unterscheiden sich Rezepte für Waffelmassen vor allem in der Art, wie Butter und Eier zusammengearbeitet werden. Dies wird vor allem bei der Eierkuchenmasse deutlich, die deshalb hier als Erstes besprochen wird. Für glutenfreie Waffeln muss kein zusätzlicher Aufwand getrieben werden, man benutzt einfach die hier meist verwendete Standardmehlmischung:

Glutenfreie Mehlmischung

Je $\frac{1}{3}$ Maismehl, Klebereis oder Reismehl, Maisstärke, wobei man nicht zu genau messen muss. Für 250 g Mehlmischung nimmt man z. B. 80, 80, 90 g der jeweiligen Mehlsorte. Zusatzstoffe wie Johannisbrotkernmehl oder Xanthan sind nicht erforderlich.

245 Waffeln ohne Triebmittel

245.1 Waffeln aus Eierkuchenteig

245 Waffeln ohne Triebmittel

245.1 Waffeln aus Eierkuchenteig

125 g Butter, 200 g Mehl/Mehlmischung, 3–4 Eier, Salz, 1 EL Zucker, 250 ml Milch, Zitronenschale

- ▷ Die Butter mit dem Salz, der Zitronenschale, den ganzen Eiern und dem Zucker schaumig rühren.
- ▷ Nach und nach das Mehl und die Milch einarbeiten, so dass ein dicker Pfannkuchenteig entsteht.
- ▷ Ausbacken.

245.2 Waffeln aus Wiener Masse

245.2 Waffeln aus Wiener Masse

250 g Mehl/Mehlmischung (Abschn. 5.2.2), 6 Eier, 250 g Butter, 125 ml saure Sahne, evtl. etwas Milch (insbes. bei glutenfreiem Teig), Saft und Schalenabrieb von $\frac{1}{4}$ Zitrone, $\frac{1}{2}$ TL Salz, für süße Waffeln 1 EL Zucker

- ▷ Die ganzen Eier (evtl. mit dem Zucker), wie für eine Genueser Masse auf dem Wasserbad (ca. 40 °C) schaumig rühren. Dabei möglichst viel Luft einarbeiten.

- ▷ Nachdem die Masse steif ist, vom Herd nehmen und weiter rühren, bis sie abgekühlt ist.
- ▷ Die zimmerwarme Butter schaumig rühren und
- ▷ nach und nach die Eimasse und das Mehl zugeben.
- ▷ Zum Schluss zimmerwarmen Rahm, Salz (Zucker), Zitronenabrieb und Zitronensaft einarbeiten.
- ▷ Die Waffeln gleich ausbacken.

245.3 Waffeln, klassisch

245.3 Waffeln, klassisch

250 g Mehl/Mehlmischung (Abschn. 5.2.2 auf der vorherigen Seite), 375 ml saure Sahne, evtl. etwas Milch, 4–6 Eier, Schale von $\frac{1}{4}$ Zitrone, $\frac{1}{2}$ TL Salz

- ▷ Das Mehl mit dem Rahm glatt rühren.
- ▷ Eier trennen.
- ▷ Eigelb, Salz und Zitronenabrieb einarbeiten.
- ▷ Die Eiweiß zu sehr steifem Schnee schlagen.
- ▷ Den Eischnee unter die Teigmasse heben, dabei sollte soviel Luft wie möglich eingearbeitet werden. Also unterheben, nicht rühren.
- ▷ Sofort ausbacken.

245.4 Süße Waffeln

245.4 Süße Waffeln

250 g Mehl/Mehlmischung (Abschn. 5.2.2 auf der vorherigen Seite), 50 g Butter, 250 ml saure Sahne oder Milch, $\frac{1}{2}$-1 EL Zucker, 2-3 Eier, Salz

- ▷ Eier trennen.
- ▷ Butter schaumig rühren.
- ▷ Nach und nach Eigelb, Mehl, Rahm, Zucker und Salz einarbeiten.
- ▷ Eiweiß sehr steif schlagen.
- ▷ Vorsichtig unterheben (s. vorstehend).
- ▷ Ausbacken.

Seit den 1950er Jahren haben sich zunehmend Waffelmassen auf der Basis von Backpulver durchgesetzt. Die Zubereitung der Masse ist einfacher, die Eier müssen nicht so sorgfältig aufgeschlagen werden, um fluffige Waffeln zu erhalten, da der Trieb über das Backpulver erfolgt.

246 Natron-Waffeln

246 Natron-Waffeln

Dazu gibt es eine Vielzahl von Rezepten, so dass hier nur eine Grundvariante gegeben wird.

246.1 Einfache Waffeln

246.1 Einfache Waffeln

500 g Mehl/Mehlmischung (Abschn. 5.2.2 auf Seite 362), 600–625 ml Milch, 3 EL Zucker, 1 TL Salz, 30 g Butter, 3 Eier, $\frac{1}{4}$ Päckchen Backpulver

▷ Eier trennen.
▷ Butter schaumig rühren,
▷ nach und nach alle Zutaten bis auf Eiweiß und Backpulver zugeben.
▷ Eiweiß steif schlagen und zusammen mit dem Backpulver unter die Masse heben.
• Der Teig sollte nicht zu lange stehen, da das Backpulver (das enthaltene Natron) dann schon reagiert. Das gilt insbesondere bei Verwendung von Weinsteinbackpulver ohne Phosphate.
▷ Waffeln ausbacken.

246.2 Variante mit Kartoffeln

246.2 Variante mit Kartoffeln

300 g Mehl/Mehlmischung, 200 g gekochte pürierte Kartoffeln, sonst wie vorstehend.

Im Kiehnle-Kochbuch([WKi1956]) findet sich noch eine Variante mit Kartoffeln. Dabei werden 200 g des Mehls durch gekochte pürierte Kartoffeln ersetzt (mehlig kochende Sorte). Zubereitung wie vorstehend.

Eine sehr frühe Form der Waffelmasse basierte auf einem Hefeteig, wie oben dargestellt. Entsprechend gibt es auch hier eine Vielzahl von Rezepten. Hier zwei Varianten nach Kiehnle[WKi1912] und Haller[OAu1908], die sehr gute Ergebnisse ergeben:

247 Hefe–Waffeln

247 Hefe–Waffeln

247.1 Hefenwaffeln

247.1 Hefenwaffeln

180 g Mehl/Mehlmischung (Abschn. 5.2.2 auf Seite 362), 90 g Butter, 25 g Zucker, 250 ml Milch oder Sahne, 2 Eier, Abrieb von $\frac{1}{2}$ Zitrone, 1 Brise Salz, 15 g Hefe

▷ Aus $\frac{1}{3}$ des Mehls und der in lauwarmer Milch oder Rahm aufgelösten Hefe einen Vorteig zubereiten und gut aufgehen lassen.
▷ Aus den restlichen Zutaten einen Teig bereiten,
▷ den gut aufgegangenen Vorteig einarbeiten.
▷ Nochmals ca. 1 Std. gehen lassen.
▷ Waffeln ausbacken. In den späteren Ausgaben ihres Kochbuchs gibt Kiehnle[WKi1956] noch folgende Variante an

I Hefewaffeln mit Kartoffel

Hefewaffeln mit Kartoffel

180 g Mehl, 1 gekochte, geriebene Kartoffel, 1 Ei, 15 g Butter, 250 ml Milch, Salz, 8 g Hefe

▷ Zubereitung wie zuvor.

247.2 Waffeln mit Hefe

247.2 Waffeln mit Hefe

280 g Mehl/Mehlmischung (Abschn. 5.2.2 auf Seite 362), 280 g Butter, 6 Eier, knapp 500 ml Milch, 1 EL Zucker, 1 Brise Salz, 15–20 g Hefe

▷ Die Eier trennen.
▷ Butter schaumig rühren,
▷ nach und nach die Eier, Zucker, Salz und das Mehl einrühren.
▷ Die Hefe in Milch auflösen und zusammen mit der restlichen Milch einrühren.
▷ Das Eiweiß steif schlagen und unter den Teig heben.
▷ Den Teig abgedeckt gut gehen lassen.
▷ Waffeln ausbacken.

Dieses Rezept der Christine Haller weist schon in Richtung der Natron–Waffeln. Der Trieb durch die im Eiweiß enthaltenen Luft wird durch den Hefetrieb verstärkt. Entsprechend kann man die

Hefe auch durch ca. $\frac{1}{4}$ Päckchen Backpulver ersetzen. Die Waffeln müssen dann allerdings sofort ausgebacken werden, der Teig darf, wie erwähnt, nicht lange stehen.

Geschmacklich weist das Ergebnis jedoch deutliche Unterschiede auf, es lohnt sich, das einmal auszuprobieren.

5.3 Schwimmend gebacken

248 Von Pfannzelten

248 Von Pfannzelten

tem / Pfanzelten[1] mach also / Nimb ein blawe(?) milch / vnnd ein theil wasser darunter / machs ein wenig law / nimb dann ein waitzenmeel / mach mit dem wasser vnnd milch ein taig ab / wölg jhn lang ab / das er wohl vest werd / mach kleine küglein drauß / wölgs auß einander scheiblecht / in der dick oder dicker als ein Affeenmund / legs also in ein heiß schmaltz / rür die pfann so gehends hoch auff / wie ein Semel / wanns warm seid / so ists ein gutes gemeins gebachens.

Balthasar Staindl[OSt1547]

[1] *Zelten bedeutet flaches Gebäck, Pfanzelten/Pfannzelten = Pfannengebäck*

Pfannengebäck

Pfannengebäck

- ▷ Pfannengebäck mache folgendermaßen:
- ▷ Nimm Milch und mische einen Teil Wasser darunter, erwärme es lauwarm.
- ▷ Nehme nun Weizenmehl und mach mit der Wasser–Milch–Mischung einen Teig.
- ▷ Walke (knete) den Teig gut, bis er recht fest wird.
- ▷ Mach aus dem Teig kleine Kügelchen und welle sie zu Scheibchen aus, in der Dicke eines Affenmundes oder dicker.
- ▷ Lege die Scheibchen in heißes Schmalz und rüttle die Pfanne, dann gehen sie so hoch wie eine Semmel auf. (Noch) warm ist es ein gutes gewöhnliches Gebackenes.

Schmalzgebäck war seit dem Mittelalter ein wichtiger Bestandteil der Küche. Das hatte im Wesentlichen zwei Gründe: Erstens standen Backöfen in unserem Sinn bis ins 19te Jhd. in den Küchen nicht zur Verfügung – das Ausbacken von Teig in Fett bot eine praktische Alternative. Zweitens war das fettreiche Gebäck insbesondere in der Fastenzeit eine willkommene Kalorienbombe, auch wenn das gewöhnlich benutze Schweineschmalz dann (zumindest formal) durch Pflanzenöl ersetzt wurde.

Die im Süden Deutschlands verbreiteten Schmalzgebäcke basieren im Wesentlichen auf drei Teigarten: Pfannkuchen– oder Spätzleteig, Brandteig und einer Art Nudel– bzw. später Butterteig, für den das einleitende Rezept für „Pfanzelten“ (Pfannengebäck) ein gutes Beispiel darstellt. Dieses Dreigestirn wurde dann noch durch Hefeteig ergänzt. Typische Gebäcke, die mehr oder weniger diesen Teigarten zugeordnet werden können, sind Strauben, Nonnenfürzle oder Windbeutel, Hasenöhrle und Hefekrapfen.

Dabei handelte es sich ursprünglich durchaus nicht nur um süßes Gebäck. Vielmehr wurde das Gebäck als „Zugemüse“ gereicht. In der Küchenmeisterei gibt es dazu ein Straubenrezept mit Petersilie:

249
Streüblin

249 Streüblin

Wer gůtte ſtreüblin baché wil / der nem ein hand vol peterlings / den ſtoß mitt waſſer vnd ein weyß broſem brots / tryb es durch ein tůch. Nym eyer vnn mel / mach ein gůttes ſtrauben teiglin / verſaltz es nit / nym den durchgeſchlagenen peterling / vnd zettel[1] in in die pfannen nit zůdick / vnd das die pfann nit zůeng ſey.

Küchenmeisterei[MKü1516]. Das Rezept ist gleichlautend in den anderen Drucken und den Handschriften vorhanden.

[1] *zettel: Nach Lexer Aufzug oder Kette eines Gewebes. zetteln: den Zettel machen, zu einem Gewebe aufziehen, d. h. den Teig kettenförmig zu einem Netz in die Pfanne laufen lassen.*

Sträublein

Sträublein

▷ Wer gute Sträublein backen will, der nehme eine Handvoll Petersilie,
▷ zerstoße sie mit Wasser und Krümeln von Weißbrot (Paniermehl)
▷ und treibe die Masse durch ein Tuch (das muss recht grob gewebt sein, z. B. Gaze).

▹ Mach aus Eiern und Mehl (einschließlich der durchgetriebenen Petersilie) ein gutes Straubenteiglein, versalze es aber nicht.
▹ Lass den Teig zu einer Kette in die Pfanne laufen (zettel ihn),
▹ nicht zu dick (es soll ein dünner Strang entstehen)
▹ und die Pfanne darf nicht zu klein sein.
• (Die Pfanne muss genügend heißes Fett enthalten, wie aus anderen Rezepten der Zeit klar wird).
(Ergänzungen, Anmerkungen in Klammern.)

Strauben mussten nicht immer süß sein, im Gegenteil, Zucker war viel zu kostbar. Entsprechend werden in der Küchenmeisterei auch Krapfen mit Fleisch und Fisch gefüllt. Selbst Hermine Kiehnle[WKi1956] ergänzt ihr Rezept für Windbeutel mit dem Satz „Als Gemüsebeilage“ wird statt Zucker Muskat und etwas reichlicher Salz zugegeben“.

Strauben und Windbeutel oder allgemein Gebäck aus ungesüßtem Brandteig eignet sich sehr gut als überraschende Beilage zu Gemüse (z. B. zu allen Krautvariationen) und ersetzt dabei sehr gut die meist langweilige Kartoffel.

5.3.1 Strauben

Der Begriff Strauben taucht schon in mittelalterlichen Handschriften auf. Die Rezepte scheinen aber wenig mit unserem Begriff Straube gemein zu haben. So wird z. B. ein Teig aus Fisch hergestellt, um einen Spieß gewickelt und gebraten (Rheinfränkisches Kochbuch[MRf1445]). Tradiert wurde vor allem ein Rezept, bei dem aus Strauben ein Mus hergestellt wird. In „Meister Hans, des von Wirtenberg koch[MMh1460]“ liest sich das übersetzt so:

Von gebackenen Strauben bereite folgendermaßen

kurzum: Nimm Strauben und hacke sie klein, gib sie in Milch, und zwei oder drei Eier darunter und färbe sie schön. Wenn du sie anrichten möchtest, würze gut.

Straußen

1) straube, f., als bezeichnung eines gebäcks, nach seinem krausen aussehen

2) strauben, pl., in der sprache des bergmanns 'stahlspäne, stücke, die vom werkzeug durch seine abnutzung am gestein absplittern'. die bezeichnung beruht auf dem rauhen aussehen der stahlstücke und des beschädigten werkzeugs.

Daneben auch: schraube. im alem. seit dem 15. jh. neben dem aus lat. scrofa entlehnten schraube bezeugt.

Grimm'sches Wörterbuch

Das oben zitierte Rezept aus der Küchenmeisterei stellt wohl das älteste erhaltene für Strauben dar. Im 16ten Jhd. gibt es dann eine Reihe von Rezepten für Strauben. Sabina Welserin (um 1550) verzeichnet in ihrem handschriftlichen Kochbuch vier Straubenrezepte und zwei Rezepte für das ähnliche Spritzgebäck. Dabei sind einige Rezepte doppelt vorhanden, was für eine intensive Auseinandersetzung mit diesem Gericht spricht. Dabei sind auch alle, bis heute üblichen grundlegenden Teigvarianten vertreten, ein Pfannkuchen oder Spätzleteig, Brüh-(Brand-)teig und ein spezieller Teig für weiße Strauben, die insbesondere auch zur Verzierung von Torten genutzt werden.

Wichtig bei der Herstellung von Strauben ist ein hoher Flüssigkeits–, insbesondere Ei– Anteil, da die Flüssigkeit bzw. der Dampfdruck das Gebäck im heißen Fett aufbläht (Abschn. 5.3.2 auf Seite 381) . Gleichzeitig darf die sich bildende Haut/Kruste nicht zu fest sein, sondern muss elastisch dem Dampfdruck nachgeben, damit sich die Masse ausdehnen kann. Dafür sorgt ein hinreichender Milch- und Fettanteil.

Einfache Strauben

Einfache Strauben werden aus einem dünnen Spätzleteig oder Pfannkuchenteig hergestellt, indem man sie in heißes Öl einlaufen lässt. Im Gegensatz zum Spätzleteig sollte der Teig jedoch nicht durchgeschlagen werden, wodurch Kleber aktiviert wird, denn das bewirkt, dass die Strauben brüchig werden. In „Ein Künstlichs und Fürtrefflichs Kochbuch ... “[ANü1560] findet sich dazu unter „Krumme Streublein zu bachen“: „klopff den (Teig) nit / sunst wirt er mürb / er muß zech sein“.

Man rührt das Mehl wie bei einem Pfannkuchenteig zu einem glatten Teig ein. Das bedeutet, dass man ohne Weiteres glutenfreie Mehlsorten verwenden kann, denen man am besten noch ein Drittel Stärke zusetzt (führt zu einer besseren Verkleisterung).

Glutenfreie Mehlmischung für Strauben und Spritzgebäck

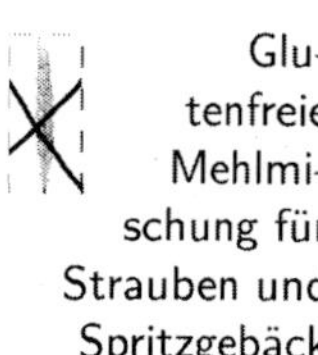

Glutenfreie Mehlmischung für Strauben und Spritzgebäck

- Zusätze von Gelbildnern (Xanthan, Johannisbrotkernmehl etc.) sind nicht erforderlich, da sich der Teig im heißen Fett nicht auflöst, sondern sofort von einer schützenden Haut umgeben wird.
- Als Mehlmischung eignet sich die Standardmischung für Spätzle oder Pfannkuchen:
  $\frac{1}{3}$ Maismehl, $\frac{1}{3}$ Reismehl (Klebereismehl eignet sich weniger, da es leicht zu sehr verkleistert), $\frac{1}{3}$ Stärke.
- Aus Geschmacksgründen und weil das Maismehl hier keinen farblichen Vorteil bietet (Abschn. 3.3.2 auf Seite 84), ziehe

ich Buchweizenmehl vor
$\frac{1}{3}$ Buchweizenmehl, $\frac{1}{3}$ Reismehl, $\frac{1}{3}$ Stärke.

- Andere Mehle und Mengenverhältnisse sind möglich, die angegebenen haben sich aber für verschiedenste Anwendungen bewährt.

250 Streiblen zú bachen für ain disch

250 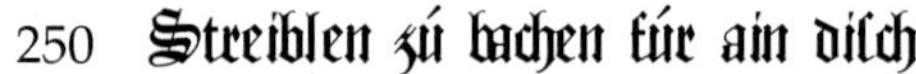
Streiblen zú bachen für ain disch

Nimm 6 air vnnd ain wenig milch mit wasser, saltz, klopfs woll vnnderainander vnnd thú das mel darein, machs nit dick, so ist es recht.

Das Kochbuch der Sabina Welserin[OWS1553]

Strauben für eine Mahlzeit kochen

Strauben für eine Mahlzeit kochen

Mehl bzw. glutenfreie Mehlmischung, Eier, Milch, Wasser, Salz, Schweineschmalz oder Öl

▷ Nimm 6 Eier und ein wenig Milch mit Wasser,
▷ salze und rühre alles gut untereinander.
▷ Rühre Mehl zu einem Teig ein.
▷ Mach den Teig nicht zu dick, dann ist es richtig.
• *Der Teig muss gut durch einen Trichter mit einer Öffnung von ca. 15 mm laufen.*
▷ In einer tiefen Pfanne erhitzt man Schweineschmalz oder Öl, das ca. 1,5 cm hoch stehen sollte, auf 175 – 180 °C und lässt den Teig durch einen Trichter einlaufen, wobei man von innen nach außen eine Spirale formt. Alternativ benutzt man eine Dekospritze mit weiter Tülle. Ein Spritzbeutel ist weniger geeignet, da die Hände durch das Öl gefährdet sein könnten.

Das Rezept sagt alles und kann genau so nachgekocht werden. Trotzdem noch ein Grundrezept mit Mengenangaben und einem Butteranteil, der die Strauben geschmeidiger macht.

251 Grundrezept für Strauben

251 Grundrezept für Strauben

250 g Mehl, 375-400 ml Milch oder je zu Hälfte Milch und Wasser, 3–4 Eier, 40 g zerlassene Butter, Salz

Mehl durch glutenfreie Mehlmischung ersetzen, die Flüssigkeitsmenge muss evtl. deutlich erhöht werden (500 ml)

- ▷ Aus den Zutaten einen glatten Teig anrühren, der glatt durch einen Trichter mit 15 mm Öffnung läuft. Dazu die Flüssigkeitsmenge evtl. erhöhen.
- ▷ Zusätzliche Flüssigkeit portionsweise einarbeiten, bis die geeignete Teigkonsistenz erreicht ist.
- ▷ In einer tiefen Pfanne Schmalz oder Öl erhitzen, das ca. 1,5 cm hoch in der Pfanne steht.
- ▷ Die Temperatur sollte 175–180 °C betragen und auf jeden Fall unterhalb vom Rauchpunkt des Öls liegen.
- ▷ Den Teig durch einen Metalltrichter (Straubentrichter mit langem Griff) in Form einer Spirale in den Teig laufen lassen. Alternativ kann man natürlich auch andere Muster oder nur Streifen erzeugen.
- ▷ Auf beiden Seiten schön gelb oder hellbraun backen.
- ▷ Auf mehrfach gefaltetem Küchenpapier abtropfen lassen (entfetten).

251.1 Süße Variante

251.1 Süße Variante

Zusätzlich zum Grundrezept 20 g Zucker, Zucker (evtl. Staubzucker) und Zimt zum bestreuen

- ▷ Den Zucker mit in den Teig einarbeiten.
- ▷ Nach dem Entfetten mit Zucker und Zimt bestreuen oder nur mit Staubzucker bestäuben.

251.2 Alkoholische Varianten

251.2 Alkoholische Varianten

Wein oder Schnaps nach Wahl

- Der Flüssigkeit werden 20-25 ml Schnaps nach Wahl zugesetzt
- oder ein Teil der Flüssigkeit wird durch Wein ersetzt.
- Man kann auch die Milch weglassen und durch Wein ersetzen. Die Straube bräunt weniger oder bleibt weitgehend weiß (je nach Zuckergehalt des Weins), da die Bräunung im Wesentlichen auf Ka-

Zucker in Schmalzgebäck

Bei den notwendigen hohen Backtemperaturen (180 °C) karamellisiert der Zucker sehr schnell, d. h. die Kruste bräunt schnell. Es kann dazu kommen, dass das Gebäck schon zu dunkel wird, obwohl es noch nicht durchgebacken ist.

Bei einem völligen Verzicht auf Zucker dagegen bleibt das Gebäck weiß, es bräunt nicht. das wird bei den Weißen Strauben ausgenutzt.

Wirksam sind dabei alle Zuckerarten, auch die in Milch (Milchzucker), Wein (Traubenzucker) oder Bier (Malz/Maltose) versteckten.

ramellbildung zurückgeht.

Eine Variante der einfachen Strauben sind Weiße oder Krumme Strauben, für die nur Eiweiß verwendet wird. Sie dienen vor allem auch der Verzierung. Die Rezepte dazu sind sehr einfach und seit dem 16ten Jahrhundert dieselben.

252 Wiltú weißße streiblen bachen

252 Wiltú weisße streiblen bachen

Nim das weißße von airen vnnd ain leffel voll wasser / vnnd ain mel vnnd rier es woll vnderainander, bis er glat wirt / thú ain zúcker jn taig vnnd mach jn tinn / dan ain andern taig, mach jn ain heffelin 8 oder 10 lechlach vnnd bachs darsúrch / vnnd mach gút lang strich, als weitt die pfannen ist / sy sendt nit so tick als die andern streiblen / mach ein helzlin dreý zwerch finger brait / vnnd sinwell, das man das baches daiberschlagen múg / vnnd ker es mit dem heltzlin vmb / vnnd nim es darmit raús, vnnd wan dús heraúsnimpft, so greiff jns baches vnnd beúgs jber das heltzlin, das es schier gar zúsamengang wie ain hollipen, vnnd setz es aúff ain bret, ains nach dem anderen, vnnd setz allweg zwaý gegenainander, das ist schen vmb ain torten.

Das Kochbuch der Sabina Welserin[OWS1553]

Willst Du weiße Sträublein backen

Willst Du weiße Sträublein backen

- ▷ Nimm Eiweiß und einen Löffel voll Wasser und Mehl und rühre es gut untereinander, bis der Teig glatt wird.
- ▷ Gib Zucker in den Teig und mache ihn dünner als anderen (Sträubles–) Teig (evtl. zusätzlich Wasser zugeben).
- ▷ Mache in einen kleinen Topf acht oder zehn Löchlein und lass den Teig da durch in die Pfanne laufen.
- ▷ Mache lange Fäden durch die ganze Pfanne (in der, wie bei gewöhnlichen Strauben, Schmalz oder Öl erhitzt ist). Diese sind nicht so dick wie andere Strauben.
- ▷ Mache ein drei Finger breites Hölzchen (Wellholz), über das man das Gebackene schlagen kann.
- ▷ Drehe das Gebäck mit dem Hölzchen um und nimm es damit heraus.
- ▷ Wenn Du es herausnimmst, so biege es mit den Fingern über das Hölzchen, damit es ungefähr so zusammengeht wie eine Hohlhippe.
- ▷ Setze das Gebäck eins nach dem anderen auf ein Brett, immer zwei gegeneinander. Das ist um eine Torte herum schön.

Mengenangaben gibt es wie bei allen Rezepten der Zeit nicht. Maßstab ist die Festigkeit des Teigs, die wiederum von der Größe der Löcher abhängt, durch die der Teig fließen muss. Auch hier macht die Welserin keine Angaben, sie dürften zwischen 4 und maximal 8 mm liegen.

253 *Weiße oder Krumme Sträublein*

253 Weiße oder Krumme Sträublein

Eiweiß von beliebig vielen Eiern, Weizen- oder glutenfreies Mehl (z.B. Reismehl mit Stärke gemischt), (Staub-)Zucker, Wasser

- ▷ Das Eiweiß wird mit etwas Wasser glatt gerührt oder besser, man schlägt es steif, wobei es aber nicht zu fest werden darf.
- ▷ Jetzt arbeitet man löffelweise Mehl und nach Geschmack Zucker (am besten Staubzucker) ein, bis sich ein glatter, gut flüssiger Teig ergibt – dünner als normaler Straubenteig.
- ▷ Den Teig lässt man durch einen Trichter mit enger Öffnung oder eine Deko-Spritze mit mittlerer Tülle in eine Pfanne mit heißem Öl als lange Bänder einlaufen.
- • Ist der Teig zu dünn, so kann man noch etwas Mehl unterheben, ist er zu dick, mit etwas Wasser verdünnen.
- ▷ Die Strauben von beiden Seiten backen,
- ▷ mit einem flachen Schaumlöffel herausnehmen,
- ▷ auf einem Wellholz ablegen und um das Holz biegen, abkühlen lassen.
- • *Es muss Holz sein. Da die Strauben noch sehr heiß sein müssen (Backtemperatur 180 °C), eignet sich Plastik nicht, da es schmelzen oder zumindest Schadstoffe abgeben könnte. Metall eignet sich nicht, da seine gute Wärmeleitfähigkeit zu einer zu schnellen Abkühlung führt.*

Gebrannte Strauben

Gebrannte Strauben sind wie dieeEinfachen seit dem 16ten Jhd. bekannt und tauchen häufig als Alternative oder „Gebrannte Strauben" in den Kochbüchern auf.

254 *Wiltú gúte brente streiblach bachen*

254 Wiltú gúte brente streiblach bachen

So lassß ain wasser sieden vnnd geúß das an das mel, riers woll vnnderainander / schlag air darein vnnd saltz das, nim ain streiblentrachterlin, des ain grossß loch hab wie ein finger, vnnd bach sý dardúrch, das der taig warm seý / .

Das Kochbuch der Sabina Welserin[OWS1553]

Willst Du gute gebrannte Sträuble backen

Willst Du gute gebrannte Sträuble backen

- ▷ so lass Wasser sieden und gieße dieses ans Mehl.
- ▷ Rühre es gut durcheinander.
- ▷ Arbeite Eier ein und salze.
- ▷ Nimm einen Sträubletrichter mit einem Loch so groß wie ein Finger
- ▷ und lass den Teig damit (ins heiße Fett) einlaufen.
- • Der Teig soll warm sein.

Gebrannte Strauben werden aus gebrühtem Teig oder aus Brandmasse hergestellt. Die beiden Begriffe werden nicht einheitlich gebraucht. Während Brandmasse (Abschn. 5.3.2 auf Seite 381) wohl definiert ist, sie wird bei der Herstellung abgeröstet („abgebrannt“), wird gebrühter Teig z.T. synonym zu Brandteig und z.T. als eine Variante des englischen Pie–Teigs benützt. Dabei wird das Mehl mit heißer Flüssigkeit übergossen.

Im Gegensatz zum Pie–Teig darf die Masse nicht stark durchgeschlagen oder geknetet werden. Das Übergießen des Mehls mit heißer Flüssigkeit fördert die Bildung von Kleber, der in der Straubenmasse unerwünscht ist. Andererseits wird auch die Verschleimung der Stärke gefördert, wodurch sich die Masse im heißen Fett deutlich besser aufbläht als bei einfachen Strauben. Dieser Effekt tritt bei Brandteig (s. dort) noch stärker hervor.

255 Strauben aus gebrühtem Teig

255 Strauben aus gebrühtem Teig

255.1 Variante 1

255.1 Variante 1

0̃,5 l Milch, ca. 250 g Mehl oder 2̃00 g glutenfreie Mehlmischung, 30 g Butter, Eier (mind. 4), Salz

- ▷ Die Milch wird erhitzt und kochend an das Mehl gegossen.
- ▷ Zu einem zähen Teig rühren, nicht durchschlagen oder kneten.
- ▷ In den noch heißen Teig die (evtl. zerlaufene) Butter und Salz einarbeiten.
- ▷ Den Teig auf 40 °C abkühlen,
- ▷ nach und nach Eier einarbeiten, bis die Konsistenz eines flüssigen

Straubenteigs erreicht ist (evtl. auch noch etwas Milch oder Wasser zufügen).

- ▷ Wie üblich durch einen Straubentrichter in eine Pfanne mit heißem Fett/Öl (1,5 cm hoch, 180 °C heiß) spiralförmig einlaufen lassen,
- ▷ auf beiden Seiten gelb bis hellbraun ausbacken.

255.2 Variante 2

255.2 Variante 2

Zutaten wie oben

- ▷ Milch und Butter erhitzen.
- ▷ Unter ständigem Rühren nach und nach so viel Mehl in die heiße Flüssigkeit einarbeiten, bis ein glatter Teig entsteht.
- ▷ Salzen und auf max. 40 °C abkühlen lassen.
- ▷ So viele Eier einarbeiten, bis der Teig flüssig genug ist und durch den Straubentrichter läuft. Man kann auch noch mit etwas Milch oder Wasser nachhelfen.
- ▷ Wie oben in heißem Fett ausbacken und fertigstellen.

255.3 Variante 3 aus Brandmasse

255.3 Variante 3 aus Brandmasse

Fertige Brandmasse von 100 g Mehl/Mehlmischung (Rez. 259 auf Seite 382), Eier (mind. 4)

- ▷ In die abgekühlte Brandmasse wie oben Eier einarbeiten und den Teig auf die richtige Konsistenz bringen.
- ▷ Wie oben spiralförmig durch den Straubentrichter in heißes Öl einlaufen lassen und auf beiden Seiten hellbraun backen.

- ▷ Die abgetropften, entfetteten Strauben werden als Süßspeise mit Zucker und Zimt bestreut, als Beilage zu Gemüse oder Fleisch noch leicht gesalzen.
- • Für süße Strauben kann dem Teig auch etwas Zucker (Ĩ0 bis 20 g) zugefügt werden.

Der Unterschied zwischen den Teigmassen besteht darin, dass das Mehl bei Variante 1 und 2 i. a. nicht vollständig verkleistert. Gerät der Teig zu dünn, so kann man mit etwas Mehl ohne großen Schaden nachdicken. Das ist bei Brandmasse im engeren Sinn nicht empfehlenswert.

Welcher Straubenteig und wofür

Hinsichtlich der Wahl des geeignetsten Teiges lässt sich sagen, dass Strauben aus Brandteigmasse besonders gut aufgehen und luftig sind. Als Süßspeise ist ihnen deshalb meist der Vorzug zu geben.

Als Beilage zu Fleisch und Gemüse oder auch Sauerkraut erfüllen die etwas kompakteren „Einfachen Strauben" eventuell besser den Sättigungsbedarf.

Straubenteig mit Bier– und Weinanteil eignet sich besonders als Ausbackteig.

256 Weitere Strauben-Varianten

256 Weitere Strauben-Varianten

ergeben sich durch Variation der flüssigen Zutaten. Man kann die Milch teilweise oder ganz

- durch Wasser ersetzen
- oder der Flüssigkeit einen Schnaps nach Geschmack zusetzen.
- Weinstrauben erhält man durch Ersetzen der Milch durch Wein, dem meist etwas Zucker zugesetzt wird,
- während ein teilweises Ersetzen der Milch durch Sahne „Rahmstrauben" ergibt.
- Ersetzt man die Milch durch ein Wasser–/Bier–Gemisch, erhält man eine Variante, die besonders als Ausbackteig beliebt ist.

Schließlich kann der Straubenteig auch als Ausbackteig verwendet werden.

257 Straubenteig als Ausbackteig

257 Straubenteig als Ausbackteig

▷ In den Teig kann man
- Apfelstücke,
- Birnenstücke,
- Erdbeeren,
- Wacholderblüten etc.

oder in Anlehnung an F.L. Löflerin[WLö1795] auch
- Salbei, Koriander-, Pertersilienblätter etc.,
- Brötchenscheiben bzw. Weißbrotschnitten
- oder auch Kalbsfüße

eintauchen und ausbacken. Der Phantasie sind hier keine Grenzen gesetzt.

5.3.2 *Nonnenfürzle und Spritzgebackenes*

Brandteig und daraus hergestelltes Spritzgebäck taucht gleichzeitig mit den Strauben verbreitet in Kochbüchern auf:

258 Ain Spritzenbaches: zú bachen

258 Ain Spritzenbaches zú bachen

Nim ain maſß waſſer oder milch aúff ain diſch vnnd thú es jn ain pfannen, laſß ſieden, rier ain ſchen mell darein / das er woll drúcken wirt / nim jn aús der pfannen, well jn woll, doch mit mell darein / thú jn dan jn ainen mordſer, ſtoſß jn woll mit airen, bis er zech vnnd gút wirt / thú jn / jn die bix, bach jn langſam.

Das Kochbuch der Sabina Welserin[OWS1553]

Spritzgebackenes backen

Spritzgebackenes backen

Für eine Mahlzeit nimm

▷ ein Maß (ca. 0.5 l) Wasser oder Milch und gib es in eine Pfanne.

▷ Lass es kochen,
▷ rühre gutes Mehl (Weizenmehl) hinein, damit der Teig gut trocken wird.
▷ Nimm ihn aus der Pfanne,
▷ welle ihn gut aus, aber mit Zugabe von Mehl.
▷ Gib ihn dann in einen Mörser,
▷ stoße ihn mit Eiern bis er zäh und gut wird,
▷ gib ihn in die Dressierspritze, backe ihn langsam.
Nicht ausgeführt wird, dass der Teig natürlich vor dem Backen aufgespritzt werden muss.

In ähnlicher Weise werden auch Küchle hergestellt, die unseren Windbeuteln bzw. Nonnenfürzle entsprochen haben dürften.

Brandmasse

Brandmasse

Brandmasse enthält von allen Teigen, oder korrekter ausgedrückt Massen, den höchsten Flüssigkeitsanteil[LLo2013], wobei alle bei der Herstellung flüssigen Anteile zusammengerechnet werden[LSch2011] und der Flüssigkeitsanteil bei glutenfrein Mehlen noch zu erhöhen ist:

(Weizenmehl)	1 : 4	(Wasser/Milch, Eier, Fett)
(Mehl glutenfrei)	1 : 5–6	(Wasser/Milch, Eier, Fett)

Je nach Rezept kann diese Grundregel natürlich etwas variieren. Dabei gilt: Ein etwas zu hoher Flüssigkeitsanteil ist günstiger als ein zu geringer, da beim Abrösten Flüssigkeit verdampft und man an dieser Stelle noch korrigierend eingreifen kann.

Das Besondere an Brandmasse ist:

- Die Stärke des Mehls quillt und verkleistert beim Abrösten.
- Die Klebereiweiße gerinnen und sind beim Backen nicht mehr aktiv, glutenfreie Mehle können problemlos eingesetzt werden. Gleichzeitig entfällt die Krumenbildung.

- Die Gebäcklockerung kommt durch den im Gebäck entstehenden Wasserdampf und dem daraus resultierenden Überdruck.
- Das Gebäckgerüst entsteht durch das gerinnende Eiweiß (ab 100 °C), das einschließlich der entstehenden Haut auch den Wasserdampf zurückhält.
- Die Oberfläche der Brandmasse verliert ab 100 °C ihre Elastizität, wird zur Kruste und das Gebäck kann nicht weiter aufgehen. Im Backofen verzögert man dies, indem man ein Gefäß mit heißem Wasser in die Röhre stellt, beim Ausbacken in Fett legt man zunächst einen Deckel auf.
- Zucker (auch Milchzucker) verstärkt die Bräunung und Rösche des Gebäcks. Deshalb wird im professionellen Bereich[LLo2013] die Milch mit Wasser gemischt (1:1). Außerdem führt zu viel Milch zu einer sehr weichen Gebäckkruste.

259 *Grundrezept Brandmasse*

259 Grundrezept Brandmasse

100 g Weizenmehl, 100 ml Wasser, 100 ml Milch, 50 g Fett (Butter), Salz, evtl. 5 g Zucker, 2 Eier (á 60 g)

100 g glutenfreie Mehlmischung (s. S. 371), 150 ml Wasser, 150 ml Milch, 50 g Fett (Butter), Salz, evtl. 5 g Zucker, 2–3 Eier (á 60 g)

▷ Wasser, Milch, Fett (Butter), 1 Prise Salz und evtl. Zucker gemeinsam in einem Topf erhitzen. Die Butter soll geschmolzen sein, wenn die Flüssigkeit zum Kochen kommt, da sonst Wasser verdampft.

▷ Das gesiebte Mehl auf einen Schub in die kochende Flüssigkeit geben und sofort umrühren. Nur so wird das Mehl gleichmäßig von Flüssigkeit umgeben, ansonsten besteht die Gefahr der Klumpenbildung.

▷ Die Masse unter ständigem Rühren abrösten, bis sie sich zu einem glatten Klumpen zusammenballt. Ein sich am Boden bildender weißer Belag zeigt an, dass die Masse fertig abgeröstet ist. Der Belag darf nicht bräunen oder verbrennen.

▷ Die Masse vom Herd nehmen und auf 40 °C abkühlen lassen, dazu evtl. etwas auseinanderziehen.

- ▷ In die abgekühlte Masse eventuelle Geschmackstoffe (Vanille, Zitronenschale) und nach und nach die Eier einarbeiten.
- ▷ Durcharbeiten, bis die Masse vollständig glatt ist, dabei aber nicht durchschlagen oder schaumig rühren, da dadurch das Gashaltevermögen beeinträchtigt wird.

Eier

dürfen der Brandmasse erst zugefügt werden wenn diese
auf 40 °C, besser weniger,
abgekühlt ist, da sie sonst schon bei der Teigzubereitung gerinnen und nicht erst beim Backen.

Sabina Welserin, Rez. 258 auf Seite 380 , wellt den abgebrannten Teig ohne ersichtlichen Grund aus, dies stellt jedoch sicher, dass der Teig praktisch sofort auf Raumtemperatur kommt.

Diese Grundmasse kann durch Variation der Zutaten verändert werde. Typischerweise wird sie entweder in kleinen Portionen in Fett ausgebacken oder auf ein Blech gespritzt und im Backofen gebacken (worauf hier nicht eingegangen wird). In deutschen Rezepten wird dem Teig häufig ausschließlich Milch und vor allem auch Zucker zugesetzt. Dabei sind die Mengenangaben für Milch und Fett, bezogen auf das Mehl, häufig sehr knapp bemessen, für meinen Geschmack oft zu knapp, da der Teig dann oft Klumpen aufweist. In Frankreich dagegen wird meist nur Wasser und Butter verwendet[LWil1990] und die Menge Wasser und Fett, bezogen auf den Mehlanteil, sehr großzügig gehandhabt[ABo1977]. Milch kommt nur für spezielle Anwendungen zum Einsatz und Zucker wird, wie im Grundrezept, bestenfalls sparsam eingesetzt.

Brandteiggebäck

Typische in Fett ausgebackene Brandteigprodukte sind Nonnenfürzle (Brandteigkrapfen, Windbeutel) und Spritzgebackenes, wobei die Begriffe Spritzgebackenes oder Spritzgebäck heute meist im Zusammenhang mit einem spritzfähigen Mürb– oder Butterteig, z. T. mit Backpulverzusatz, verwendet werden. Backpulver („yeast powder") wurde allerdings erst ab 1854 von Eben Norton Horsford in großem Stil in den USA vertrieben. In Deutschland wurde Backpulver erst durch August Oetker populär, der es ab 1891 gekonnt vermarktete. Ältere Rezepte beruhen daher auf reinem Brandteig oder einem gebrühten Teig.

260 Nonnenfürzle

260 Nonnenfürzle

Brandteig nach Grundrezept, Zucker, Schmalz oder Öl

- Der Teig muss fest genug sein, damit man mit zwei (nassen) Esslöffeln Nocken abstechen und formen kann.
- ▷ Das Öl (Schmalz) auf 175 – 180 °C erhitzen.
- ▷ Mit einem Löffel Nocken abstechen, formen und
- ▷ in das heiße Fett einlegen.
- ▷ Am besten zweimal wenden und von beiden Seiten gleichmäßig bräunen.
- ▷ Herausnehmen, auf Küchenpapier entfetten und
- ▷ mit Zucker bestreuen.

Spritzgebäck wird ähnlich zubereitet, nur dass man den Teig mit einer Tortenspritze und einer 10 bis 13 mm Sterntülle in das heiße Fett einlegt. Ein Spritzbeutel eignet sich weniger, da damit die Gefahr von Verbrennungen durch eventuell aufspritzendes Fett besteht.

Die Herstellung des Spritzgebäcks mit praktischen Tipps wird sehr anschaulich im Augsburger Kochbuch[OAu1750] dargestellt:

261 Spritzen-Gebackenes

261 Spritzen-Gebackenes:

Man siedet ein Quart Milch mit eines halben Hühnereyes groß Butter und einem Stücklein Zucker ein klein wenig. Dann säet man so viel recht schönes weißes Mehl unter stätem Umrühren darein, bis der Teig ganz dick ist. Wann er auf dem Feuer wohl abgetrocknet ist, wird er in eine Schüssel heraus gethan, ein wenig gesalzen, und 4 biß 5 Eyer eins nach dem andern darein gerührt. Dann wird Schmalz in einem Pfännlein so groß, als man es zu Strauben braucht, nicht gar zu heiß gemacht, die dazu gehörige Sprize halb voll gefüllt, in der Rundung in der Pfanne herumgedrückt, und unter stätem Schütteln langsam gebacken. Bey dem ersten Gebackenen muß man sehen, ob der Teig zu dick oder zu dünne ist. Wenn es schwer ist, so ist der Teig zu dick; fällt es aber nach dem Backen zusammen: so ist der Teig zu dünne, und man muß daher sehr Achtung geben, daß man beym ersten anrühren den Teig nicht zu dünne macht. Man kann ihm mit einem ganzen oder halben Ey noch immer nachhelfen. Wann alles gebacken ist, legt man es ordentlich auf eine Schüssel, und streuet Zucker darauf.

Augsburger Kochbuch[OAu1750]

261.1 Spritz-Gebackenes

261.1 Spritz-Gebackenes

- ▷ Man kocht ca. $\frac{1}{4}$ l Milch mit einem Stück Butter, so groß wie ein halbes Hühnerei, und einem Stückchen Zucker.
- ▷ Dann streut man unter ständigem Rühren so viel weißes Mehl hinein, bis der Teig ganz dick ist.
- ▷ Den Teig auf dem Feuer gut abtrocknen (abbrennen).
- ▷ Den Teig in eine Schüssel geben, etwas salzen (und abkühlen lassen).
- ▷ 4–5 Eier nacheinander einrühren.
- ▷ Dann das Schmalz in einem Pfännchen in der Größe einer Straubenpfanne nicht zu stark erhitzen,
- ▷ die Tortenspritze halb füllen und einen Streifen Teig in die Rundung der Pfanne einlegen.
- ▷ Unter ständigem Schütteln (Rütteln) langsam backen.
- • Beim ersten Gebackenen muss man sehen, ob der Teig zu dick oder zu dünn ist. Ist das Gebackene zu schwer (nicht richtig aufgegangen), so ist der Teig zu dick. Fällt das Gebäck aber nach dem Backen zusammen, so ist der Teig zu dünn. Man muss daher darauf achten,

dass man den Teig zunächst nicht zu dünn macht. Man kann den Teig mit einem ganzen oder halben Ei noch verdünnen (ein zu dünner Teig ist aber nicht zu retten).
- ▷ Wenn alles gebacken ist, legt man es ordentlich auf eine Schüssel und streut Zucker darüber.

In einem weiteren Rezept im Augsburger Kochbuch wird noch ein interessanter Vorschlag zum Backen von Ringen gemacht:

261.2 Ringe von gebrühtem Teig

261.2 Ringe von gebrühtem Teig

- ▷ Teig wie vorstehend. Allerdings wird der Milch neben Butter und Zucker noch ein Stück Zitronenschale und etwas Zimtstange zugesetzt und 15 Min. gekocht.
- ▷ Zitronenschale und Zimtstange herausnehmen und einen recht festen Teig fertigstellen.
- ▷ Den Teig in kleinen Mengen zu Würstchen ausrollen und zu einem Kreis formen. Die Enden mit etwas Eiweiß zusammenkleben.
- ▷ Die Ringe legt man in heißes Fett und backt sie, bis sich eine Haut gebildet hat.
- ▷ Die Ringe herausnehmen und ringsum die Haut mit einem Messer aufschneiden.
- ▷ Erneut ins Fett legen und langsam unter ständigem Rütteln fertigbacken.
- • *Durch das Aufschneiden kann der recht feste Teig aufgehen.*

Für moderne Varianten des Brandteiggebäcks geht man vom Grundrezept (Rez. 259 auf Seite 382) aus und bringt den Teig durch entsprechende Eizugabe auf die jeweils optimale Konsistenz.

Sofern man Brandteiggebäck in einer Bäckerei bekommt, so ist es in den meisten Fällen im Backofen als Windbeutel, Spritzkuchen oder Eclairs gebacken. Dazu muss der Teig fest genug sein, um nach dem Aufspritzen auf ein gefettetes Backblech stehen zu bleiben. Gebacken wird bei 210 °C, wobei zu Beginn eine hohe Luftfeuchtigkeit erforderlich ist, damit die Masse aufgehen kann (ein Gefäß mit heißem Wasser mit in den Backofen stellen). Windbeutel werden noch heiß halbiert und nach dem Abkühlen mit Sahne gefüllt.

Brandteiggebäck wurde auch als Beilage zu Gemüse oder Fleisch gegessen, wobei auf die Zugabe von Zucker verzichtet wurde (Kiehnle[WKi1956]). Daneben wird die gesalzene Brandmasse (Mehlpanade) auch zum Binden von Klößen bzw. Kroketten benutzt (z.B. für Hechtklößchen).

262 Mehlpanade

262 Mehlpanade

250 ml Milch, 25 g Butter, Salz, 75 g Mehl, 2–3 Eigelb

300 ml Milch, 25 g Butter, Salz, 3-4 Eigelb, 75 g (weißes) Maismehl oder Klebereismehl

▷ Milch, Butter und Salz zum Kochen bringen,
▷ das gesiebte Mehl bzw. die gut durchmischte Mehlmischung auf einen Schwung in das Milch–Buttergemisch schütten und kräftig untermischen.
▷ So lange rühren, bis sich die Masse vom Topf löst.
▷ Leicht abkühlen lassen,
▷ nach und nach die Eigelb einarbeiten,
▷ abkühlen lassen.
• Die Eier kann man ggf. auch weglassen.

263 Panierte Hechtwürstchen nach Paul Haeberlin

263 Panierte Hechtwürstchen nach Paul Haeberlin

150 g grätenfreies Hechtfilet, 1 Ei, Salz, Pfeffer, Muskat, 100 g fertige Mehlpanade (s.o.), 100 g Butter, 125 ml Sahne

▷ Das Hechtfleisch fein hacken,
oder mit den Eiern in der Moulinette oder im Mixer bzw. mit dem Handmixer fein pürieren.
▷ Würzen und
▷ nach und nach die Sahne einarbeiten.
▷ Zum Schluss die zimmerwarme Butter und die Panade einarbeiten und abschmecken.
▷ Aus der Masse eine Wurst formen,
▷ in Alufolie einpacken und die Enden dicht verschließen.
▷ In heißem Wasser ca. 40 Min. pochieren, nicht kochen!
▷ Abkühlen lassen,
▷ die Wurst in Scheiben schneiden und diese panieren.

▷ In Butter bei nicht zu hoher Temperatur langsam ausbacken.

Paul Haeberlin reicht dazu eine Soße mit Scampi.

- Alternativen: Aus der rohen Masse Kroketten oder kleine Kugeln formen und sehr langsam in Butter ausbacken. Die Fischmasse im Inneren sollte durchgaren.
- Man kann auch anderen fettarmen Fisch so zubereiten, z.B. Zander, Barsch (Egli) oder Seefische wie Scholle, Dorsch etc.

Gebrühter Teig eignet sich auch für Kroketten von Wurzelgemüse. Dadurch kommt der Geschmack des jeweiligen Gemüses wesentlich stärker zur Geltung als bei der Verwendung von Kartoffeln als Bindemittel.

264 Kroketten von Wurzelgemüse

264 Kroketten von Wurzelgemüse

Eine Sorte Wurzelgemüse (Karotten, Sellerie, Pastinaken oder andere), 2–3 Eigelb, gebrühter Teig, Salz, Pfeffer, Muskat

▷ Das Wurzelgemüse weichkochen,
▷ pürieren,
▷ in einer Pfanne ohne Butter unter ständigem Wenden anschwitzen, damit das enthaltene Wasser möglichst verdunstet.
▷ Vom Herd nehmen und nach und nach die Eigelb untermischen,
▷ würzen.
▷ Mit möglichst wenig gebrühtem Teig binden.
▷ Nochmals abschmecken.
▷ Kroketten formen,
▷ in Eiweiß und Paniermehl wenden,
▷ schwimmend ausbacken.

Der Brandmasse kommt hier im esentlichen die Aufgabe zu, die jeweilige Grundmasse aus Fisch oder Wurzelgemüse zu binden.

5.3.3 Fastnachtsküchle, Hasenöhrle u. a.

Hasenöhrle und (schwäbische) Fastnachtsküchle werden auf der Basis eines gerührten Teigs, gelegentlich auch eines Mürbteigs, hergestellt. Entsprechende Rezepte finden sich in fast allen Kochbüchern seit dem Barock. Alternativ werden Fastnachtsküchlein wie Berliner (Pfannkuchen) aus Hefeteig angefertigt, wobei auch diese Rezepte eine alte Tradition haben. Für beide Teigarten gibt es noch „feine“ Varianten. Dazu wird wie bei Blätter– bzw. Plunderteig eine Butterschicht eingearbeitet.

Diese Produkte fallen eigentlich in den Bereich der Backwaren. Sie wurden jedoch häufig als Hauptspeise gegessen, vorzugsweise natürlich zu Fastnacht, gelegentlich auch in der Fastenzeit, da die Fastenregeln schon früh aufgeweicht wurden (so wurden Biber und Otter zu den Fischen gerechnet).

265 Hasenöhrle

265 Hasenöhrle

Mehl, 2 Eigelb, 1 Ei, 60 g Zucker (vorzugsweise Staubzucker), 1 Prise Salz, 2 EL Sahne, 1 EL Rosenwasser

Mehlmischung für Strauben

- ▷ Die Eier schaumig rühren.
- ▷ Langsam den Zucker zufügen und weiter rühren, bis sich der Zucker aufgelöst hat.
- ▷ Sahne, Rosenwasser und Salz einrühren.
- ▷ Nach und nach Mehl bzw. Mehlmischung einarbeiten, bis sich der Teig auswellen läßt.
- ▷ Den Teig ca. 5 mm dick auswellen.
- ▷ Rhombenförmige Stücke abschneiden,
- ▷ um einen Kochlöffelstiel (aus Holz) wickeln und
- ▷ in heißem Schmalz oder Öl ausbacken.
- ▷ Herausnehmen und auf Küchenpapier entfetten.
- Diese Hasenöhrle sind sehr süß. Man kann sie auch mit weniger Zucker (z. B. 40 g) herstellen.

Ganz ähnlich sind die „Schwäbischen Fastnachtsküchle“, so bezeichnet in der „Basler Kochschule“ von Schneider–Schlöth[SBa1903], sonst werden sie meist nur „Fastnachtsküchle“ (ohne Hefe) genannt.

266 Schwäbische Fastnachts-küchle

266 Schwäbische Fastnachtsküchle

Mehl, 500 ml Sahne, 2 Eier, 15–20 g Zucker, 1 Prise Salz, 125 g Butter, Zucker und Zimt zum Bestreuen

Mehlmischung für Strauben

- ▷ Aus den Zutaten, ohne die Butter, bereitet man einen Teig wie für Hasenöhrle.
- • Auf die Zuckerzugabe zum Teig kann man auch verzichten.
- ▷ Den Teig lässt man zunächst 30 Min. abgedeckt ruhen,
- ▷ dann wird er fingerdick ausgewellt und
- ▷ zur Hälfte mit der in dünne Streifen geschnittenen Butter belegt.
- • Die Butter sollte so weich oder so fest wie der Teig sein, damit sich beide zusammen gleichmäßig auswellen lassen.
- ▷ Die andere Teighälfte über die Butter klappen und
- ▷ das Ganze zweimal wie einen Butterteig auswellen,
- ▷ das zweite Mal ca. 3–4 mm dick.
- ▷ Viereckige Teigstücke abschneiden und
- ▷ in heißem Fett ausbacken.
- ▷ Auf Küchenpapier entfetten und mit Zucker und je nach Geschmack mit Zimt bestreuen.

Vereinfachte Variante

Vereinfachte Variante

- ▷ Der ausgewellte Teig wird mit der sehr weichen oder auch zerlassener Butter bestrichen.
- ▷ Dann fährt man wie oben fort.

In Konkurrenz dazu standen schon früh Krapfen aus Hefeteig, obwohl deren Zubereitung aufgrund der meist schlechten Qualität der Bierhefe nicht einfach war. Letztlich handelt es sich bei Hefekrapfen, um in Schmalz gebackene Dampfnudeln (Abschn. 4.3 auf Seite 272). Man sieht hier dieselbe Dualität zwischen in Wasser (Dampf) gebackenen Dampfnudeln und den in Schmalz ausgebackenen Krapfen, wie sie bei Spätzle und Strauben diskutiert wurde. In beiden Fällen ist der Teig für die Wasservariante weitgehend identisch mit dem für das Schmalzgebäck.

267 Fastnachtskrapfen mit Hefe

267 Fastnachtskrapfen mit Hefe

125 g Butter, 2 Eier, 375 g Mehl, lauwarme Milch, 1 Prise Salz, 20 g Hefe oder knapp 1 Päckchen Trockenhefe, evtl. 1-2 EL Zucker, Zucker und Zimt zum Bestreuen

Mehlmischung für Strauben, der noch je ca. 3% Xanthan und Johannisbrotkernmehl zugefügt werden

▷ Butter, Eier, Salz und ggf. Zucker werden leicht schaumig gerührt.
▷ Die Hefe wird in 1–2 EL Milch aufgelöst und dazugegeben.
▷ Das Mehl einarbeiten und
▷ evtl. noch so viel Milch einarbeiten, dass ein lockerer Teig entsteht, der ausgewellt werden kann.
▷ Den Teig abgedeckt gut gehen lassen, dann
▷ 5–10 mm dick auswellen und in Rauten oder Rechtecke schneiden.
▷ Nochmals abgedeckt etwas gehen lassen,
▷ in heißem Fett von beiden Seiten hellbraun ausbacken.
▷ Entfetten und nach Geschmack mit Zucker und Zimt bestreuen.

Der Mehlmischung für den Hefeteig müssen Glutenersatzstoffe (Gelbildner) zugefügt werden, da der Teig das bei der langsamen Gärung entstehende Kohlendioxyd sonst nicht halten kann, d. h. nicht auflockert. Beim nachfolgenden Teig mit Backpulver ist das nicht zwingend notwendig, da sich beim Ausbacken schnell eine Haut um das Gebäck bildet.

Schnelle Fastnachtskrapfen mit Backpulver

Schnelle Fastnachtskrapfen mit Backpulver

▷ Die Hefe wird durch ein Päckchen Backpulver ersetzt, die Zugabe von Xanthan und Johannisbrotkernmehl bei der glutenfreien Variante kann entfallen.
• Der Teig darf nicht ruhen, sondern muss sofort weiter verarbeitet werden. Ansonsten reagiert das Backpulver und das entstehende Kohlendioxyd geht ohne treibende Wirkung verloren.

Die Kartoffel spricht:

Legst du mi im April, komm' i, wenn i will;
legst du mi im Mai, komm' i glei.
Boebel, nach Wander[LWaSp]

6 Grumbira, E'bira, Erdäpfel und andere Stärkelieferanten

Erdäpfel-acker: 'mit der Topinambur bepflanzter Acker'. Buben rauchen die E. anstelle von Tabak [ebd.]. Buben verwenden den T. zum Schleudern kleiner Steinchen; dazu nimmt man einen Stengel von etwa 60 cm und höhlt ihn an einem Ende 20 cm tief aus.
Rhein. WB[LrhWB]

...denn als nun gegen den schlusz des 16 jh. die patate oder potato (solanum tuberosum) aus Amerika nach Europa verpflanzt wurde, wandte man den namen erdapfel passend auch auf sie an, anderwärts galt dafür grundbirne (entstellt in grumbire, krumbire) und kartoffel, welches letztere heute überwiegt
Grimm'sches Wörterbuch

6.1 Kartoffeln, oder wie man in die Kochbücher kommt

268 Erdtepffel

268 Erdtepffel

Schäl und schneidt sie klein / quell[1] sie in Wasser / vnnd druck sie wol auß durch ein Härin[2] Tuch / hack sie klein / vnd röst sie in Speck / der klein geschnitten ist / nimb ein wenig Milch darvnter / vnd laß darmit sieden / so wird es gut vnd wolgeschmack.

Marx Rumpolt[AMR1581]

[1]*quell: siede (nicht kochen, wallen) im Luxemburg-Elsässischen*[LluxWB] *Raum, 1931 noch in 'Die praktische Küche'*[EPK1931]*: „Man wähle zum Quellen immer gleichgroße Kartoffeln".*

[2]*Härin von här: feinste Faser des gehächelten Flachses*[LrhWB]*, Härin Tuch, also feines Leinentuch.*

Erdäpfelpüree mit Speck

Erdäpfelpüree mit Speck

- ▷ Schäle Erdäpfel, schneide sie klein und siede sie in Wasser.
- ▷ Drücke sie gut aus, in einem feinen Leinentuch.
- ▷ Hacke sie klein
- ▷ und röste sie in klein geschnittenem Speck.
- ▷ Mische ein wenig Milch darunter und lass sie damit sieden.
- ▷ So wird es gut und von Wohlgeschmack.

- Das Rezept stellt letztlich eine Zwischenstufe zwischen Kartoffelpüree und Rahmkartoffeln dar.

Dies ist das bisher älteste bekannte Kartoffelrezept, zumindest wird es immer so zitiert. Marx Rumpolt, gebürtiger Ungar, kannte die ungarische und böhmische Küche, arbeitete dann aber als Mundkoch des Mainzer Kurfürsten Daniel Brendel von Homburg. In diesem Rezept benutzt er einen typisch österreichisch/bayrischen Begriff: Erdtepffel (Erdäpfel, im schwäb.–alem. Erdbira, Grund- oder Grumbira) mit den typisch oberrheinischen Begriffen 'Kartoffeln quellen' und här (Haar) für die feinste Flachsfaser. Das spricht dafür, dass er das Rezept aus seinen Herkunftsbereichen mitgebracht hat.

Allerdings gibt es auch die Interpretation, dass es sich hier gar nicht um Kartoffeln, sondern um Erdkastanien (Bunium bulbocastanum) handelt, die im Raum Bad Kreutznach 'Ärdäbbel' genannt wurden, wie Massard[XMa2009] darlegt.

Die Kartoffel plur. die -n, ein aus Erdapfel verderbtes Wort.

Die Kartoffel
plur. die -n, ein aus Erdapfel verderbtes Wort.

Adelung, Johann Christoph: Grammatisch-kritisches Wörterbuch der hochdeutschen Mundart (1811), gekürzt.

Der Êrdapfel, des -s, plur. die -äpfel, ein Nahme, der verschiedenen runden, einem Apfel ähnlichen Wurzeln oder Früchten, die entweder in der Erde, oder doch nahe an ihrer Oberfläche wachsen, beygeleget wird.

1. In einigen Gegenden, z. B. der Mark Brandenburg, heißen die Kürbisse Erdäpfel.
2. Dem Alraune, dessen Beeren nahe an der Erde wachsen.
3. Den Trüffeln, Ital. Tartuffo, Tartuffulo, welcher Nahme selbst aus Erdäpfel verderbt zu seyn scheinet.
4. Den runden, knolligen, eßbaren Wurzeln des Solani tuberosi[1], L. welches sich durch seinen unbewehrten krautartigen Stamm, gefiederte Blätter und oft gestielte Blumenstiele

von dem folgenden Gewächse unterscheidet. Diese werden in Chursachsen, Meißen und Thüringen, Erdäpfel, in Niedersachsen aber verderbt Ertuffeln, Kartuffeln, Tartuffeln, in der Mark Brandenburg Nudeln, im Reiche Grundbirnen, im Englischen Potatos, und im Dänischen Pataren genannt .... In dem Vogtlande, wo sie seit langer Zeit in Menge gebauet werden, wird die größte Art derselben Jacobs-Birnen genannt.

5. Dem Helianthus tuberosus,[2] L, welcher einen langen Stängel wie die Sonnenblume, und eyrunde herzförmige Blätter treibt. Seine knolligen gleichfalls eßbaren Wurzeln,..., werden jetzt gleichfalls in Deutschland sehr häufig gebauet, und heißen in ganz Nieders. Erdäpfel, in der Lausitz, Meißen u. s. f. aber Grundbirnen, Erdbirnen, in der Mark Unterartischocken, an andern Orten aber Erdartischocken, Schweinbrot, Erdbrot u. s. f.

[1] *Kartoffel (Solanum tuberosum);* [2] *Topinambur (Helianthus tuberosus)*

6.1.1 Geschichtliches

In Deutschland ist der erste Anbau der Kartoffel erst deutlich nach Marx Rumpolt belegt, z. B. um 1647 in Pilgramsreuth (Oberfranken), häufig als der älteste Anbau in Deutschland zitiert. Zu diesem frühesten Kartoffelanbau findet sich im Internet:

> *Die Kartoffel brachte der Pilgramsreuther Bauer Hans Rogler[1] in das Dorf und baute sie hier an, mutmaßlich schon vor 1647, denn nach Zeugenaussagen vor dem Hofer Landrichter (1694–1698) kannte man „die Erdäpfel" als Nahrung schon 1647. Hans Rogler lernte die Kartoffel in Roßbach (heute CSFR) kennen, wo Verwandte wohnten. Ein holländischer Soldat soll einige Knollen nach dort gebracht haben.*

In nur knapp fünf Jahrzehnten, von 1647 bis 1694, dem Jahr, über das ein Anbauverzeichnis für Pilgramsreuth vorliegt, nahm hier der Kartoffelanbau dermaßen zu, daß noch vor der Jahrhundertwende ein Jahresertrag von 1.300 Zentnern aus über 700 Beeten, die mehr als 14 Tagwerke ausmachten, erzielt wurden. Hinzuzurechnen wären noch die Erträge aus den 20 Gartenbeeten, die jeder der etwa 60 Landwirte im Dorf vorwiegend mit „Erdäpfeln" bepflanzte, und zwar von Anfang an, weil diese Gärten, anders als die Felder, von altersher zehntfrei gewesen sind.

http://www.historisches-franken.de/kartoffelanbau.htm, (Zugriff 28.02.2013);

[1] *Vgl.* auch Bilder-Conversations-Lexikon[LBC1838].

Die Kartoffel wird eingeführt

Die Kartoffel wird eingeführt

Um der Kartoffel auf die Spur zu kommen, lohnt sich ein Blick in den 'Krünitz'[LKr1800], der wie immer sorgfältig recherchiert hat. Im Band 35 von 1785 finden wir:

> ***Kartoffel**, eine ursprünglich amerikanische Erdfrucht, welche seit 50 bis 60 Jahren, wegen der ausserordentlichen Fruchtbarkeit und des vielfachen Nutzens, bey uns und unsern Nachbarn fast einheimisch geworden ist, und durch deren Anbau ganze Landesstriche so glücklich geworden sind, ihren Einwohnern und zahmen Thieren ein ganz neues und vorzügliches Nahrungsmittel zu verschaffen, welches nicht allein zur Zeit der Noth die Stelle der übrigen vertreten, sondern auch ausserdem in der Land- und Haus-Wirthschaft vielerley Nutzen gewähren kann... Eine Frucht, die in allerley Boden, unter jeder Himmels-Gegend, in den rauhesten Gegenden, wo kein Getreide fortkommt, wohl gedeihet, sich ungemein vermehrt, zum Anbau nur wenig Mühe und Kosten erfordert, dem Acker wohl bekommt, und dem Mißwachse und jenen Zufällen, welche oft die Hoffnung des*

Landmannes plötzlich vernichten, weniger, als irgend eine Getreide-Art, unterworfen ist...

Einem Sclavenhändler, dem Johann Hawkins, haben wir die erste Nachricht von den Kartoffeln zu danken. Er erhielt diese Frucht, die er in seinen Reisenachrichten (Voyage in Purchas Pilgrimages) umständlich beschreibt... 'These Potatoes be the most delicate roots, that may be eaten, and do far exceed our parseneps and carrots. The pines be of the bigness of two fists, the outside whereof is of the making of a pine-apple, but is soft like the rinde of Concomber, and the inside eateth like an apple, but is a more delicious, than any sweet apple suggared.'

im J. 1565, von den Einwohnern von St. Fé in Neu-Spanien, als Schiffs-Provision.

Zu ***Gerard's Zeiten, welcher um 1597 lebte, und ein berühmter brittischer Kräuterkenner war, aß man schon Kartoffeln in der Hauptstadt***[2]***. Sie waren aber ein noch wenig bekanntes Gewächs, welches vorzüglich jungen Eheleuten empfohlen wurde,*** *weil, wie Gerard in seinem Kräuterbuche anmerkt, they nourish and strengthen the body, procure bodily lust, and that with greediness.*

Im J. 1584 (Nach Hrn. Hofr. Beckmann (Grunds. der deutsch. Landwirthsch. 3te Ausg. S. 224)) um das Jahr 1623, brachte sie der unglückliche Admiral Walter Raleigh aus Virginien[1] *nach Ireland, und machte sie durch ihre Verpflanzung auf seinem Landgute Youghall den brittischen Inseln bekannter. Nach diesem machte der ber. Franz Drake*[3] *sich um dieselben verdient, welcher sie im J. 1586 ebenfalls aus Amerika nach England brachte, und die Haupt-Veranlassung zu ihrer allgemeinen Ausbreitung in Europa gab. In Italien sind sie, wie Einige versichern, schon im J. 1588 häufig gepflanzt worden, wohin sie etwas zeitiger, vermuthlich durch die Spanier gelangt waren, die sie aus Peru mitgebracht haben; Andere hingegen behaupten, daß sie erst Franz Redi im J. 1664 nach Italien gebracht habe.*

[1] Virginia?, dort kommt die tropische Kartoffel, die keiner-

lei Frost verträgt, nicht natürlich vor. War das der dort wachsende Topinambur, schließlich hatte Cook die Kartoffel schon 37 Jahre vorher nach England gebracht; d. Verf.; [2]London; [3]nach Brockhaus[LBr1900] ist die Zuweisung zu Drake allerdings falsch.

Wohl ältestes Bild von Solanum tuberosum (Kartoffel) von Carolus Clusius 1583.
Quelle (20.09.2014):
http://commons.wikimedia.org/wiki/Solanum_tuberosum?uselang=pfl

Belegt ist, dass die Kartoffel 1567 die spanischen Kanarischen Inseln erreicht hatte, da in diesem Jahr drei Fässer mit Kartoffeln,

Orangen und grünen Zitronen von Grand canaria nach Antwerpen verschifft wurden und 1574 zwei Fässer mit Kartoffeln von Teneriffa nach Rouen gingen.
(Quelle 20.09.2014: http://de.wikipedia.org/wiki/Kulturgeschichte_der_KartoffelWikipedia:).

6.1.2 Frühe Rezepte

Betrachtet man die Geschichte der Kartoffel, so wachsen die Zweifel an Rumpolts 'Kartoffeln' weiter. Sein Rezept wäre nicht nur das erste deutsche, sondern das erste europäische Kartoffelrezept. So weltläufig Marx Rumpolt gewesen sein mag, irgendwo müsste er die Kartoffel hergenommen haben. Im Gegensatz zu Adelung können wir deshalb heute über die Bezeichnung Kartoffel froh sein, sie ist eindeutig, im Gegensatz zu Erdäpfel, Grundbira etc..

Wenn man nun von Zweifeln geplagt nochmals in Rumpolts Rezept schaut, so steht da *„vnnd druck sie wol ausz durch ein Härin Tuch“*. Wer drückt eine Kartoffel aus, da kommt keine Flüssigkeit raus. Das macht z. B. bei gekochten Rübchen (gelbe Rübe, Teltower Rübe) oder Pastinaken (parsnip = parseneps bei Hawkins, 1565) Sinn, die wässrig kochen. Dazu würde auch passen, dass die Erdäpfel nach dem Kochen bzw. vor dem Braten nochmals klein gehackt werden (*hack sie klein vnd röszt sie in Speck*). Kartoffeln sind nach dem Kochen zu weich, um nochmals gehackt zu werden, man zerdrückt sie. Nun fallen Rüben nirgends unter den Begriff „Erdäpfel“, insofern liegt wirklich die Erdkastanie nahe, die wie Rübchen zu den Doldenblütlern gehört.

Massard[XMa2009] meint zu den Erdkastanien „...um 1560 kam sie nach Conrad Gesner (1516) in deutschen Gärten vor. Sie wurde geröstet oder gekocht“ unnd verweist dann auf ein Rezept von Jakob Theodor alias Tabernaemontanus[XTa1625]. Dieses Rezept kommt Rumpolt in der Tat sehr nahe, wobei dieser die Erdkastanien eher wie Esskastanien (Maronen) zubereitet hat, erst gekocht und dann angebraten. Aber wie dem auch sei, die Rumpolt'schen Erdtepffel kann man aus Kartoffeln zubereiten und gibt man noch etwas Salz (und vielleicht ein wenig Muskat) dazu, dann wird es ein 'Wohlgeschmack' sein. Was ich mir unter Erdäpfeln vorstelle und was Marx ... Oh Schopenhauer, warum verfolgst du mich.

Letzlich blieb das Rezept von Marx Rumpolt zunächst eine Eintagsfliege. Im Nürnberger Kochbuch[ANü1691,1712], dem ersten gedruckten Kochbuch, das sich explizit an Hausfrauen richtet, finden sich dann Rezepte, die sich ganz sicher auf Kartoffeln beziehen. Dabei kann die Nähe Nürnbergs zum Vogtland und den dortigen Pilgramsreuther Kartoffelbauern durchaus eine zusätzliche Rolle gespielt haben:

269 Erd-Äpfel kochen

269 Erd-Äpfel kochen

NÜRNBERGER KOCHBUCH [ANü1691,1712]

269.1 Erd-Aepffel zu kochen

269.1 Erd-Aepffel zu kochen

SEtze die Erd-Aepffel im Wasser zu wann sie eine kleine Weile gesotten haben / so giesse das Wasser herab / und ein kaltes darüber / schneide sie Plätzlein-weiß sind sie aber nicht groß / kan man sie gantz lassen: darnach mache selbige wie man die Kohl-Ruben macht oder man kan sie auch kalt im Essig und Oel / als einem Salat geniessen.

I Erd-Äpfel kochen

Erd-Äpfel kochen

- ▷ Setze die Erdäpfel in Wasser aufs Feuer.
- ▷ Wenn sie einige Zeit gekocht wurden, gieße das Wasser ab und kaltes darüber[1].
- ▷ Schneide sie in Plätzchen (Scheiben), kleine kann man auch ganz lassen.
- ▷ Danach mach sie wie Kohlrüben
- ▷ oder gib sie mit Essig und Öl als Salat.

[1] *Das Abschrecken bewirkt, dass die Kartoffeln nicht weiter garen.*

269.2 Erd-Aepffel zu kochen / auf andere Art

269.2 Erd-Aepffel zu kochen / auf andere Art

Asche die Erd-Aepffel / setze sie in einem Wasser zu / und lasse sie sieden / biß man vermeinet / daß sie fast weich sind / und die Haut herab gehet thut selbige alsdann in eine erdene Schüssel / schählet und schneidet sie zu Plätzlein / die nicht gar zu dinn sind / leget solche in einen stollichten Hafen / giesset eine gute Fleischbrühe daran / würtzet dieses mit Pfeffer und Muscatblüth / und lasset sie ein wenig in der Fleisch-Brüh sieden: Alsdann / wann man sie schier anrichten will / thut eine Butter dazu / brennet ein wenig Mehl darüber / setzet solches in eine Kohlen / und lasset es sieden / daß ein dicklichtes Brühlein daraus werde versuchet sie / ob selbige recht im Saltz sind / und richtet sie dann an.

Erdäpfel auf andere Art

I Erdäpfel auf andere Art

- ▷ Erdäpfel waschen, mit Wasser aufsetzen und so lange sieden lassen, bis sie fast weich sind und sich die Haut ablöst (aufplatzt).
- ▷ Gib sie dann in eine Tonschüssel, schäle und schneide sie in nicht zu dünne Scheiben.
- ▷ Lege die Scheiben in einen Dreifuß (Topf für offenes Feuer, Glut – heute nimmt man einen normalen Topf).
- ▷ Gieße eine gute Fleischbrühe an,
- ▷ würze mit Pfeffer und Muskat(blüte) und lasse alles etwas in der Fleischbrühe sieden.
- ▷ Kurz vor dem Anrichten:
- ▷ Gib Butter und dunkle Einbrenne dazu und lass alles sieden, bis sich eine dickliche Brühe gebildet hat.
- ▷ Schmecke alles mit Salz ab und richte an.

Das Kochen der Kartoffeln in Fleischbrühe begründet ein „Standardrezept“, das lange tradiert wird und letztlich heute als Kartoffelsuppe weiterlebt. 1738 wird das Rezept in „Der Wohlunterrichtete Koch[AWK1738]" nur leicht verändert wiedergegeben, dabei ist interessant, dass die Schreibweise von Apfel mit 'ff' in der Überschrift dem Nürnberger Kochbuch entspricht, im Text dagegen nur ein 'f' verwendet wird:

270 **Erd-Aepffel zu kochen**

270 Erd-Aepffel zu kochen

Scheele die Erd-Aepfel, und laß sie zimlich wohl brühen, thue sie hernach in einen Stoll-hafen, schütte Fleisch= oder Erbsen-Brühe daran, salz es, pfeffer und würz es wohl, und thue ein gut Theil Butter daran, und laß es also noch gar wohl an einander dämpfen und sieden, und richts dann an.

DER WOHL-UNTERRICHTETE KOCH[AWK1738]

Erdäpfel zu kochen

Erdäpfel zu kochen

- ▷ Schäle die Erdäpfel und lass sie gut sieden.
- ▷ Gib sie dann in einen Dreifuß (Topf),
- ▷ gib Fleisch- oder Erbsenbrühe [1] dazu,
- ▷ salze, pfeffere und würze gut,
- ▷ gib reichlich Butter dazu
- ▷ und alles gut dämpfen und sieden.
- ▷ Richte an.

[1] *Vor allem in mittelalterlichen Rezepten ersetzt Erbsenbrühe häufig die Fleischbrühe, was neben der Kostenfrage wohl vor allem auf die strengen Fastenregeln zurückgeht.*

Im Zedler[LZe1731-54] taucht die Kartoffel unter dem Begriff Tartuffeln auf, der ursprünglich Trüffel bezeichnet und aus dem sich dann Kartoffeln durch eine Verschiebung von T zu K entwickelt hat:

> *Zedler[LZe1754]: Tartuffeln, Tartufles, ein Gewächs, so den Alten unbekannt, bey den neuen Botanisten* Solanum tuberosum esculentum, *oder* Papas Peruanovum, *weil es aus Peru zu uns gekommen, heisset, und eine fremde Art von Erdäpfeln ist, welche aus der Americanischen Landschaft Peru anfänglich zu uns gebracht worden, nunmehro aber auch in unsern Gärten häufig angetroffen werden. Das Kraut hat gelbe Wurtzeln und weisse Blumen, oder rothe Wurtzeln und purpurfarbene Blumen, welche letztere Art gemeiner ist, als*

> *jene. Die Früchte gleichen kleinen Aepfeln, welche erstlich gantz grün, hernachmahls aber, wenn sie reif werden, weißlicht und voll Saamens sind. Sie können zwar durch den Saamen fortgepflantzet werden, aber besser und geschwinder durch die Knollen, welche im October ausgehoben, die grössesten zur Speise behalten, die kleinen aber in den Keller und Sand geleget, und im Frühling bey vollem Mondenschein in ein wohl zugerichtetes, etwas sandiges Erdreich, drey Zoll tief, und einer Spannen weit von einander eingeleget werden. Man darf aber diese Tartuffen nicht etwan mit den Erdmorgeln verwechseln, welches blosse Erdschwämme seyn, und von den Italienern unter eben diesem Nahmen zu uns gebracht werden.*
>
> *Man pfleget sie in Wasser abzukochen, alsdenn die Haut davon abzuziehen, und in Weine, oder guter Fleisch- oder Hünerbrühe mit Butter, Saltz, Mußcatenblumen, und dergleichen nochmahls zu übersieden, oder an Rind- und Hammelfleisch zu thun, oder scheibenweise geschnitten, in Oel zu backen, oder eine Zwiebel- oder Zitronenbrühe darüber zu machen, oder kalt mit Baumöle, Weineßig und weissen Pfeffer zuzurichten,…*

Es werden dann einige Rezepte kurz beschrieben, die insbesondere auf der Verwendung von Zitronen beruhen, einer Kombination, die möglicherweise auf eine italienische Herkunft der Rezepte hinweist, unseren Geschmacksvorstellungen aber nicht mehr so ganz entspricht.

Insgesamt gesehen kam die Kartoffel in Deutschland, trotz z. T. staatlicher Förderung seit ca. 1720, nicht an. Die Leute bekamen Bauchschmerzen, wenn sie die grünen Blätter aßen. In den Kochbüchern um 1750 fehlt die Kartoffel noch immer weitgehend, um 1800 tauchen dann plötzlich Kartoffelrezepte in größerer Zahl auf. Dabei waren es wie so oft widrige Umstände, die der Kartoffel zum Durchbruch verhalfen. Dazu nochmals Krünitz:

Der Durchbruch

Der Durchbruch

Ob gleich unsere deutsche Kräuterkundige dieselben schon zu Ende des 16ten und zu Anfange des 17ten Jahrh. beschrieben, und ihren Nutzen und den Gebrauch, den andere Völker davon machten, erzählten: so konnte sich Deutschland doch nicht eher entschließen, dieses nützliche Product auf seine Felder aufzunehmen, bis es durch eine größere Menge seiner Einwohner, durch langwierige Kriege, in welchen es von ganzen Heeren ausländischer Völker überschwemmet wurde, und durch einen öfters sich eräugnenden allgemeinen Mißwachs seiner gewöhnlichen Getreidearten dazu genöthiget wurde; in verschiedenen Ländern wurden sie erst zu unsern Zeiten, ja, in einigen erst seit dem in den Jahren 1771 und 1772 entstandenen Kornmangel zu pflanzen angefangen. In Deutschland wurden sie nicht eher, als 1650, auch dem gemeinen Manne in einigen Gegenden bekannt, und damahls zuerst im Vogtlande gepflanzet. Der allgemeinere Anbau und Gebrauch derselben aber wurde doch erst vor ungefähr 50 bis 60 Jahren mit mehrerm Eifer eingeführt. Im J. 1708 kamen sie in das Meklenburgische...

Man sieht aus dieser Geschichte, wie viele Zeit erfordert wurde, bis man die großen Vortheile der Anpflanzung dieser neuen Frucht, die doch so augenscheinlich sind, allgemein erkannte, und die Vorurtheile, die sich dagegen, wie gegen alles Neue, setzten, überwand, Theurung, Hunger und Mangel mußten an vielen Orten den Leuten vorher die Augen öffnen, ehe sie dieses herrliche Geschenk der Natur schätzen lernten, und sich entschließen konnten, den Kartoffel-Bau auf ihren Feldern einzuführen. Es mußten obrigkeitliche Befehle, Drohungen und Versprechungen, dabey zu Hülfe genommen werden. Das deshalb für Schlesien ergangene preußische Circulare werde ich weiter unten anführen. Und

> *es gibt noch immer Länder und Gegenden genug, wo man dieses vorzügliche Nahrungsmittel entweder mit Verachtung ansieht, oder mit wiedrigen Meinungen und Vorurtheilen dagegen eingenommen ist, welches besonders einem Lande, das an eigenem Getreide Mangel hat, und sein Brod von der Zufuhre aus andern Ländern erwarten muß, schätzbar seyn sollte.*
> Krünitz[LKr1800]

In der Tat scheint ein praktisch vollständiger Ernteausfall des Getreides 1771/72 und die damit verbundene Teuerung ein wichtiger Grund zum Umdenken in der Bevölkerung gewesen sein, dokumentiert durch eine Vielzahl von Gendenkmüzen. Nicht zuletzt hat Napoleons Kontinentalsperre die Verbreitung der Kartoffel auf ihrem Weg zum Volksnahrungsmittel nochmals beschleunigt (Peter[XPe2006]), so dass sie um 1800 in fast allen Kochbüchern auftauchte.

Zur Ausbreitung der Kartoffel in Mitteleuropa, insbesondere in Deutschland, ergibt sich zusammenfassend folgendes Bild:

1565 Der Sklavenhändler Hawkins bringt die Kartoffel aus Peru nach Europa.

1567 Der Handel mit Kartoffeln ist auf den spanischen Kanaren belegt.

1585 Drake bringt die Kartoffel erneut nach England.

1597 Die Kartoffel wird in London gegessen.

1606 Kartoffelanbau ist in Irland nachgewiesen.

1616 In Paris wird die Kartoffel als Seltenheit an der königl. Tafel gegessen.

1621 Im Kloster Seitenstetten in Niederösterreich verfasste der Benediktinerabt Caspar Plautz ein Kochbuch mit Kartoffelrezepten, das 1621 in Linz erscheint.

vor 1623 Anbau in Burgund

1647 Hans Rogler baut die Kartoffel als Gartenfrucht in Pilgramsreuth(Oberfranken) an, die Gärten sind nicht zehntpflichtig.

1684 Anbau in Lancashire (England)

1691 Kartoffelrezepte in „Vollständig-Neuvermehrtes nürnbergisches Koch-Buch".

1694 In Pilgrimsreuth werden 1.300 Zentner Kartoffeln aus den Gärten der 60 Landwirte im Dorf geerntet

1708 Die Kartoffel kommt nach Mecklenburg.

1710 Der Waldenser Ant. Seignoret bringt die Kartoffel nach Württemberg.

1716 In Schweden wird sie von Jonas Alsiröm eingeführt.

1717 General von Mittau führt sie in Sachsen ein.

1728 Anbau in Schottland.

1730 Der Landvogt Engel erzählt in den Berner Samml. er habe zu Brienz gesehen, „dass man deren bereits viele gepflanzt, ja schon in Scheiblein zu zerschneiden, zu dörren, auf der Mühle zu mahlen, und das Mehl sowohl zu Brod, als auch zu Brey zu gebrauchen, gewußt habe".

1738 Anbau in Preußen.

1747 Hr. Gen. Maj. Lantingshausen in s. Bericht, wie die Erdbirnen in Elsass, Lothringen, Pfalz etc. gewartet und genutzet werden, im 9 B. der übers. Abh. der kön. schwed. Acad. d. Wiss. a. d. J. 1747, S. 213, fgg. schreibt er: „Man kan auch Branntwein aus Potatoes brennen. Eine Tonne dieser Erdfrüchte soll an 5 Kannen gegeben haben, der durchgehends so gut gewesen ist, als der aus dem besten Getreide gebrannt wird".

um 1750 Mit dem Anbau wird experimentiert: (Hannov. gel. Anz. v. J. 1754) ein aufmerksamer Landwirt hat seit 5 Jahren durch den besten Abstand zwischen den Pflanzen ermittelt.

1754 Im Hannov. gel. Anz. v. J. 1754, Col. 260, wird gemeldet, dass jemand seine Schweine alle Jahre mit Kartoffeln gemästet, und sowohl den Speck, als auch die Schinken sehr fest und von vorzüglich angenehmen Geschmacke gefunden habe.

1764 Kön. preuß. Circulare (Rundschreiben), wegen Beförderung des Kartoffelanbaues.

1765 kön. preußische Kammerverordnung an sämmtliche Landräthe, wegen der aus Erdtoffeln anzufertigenden Stärke, d. d. Bresl. d. 10 Dec. 1765. Friederich, König etc. etc. etc.

1772 hamb. Addreß-Comtoir-Nachr. v. 16. Jan. 1772, S. 38: „Die Vortrefflichkeit des Branntweins, den der Abt Pasquini aus Tartuffeln zieht, bestätigt sich durch neue Versuche. Er hat von 40 Pf. Tartuffeln, und 20 Pf. andern Vegetabilien, 17 Pf. Branntwein gemacht, will aber sein Geheimniß noch nicht entdecken" .

1774 hat das medicinische Collegium zu Stockholm in wiederhohlten Erfahrungen bewährt gefunden, dass „die getrockneten Blätter von den Kartoffeln einen Rauch-Toback geben, welcher, in Ansehung des Geruches und Geschmackes, den gewöhnlichen Toback übertreffen soll".

Seit 1780 Die Kartoffel wird in Deutschland großflächig als Feldfrucht angebaut

1783 Anbau in Frankreich

Daten: Krünitz[LKr1800],Bilder-Conversations-Lexikon[LBC1838], Brockhaus[LBr1900]; Zitate nach Krünitz[LKr1800]

Kartoffeln, übbrig bleibende, nutzbar zu machen

Kartoffeln, übbrig bleibende, nutzbar zu machen

ist das Thema Mitte des 19. Jhds. L.F. Dietrich[XDi1865] fängt so seinen Artikel über Kartoffeln an, ihre Geschichte interessiert ihn nicht mehr:

Bei jeder Mahlzeit pflegen immer mehr oder weniger Kartoffeln übrig zu bleiben. Um nun dieselben für die Folge nutzbar zu machen, verwandelt man sie mit Wasser in einen Brei, welchem man auf 1 Pfd. Kartoffeln $\frac{1}{4}$ Pfd. Mehl zusetzt. Aus dieser Masse bereitet man einen steifen Teig, formt denselben zu dünnen Kuchen, schneidet ihn in Streifen, legt diese auf Papier und trocknet sie auf dem Ofen. So zubereitet, läßt sich dieser Nahrungsstoff lange aufbewahren und gibt, mit Milch , Fleischbrühe, Wein oder Bier gekocht, eine wohlschmeckende Suppe. Kocht man diese Masse in Salzwasser und richtet sie mit Parmesan-Käse und Butter an, so erhält man ein den italienischen Maccaroni nicht nachstehendes Gericht[1].

[1] *Nudeln wurden damals häufig nahezu zu Brei gekocht.*

Es folgen weitere Vorschläge zur Lagerung, sie schmackhaft zu erhalten, u. a.

6.1.3 Kartoffelrezepte des Südwestens

Ganz unbedeutend ist die Salzkartoffel im alemannisch-schwäbischen Raum. Meinem Vater war die kartoffel nur in Form von Schinken willkommen, den Schweinen gönnte er sie. Zu einer normalen Soße ist eine nur gekochte Kartoffel tatsächlich unvorstellbar, als Beilage zu Spargel mit zerlassener Butter oder holländischer Soße oder zu Fisch wird sie akzeptiert. Die Kartoffel braucht beim Kochen mehr Zuwendung, denn schließlich ist sie mehr Hauptgericht als schlichte Beilage. Meine Frau liebt dazu einen „Stinkkäse" (Weichkäse mit Rotschmiere wie Romadur), ich mag sie mit Kräutern angemachtem Quark.

Wenn gekocht, dann als Pellkartoffel, das einfachst mögliche Kartoffelgericht:

271 Pellkartoffel

271 Pellkartoffel

Kartoffeln gleicher Größe, Wasser. Dazu: Romadur oder ein vergleichbarer Käse, Butter, angemachter Quark, Zwiebel, frische Kräuter, evtl. Knoblauch, Tomaten, Salatgurke, frische Paprika

- ▷ Kartoffeln waschen.
- ▷ In einem Topf mit Wasser bedecken, zum Kochen bringen.
- ▷ Temperatur zurückschalten, nur noch sieden lassen (sonst springt die Schale auf).
- ▷ Die Kochzeit richtet sich nach der Größe der Kartoffel, mit einem Holzstäbchen durch Einstechen prüfen, ob sie weich ist.

Alternative
▷ in einem Dampfkochtopf garen.

272 Angemachter Quark oder Bib(b)eleskäs

272 Angemachter Quark oder Bib(b)eleskäs

1 kg Magerquark, 1/2 l Sahne (evtl. steif geschlagen), 1 Zwiebel (fein gehackt), 1 Bund Schnittlauch (fein gehackt), Salz, Pfeffer

▷ Alle Zutaten zusammenmischen.

Wie lange müssen Kartoffeln kochen

Wie lange müssen Kartoffeln kochen

Peter Barham[Ba2001] beschreibt dazu ein einfaches Experiment, das sich sehr gut mit Kindern durchführen lässt: Die Kartoffelstärke verändert bei Erhitzung über 60 °C ihren Zustand und wird glasig, durchscheinend. Schneidet man eine teilweise gegarte Kartoffel durch, so hebt sich der schon gare äußere Teil deutlich vom noch rohen inneren ab. Vorteilhaft ist dabei, dass die Kartoffel sehr homogen aus Stärkekörnern aufgebaut ist. Bei anderen Gemüsen, wie Rüben, funktioniert das Experiment kaum, da sie innere Wachstumsstrukturen aufweisen.

Über den Umschlag von gelblich-weiß zu glasig lässt sich messen, bis wohin die Erhitzung auf 60 °C schon fortgeschritten ist, da sich die Temperatur in der Kartoffel durch Konduktion (Diffusion) ausbreitet und nur langsam von außen nach innen fortschreitet.

Zur Durchführung des Experiments gibt man einige Kartoffeln in kochendes Wasser und nimmt in regelmäßigen Abständen, z. B. jede Minute, eine heraus, schneidet sie mittig durch und misst die Breite des glasigen Rings (die Kartoffen können danach natürlich weiter gekocht und ganz normal verwertet werden.)

Trägt man nun die Ringbreite gegen die Zeit graphisch auf, so liegen die Punkte recht gut auf einer nach oben konvexen Kurve, oder wenn man die Breite des Rings über der Quadratwurzel aus der Kochzeit aufträgt, auf einer Geraden. D.h. die Garzeit folgt mathematisch einer Regel

$$Breite\ des\ Randes = c\sqrt{t},$$

wobei die Konstante c der Steigung der Geraden entspricht und ein Maß für die Wärmeleitfähigkeit der Kartoffel ist.

Beim Kochen von Kartoffeln in Wasser sollte man beachten, dass der Wärmeübergang zwischen Topfboden und Kartoffel besser ist als zwischen Wasser und Kartoffel. Dadurch werden am Topfboden liegende Kartoffeln etwas schneller gar als die Kartoffeln in höheren Schichten. Man legt deshalb am besten die etwas größeren Kartoffeln auf den Topfboden und die kleineren obenauf.

Schwaben

Wenn man ein einzelnes Kartoffelrezept mit Schwaben identifizieren möchte, dann ist es der Kartoffelsalat, der allgegenwärtig ist. Ob zu Braten, Maultaschen in der Brühe oder als eigenständiges Gericht mit Spiegelei oder Leberkäs'. Kartoffelsalat ist tatsächlich das älteste mir aus Württemberg bekannte Kartoffelrezept aus einem Kochbuch und darin auch das einzige Kartoffelrezept:

273 Erdaepffel- oder Grundbiren-Salat

273 Erdaepffel- oder Grundbiren-Salat

Siede die Äpffel oder Bieren im Salzwasser weich, schäle und schneide sie in Scheiben, mache sie mit Pfeffer, klein geschnittenen Zwibeln, ein wenig Salz, Baumöl und Eßig an, und lasse ihn eine halbe Stunde nach dem Anmachen stehen.
TÜBINGER KOCHBUCH[WTü1749]

Erdäpfel- oder Grundbirnen-Salat

Erdäpfel- oder Grundbirnen-Salat

Kartoffeln, Zwiebel, Salz, Pfeffer, Essig, Olivenöl

▷ Kartoffeln in der Schale in Salzwasser kochen, schälen und in feine Scheiben schneiden.
▷ Mache sie mit Pfeffer, etwas Salz, klein geschnittener Zwiebel, Essig und Öl an.
▷ Lass den Salat nach dem Anmachen eine halbe Stunde stehen.

Im Augsburger Kochbuch[OAu1788] wird Kartoffelsalat genauso zubereitet. In einer Variante werden die Kartoffeln kreisförmig auf einer Platte angerichtet, stern- oder blumenförmig mit Eiern, grünem Salat, gestifteten Karotten etc. umlegt und erst am Tisch mit Salz, Pfeffer, Essig und Öl angemacht.

Im Oberrheinischen Kochbuch von 1811 wird der Kartoffelsalat mit Ei und Anchovis angereichert.

274 Erdäpfel-Salat mit Anchovis

274 Erdäpfel-Salat mit Anchoviſ

Wenn die Erdäpfel abgeſchwellt und geſchält ſind, legt man ſie in eine Salatiere[1]. Wenn ſie noch ein wenig warm ſind, ſind ſie am beſten; man muß alſbald einen Theil Baumöl[2] mehr dazu nehmen, als wenn ſie kalt ſind. Hernach nimmt man Anchois oder Sardellen, oder Häringe, welcheſ man haben kann, und macht alle Gräten heraus, ſchneidet ſie in kleine Stückchen und ſtreuet ſie über die Kartoffeln, nimmt Eſſig, hart geſottener Eyer, ſchneidet jedes Ey in acht Theile, legt ſie ſchön auf die Kartoffeln herum, ſtreuet Pfeffer und Salz darüber, nebſt Eſſig und Baumöl, und macht den Salat an wie jeden anderen. Man muß aber daſ Baumöl an dieſem Salat nicht ſparen, wenn eſ gut ſeyn ſoll. OBERRH. KOCHBUCH[EOR1811]

Hier fehlt der Hinweis, die Kartoffeln in Scheiben zu schneiden. Allerdings hat sich das Rezept auch in der 7. Auflage[EOR1857] nicht verändert, so dass evtl. doch ganze Kartoffeln verwendet werden. Das würde der norddeutschen Kombination Matjes mit Kartoffeln und Remouladensoße entsprechen. Dann sollte man realativ kleine Kartoffeln verwenden.

[2] *Baumöl=Olivenöl.*

Kartoffeln mit Ei und Anchovis

Kartoffeln mit Ei und Anchovis

Kartoffeln, Anchovis(oder marinierte Sardellen oder Heringe=Matjes), Eier, Essig, Olivenöl, Pfeffer, Salz

▷ Kartoffeln kochen, schälen und in eine Salatschüssel legen.
• Noch etwas warm sind sie am besten, erfordern jedoch mehr Öl als kalte.
▷ Anchivis, Sardellen oder Heringe entgrätet man, schneidet sie klein und streut sie über die Kartoffeln.
▷ Die hart gekochten Eier achteln und um die Kartoffeln legen.
▷ Pfeffer und Salz darüber streuen
▷ und Essig und Olivenöl über die Kartoffeln geben.
▷ Dann den Salat wie jeden anderen anmachen (durchmischen).
• Man sollte an diesem Salat nicht mit Ölivenöl sparen wenn er gut sein soll.

Kartoffelsalat fehlt interessanterweise bei der Löfflerin 1795 genauso wie im Göppinger Kochbuch[WGö1790]. Das Rezept der 1825-er Ausgabe des Löffler'schen Kochbuchs hat dann große Ähnlichkeit mit der oberrheinischen Variante, nur dass die Kartoffeln in feine Scheiben geschnitten werden und besonders betont wird, dass der Kartoffelsalat aus warmen Kartoffeln gemacht werden sollte:

275 Salat von Kartoffeln (Erdbirnen)

275 Salat von Kartoffeln (Erdbirnen)

Kartoffeln, Zwiebel, Salz, Pfeffer, Olivenöl, evtl. 1-2 Heringe

NACH LÖFFLER[WLö1825]

▷ Wenn die Kartoffeln weich gekocht sind,
▷ geschält und kalt zu dünnen Rädchen geschnitten sind,
▷ nimmt man eine fein geschnittene Zwiebel, etwas Salz und Pfeffer dazu,
▷ und mischt es mit gutem Essig und Olivenöl untereinander.
▷ Wer will, kann auch einen oder zwei Heringe (Matjes) darunter schneiden.
• Für die Qualität des Kartoffelsalats ist wichtig, dass die Kartoffeln nicht kalt sind und sie nicht in zu dicke Scheiben geschnitten werden.

In den mir vorliegenden weiteren Ausgaben des Löffler'schen Kochbuchs fehlt der Kartoffelsalat dann bis mindestens 1873, erst in der Ausgabe von 1927 gibt es ihn wieder. Inzwischen hatte es sich durchgesetzt, dass die Kartoffeln so heiß wie möglich verarbeitet werden und dass sie mit einer heißen Marinade angemacht werden, die neben Essig und Öl noch Fleischbrühe oder notfalls Wasser enthält (Kiehnle[WKi1912], Kochbuch der Württ. Zeitung[WWZ1925])

276 Standard-Kartoffelsalat

276 Standard-Kartoffelsalat

1 kg fest kochende Kartoffeln, $\frac{1}{4}$l Brühe, 3–4 EL Essig (vorzugsweise Rotweinessig), 1 knapper EL Salz, Pfeffer, $\frac{1}{2}$ EL geriebene oder in feine Würfel geschnittene Zwiebel, 3–4 EL Öl

▷ Die Kartoffeln in der Schale weichkochen.

▷ Die Fleisch– oder Gemüsebrühe erhitzen, Salz, Pfeffer und Essig zugeben. Die Zwiebel direkt in die kochende Brühe reiben oder die Zwiebelwürfel direkt nach dem Schneiden in die heiße Brühe geben.

• Zu den Zwiebeln gibt es unterschiedliche Auffassungen: Reibt man sie oder schneidet man sie nur fein, lässt man sie in der Brühe ziehen oder gibt man sie roh an den Salat – Geschmackssache.

▷ Die Kartoffeln so heiß wie möglich schälen (evtl. mit einem Küchentuch festhalten),

▷ in möglichst dünne Scheiben schneiden und in einer Schüssel aufschichten.

▷ Immer, wenn eine Schicht eingebracht ist, etwas heiße Brühe darüber geben.

▷ Zum Schluss die restliche Brühe angießen, alles vermischen und zugedeckt abkühlen lassen. Dabei immer mal wieder umwenden.

▷ Sind die Kartoffeln weitgehend abgekühlt, das Öl dazu geben und vorsichtig untermischen. Abschmecken und evtl. nachwürzen.

Wichtig sind wirklich fest kochende Kartoffeln. Sehr geeignet sind „Wurstkartoffeln“ wie Bamberger Hörnchen.

Kartoffelsalat zubereiten

Die frisch gekochten Kartoffeln werden möglichst heiß verarbeitet, deshalb ist

Hygiene das erste Gebot. Die Kartoffeln nie zusammen mit rohem Fleisch oder insbesondere Geflügel verarbeiten. Möglichst vor dem Fleisch auf einem sehr sauberen Schneidebrett den Kartoffelsalat zubereiten. Er muss sowieso gut durchziehen und um warmen Salat vermehren sich Salmonellen hervorragend.

Heiß zubereiten: Die gekochten Kartoffeln werden so heiß wie möglich geschnitten und angemacht. Bei hohen Temperaturen ist die Diffusionsgeschwindigkeit aller Stoffe erhöht, das heißt, die Kartoffelstücke saugen sich besser mit den aromagebenden Stoffen voll.

Aufbewahren: Richtig zubereiteten Kartoffelsalat kann man abgekühlt und abgedeckt gut zwei Tage im Kühlschrank aufbewahren. Für einen guten Kartoffelsalat ist es eh von Vorteil, ihn am Tag zuvor zuzubereiten, dann ist er wirklich durchgezogen (auf Raumtemperatur abkühlen, dann abgedeckt im Kühlschrank durchziehen lassen, rechtzeitig wieder herausnehmen.)

Kartoffelsalat lässt sich in verschiedener Weise variieren, am einfachsten ist ihn mit frischen Küchenkräutern, insbesondere Schnittlauch, anzureichern. Die klassische Variante jedoch ist

277 Warmer Kartoffelsalat mit Speck

277 Warmer Kartoffelsalat mit Speck

Kartoffeln, durchwachsener Speck, Zwiebel, Salz, Pfeffer, Essig, 250 ml Brühe

▷ Kartoffeln kochen, schälen und in Scheiben schneiden,

- ▷ Speck auslassen, mit den feingeschnittenen Zwiebeln hellgelb dämpfen,
- ▷ zu den Kartoffeln geben,
- ▷ würzen,
- ▷ mit Essig und Feischbrühe anmachen.
- Variante:]Gerösteten Speck zum fertigen Kartoffelsalat geben und durchmischen.

278 *Kartoffelsalat mit Gurke*

278 Kartoffelsalat mit Gurke

Kartoffelsalat, 1 Salatgurke

- ▷ Gurke waschen und der Länge nach vierteln.
- ▷ Den sehr wässrigen Kernbereich entfernen (am besten mit einem Löffel ausschaben).
- ▷ Klein schneiden,
- ▷ Salzen und pfeffern, stehen lassen.
- Das Salz entzieht der Gurke Wasser, sie wird dadurch fester.
- ▷ Den Kartoffelsalat wie oben herstellen.
- ▷ Die Gurkenstücke ohne die ausgetretene Flüssigkeit unter den Kartoffelsalat mischen.

Dieser Kartoffelsalat lässt sich schlecht aufbewahren, da die Gurkenstücke dann ein sehr starkes Aroma entwickeln.

Eine Hommage an die italienische Küche ist der

279 *Tomaten-Kartoffelsalat*

279 Tomaten-Kartoffelsalat

Kalte gekochte Kartoffeln und Tomaten im Verhältnis 1:1, Zwiebel oder Schalotten, Essig, Öl

- ▷ Tomaten waschen und in Stücke schneiden (nicht entkernen).
- ▷ Mit dem Inneren in eine Schüssel geben, salzen und pfeffern.
- ▷ Zwiebel oder Schalotten klein schneiden, untermischen und etwas Essig dazugeben (verhindert die Oxydation der Zwiebelstücke).
- ▷ Alles etwas ziehen lassen, damit der Tomatensaft austritt.
- ▷ In der Zwischenzeit die Kartoffeln in kleine Stücke schneiden,
- ▷ untermischen.
- ▷ Mit Salz, Pfeffer und Essig abschmecken und mit gutem (Oliven-)Öl abrunden.

Eine zweite Form des Kartoffelsalats ist der geriebene, der eine praktische Variante zur Resteverwertung von gekochten Kartoffeln darstellt. Der Salat hat in den 1980er Jahren in der 'Neuen schwäbischen Küche' eine Renaissance erfahren.

280 Geriebener Kartoffelsalat

280 Geriebener Kartoffelsalat

1 Tag alte, in der Schale gekochte Kartoffeln, heiße Brühe, Salz Pfeffer, geriebene oder fein geschnittene Zwiebel, Essig, Öl

- ▷ Kartoffeln schälen und durch die Kartoffelpresse drücken oder auf einer Reibe reiben.
- ▷ Mit Zwiebel, Salz, Pfeffer, Essig, Öl abschmecken.
- ▷ Bis zur gewünschten Konsistenz Brühe einarbeiten.

Kartoffelsalat ist in der schwäbischen Küche zwar allgegenwärtig, zumindest in den Gaststätten, er stellt aber zusammen mit einer Beilage, die meist deftig ist, eine Hauptmahlzeit dar. Wenn ich im fortgeschrittenen Schulalter erst am frühen Nachmittag nach Hause kam und noch Kartoffelsalat vorhanden war, dann gab es auf die Schnelle

281 Kartoffelsalat mit Spiegelei

281 Kartoffelsalat mit Spiegelei

Kartoffelsalat, Eier, Pfeffer, Salz

- ▷ Spiegeleier bei geringer Hitze braten (Dotter sollte flüssig bleiben).
- ▷ Den Kartoffelsalat auf Tellern anrichten.
- ▷ Je ein Spiegelei darauf legen und mit Salz und Pfeffer würzen.
- ▷ Fertig, das Eigelb läuft beim Aufschneiden auf den Kartoffelsalat.

Dazu passt noch ein grüner Salat wie Acker- (Feld-)Salat.

Ein weiteres Schnellgericht ist Kartoffelsalat mit Leberkäse, zu dem auch gerne noch eine Zwiebelsoße gereicht wird. Natürlich passt Kartoffelsalat auch zu Bratwürsten und ganz schlicht zu Saitenwürstle (Wiener Würstchen) mit Senf. Ein zusätzlicher grüner Salat ist dabei immer willkommen.

282 Kartoffelsalat mit Leberkäse

282 Kartoffelsalat mit Leberkäse

Kartoffelsalat, bayrischer Leberkäse (Fleischkäse), evtl. Eier, evtl. Zwiebelsoße

- ▷ Kartoffelsalat wie oben herstellen.
- ▷ Fleischkäse mit wenig Fett/Öl von beiden Seiten anbraten.
- ▷ Evtl. Spiegeleier zubereiten.
- ▷ Den Kartoffelsalat auf Tellern anrichten,
- ▷ den Leberkäse daneben legen,
- ▷ evtl. ein Spiegelei auf den Leberkäse legen.
- • Wer möchte, kann eine Zwiebelsoße dazu reichen.

283 Braune Zwiebelsoße

283 Braune Zwiebelsoße

40 g Butter, 50 g Mehl, 1 große Zwiebel, Zucker, Brühe oder Wasser, Salz, Pfeffer, Muskat, Zitronensaft, evt. 1 Eigelb

Das Mehl wird durch glutenfreie Stärke ersetzt

- ▷ Aus Mehl und Butter wird eine gelbe Mehlschwitze (s. Rez. 64 auf Seite 132) hergestellt,
- ▷ dann werden die fein geschnittenen Zwiebeln zugegeben und diese mit der Mehlschwitze gebräunt.
- ▷ Jetzt gibt man einen Teelöffel Zucker dazu und löscht mit kalter Brühe oder Wasser unter rühren zu einem dicken, glatten Brei ab.
- ▷ Mit weiterer Brühe oder mit Wasser unter Rühren zur gewünschten Dicke verdünnen.
- ▷ Mit Salz, Pfeffer, Muskat und Zitronensaft nach Geschmack würzen.
- ▷ Noch etwas auskochen lassen (15-20 Min.).
- ▷ Die Soße zum Schluss durch ein Sieb treiben.
- ▷ Jetzt kann man sie evtl. noch mit einem Eigelb legieren.

284 Helle Zwiebelsoße

284 Helle Zwiebelsoße

150 g kleingeschnittene Zwiebel, $\frac{3}{4}$ l Brühe oder Salzwasser, 40 g Butter, 50 g Mehl, Salz, Pfeffer, 2 EL Sauerrahm, evtl. 1 Eigelb

Mehl durch Stärke ersetzen

▷ Die kleingeschnittenen Zwiebeln mit einem Teil der Brühe weichkochen (30-45 Min.).
▷ Durch ein feines Sieb streichen.
▷ Das Zwiebelpüree wird mit der restlichen Brühe und evtl. Wasser auf 400 ml verdünnt.
▷ Während die Zwiebel kocht, bereitet man aus Mehl und Butter eine Mehlschwitze (S. 132), der man das Zwiebelpüree unter Rühren beimischt und 5-10 Min. ausköcheln lässt.
▷ Würzen mit Salz und Pfeffer, den Sauerrahm einrühren, nochmals aufköcheln, vom Feuer nehmen.
▷ Nach Belieben mit Eigelb legieren (S. 138)

- Alternative: Man bereitet eine weiße Soße wie oben, bzw. wie in Abschn. 3.5.2 auf Seite 137 und reibt die Zwiebel direkt in die köchelnde Soße. Dann lässt man diese noch 5 bis 10 Minuten köcheln. Der Vorteil ist, dass man die Intensität des Zwiebelgeschmacks direkt schmecken und damit die Zwiebelmenge steuern kann.

Sauer ist des Schwaben liebstes Kind und so gesellen sich neben sauren Nierle, Leber, Spätzle (Rez. 71 auf Seite 137) auch Saure Rädle. Im einfachsten Fall schneidet man gekochte Kartoffeln, gibt sie in eine saure Soße, die man als braune Soße zubereitet, und kocht alles einmal auf. Fertig.

Es sei allerdings nicht verschwiegen, dass es auch Schwaben gibt, die in diesem Gericht nicht den Gipfel des Hochgenusses sehen, meine Frau gehört dazu. Nichtsdestotrotz, hier ein vollständiges Rezept:

285
Saure Rädle

285 Saure Rädle

ca. 500 g fest kochende Kartoffeln, $\frac{1}{2}l$ Fleisch- oder Gemüsebrühe, 1 kleine Zwiebel, 1 Lorbeerblatt, Pfefferkörner, Salz, etwas Wein (vorzugsweise rot), Essig (entsprechend dem Wein), evtl. Senf, Butter oder Schmalz, ca. 3 EL Mehl

Mehl: Klebereismehl oder 1:1 Maismehl und –stärke

▷ Die Kartoffeln in der Schale kochen und gut abdämpfen lassen.

In der Zwischenzeit

▷ Zwiebel würfeln und
▷ zusammen mit dem Mehl in Butter bräunen. Dabei ständig mit einer Spatel rühren, damit nichts anhängt.
▷ Evtl. mit etwas Wein ablöschen und diesen fast vollständig eindampfen lassen,
▷ langsam mit der Brühe auffüllen (notfalls geht auch Wasser) und dabei alles kräftig durchschlagen, damit eine glatte, klumpenfreie Soße entsteht.
▷ Etwas Salz, Pfefferkörner und Lorbeerblatt zugeben und alles gut auskócheln lassen.
▷ Falls nötig, noch etwas Brühe oder Wasser zugeben.

Fertigstellen :

▷ Kartoffeln schälen.
▷ Die Temperatur herunterschalten, die Soße nicht mehr kochen.
▷ Mit Salz, Pfeffer, Essig und nach Geschmack etwas Senf würzen,
▷ die noch warmen Kartoffeln in dünne Scheiben schneiden (Rädle) und in die Soße geben.
▷ Duchmischen und ca. 5 Min. ziehen lassen.
▷ Servieren.

- Man kann auch am Vortag gekochte Kartoffeln verwenden, dann die Soße mit den Rädle noch einmal ganz kurz aufkochen.

Oberschwaben

Das für mich herausragende, am ehesten Oberschwaben zuzuordnende Kartoffelgericht sind Schupfnudeln, die in einem eigenen Abschnitt gewürdigt wurden (Abschn. 4.4 auf Seite 289). Hier noch eine Variante aus dem Augsburger Raum, die zugleich ein Schmalzgebäck darstellt und Bayrisch-böhmische Einflüsse aufweist:

286 Kartoffel-Stritzel

286 Kartoffel-Stritzel

Vier Loth (70 Gr.) Butter rührt man mit vier Eidotter schaumig ab, gibt den geschlagenen Schnee von zwei Eiweiß nebst Salz darunter, mengt vier mittelgroße aufgeriebene Kartoffeln, welche Tags vorher gesotten sind, leicht darunter, bestreut ein Nudelbrett mit Reibmehl[1], formirt auf dem Teig kleine Stritzel[2], wendet sie behutsam darin um und bäckt sie unter ständigem Rütteln auf heißem Schmalz.

Neues Augsburger Kochbuch[OAu1908]

[1] *Abgeriebene Brötchenrinde, Weckmehl.* [2] *Würmchen, längliche Würstchen*

Kartoffel-Striezel

Kartoffel-Striezel

70 g Butter, 4 Eigelb, 2 Eiweiß, Salz, 4 mittelgroße am Vortag gekochte Kartoffeln, abgeriebene Brötchenrinde oder Weckmehl, reichlich Schmalz oder Öl

Abgeriebene Rinde von glutenfreien Brötchen oder glutenfreies Paniermehl

- ▷ Die Eigelb mit dem Zucker schaumig rühren,
- ▷ das Eiweiß steif schlagen und unter die Eigelbmasse heben,
- ▷ Kartoffeln reiben und ebenfalls vorsichtig unterheben.
- ▷ Die Arbeitsfläche mit Weckmehl betreuen,
- ▷ aus der Masse kleine Würstchen formen,
- ▷ im Weckmehl vorsichtig umwenden und
- ▷ in einer Pfanne in viel heißem Schmalz (Öl) unter ständigem Rütteln ausbacken.

Für Bayrisch–Schwaben typische Gerichte sind die Schmarren oder Kratzete, zu denen letzlich auch der Kaiserschmarrn gehört (Abschn. 5.1.1 auf Seite 328). Und natürlich gibt es einen Kartoffelschmarren.

287 Kartoffelschmarren

287 Kartoffelschmarren

Auf 70 g gekochtegeriebene Kartoffeln, 30 g Mehl, 2 Eier, Salz, evtl. Schnittlauch oder Zucker + Zimt zum Bestreuen, Milch

Mehl: Klebereismehl oder 1:1 Maismehl und -stärke

▷ Kartoffeln reiben oder durchpressen.
▷ Salzen und evtl. Schnittlauch zugeben.
▷ Löffelweise Milch zugeben, bis sich ein zarter, lockerer Teig ergibt.
- Das Eiweiß der Eier kann auch steif geschlagen und zum Schluss unter den Teig gehoben werden. Der Schmarren wird dadurch lockerer.

▷ In reichlich Schmalz oder Öl in einer Pfanne im Ganzen ausbacken.
▷ Ist der Schmarren auf einer Seite schön ausgebacken, kann man ihn mit zwei Gabeln in Stücke reißen, diese wenden und auch die zweite Seite noch goldgelb backen.

Süße Variante

▷ Den Schmarren bestreut man mit Zucker und evtl. Zimt oder bestäubt ihn mit Puderzucker. Dazu reicht man ein säuerliches Mus (Apfel, Rhabarber, Stachelbeere o. ä.)

Würzige Variante

▷ Evtl. nachsalzen, wozu man aus optischen Gründen Fleur de Sel nehmen kann.
▷ Dazu passt z.B. angemachter Quark (Rez. 272 auf Seite 410).

Elsass

Der Bäckeoffe, ein echt „endemischer“ Eintopf des Elsass. Vergleichbar ist bestenfalls der Gaisburger Marsch im Schwäbischen, der seinen Platz schon bei den Spätzle fand.

Einfach und schnell zubereitet hat er ein hervorragendes Aroma, zu dessen Verbesserung selbst Paul Häberlin[EHä1982] nichts einfiel. Und dann erstaunt es bei Krünitz (Bd. 36, 1786) auf ein Rezept zu stoßen, das alle Elemente eines Bäckeoffe enthält: Rinder-, Lamm- , Schweinefleisch, Zwiebel was zudem noch in einem geschlossenen Steinguttopf, die Voraussetzung für die Aromafülle, gegart wird.

288 Einen Kartoffel-Herriko zu machen

288 Einen Kartoffel-Herriko zu machen

Zieht man von 4 Pfund guter roher Kartoffeln die Haut rein ab, wäscht sie wohl in reinem Wasser; nimmt 2 Pf. Rind- 1 Pf. Hammel- und 1 Pf. Schwein-Fleisch, oder, wenn man es für besser befindet, von jedem 4 Pf., schneidet es in Stücke, jedes von 6 oder 8 Loth, salzt sie wohl mit Pfeffer, Salz, und einer guten sehr klein geschnittenen Zwiebel, ein. Sodann nimmt man ein großes steinernes Gefäß, worin man gemeiniglich Hasen wässert, schneidet darein eine Schicht Kartoffeln dünn, dann eine Schicht gesalzenes Fleisch darüber, und so wechselweise Schichten Kartoffeln und Fleisch; die obere Schicht müssen Kartoffeln seyn. Von dem Gefäße werden ungefähr 3 Viertel angefüllet. Wasser aber muß nicht hinein gegossen werden. Hierauf verstopft man die Oeffnung mit einem großen Stücke Kork, welches sich wohl hinein schickt, und bedeckt sie mit einem starken Stücke groben Zeuges, welches man mit Pack-Bindfaden anbindet, damit bey dem Dämpfen so wenig, als möglich, von dem Dampfe heraus könne; doch muß etwas weniges beständig an des Stöpsels Seite heraus dringen, damit das Gefäß nicht zerspringe. Alsdann setzt man daſ Gefäß aufrecht in einen Kessel mit kaltem Wasser an daſ Feuer, so, daß dessen Mündung 2 Z. über dem siedenden Wasser im Kessel steht. Auf Ursachen, welche leicht einzusehen sind, wird der Herriko im Gefäße einige Minuten eher zu kochen anfangen, als das Wasser im Kessel. Ungefähr 1 Stunde, nachdem das Wasser im Kessel zu kochen angefangen hat, wird der Herriko völlig durchdämpft seyn. Man nimmt sodann das Gefäß heraus, öffnet es, schüttet das Gericht in eine tiefe Schüssel, und trägt es auf. Krünitz [LKr1800]

Kartoffel-Herriko

Kartoffel-Herriko

2kg Kartoffeln, 1kg Rind-, 500g Hammel-, 500g Schweine-Fleisch oder von jedem 2kg, Zwiebel, Salz, Pfeffer

- ▷ Das Fleisch in Stücke schneiden,
- ▷ mit Salz, Pfeffer und der klein geschnittenen Zwiebel würzen.
- ▷ Jetzt nimmt man ein großes Steingutgefäß,
- ▷ schneidet zuerst eine Schicht Kartoffeln hinein,
- ▷ dann eine Schicht des gesalzenen Fleisches
- ▷ und so wechselweise Kartoffeln und Fleisch.
- ▷ Die oberste Schicht muss aus Kartoffeln sein.
- ▷ Das Gefäß ca. zu 3 Vierteln füllen, Wasser muss nicht zugegeben werden.
- Jetzt verschließt man die Öffnung mit einem großen passenden Kork

und deckt sie mit einem Stück groben Stoffs, den man mit Bindfaden anbindet, damit so wenig wie möglich Dampf entweichen kann. Doch etwas Dampf muss entweichen können, damit der Topf nicht zerspringt.

▷ Den Topf in einen Kessel geben und Wasser bis 5 cm unter den Rand des Tontopfes füllen.

▷ Erhitzen, wobei der Herriko im Gefäß aus ersichtlichen Gründen einige Minuten früher kochen wird als das umgebende Wasser.

▷ Ungefähr eine Stunde, nachdem das Wasser im Kessel zu kochen beginnt, wird der Herriko völlig durchgedämpft sein.

▷ Das Gefäß herausnehmen, öffnen und den Inhalt in eine tiefe Schüssel schütten.

▷ Auftragen

Dazu führt Krünitz noch aus:

Dieses vortreffliche und gesunde Gericht ist zwey Mal in der Woche die Mittagsmahlzeit einer Familie, welche aus 3 erwachsenen Personen und 3 Kindern unter 14 Jahren besteht, wo weder Gesundheit noch Appetit fehlt. Es wird hierbey die Butter völlig, und beynahe auch alles Brod ersparet. Es erfordert auch nicht so viel und so beständiges Feuer, als die Zurichtung vieler andern Gerichte, die doch vor diesem keineswegs den Vorzug verdienen. Zur Veränderung hat man es auch mit eingebökeltem Rind–Fleische, zuweilen mit der Hälfte frischen Rind- oder Hammel- und der Hälfte gebökelten Schweine–Fleisches gemacht, und es auf alle diese Arten gut befunden, besonders mit 3 Pf. frischen Rind- und 1 Pf. gebökelten Schwein- Fleisch. Man kann auch in einem größern Kessel ein Stück eingesalzenes Rindfleisch an der Seite des Gefäßes kochen, alsdann das Kochen 1 1/2 Stunden länger fortsetzen, und dieses den nächsten Tag kalt, mit warmen Gartenfrüchten oder einem Pudding, essen.

Den Bäckeoffe gab es typischer Weise am Waschtag, der sicher auch im Elsass wie anderswo am selben Wochentag abgehalten wurde. Der Topf wurde vorbereitet, zum Bäcker gebracht und von diesem nach dem Brot in den Backofen geschoben, wo der Inhalt in der Nachwärme langsam garte. Dazu musste der Topf vor allem hermetisch verschlossen sein, damit die Dämpfe nicht in den Backofen gelangten, der Geschmack hätte sich sonst später auf das Gebäck übertragen. Zum Einsatz kamen und kommen Steinguttöpfe mit breitem Rand und dicht schließendem Deckel. Auf den Rand kommt ein einfacher Teig, aus Mehl und Wasser hergestellt. Er wird auf den Topfrand gelegt und der Deckel aufgedrückt. Der Deckel backt an und der Topf ist absolut dicht verschlossen.

289 Bäckeoffe

289 Bäckeoffe

1 kg Kartoffeln, 500 g durchwachsenes Schweinefleisch (z.B. Hals), 500 g Lammschulter, 500 g Rindfleisch, 1 Schweinefuß, evtl. 1 Schweineschwaz, 1 große Zwiebel, 1–2 Knoblauchzehen, 2 Lauchstangen, Salz.
Marinade: Weißwein oder Wasser und Essig, Thymian, Lorbeer, Zwiebel,Salz, Pfeffer

- Am Abend zuvor wird das Fleisch vorbereitet und dann mindestens 12 Stunden mariniert:

▷ Das Fleisch in Stücke schneiden (ca. 80 g pro Stück), mit Salz und Pfeffer würzen und in eine Schüssel geben.
▷ Knoblauch klein und Zwiebel in Scheiben schneiden.
▷ Mit einem Lorbeerblatt und einem Thymianzweig zum Fleisch geben und umwenden.
▷ Mit Weißwein oder alternativ leicht mit Weißweinessig gesäuertem Wasser (man sollte es trinken können) übergießen und zum Marinieren mindestens 12 Stunden in den Kühlschrank stellen.

- Vorbereiten des Bäckeoffe

▷ Backofen auf 180 °C vorheizen.
▷ Zwiebel und das Weiße vom Lauch kleinschneiden,
▷ die Kartoffeln schälen und in Scheiben schneiden.
▷ Den Topf fetten und eine Schicht Kartoffeln einlegen, salzen.
▷ Zwiebeln und Lauch darüber breiten,
▷ dann eine Schicht abgetropftes Fleisch einbringen.
▷ Nach und nach alles in derselben Weise einschichten,
▷ mit einer Schicht Kartoffeln abschließen.
▷ Etwas von der Marinade einfüllen, ca. $\frac{1}{4}$ der Füllhöhe.

- Fertigstellen des Bäckeoffe

▷ Aus Mehl und etwas Wasser einen zähen Teig herstellen (glutenfrei aus Stärke, Wasser und Salz),
▷ zu einer langen Wurst ausrollen und um den Rand des Topfes legen,
▷ Deckel leicht aufdrücken und den Topf in den Backofen stellen.
▷ ca. $2\frac{1}{2}$Stunden bei 180 °C garen oder bei verringerter Temperatur auch länger.
▷ Im geschlossenen Topf servieren und den Deckel am Tisch abnehmen, damit das Aroma voll zu Geltung kommt.

- Dazu grünen Salat.

Das Rezept ist hervorragend geeignet für Tage an denen man größere Arbeiten durchführt, die man nicht unterbrechen möchte. Der Topf wird morgens bei 120 °C in den Backofen gestellt und ist abends fertig, oder bei höherer Temperatur auch mittags.

Schweiz

Man muss gerecht sein, in Basel oder Zürich isst man wie in Karlsruhe, Stuttgart oder Friedrichshafen Bratkartoffeln. Aber es verkörpert die Schweiz an sich, das Rösti. Rösti sind keine Kartoffelpuffer, Rösti bestehen nur aus Kartoffeln und Salz, ohne Ei, ohne Mehl. Wenn andernorts in Deutschland Rösti angeboten werden, die sich als Kartoffelpuffer, Reibekuchen oder Reiberdatschi erweisen, spricht das für mich für eine sehr mäßige Küche, einen Koch ohne Kenntnisse. Wichtig ist die richtige Kartoffel, es muss nichts zugesetzt werden.

Im (Süd–)Schwarzwald gibt es das Äquivalent zum Rösti, den Brägel. Nach Heinz Siebold ist dabei sorgfältig zwischen Brägele (Bratkartoffeln) und Brägel, etwas wie Rösti, aber doch kein Rösti, zu unterscheiden. Pfennigfuchser sind sie halt, die Alemannen.

Brägel sind nicht Brägele

Brägel sind nicht Brägele

Über die Feinheiten der Schwarzwälder Kartoffelküche
Von Heinz Siebold

„Der Brägel ist eines der wichtigsten, wenn nicht gar das wichtigste Kulturgut der Schwarzwälder. Ein Alleinstellungsmerkmal, das sich freilich ständig der Verwässerung (siehe Rösti!) und der Verwechslung (siehe Brägele) erwehren muss. Drum von Anfang an: Der Brägel ist zum einen eine Speise. Die Grundform: Gekochte Kartoffeln werden (kalt) geraspelt und in der Pfanne in Form eines Fladens im Schmalz beidseitig knusprig gebraten. Variationen: Mit oder ohne Speck und oder Zwiebeln. Mit oder ohne Spiegelei. Und gegessen wurde Brägel früher auf dem Bauernhof zum „z' Morge-neh", zum Frühstück mit Malzkaffee.

...

Dass ein Radsportjournalist einer Witzfigur den Namen Brägel gegeben hat, stört den Hiesigen weniger als die Verwechslung mit Rösti. Nochmal: Rösti haben die Schweizer erfunden und dürfen sie auch behalten: Roh geriebenes, in viel Fett gebackenes Kartoffelmus[1]. Na ja. Und die Pfifferlinge dazu sollen sie bitte nicht im Schwarzwald holen."

Aus: http://www.badische-zeitung.de/kommentare-1/braegel-sind-nicht-braegele--72953174.htm
Zugriff: 25.09.2014

[1] *Der Autor verwechselt hier Kartoffelpuffer und Rösti, wie es leider allzu oft geschieht.*

Rösti scheint dem Schweizer (und dem Südschwarzwälder) das zu sein, was dem Schwaben die Spätzle, jeder weiß, wie sie gemacht werden, und jeder macht sie anders.

Die Kartoffel zum Rösti

Die Kartoffel zum Rösti

Es gibt zwei Varianten, (1) aus gekochten, möglichst einen Tag alten Kartoffeln und (2) aus rohen Kartoffeln – die aus gekochten Kartoffeln sind die klassische Version.

(1) Rösti aus gekochten Kartoffeln: Man verwendet möglichst fest kochende Kartoffeln, die nur knapp weich gekocht wurden und einen Tag alt sein sollten.

(2) Rösti aus rohen Kartoffeln: Hierzu verwendet man möglichst mehlige Kartoffeln damit genügend freie, abgeriebene Stärke zur Verfügung steht, die den „Kartoffelkuchen" verkleben.

Raffel oder Reibe: Man benötigt eine möglichst grobe Reibe, damit schmale zusammenhängende Kartoffelriemchen entstehen (deshalb dürfen die Kartoffeln auch nicht zu weich gekocht sein). Es gibt allerdings auch Rezepte, bei denen die Kartoffeln in ganz dünne Scheiben gehobelt werden.

Rösti, eigentlich Berner Rösti, wie es oft heißt, tauchen im Berner Kochbuch der L. Rytz[SBe1836] und in der 14. von ihrer Enkelin herausgegebenen Auflage[SBe1893] als Erdäpfel-Röste auf:

290 Erdäpfel-Röste

290 Erdäpfel-Röste

Man schält kalte gesottene Erdäpfel, scheibelt sie ganz dünn und zerläßt in einer eisernen Pfanne Speck oder Butter. Wenn er heiß ist, werden die Erdäpfel mit Salz und einigen Tropfen Milch oder Wasser darein gethan, wohl durcheinander gerührt und in der Pfanne flach und eben gedrückt, auf Gluth oder gelindem Feuer zugedeckt geprägelt, bis sie beim Rütteln der Pfanne sich schön ganz von derselben losslassen; dann wird eine Platte, die auf die Pfanne paßt, darauf gethan und umgekehrt, damit das Gelbe obenauf kommt. L. Rytz[SBe1836], H. Rytz[SBe1893]

Kartoffel-Rösti

Kartoffel-Rösti

- ▷ Kalte gekochte Kartoffeln in ganz dünne Scheiben hobeln,
- ▷ in einer eisernen Pfanne Speck oder Butter zergehen lassen.
- ▷ In das heiße Fett die Kartoffeln mit Salz und einigen Tropfen Milch oder Wasser geben,
- ▷ gut durchmischen und in der Pfanne flachdrücken.
- ▷ Bei schwacher Hitze zugedeckt braten, bis sie sich beim Rütteln der Pfanne davon lösen.
- ▷ Eine Platte (Teller), die in die Pfanne passt auflegen,
- ▷ Pfanne und Platte gemeinsam umdrehen, damit die angebratene Seite oben liegt.

Das Rezept beinhaltet zwei Besonderheiten, über die man sich in der Schweiz wohl auch nicht einig ist: (1) Die Kartoffeln werden in ganz dünne Scheiben gehobelt und nicht in feine Streifen geraffelt (gerieben), wie meist üblich, und (2) der oder das Rösti wird nur einseitig angebraten, gewendet und mit der angebratenen Seite nach oben angerichtet. Meist werden Rösti in der Pfanne gewendet und beidseitig angebraten. Marianne Kaltenbach[SKa2004](S. 213) diskutiert die unterschiedlichen Schweizer Sichtweisen, wobei ihr „Bärner Röschti" auch nur einseitig angebraten wird.

Nun zwei Grundrezepte, auf deren Basis meine Röstis immer gelingen:

291 Rösti aus gekochten Kartoffeln

291 Rösti aus gekochten Kartoffeln

Fest kochende Kartoffeln, Salz, Fett (Butter, Schmalz, Öl nach Geschmack)

Am Vortag

- ▷ Fest kochende Kartoffeln nur bissfest kochen. Sie dürfen durchaus noch einen sehr festen Kern haben.

Rezept

- ▷ die Kartoffeln schälen und auf der gröbsten Raffel reiben.
- ▷ Salzen und vorsichtig durchmischen.

▷ In einer Pfanne reichlich Fett auf mittlerer Stufe erhitzen.
▷ Die Kartoffelmasse zugeben und gleichmäßig in der Pfanne ausbreiten.
▷ Mit einer Spatel vorsichtig festdrücken und
▷ mit einem in die Pfanne passenden Deckel oder Teller abdecken.
▷ Der Deckel muss direkt auf der Kartoffelmasse liegen.
▷ Langsam braten und gelegentlich die Pfanne rütteln, damit sich der Fladen löst.
▷ Ist die Unterseite goldgelb gebraten (erkennbar an den Rändern, der Fladen muss sich von der Pfanne gelöst haben),
▷ eine Platte auflegen, Pfanne und Platte stürzen und das Rösti servieren.

Alternativ
▷ Das Rösti in den Deckel stürzen und erneut in die Pfanne gleiten lassen.
▷ Ohne Abdeckung die zweite Seite goldbraun rösten.

292 Rösti aus rohen Kartoffeln

292 Rösti aus rohen Kartoffeln

Mehlig kochende Kartoffeln, Salz, Fett

▷ Die rohen Kartoffeln auf der gröbsten Raffel reiben,
▷ salzen und durchmischen.
▷ Fortfahren wie beim vorhergehenden Rezept.
• Das Braten möglichst langsam durchführen, damit die Kartoffeln garen, das dauert etwas länger als bei vorgekochten Kartoffeln.

Rösti können, auch in der Schweiz, vielfältig variiert werden. Unter die Kartoffelmasse kann man

- fein geschnittene Zwiebeln und/oder Speck mischen,
- frische Kräuter wie Petersilie, Schnittlauch o. a. einarbeiten,
- gehobelte Karotte, Petersilienwurzel etc. mischen,
- grob gehobelten Käse (Emmentaler) mengen.
- Was nicht hineingehört und nicht hinein darf, sind Eier und Mehl!
- Anstatt mit Wasser oder Milch wird die Kartoffelmasse mancherorts mit etwas Kaffee oder Milchkaffe beträufelt oder
- nachdem die Rösti weitgehend fertig gebraten sind, gibt man etwas Kaffee in die Pfanne und brät noch etwas nach, die

Rösti sollen so eine noch schönere Farbe erhalten.

Das Wichtigste zur Herstellung von Rösti ist Geduld und eine geeignete Pfanne, am besten eine Eisenpfanne, die immer nur mit Öl ausgewischt wird (bestenfalls mit etwas Wasser) und nie Spülmittel zu Gesicht bekommt.

Die Röst(i)-Prozedur

Die Röst(i)-Prozedur

Die fertige, etwas gesalzene Kartoffelmasse kommt in die mäßig erwärmte Pfanne mit etwas Öl und reichlich Butter. Dann formt man einen gleichmäßig flachen Kuchen und deckt diesen mit einem Deckel oder Teller ab, der direkt auf den Kartoffeln aufliegt. Es sollte möglichst kein Hohlraum zwischen Kartoffelkuchen und Deckel bestehen. Jetzt wird bei mäßiger Hitze geprägelt und geprägelt (langsam gebraten), bis zu 30 Min. Die Kartoffelmasse auf keinen Fall umrühren und die Butter darf nicht anbrennen, das garantiert die richtige Hitze (deshalb zunächst mit Butter, mit Erfahrung kann man auch auf Schmalz umsteigen). Die Pfanne immer wieder etwas rütteln, bis sich der Kuchen löst, eine schöne Farbe angenommen hat und vor allem auch zusammenhält. Jetzt den Deckel (Teller) mit einem Tuch oder Handschuh (Vorsicht heiß) fest aufdrücken und gemeinsam mit der Pfanne wenden, damit das Rösti auf den Deckel gleitet. Evtl. nun auf der ursprünglichen Oberseite erneut in die Pfanne gleiten lassen und die zweite Seite ohne Abdeckung bei etwas höherer Temperatur rösten. Auf eine Platte gleiten lassen oder direkt in der Pfanne servieren (nicht in beschichteten Pfannen, da die Beschichtung sonst zerkratzt wird). Jeder bedient sich aus der Pfanne bzw. von der Platte.

Rösti sind, wie Bratkartoffeln, ein eigenständiges Gericht, das zusammen mit einem frischen Salat eine vollständige Malzeit darstellt, insbesondere wenn noch Speck und Zwiebeln dabei sind, die entweder direkt ins Rösti eingearbeitet wurden oder die man geröstet dazu gibt.

Traditionell wird Rösti zum Züricher Geschnetzelten gereicht, sehr gut passt es zu gebratenen Wildpilzen.

Züricher Geschnetzeltes sucht man allerdings im Kochlehrbuch der Haushaltsschule Zürich vergeblich. Wie in anderen schweizer Kochbüchern wird neben Kalb- auch Rindfleisch verwendet, dann allerdings vorzugsweise Filet. Nach heutigem Verständnis muss für ein Züri Gschnätzlets unbedingt Kalb verwendet werden, sonst ist es nur „Züricher Art“

293 Züri Gschnätzlets

293 Züri Gschnätzlets

600 g Kalbfleisch (vorzugsweise Filet), Schalotten oder Zwiebel, Öl, Butter, Weißwein, Sahne, Zitrone, Petersilie, Mehl

glutenfreies Mehl

- ▷ Das Kalbfleisch in dünne Scheiben schneiden. In manchen Rezepten wird es dann mit Zitronensaft beträufelt und für ca. 30 Min. mariniert.
- ▷ Schalotten in kleine Würfel schneiden.
- ▷ In einer Pfanne etwas Öl stark erhitzen.
- ▷ Die Fleischstücke darin in kleinen Portionen von allen Seiten scharf anbraten, herausnehmen, bevor das Fleisch Saft abgibt, und beiseite stellen.
- ▷ Portion um Portion braten, bis das Fleisch aufgebraucht ist.
- ▷ Temperatur herunterschalten und ein Stück Butter in der Pfanne zergehen lassen.
- ▷ Schalotten zugeben, leicht angehen lassen,
- ▷ mit 1 EL Mehl bestäuben, ebenfalls angehen lassen.
- ▷ Mit einem Glas Weißwein ablöschen und diesen weitgehend einkochen.
- ▷ $\frac{1}{4}l$ Rahm angießen und etwas eindicken,
- ▷ mit Salz und Pfeffer und nach Geschmack Zitronenschale würzen.
- ▷ Das Fleisch und etwa ausgetretenen Fleischsaft zugeben, nur erwärmen, auf keinen Fall kochen.
- ▷ Evtl. mit Petersilie bestreuen und servieren.

294 Rösti mit Waldpilzen

294 Rösti mit Waldpilzen

Waldpilze (Pfifferling oder Steinpilze, Maronenpilze etc.), Zwiebel, Salz, Öl, Butter, Petersilie

- ▷ Die Waldpilze säubern, möglichst nicht waschen und in mundgerechte Stücke schneiden.
- ▷ Öl in einer großen Pfanne sehr gut erhitzen,
- ▷ zugeben und bei hoher Temperatur anbraten.
- ▷ Salzen.
- ▷ Ein Stück Butter und die kleingeschnittene Zwiebel zugeben und langsam weiterbraten, bis die Zwiebeln weich sind.
- ▷ Mit Salz und Pfeffer abschmecken,
- ▷ mit Petersilie bestreuen und servieren.

Die Schweizer Variante des Kartoffelschmarren sind die Bündner Kartoffeln oder Maluns. Sie werden wie der Schmarren gerne mit Apfelmus oder Zwetschgenkompott gegessen; in der" Basler Kochschule[SBa1903]" sind sie auch Beilage zu Braten oder saftigem Gemüse.

295 Maluns oder Bündner Kartoffeln

295 Maluns oder Bündner Kartoffeln

1 kg einen Tag alte, gekochte Kartoffeln (fest kochend), ca. 150–200 g Mehl, Salz, Muskat, Butter oder Butterschmalz

Mehl: 2:1 glutenfreies Mehl und Stärke

- ▷ Kartoffeln wie für Rösti reiben.
- ▷ Die Kartoffeln gut mit Mehl vermischen. Evtl. weiteres Mehl zufügen, bis die Masse keinen Klumpen mehr bildet.
- ▷ Mit Salz und evtl. Muskat würzen.
- ▷ Butter möglichst in einer eisernen Pfanne erhitzen und die Kartoffelmasse hinzufügen.
- ▷ Unter ständigem Stochern und Rühren mit einer Spatel rösten, bis sich kleine hellbraune Bröckchen gebildet haben (ca. 30 Min).

6.1.4 Das Gemeinschaftsgut

Die Kartoffel hat seit Ende des 18ten Jahrhunderts in Deutschland und Mitteleuropa die Küche revolutioniert. Sie wächst hervorragend auf sandigen Böden und war damit im norddeutschen Raum die perfekte Antwort auf die immer wiederkehrenden Hungersnöte. In diesen Gebieten hat sie die Mehlspeisen praktisch vollständig verdrängt. Da sie fast nur aus Stärke (und Wasser) besteht, stellt sie in der Küche eine echte Alternative zu Getreide dar.

Im süddeutschen Raum dominieren in weiten Gebieten lehmige und wenig tiefgründige, steinige Böden, die für die Kartoffel weniger geeignet sind. Hier ergänzte sie die klassische „Mehlküche“ oder ging eine Symbiose ein, wie in Knödeln oder Schupfnudeln.

Viele Gerichte sind aber im gesamten deutschsprachigen Raum und darüber hinaus verbreitet und manche füllen mit ihrem Variantenreichtum eigene Kochbücher. Dieser Abschnitt beschränkt sich deshalb auf einige wenige Standardrezepte.

Gekochte Kartoffeln

296 *Erd-Aepfel*

296 Erd-Aepfel

Die Erd-Aepfel werden in Salzwasser gekocht und in Stücke geschnitten, so groß wie der Stuhl einer Artischocke. Alsdann wird eine holländische Sooße darüber gegossen. Es soll so täuschen, daß man glaube, es sind Artischocken.

Wie man in Berlin zur Zeit der Königin Luise kochte[FCF1903]

In gehobenen Kreisen Berlins wurde die Kartoffel offensichtlich wenig geschätzt, man täusche teure Artischockenböden vor.

Salzkartoffeln

Salzkartoffeln

Kartoffeln, Salz, Wasser, nach Geschmack Kümmel

▷ Kartoffeln schälen.
▷ In kaltem Salzwasser aufsetzen, zum Kochen bringen.
▷ Nach Geschmack kann man dem Kochwasser Kümmel zugeben.

- ▷ Köcheln lassen, bis die Kartoffeln weich sind (mit einem Holzstäbchen durch Einstechen testen).
- ▷ Abschütten, fertig.

Die Salzkartoffel stellt neben der in der Schale gekochten Pellkartoffel (Rez. 271 auf Seite 409) zweifellos die Mutter aller Kartoffelrezepte dar, sie bedarf aber einer Soße oder viel zerlassener Butter. F.C. Fontane greift zur warmen Holländischen Soße, die kalte Variante mit Mayonnaise findet man noch heute im Berliner Kartoffelsalat.

Während die Salzkartoffel im norddeutschen Raum zu allerlei Gerichten mit Soße gereicht wird, isst man sie im Süden eigentlich nur zu Fisch und Spargel, mit viel Nussbutter oder, wie bei Fontane, mit Holländischer Soße übergossen.

Dagegen haben sich regional Varianten der frühen Kartoffelrezepte (Abschn. 6.1.2 auf Seite 400) erhalten, d.h. die Kartoffel wird in Fleischbrühe gekocht, evtl. auch gemeinsam mit Wurzelgemüse wie Möhre, Sellerie etc.. In dieser Form stellt sie im gesamten süddeutschen Raum, einschließlich Österreich, eine beliebte Beilage zu gekochtem Rindfleisch dar (z.B. zu Tafelspitz in Österreich).

297 Kartoffeln in Brühe gekocht

297 Kartoffeln in Brühe gekocht

1 kg Kartoffeln, Fleisch- oder Gemüsebrühe, Butter, Zwiebel, Petersilie, Mehl

glutenfreies Mehl

- ▷ Die rohen Kartoffeln schälen und in gleichmäßige dünne Scheiben oder Schnitze schneiden.
- ▷ Die Kartoffelscheiben mit Brühe übergießen und beinahe weichkochen.
- ▷ 1 EL fein gewürfelte Zwiebel und 1 EL Mehl in Butter dünsten, mit der Brühe der Kartoffeln ablöschen,
- ▷ Kartoffeln zugeben,
- ▷ mit gewiegter Petersilie bestreuen.

298 Wurzelgemüse

298 Wurzelgemüse

Kartoffeln, gelbe Rüben, kleine Selerieknolle, Petersilienwurzel und oder Pastinake, 1 Zwiebel, Fleisch- oder Gemüsebrühe, Petersilie, Essig, Salz, Pfeffer

▷ Kartoffeln und Wurzelgemüse schälen und in Stücke schneiden.
▷ Mit Brühe übergießen, salzen und weichkochen.
▷ Mit Salz, Pfeffer und Essig abschmecken.
• Ist das Gemüse fast gar, so kann man Rind- oder Schweinefleisch (am besten Filet) mitgaren. Auf keinen Fall kochen, sondern nur ziehen lassen.

Der Kartoffelbrei ist in vielen Regionen die klassische Beilage zu traditionellen Gerichten, z. B. zu Leber mit gebackenen Apfelscheiben und Röstzwiebeln (Berliner Art), Sauerkraut mit Blut- und Leberwurst (bzw. Schlachtplatte), Rotkraut mit Fleischküchle oder auch zu Fischgerichten. Beliebt sind dazu gebratene oder gebackene Zwiebeln (Rez. 303 auf Seite 438) sowie Nussbutter.

Der Begriff Kartoffelbrei. -mus oder -püree ist dabei sehr weit gefasst und er kann in vielfältiger Form abgewandelt werden. Im einfachsten Fall handelt es sich schlicht um zerdrückte Kartoffeln:

299 Kartoffelschnee

299 Kartoffelschnee

Mehlig kochende Kartoffeln

▷ Die Kartoffeln wie Salzkartoffeln kochen.
▷ Abschütten und auf der warmen Herdplatte kurz abdämpfen.
▷ Noch heiß durch die Kartoffelpresse auf eine Platte oder direkt auf vorgewärmte Teller drücken.

Eine Variante „mit Biss“ ist der Kartoffelstampf:

300 Stampfkartoffeln

300 Stampfkartoffeln

Mehlig kochende Kartoffeln, Butter, Zwiebel, Salz, Pfeffer

▷ Die Kartoffeln wie Salzkartoffeln kochen.

▷ Abschütten und abdämpfen.
▷ Mit einer Gabel oder einem Kartoffelstampfer nicht zu fein zerdrücken,
▷ mit Salz und Pfeffer würzen.
• Während die Kartoffeln kochen, die Zwiebel in Ringe schneiden und in Butter braun braten.
▷ Zwiebel und Butter über die Stampfkartoffeln geben.

Es ist durchaus beliebt, gewöhnliche Salz- oder Pellkartoffeln als Stampfkartoffeln zu essen. Jeder, der das möchte, zerdrückt sich die Kartoffeln mit der Gabel auf dem Teller. Sie nehmen so mehr Soße auf.

Etwas mehr Aufwand erfordert das Kartoffelpüree oder der -brei bzw -stock. Durch Wahl der Gewürze lässt sich der Geschmack gut variieren, von klassisch bis zur fernöstlichen Note:

301 Kartoffelbrei

301 Kartoffelbrei

1 kg mehlig kochende Kartoffeln, ca. frac12l Milch, 40-60 g Butter, Salz, weißer Pfeffer, Muskat (alternativ Piment, Koriander, getrockneter gemahlener Ingwer)

▷ Kartoffeln schälen, in Stücke schneiden
▷ und in Wasser oder Dampf weichkochen.
• Zur Herstellung von Kartoffelpüree eignen sich auch gebackene Kartoffeln sehr gut (Rez. 311 auf Seite 443). Die Masse ist trockener und nimmt mehr Butter und Milch auf.
▷ Die Milch zusammen mit der Butter erhitzen, bis die Butter geschmolzen ist.
▷ Die Kartoffeln durch die Kartoffel- oder Spätzlepresse drücken.
▷ Salzen, pfeffern und, klassisch, etwas Muskat in die Masse reiben.
▷ Mit einem Rührlöffel oder Schneebesen die heiße Milch-Buttermischung einarbeiten, bis die Masse die gewünschte Konsistenz erreicht. Der Brei darf allerdings nicht zu dünn werden.
• Die Masse nicht durchschlagen und kein elektrisches Rührgerät verwenden! Es besteht sonst die Gefahr, dass die Stärke verschleimt und der Brei zäh wird.

Gewürzalternativen
▷ Koriander, Piment oder Ingwer stellen interessante Alternativen zum klassischen Muskat dar und passen insbesondere zu Fischgerichten.

Man sollte allerdings immer nur eines dieser Gewürze verwenden, da sie alle einen sehr dominanten Eigengeschmack haben.

Übrig gebliebenes Kartoffelpüree oder auch Salzkartoffeln lassen sich als Grundlage für Kartoffelpfannkuchen verwenden.

302 Kartoffel-pfannkuchen

302 Kartoffelpfannkuchen

500 g gekochte Kartoffeln, 250 g Mehl, ca. $\frac{1}{4}$ Milch, 1-2 Eier, Salz, Muskat, 1 EL Butter

Mehl: glutenfreies Mehl und Stärke ca. im Verhältnis 2:1

- ▷ Kartoffeln durch die Presse treiben oder reiben.
- ▷ Mehl mit Milch glattrühren.
- ▷ Butter schmelzen und zugeben.
- ▷ Eier und Kartoffeln zugeben,
- ▷ mit Salz und Muskat abschmecken.
- ▷ Der Teig sollte die Konsistenz eines etwas dickeren Pfannkuchenteigs haben. Evtl. mit weiterer Milch in die richtige Konsistenz bringen.
- ▷ Wie Pfannkuchen in der Pfanne ausbacken.

Als Resteverwertung für Kartoffelpüree:

- ▷ Eier, Mehl, Milch in den Kartoffelbrei einarbeiten, die Mengen dabei der Menge des Kartoffelbreis anpassen (Verhältnis wie obenstehend). Auf die Butter kann verzichtet werden, wenn der Kartoffelbrei Butter enthält.

303 Geröstete und gedämpfte Zwiebel

303 Geröstete und gedämpfte Zwiebel

Zwiebel, Butter, evtl. Mehl

- ▷ Zwiebeln schälen und in feine Ringe schneiden.
- ▷ Butter in einer Pfanne zergehen lassen und Zwiebeln einstreuen.
- ▷ Zunächst nicht rühren, sondern warten, bis die Unterseite sich bräunt.
- ▷ Dann wenden und weiter braten, bis sie schön braun sind.

Krosse Zwiebelringe

- ▷ Um krosse Zwiebeln zu erhalten, muss man recht viel Fett nehmen (Butterschmalz oder eine Mischung aus Öl und Butter). Die Ringe werden darin mehr frittiert als gebraten.

- Krosse Zwiebelringe erhält man auch, indem man sie in Mehl oder Stärke wendet, überflüssiges Mehl abschüttelt, und in reichlich Fett (Öl) ausbackt.

Bratkartoffeln, Brägele

Gebratene oder geprägelte Kartoffeln gibt es überall und in unendlichen Variationen. In ihrer Grundform gehören im Südwesten auf jeden Fall Zwiebeln dazu, die mit den Kartoffeln gebraten werden. Typischer Weise werden kalte gekochte Kartoffeln (optimal 1 Tag alt) dafür verwendet, man kann sie aber auch aus rohen Kartoffeln herstellen, wobei, insbesondere bei Verwendung von Frühkartoffeln mit dünner Schale, die Schale mitgebraten wird.

304 Bratkartoffeln aus gekochten Kartoffeln

304 Bratkartoffeln aus gekochten Kartoffeln

gekochte kalte, festkochende Kartoffeln, Zwiebel, Salz, Fett (Schweineschmalz, Butter oder Öl)

▷ Die Kartoffeln schälen und in Scheiben schneiden.
▷ Die Zwiebel(n) schälen und in Ringe oder Würfel schneiden.
▷ In einer großen Pfanne Fett erhitzen und zunächst die Zwiebeln bei mittlerer Temperatur hellgelb braten (dabei wird das Fett gewürzt).
▷ Zwiebeln herausnehmen und beiseite stellen, damit sie nicht verbrennen.
▷ Ggf. zusätzlich Fett in die Pfanne geben,
▷ Kartoffelscheiben zufügen, salzen und langsam auf einer Seite hellbraun braten, dabei gelegentlich die Pfanne rütteln.
▷ Wenden und die andere Seite anbraten.
• Nicht zu viel in der Pfanne rühren, sondern die Kartoffeln langsam brutzeln lassen.
▷ Kurz bevor die Kartoffeln fertig sind, die Zwiebeln zufügen.
▷ Alles unter gelegentlichem Wenden fertigbraten.

Mit Speck

▷ Soll geräucherter, durchwachsener Speck zugegeben werden, so schneidet man diesen in kleine Scheiben oder Würfel und gibt ihn erst mit den Zwiebeln zu den Kartoffeln, da er sonst meist zu kross wird. Den Speck beim Salzen der Kartoffeln berücksichtigen!

305 Bratkartoffeln aus rohen Kartoffeln

305 Bratkartoffeln aus rohen Kartoffeln

Fest kochende frühe Kartoffeln mit dünner Schale, Salz, Zwiebel, Fett

▷ Die Kartoffeln gut waschen, junge Kartoffeln mit Schale in dünne Scheiben schneiden, ältere zunächst schälen.
▷ Zubereitung wie Bratkartoffeln aus gekochten Kartoffeln, allerdings verlängert sich die Zubereitungszeit (30–40 Min.).
• Am besten verwendet man Schweinefett, Butterschmalz oder Öl (keine Butter) und brät bei etwas höherer Temperatur.

306 Bratkartoffeln aus kleinen Kartoffeln

306 Bratkartoffeln aus kleinen Kartoffeln

Kalte, knapp gar gekochte Kartoffeln wie Bamberger Hörnchen oder Ratte, Butter, Salz

▷ Die Kartoffeln schälen und
▷ der Länge nach halbieren.
▷ In reichlich Butter bei niederer Temperatur von allen Seiten goldbelb braten.
▷ Salzen.

Bratkartoffeln werden besonders kross, wenn die einzelnen Scheiben in der Pfanne nicht übereinander, sondern ordentlich nebeneinander liegen. Der Bräunungsgrad lässt sich so sehr genau steuern, oder es lassen sich Chips herstellen:

307 Kartoffelchips

307 Kartoffelchips

Fest kochende Kartoffeln, Fett (Öl), Salz

▷ Die rohen Kartoffeln schälen und in feine Scheiben in kaltes Wasser schneiden oder hobeln.
▷ Abschütten und gut abtrocknen.
▷ In einer großen Pfanne reichlich Fett (Öl) gut heiß werden lassen,
▷ die Kartoffelscheiben im Fett schwimmend portionsweise ausbacken.
▷ Herausnehmen und auf Küchenpapier entfetten.
▷ Salzen.

Das Bratkartoffelgericht ist natürlich das Bauernfrühstück, in Österreich (Tirol) Gröstl, in Berlin Hoppelpoppel. Typischerweise ein Gericht zur Resteverwertung: In die Bratkartoffeln mit Zwiebeln wurden die Reste des Sonntagsbratens geschnitten und alles mit Rührei gebunden. Hinzu kamen noch frische Kräuter wie Schnittlauch oder auch klein geschnittene saure Gurken. Der Phantasie sind keine Grenzen gesetzt.

308 Grundrezept Bauernfrühstück

308 Grundrezept Bauernfrühstück

Fest kochende Kartoffeln, Zwiebeln, geräucherter Bauch oder Gselchtes, Schnittlauch, Eier, Milch, Salz, Pfeffer, evtl. Kümmel, Estragon

▷ Aus den Kartoffeln, Zwiebeln und Speck Bratkartoffeln zubereiten (Kartoffeln evtl. vorher kochen und auskühlen lassen).
▷ Eier mit etwas Milch, Salz und Pfeffer sowie dem fein geschnittenen Schnittlauch und evtl. angedrücktem Kümmel und/oder Estragon vermischen,
▷ über den fertigen Bratkartoffeln verteilen und nach Geschmack wie ein Omelett stocken lassen oder als Rührei zubereiten (mehrfach umrühren).

Und hier nun das schon diskutierte Essen:

309 Schwäbischer Rostbraten mit Bratkartoffeln

309 Schwäbischer Rostbraten mit Bratkartoffeln

fest kochende Kartoffeln, vorgekocht, Zwiebeln, pro Person 1 Scheibe gut abgehangener Rostbraten (ca. 1,5 cm dick), Salz, Pfeffer, Schweineschmalz (Öl), Butter

▷ Bratkartoffeln ohne Zwiebel zubereiten,
▷ Zwiebelringe rösten (Rez. 303 auf Seite 438).
▷ Die Fleischscheiben etwas flachdrücken,
▷ salzen und sofort
▷ in der gut heißen Pfanne in wenig Fett scharf von beiden Seiten anbraten.
▷ Temperatur zurückschalten und ein Stück Butter in die Pfanne geben.
▷ Das Fleisch pfeffern und in der Butter bei niederer Temperatur bis zum gewünschten Gargrad ziehen lassen.

- ▷ Bratkartoffel und Fleisch auf Tellern anrichten,
- ▷ etwas der (braunen) Butter über das Fleisch geben und zum Schluss
- ▷ Fleischstücke reichlich mit gerösteten Zwiebelringen bedecken.
- ▷ Mit grünem Salat servieren.

Sie entzweien die Esser. Wie Austern, man mag sie oder man mag sie nicht. Hier aslo ein Gericht für Liebhaber: Saure Nierle. Am besten nimmt man Kalbsnieren oder, in Süddeutschland weniger bekannt, Lammnieren. Schweinenieren sind die zweite Wahl und von Rindernieren rate ich wegen des doch sehr kräftigen Eigengeschmacks ab. Nieren sind eines meiner Lieblingsgerichte, das einzige, das ich nie selbst zubereite. Denn meine Frau mag schon den Geruch bei der Zubereitung nicht und essen kommt nicht in Frage.

310
Saure Nierle mit Röstkartoffel

310 Saure Nierle mit Röstkartoffel

500 g Kalbs-, Lamm- oder Schweinenieren., ca. 500 ml Milch, Zwiebel, Mehl,Öl, Butter, ca. 250 ml Fleischbrühe, 1 Weinglas Rotwein, Essig, Salz, Pfeffer, Sahne oder Schmand

Mehl: Im Verhältnis 2:1 glutenfreies Mehl und Stärke

- ▷ Sämtliche Häute, Gefäße, Fett etc. sorgfältig von den Nieren entfernen.
- ▷ Der Länge nach aufschneiden und mindestens für 30 Min in Milch einlegen, damit möglichst viel Harnstoff entzogen wird.
- ▷ Nieren herausnehmen, abtrocknen und in dünne Scheiben schneiden.
- ▷ Die Scheiben in gut heißem Öl von allen Seiten anbraten, dabei nicht durchbraten!
- ▷ Herausnehmen, beiseite stellen.
- ▷ Überflüssiges Öl aus der Pfanne abgießen,
- ▷ Butter zergehen lassen und
- ▷ die Zwiebel bei nicht zu hoher Temperatur leicht anrösten.
- ▷ Mit Mehl(mischung) überstäuben und mitrösten.
- ▷ Den Rotwein zugeben und fast vollständig einkochen, das geschieht am besten in mehreren Schritten.
- ▷ Mit Fleischbrühe ablöschen.
- ▷ Etwas Sahne oder Schmand zufügen
- ▷ und die Soße noch bis zur gewünschten Konsistenz einköcheln.

▷ Mit Salz, Pfeffer und Essig abschmecken.
▷ Die angebratenen Nierenscheiben leicht salzen,
▷ in die Soße geben und ohne zu kochen garziehen lassen.
• Die Nieren auf keinen Fall kochen, da sie sonst hart werden.
▷ Dazu gibt es Röstkartoffeln.

Zum Schluss noch gebackene oder Ofen-kartoffeln, die insbesondere auch in den USA als Beilage zu gegrilltem Fleisch beliebt sind. Sie wurden jedoch nicht von dort bei uns eingeführt, sondern bei uns bestenfalls in amerikanischen Steakhäusern wiederentdeckt. Gebackene Kartoffeln gab es in meiner Jugend zum Abschluss der Kartoffelernte. Das Kartoffelkraut wurde zusammengetragen und verbrannt. In die heiße Asche legte man Kartoffeln, schaufelte noch Glut darüber und ließ sie langsam garen. Sie wurden dann auf dem Feld mit etwas Butter oder Käse gevespert.

311 Gebackene Kartoffeln, Ofenkartoffeln

311 Gebackene Kartoffeln, Ofenkartoffeln

Große, mehlig kochende Kartoffeln

▷ Die Kartoffeln gut waschen und im Backofen bei ca. 180 °C ca. 45 Min. backen (die Garzeit hängt von der Größe ab).
• Die Kartoffeln können zusätzlich in Aluminiumfolie eingepackt werden.
▷ Kartoffeln mit zwei Gabeln aufreißen und in die Öffnung Butter oder Crème fraîche, Schmand oder angemachten Quark geben oder auch mit Käse servieren.

Variante
▷ Kleinere Kartoffeln direkt in der Glut des Grills garen. Dazu am Rand die Kartoffeln in Glut einbetten.
• Passen am besten zu Grillfleisch.

Die Luxusvariante der Ofenkartoffeln sind Schaumkartoffeln, die sich als Beilage zu Fisch oder Gemüse anbieten.

312 Schaumkartoffeln

312 Schaumkartoffeln

1kg große mehlig kochende Kartoffeln, ca. 100 g Butter, 4 Eigelb, 500-600 ml Sahne, Salz, Pfeffer, Muskat

▷ Die Kartoffeln im Ofen backen (Ofenkartoffeln).
▷ Von den Kartoffeln einen Deckel abschneiden und die Kartoffeln aushöhlen, ohne die Schale zu beschädigen.
▷ Die Kartoffelmasse durch die Kartoffelpresse oder ein Sieb treiben.
▷ Die Kartoffelmasse mit Butter und Eigelb in einer Pfanne auf dem Herd abrühren,
▷ salzen, würzen
▷ und die geschlagene Sahne einarbeiten.
▷ Die Masse in die ausgehöhlten Kartoffeln füllen (Spritzsack verwenden)
▷ und die Masse bei 180 – –200 °C nochmals überbacken (ca. 15 Min.).

Kartoffelpuffer

313 Kartoffelpuffer klassisch

313 Kartoffelpuffer klassisch

6-8 große Kartoffeln (ca. 1kg), 2-3 Eier, Mehl, Salz, Fett, evtl. 125 ml Milch

glutenfreies Mehl

▷ Die Kartoffeln waschen und schälen.
▷ Auf dem Reibeisen (feine Raffel) in eine Schüssel mit kaltem Wasser reiben.
• Das Wasser verhindert, dass die Kartoffelmasse braun wird.
▷ Das Wasser abschütten,
▷ die Kartoffelmasse auf ein Tuch geben und gut ausdrücken bzw. auswringen.
▷ In einer Schüssel mit 2-3 Eiern, Salz und so viel Mehl (ca. 2-3 EL) vermengen, dass sich ein lockerer Teig ergibt.
▷ In einer Pfanne Fett erhitzen,
▷ löffelweise Kartoffelmasse zugeben und mit einer Spatel flachdrücken.
▷ Bei mittlerer Temperatur von beiden Seiten goldgelb backen.

Variante I (vereinfacht)

▷ Die Kartoffeln werden nicht in Wasser, sondern direkt in die Schüssel gerieben, die austretende Flüssigkeit abgeschüttet und die Kartoffelmasse noch etwas ausgedrückt.

▷ Die Weiterverarbeitung erfolgt wie oben.
- Da die Kartoffelmasse sich dabei leicht verfärbt, eignet sich diese Methode bei kleinen Mengen und sehr zügigem Arbeiten oder zügiger Verarbeitung in einer elektrischen Reibe.

Variante II (mit Milch)
▷ Der Kartoffelmasse wird neben Ei, Salz und Mehl noch Milch zugegeben. Die Mehlmenge muss dann evtl. etwas erhöht werden.

Variante III (mit Grieß oder Haferflocken)
▷ Anstatt Mehl verwendet man Grieß oder Haferflocken.
- Anstatt Grieß verwendet man glutenfreien Maisgrieß (Polaentagrieß)
- Haferflocken sind in der glutenfreien Ernährung umstritten, sie scheinen sehr unterschiedlich vertragen zu werden. Jeder muss das für sich entscheiden.

Reibekuchen

müssen frisch auf den Tisch kommen, sie werden sehr schnell matschig oder schwäbisch lätschig.
Müssen sie kurz warm gehalten werden, so geschieht dies am besten im Backofen, wobei sie auf keinen Fall zugedeckt werden dürfen und möglichst nicht übereinander liegen sollten.

Das Grundrezept mit seinen Varianten (von denen es fast beliebig viele gibt) macht den Unterschied zu Rösti deutlich: Für Reibekuchen wird die Kartoffel sehr fein, im Prinzip zu Mus, gerieben und die austretende Flüssigkeit abgeschüttet. Dadurch verliert die Masse ihre Bindefähigkeit. Diese wird durch die Zugabe von Ei und Mehl, evtl. auch Milch, wieder hergestellt. Kartoffelpuffer haben auch eine recht feine Textur, während Rösti auf der Basis gescheibelter oder grob gehobelter Kartoffeln kross ausgebackene Strucktureinheiten aufweisen.

Neben der klassischen Variante, die nur aus rohen Kartoffeln hergestellt wird, können auch gekochte Kartoffeln so verarbeitet werden. So findet sich in „Neues Stuttgarter Kochbuch[WLö1927]“ eine Variante, in der rohe und gekochte Kartoffeln ohne Eizugabe verarbeitet werden:

314 Kartoffelpuffer „halb und halb“

314 Kartoffelpuffer „halb und halb“

8-10 rohe Kartoffeln, 3-4 gekochte kalte Kartoffeln, 2EL Grieß, Milch, Salz, Muskat, Zwiebel

Grieß durch Polentagrieß ersetzen

- ▷ Die rohen Kartoffeln in eine Schüssel mit kaltem Wasser reiben, das Wasser abgießen und die Kartoffelmasse in einem Tuch gut ausdrücken.
- ▷ Die gekochten Kartoffeln ebenfalls reiben oder durch die Kartoffelpresse treiben. Dazu geben.
- ▷ Den Grieß in Milch kochen und heiß an die Kartoffelmasse geben.
- ▷ Eine Zwiebel fein würfeln und ebenfalls zugeben.
- ▷ Alles mit Salz und etwas Muskat zu einer homogenen Masse zusammenarbeiten.
- ▷ In Fett als kleine Puffer ausbacken.

Aus gekochten Kartoffeln oder übrig gebliebenem Kartoffelbrei lassen sich, wie erwähnt (Rez. 302 auf Seite 438), Kartoffelpfannkuchen herstellen. Macht man den Teig etwas fester, so erhält man Kartoffel(pfann)küchle nach Elke Knittel[WKM2003]:

315 Kartoffelküchle nach Elke Knittel

315 Kartoffelküchle nach Elke Knittel

4 mittelgroße mehlig kochende Kartoffeln, 4 Eier, 80ml Sahne, 80ml Milch, Salz, Muskat

- ▷ Kartoffeln kochen und heiß durch die Presse treiben.
- ▷ Möglichst warm mit Milch, Sahne, Eiern, Salz und etwas Muskat zu einem lockeren Teig verarbeiten.
- ▷ Möglichst eine Stunde ruhen lassen.
- ▷ Mit einem Esslöffel Teig abstechen, in heißes Fett gleiten lassen, flachdrücken und von beiden Seiten goldgelb backen.

Natürlich gibt es auch eine „Luxusvariante" unter den Puffer-Rezepten. Die findet sich in „Ein schwäbisches Kochbuch"[WWZ1925]:

316 Luxuspuffer

316 Luxuspuffer

8 große Kartoffeln, Mehl, Salz, 5–6 Eier, Sauerrahm

Mehl: glutenfreies Mehl

▷ Die Kartoffeln schälen und auf der feinen Raffel reiben.
▷ Eigelb und Eiweiß der Eier trennen.
▷ Das Eiweiß steif schlagen.
▷ Eigelbe, 2 El Mehl, etwas Salz und 2–3 EL Sauerrahm unter die Kartoffelmasse mischen.
▷ Zum Schluss den steifen Eischnee unterheben.
▷ In heißem Schmalz oder Butter kleine, dünne Puffer ausbacken.

Wie immer man die Kartoffelpuffer zubereitet, man kann sie als Beilage zu Fleisch oder Gemüse reichen. Klassisch isst man sie aber ganz frisch mit Apfelmus, am besten selbst gemachtem und vorzugsweise aus säuerlichen Äpfeln:

317 Apfelmus

317 Apfelmus

1 kg Äpfel, 50-80 g Zucker, Zitrone, 125-250 ml Wasser, nach Geschmack 125 ml Weißwein

▷ Äpfel waschen,
▷ mit Schale in Schnitze schneiden,
▷ Zucker und 250 ml Wasser (Wein, dann nur 125 ml Wasser) zugeben,
▷ zugedeckt langsam weichkochen.
▷ Die Äpfel durch ein Sieb streichen und
▷ mit Zitronensaft abschmecken. Dieser verhindert auch die Oxydation des Apfelmuses.

Variation: Den Äpfeln beim Kochen ein Stückchen Zimt zufügen, nach Geschmack kann man auch eingeweichte Rosinen dazugeben.

6.2 Topinambur

Topinambur soll hier noch kurz erwähnt werden, da er schon in einen geschichtlichen Zusammenhang mit der Kartoffel gebracht wurde. Topinambur (*Helianthus tuberosus*) ist nicht mit der Kartoffel, sondern mit der Sonnenblume eng verwandt, d. h. gehört mit dieser in dieselbe Gattung.

Gesichert scheint zu sein, dass der Topinambur um 1610 von französchischen Siedlern in Nordamerika nach Frankreich gebracht wurde, wo die Pflanze schnell populär und im 17ten Jahrhundert intensiv angebaut worden ist.

Die Bezeichnungen für Topinambur sind vielfältig und decken sich z. T. mit denen für die Kartoffel: Erdapfel, Erdbirne, Jerusalem-Artischocke, Erdartischocke u. a.. Das zeigt die Schwierigkeiten auf, zwischen Kartoffel und Topinambur in alten Rezepten zu unterscheiden, letztlich ist es nicht möglich.

Ein Anbaugebiet war und ist z. T. wieder die Oberrheinebene und außerdem das Rheinland. Der Topinambur ist dort z. T. verwildert und besiedelt als, meist unwillkommener, Neophyt Flussauen.

Kulinarisch ist Topinambur insofern wertvoll, als es 16% Inulin enthält. Inulin ist ein, für uns unverdaulicher, langkettiger Zucker, der als Ballaststoff wirkt. Bei Diabetikern ist Topinambur deshalb ein beliebtes Nahrungsmittel.

In der Küche verwendet man Topinambur am besten wie die Kartoffel. Ausnahme: er kann auch roh gegessen werden. Die Struktur der Knolle ist allerdings nicht so homogen wie bei der Kartoffel, da sie noch Fasergewebe enthält. Hier eine Auflistung von Rezepten, die ganz analog zu denen für Kartoffeln sind.

318 Topinambur

318 *Topinambur*

Topinambur wird am besten geschält und gekocht, wobei die Kochzeit deutlich kürzer ist als bei der Kartoffel.

Roh: Geraspelt oder in feine Scheiben geschnitten an Rohkostsalaten.

Topinambursalat: Zubereitung wie Kartoffelsalat, Rez. 276 auf Seite 414 oder ein anderes der Rezepte.

Geröstet: Zubereitung wie Röstkartoffeln.

Topinanamburrösti: Gekochten Topinambur in dünne Scheiben schneiden oder hobeln und wie Rösti braten, Rez. 291 auf Seite 429.

Topinambur–Kartoffelrösti: Rohe Topinambur und Kartoffeln im Verhältnis 2:1 schälen und raspeln. Wie Rösti von rohen Kartoffeln fertigstellen, Rez. 292 auf Seite 430.

Topinamburpuffer: Topinambur auf der feinen Raspel reiben, mit Ei und Stärke binden,würzen und ausbacken, Abschn. 6.1.4 auf Seite 444.

Alternativ: Geriebenen Topinambur und geriebene Kartoffeln mischen, wie Kartoffelpuffer fertigstellen.

6.3 Erdkastanie

319 Erdcastanien

319 Erdcastanien

Die Erdcastanien werden von dem Bauersvolck rohe gegessen / sie sind aber anmühtiger / so man sie in der Aeschen bratet und mit Saltz isset / oder aber sonst kochet. So man die Wurtzeln scheelet / darnach in einer Fleischbrühe seudet mit ein wenig gestossenem Pfeffer / zu einem kurtzen Brühlein / ist es eine anmühtige und liebliche gesunde Speiß / dann sie nehret den Leib wol / und bringet Lust zu ehelichen Wercken. TABERNAEMONTANUS[XTA1625]

Gebratene oder gekochte Erdkastanien

Gebratene oder gekochte Erdkastanien

Erdkastanien, Brühe

- Die Erdkastanien werden von den Bauern roh gegessen, sie sind aber besser, wenn man sie in der Asche brät und mit Salz isst oder aber kocht:
- ▷ Die Wurzel wird geschält,
- ▷ danach mit etwas gestoßenem Pfeffer in Fleischbrühe gekocht.
- Mit einer kurzen Soße ist es eine gute, gesunde Speise, denn sie sättigt gut und bringt Lust zu ehelichen Werken[1].

[1] *Das sagt Tabernaemontanus auch von der Esskastanie (Marone).*

Dies ist das einzige, mir bekannte Rezept für Erdkastanien, die bei der Diskussion des „Kartoffelrezepts“ von Marx Rumpolt (Rez. 268 auf Seite 394) eine wichtige Rolle spielten. Sieht man sie jedoch im Zusammenhang mit dem Inhalt des Rezepts, so passt der genauso wenig auf die Erdkastanie wie auf die Kartoffel. Die Erdkastanie ist ein knackiges Gemüse, das keinen Anlass gibt es auszupressen und auch noch durch ein Haartuch zu drücken.

Meyers Konversationslexikon weiß zur Erdkastanie:

> Bunum L. (Nußkümmel), Gattung der Umbelliferen, mit Carum nahe verwandt, ausdauernde Kräuter mit knolliger Wurzel, runden Stengeln und vielfach zerschnittenen Blättern. Etwa 30 Arten in Südeuropa und

Westasien. Von B. ferulaefolium Desf., mit dreizähligen, eingeschnittenen Blättern und weißen Blüten, vornehmlich auf den griechischen Inseln einheimisch, wird die haselnußähnlich schmeckende Wurzel (Topana) von den Türken gegessen. B. Bulbocastanum L. (Carum Bulbocastanum Each, Kastanienkümmel), mit sehr schmalen Blattsegmenten, gipfelständigen Dolden und verlängerten, elliptischen Früchten, wächst in Westeuropa bis Ural und Kaukasus, in Deutschland vorzüglich am Rhein. Die Wurzelknollen (Erdkastanien, Erdnüsse) sind fast nußartig, aber unförmlich, mit vielen Fasern, braun, inwendig weiß und mehlig und werden in Südeuropa, besonders in Rumänien, gekocht und geröstet wie Kastanien genossen. Die Samen gebraucht man wie Kümmel, die jungen Blätter wie Petersilie.

Nachwort

An dieser Stelle war urprünglich noch ein Kapitel über Gemüse geplant. Es zeigte sich jedoch, dass dieses Thema wenig wirklich Regionaltypisches bietet. Gegenüber anderen Regionen unterscheidet sich die schwäbisch–alemanische Gemüseküche im Wesentlichen durch Fehlen bestimmter Gemüse wie Grünkohl und Kohlrübe und weist auch bei der Zubereitung nicht wesentlich Eigenständiges auf.

Eine glutenfreie Gemüseküche benötigt auch keine eigenständige Darstellung, die Zeiten, in denen in Deutschland wie in Frankreich Gemüse in Weiße (Mehl–)Soße gehüllt wurden, sollten vorüber sein.

ENDE

Quellen

Kochbücher, vor allem ältere, sind schwer zu zitieren, da häufig das klassische System aus Autor und Erscheinungsjahr versagt, es gibt keinen eindeutigen Autor. Die Alternative, alle Zitate in der Reihenfolge des Aufrufs durch zu nummerieren, wäre sehr unübersichtlich. Deshalb wurde hier ein System gewählt, das eine gewisse Ordnung erlaubt und das Verzeichnis auch als selbständige Einheit nutzbar machen soll.

Abkürzungen
BSB: Bayrische Staatsbibliothek SLUB: Universitäts- und Landesbibliothek Sachsen-Anhalt.

M... Mittelalterliche Handschriften und frühe Drucke

[MB1350] Das buoch von guoter spise (Das Buch von guter Speise). Ca. 1350. Transkription : Th. Gloning, 2001; http://www.uni-giessen.de/gloning/tx/bvgs.htm.
Übersetzung: Verf. unbekannt, http://www.die-dunkle-dimension.de/i-migs.htm

[MKü1480] Ehlert, T. (Hrsg.): Küchenmeisterei, Edition, Übersetzung und Kommentar zweier Kochbuch-Handschriften des 15. Jahrhunderts. Frankfurt (P. Lang), 2010.

[MKü1507] Küchenmeisterei. Augsburg 1507, BSB, urn:nbn:de:bvb:12-bsb00009309-6.

[MKü1516] Küchenmeisterei. Straßburg 1516, BSB, urn:nbn:de:bvb:12-bsb00009308-6.

[MKü1590] Küchenmeisterei. Leipzig, 1590, SLUB, urn:nbn:de:gbv:3:1-196008.

[MMh1460] Meister Hans, des von Wirtenberg koch. 1460. Transkription, Übersetzung etc. von Trude Ehlert. Tupperware, Frankfurt, 1996.

[MMü15tes] Münchner Kochbuchhandschriften aus dem 15. Jahrhundert. Hrsg. Trude Ehlert. Frankfurt (Tuperware), 1999.

[MSt2002] Alessandra Sorbello Staub: Die Basler Rezeptsammlung. Würzburger medizinhistorische Forschungen, Bd. 71, 2002.

[MRf1445] Rheinfränkisches Kochbuch (um 1445). Faksimile. Thomas Gloning: Übersetzung, Anmerkung und Glossar. Frankfurt (Tupperware Deutschland), 1998.

W. . . Alt-Württemberg

[WRe1803] Die gelehrige Hauswirthin von einer Freundin der Kochkunst. 2. vermehrte Aufl., Reutlingen 1803 (Johannes Grözinger).
books.google.de – das Buch steht in der New York Public Library und ist eines der sicherlich wenigen noch erhaltenen Exemplare. Das Buch ist sonst weitgehend unbekannt.

[WGö1790] Göppinger Kochbuch, Zweyter Theil oder Neue Sammlung vieler Vorschriften von Fastenspeisen und allerley Koch- und Backwerk für junges Frauenzimmer. Stuttgart (Erhard und Löflund), 1790.
BSB, URN: urn:nbn:de:bvb:12-bsb10300554-7

[WGö2000] Karl-Heinz Rueß (Hrsg.): Neues Göppinger Kochbuch. Rezepte ausgewählt und neu bearbeitete (*Anm.: durch andere moderne ersetzt*) von Lilly Link und Ute Stumpp. Veröffentlichungen des Stadtarchivs Göppingen Band 37. 2. Auflage, Göppingen, 2000.

Hermine Kiehnle

Das Kochbuch der Vorsitzenden des Frauenvereins Stuttgart wird ein Schlager und löst quasi das Löffler-Kochbuch ab. Bis Mitte der 1950er Jahre erfolgen mehrere Auflagen.
Ab den 1970er Jahren wird der Name Kiehnle vom Hädecke Verlag häufig genutzt, wie das Beispiel [Ki1971] zeigt. Es folgen dann bis heute eine ganze Reihe von Kochbüchern, die alle irgendwie den Namen Kiehnle im Titel führen.

[WKi1912] Hermine Kiehnle. Kochbuch des Schwäbischen Frauenvereins. Stuttgart (Schwäbischer Frauenverein), 1912.

[WKi1956] Hermine Kiehnle. Kiehnle-Kochbuch. Große illustrierte Ausgabe .... Jubiläums-Ausgabe, 232. bis 239. Tausend, Stuttgart (Hädicke), 1956.

[WKi1971] Hilde Graff-Hädecke (Hrsg.): Kochbuch aktuell. Unter Mitarbeit von Nnorr, Kraft, Langnese-Iglo, Maggi, Maizena, Pfanni-Werk. Weil der

Stadt, 2. Auflage (Hädecke Verlag), 1971.

[WKM2003] Elke Knittel & Rolf Maurer: Spätzle, Maultaschen & Co.. Stuttgart (Ulmer), 2003.

[WLe1966] Karl Lerch: Das Spätzles-Brevier. Reutlingen (Oertel & Spörer), 1966.

Löflerin= Löfflerin= Löffler†

Die Bücher erscheinen zunächst ohne Autor. In der Vorrede nennt sich die Autorin. F.L. Löflerin, in den folgenden Ausgaben dann F. L. Löfflerin. Erst nach der Umbenennung in „Neues Stuttgarter Kochbuch" erscheint die Autorin Friedr. Louise Löffler auf dem Titelblatt, lange nach ihrem Tod, sie starb bei der Vorbereitung zur 5. Auflage.

[WLö1795] (F. L. Löflerin): Oekonomisches Handbuch für Frauenzimmer. Erster Band, welcher das Kochbuch enthält. Stuttgart (J.F. Steinkopf),1795.
Faksimile: Nachwort Hans-Christoph Bernhard, J,F. Steinkopf Verlag GmbH, Stuttgart 1977.

[WLö1825*] (F. L. Löfflerin): Neues Kochbuch oder geprüfte Anweisungen .... Anhang oder zweyter Theil. In: Ökonomisches Handbuch für Frauenzimmer, Ersten Bandes, welcher das Kochbuch enthält, zweite Abteilung, 4. Aufl., Stuttgart (J.F. Steinkopf), 1825.
Faksimile: Bremen Unikum Verlag 2011.
Das mir vorliegende Faksimile dieser 4. Auflage fällt in verschiedener Hinsicht aus dem Rahmen der gesamten Kochbuchreihe. Neben den Schupfnudeln gibt es darin auch Maultaschen, eine Bezeichnung, die sonst noch nicht auftritt (außer für ein Gebäck). Diese Ausgabe mit einer völlig anderen Auflagennummerierung läuft als Anhang oder 2. Teil und ist 1804 erstmals erschienen. Das Vorwort besagt, dass hier Rezepte des „täglichen Leben(s)" aufgenommen sind, was wohl „Trivialspeisen wie Schupfnudeln oder Tropfnudeln" erklärt.

[WLö1833] (F. L. Löfflerin†):Neues Kochbuch oder geprüfte Anweisungen .... In: Ökonomisches Handbuch für Frauenzimmer, Ersten Bandes, welcher das Kochbuch enthält, zweite Abteilung, 8. Aufl., Stuttgart (J.F. Steinkopf), 1833.
Faksimile: Bremen Unikum Verlag 2011.

[WLö1873] Friedr. Louise Löffler†: Neues Stuttgarter Kochbuch oder bewährte und vollständige Anweisung zur schmackhaften Zubereitung aller Arten von Speisen, Backwerk, Gefrorenem, Eingemachtem u.s.w., 15. Aufl., Stuttgart (J.F. Steinkopf), 1873.

[WLö1887] Friedr. Louise Löffler†: Neues Stuttgarter Kochbuch oder bewährte und vollständige Anweisung zur schmackhaften Zubereitung aller Arten von Speisen, Backwerk, Gefrorenem, Eingemachtem u.s.w., 18. Aufl., Stuttgart (J.F. Steinkopf), 1887.

[WLö1927] Friedr. Louise Löffler†: Neues Stuttgarter Kochbuch oder bewährte und vollständige Anweisung zur schmackhaften Zubereitung aller Arten von Speisen, Backwerk, Gefrorenem, Eingemachtem u.s.w., 37. Aufl. bearb. von Johanna Pölzig, Stuttgart (J.F. Steinkopf), 1927.

Löffler, Henriette

Henriette Huttenlocher, geb. Löffler (1780-1848) hat ihren Mädchennamen wohl aus Werbezwecken beibehalten.
Im 19ten Jhdt. erschienen verschiedene Kochbücher, die den Namen Löffler mit unterschiedlichen Vornamen werbewirksam einsetzten.

[WLB1880] Theodor Bechtel(Hrsg.): Henriette Löffler's großes Illustriertes Kochbuch für einfachen Tisch und die feine Küche. Neu herausgegeben und vermehrt von Theodor Bechtel. Wohl um 1880. Nachdruck Komet(Frechen), 2000.

[WLB1949] *Löffler-Bechtel*†: Kochbuch. Neubearbeitet von Fritz Hauff und Reinhold Schluckebier. 4. Auflage, Ulm (J. Ebener), 1949.
Diese Buch hat nichts mit [LB1880] gemein. Es lebt noch sehr von der Mangelküche des Kriegs und der Folgezeit.

[WRö2001] Herbert Rösch: Schwäbisches Maultaschenbüchle. 5. Auflage, Stuttgart (Mathaes), 2001.

[WSK1985] Josef Thaller (Hrsg.): Das Schwäbische Vesper. Stuttgarter Kochkolleg. Weil der Stadt (Hädecke), 1985.

[WSK1988] Josef Thaller (Hrsg.): Die Neue Schwäbische Küche. Stuttgarter Kochkolleg. 2. Auflage, Weil der Stadt (Hädecke), 1988.

[WTü1749] Neues Wohleingerichtetes Kochbuch, Aus 850 Speisen Und vielen andern nuzlichen und artigen Nachrichten bestehend. Nicht nur dem Kochbegierigen, sondern auch denen, welchen an Säuberung seidener und anderer Zeuge, des Sammets ec. gelegen ist. Nebst einer kleinen Hausapothek, ... Tübingen, Auf Kosten Abel Mayers, 1749.

[WWZ1925] Ein schwäbisches Kochbuch, von der Württemberger Zeitung ihren Lesern gewidmet. Verlag der Württemberger Zeitung. Aufgrund der abgedruckten Werbung ca. 1920–1930.

B...
E...

Oberrhein: Baden und Elsass

[BBK1887] Neues praktisches Badisches Kochbuch. 12. Auflage, Karlsruhe (Malich und Vogel), 1887.

[BLH2003] Was d' Schnägga und d' Affa an da Kiche so schaffa. Das Kochbuch aus Linkenheim-Hochstetten. Evangelische Kirchengemeinde Linkenheim, 2. Auflage, Karlsruhe, 2003.

[BSA1982] Schwäbisch-alemannische Küche. Offenburg (Burda), 1982.

[EFe2005] Karolina Fell: Landfrauen-Rezepte aus dem Elsass. Stuttgart (Ulmer), 2005.

[EFK1900] Tom Jacob (Hrsg.): Elsässisches Fisch-Koch-Büchlein der Koch- und Haushaltschule zu Straßburg um 1900. Lahr Ernst Kaufmann, 2000.

[EHä1982] Haeberlin, Paul und Jean-Pierre: Meisterküche im Elsaß. Die Auberge de l'Ill. (Econ-Verlag) Düsseldorf-Wien, 3. Aufl, 1982.

[EHe2000] Jeanne Hertzog: Elsässisches Kochbüchlein. 80 Rezepte leicht anzufertigen. Colmar (Delta) 2000.

[EOR1811] Oberrheinisches Kochbuch oder Anweisung für junge Hausmütter und Töchter, ... Nebst einem Anhang von Speisen für Kranke. Mülhausen (Karl Friedrich Heitz), 1811.

[EPK1931] Die praktische Küche. 3. Auflage, Colmar (editions „Alsatia), 1931.

S...

Schweiz

[SBa1903] *Amalie Schneider-Schlöth*†: Basler Kochschule. Neu bearbeitet: I. Fäsch-Kußmaul und W. Roth-Schneider. 6. Auflage, Basel (Basler Buch- und Antiquariatshandlung), 1903.

[SBa1983] *Amalie Schneider-Schlöth*†: Baseler Kochschule. Vollständig neu bearbeitet von Andreas Morel. Basel (Friedrich Reinhardt), 1983.

Berner Kochbücher

Die „Berner Köchbücher" erscheinen ab 1745 in lokalen Buchhandlungen. 1786 erscheint mindestens die siebte Auflage (François de Capitani in [Be1796]).

Ab ca. 1830 baut L. Rytz darauf auf [be1836]. Mit der 14. Auflage 1886 übernimmt dann noch ihre Enkelin Hedwig Rytz[Be1893].

[SBe1749] Bernerisches Koch-Büchlein, Darinnen in einer Sammlung von mehr als dreihundert Rezepten gute Anweisung gegeben wird .... Bern (Gottschall und Comp), 1749.
Niedersaechsische Staats- und Universitaetsbibliothek, Digitalisierungszentrum.

[SBe1796] Neu-Vermehrtes Bernerisches Koch-Buch, darinnen Anweisung gegeben wird, mehr als Vierhundert Speisen nach jetzigem Gebrauch wohl zu appretieren, zu kochen, beizen, braten und zu backen; ... Bern 1796.
Faksimile: Einleitung von François de Capitani (Hrsg.), Georg Olms Verlag, Zürich, Hildesheim, New York, 2008.

[SBe1836] L. Rytz, geb. Dick: Berner Kochbuch oder Anleitung die im gewöhnlichen Leben sowohl als bei Festanlässen üblichen Speisen auf die schmackhafteste Art zuzubereiten. 2. Auflage, Bern E. Rätzer, 1836.
In Teilen: http://books.google.de

[SBe1893] H. Rytz, geb. Dick (Hrsg.): Berner Kochbuch oder Anleitung die im gewöhnlichen Leben sowohl als bei Festanlässen üblichen Speisen auf die schmackhafteste Art zuzubereiten. Fünfzehnte Auflage, neu bearbeitet durch Hedwig Rytz, Bern (Druch und Verlag K.J. Wysz), 1893.
Faksimile: Hedwick Wyss(falscher Name), Berner Kochbuch, Bremen (Dogma), 2012.

[SBe1958] Kochbuch für den hauswirtschaftlichen Unterricht an Volks- und Fortbildungsschulen. Schuldirektion der Stadt Bern (Hrsg.), 25. Auflage, 1958.

[SBK1800] Andreas Morel (Hrsg.): Basler Kost. So kochte Jacob Burckhardts Grossmutter. Das handschriftliche Manuskript entstand an der Wende vom 18ten zum 19ten Jahrhundert. 178. Neujahrsblatt der Ges. für das Gute und Gemeinnützige. Basel (Schwabe & Co.), 2000.

[SBu1916] Alex. Buchhofer & Emma Suter-Buchhofer: Schweizer Kochbuch. 5. Auflage, Bern (Buchhofer's Musterküche), ca. 1916.
Das Buch enthält kein Erscheinungsjahr. Aufgrund der auf dem Umschlag angegebenen Preise (Landesausstellung Bern 1914) und den Bezug auf „schwere Zeiten“ (1. Weltkrieg) ist ein Erscheinen um 1916 wahrscheinlich.

[SKa2004] Marianne Kaltenbach (Hrsg.): Aus Schweizer Küchen. München (Gräfe und Unzer), 2004.

[SWe1609] Anna Wecker: Ein köstlich new Kochbuch von allerley Speisen an Gemüsen, Obst, Fleisch, Geflügel, Wildpret, Fisch und gebackenes. Nicht allein für Gesunde sonder auch und fürnehmlich für Kranke .... Erstlich in vier Büchern mit fleiß beschrieben durch F. Anna Weckerin, weiland Herrn D. Johann Jakob Weckers, des berühmten Medizi seligen, nachgelassene Wittwe. Basel (Ludwig König), 1609. Ein Beispiel zur Werbung um 1600 und für die damals häufige Verbindung von Medizin und Kochkunst.

[SZü1948] Kochlehrbuch der Haushaltsschule Zürich. 4. Auflage, Zürich (Selbstverlag), 1948.

O... Oberschwaben und Bayrisch–Schwaben

Augsburger Kochbücher [OAu...]

Die Handels- und Freie Reichsstadt nahm geschichtlich eine wichtige Rolle ein. Insbesondere die Fugger und Welser, mit ihren Handelshäusern, hatten zeitweilig massiven politischen Einfluss. Das drückt sich im Selbstbewusstsein des Bürgertums aus, das sich seine eigenen Kochbücher schreibt, während sich die Kochbücher in Oberschwaben, Bayrisch–Schwaben und Bayern schon im Titel an den Herrschaftlichen und bürgerlichen (gemeinen) Haushalt richten.

Davon zeugen schon die Aufzeichnungen der Sabina Welserin[SW1553] und das gedruckte Kochbuch des Balthasar Staindl [St1547]. Unter dem Titel „Augsburger Kochbuch“ werden dann Bücher über einen langen Zeitraum gedruckt. Es ist jedoch offen, ob [Au1554] und [Au1750] als Vorläufer der Reihe des 19ten Jahrhunderts angesehen werden können.

[OAu1554] (Maria Stenglerin): Augspurger Kochbuoch (da)rinnen enthalten fürtreffliche Rezepte für Frawen & Junckfrawen. Das Kochbuch gehört der Junckfraw Maria Stenglerin zu 1554. Augsburg (Gebr. Reichel), 1886.
http://www.uni-giessen.de/gloning/tx/stenglerin-kochbuch-1554.pdf
Unklar ist, ob Maria Stengler die Autorin der Vorlage des Drucks von 1886 ist oder nur die Besitzerin war.

[OAu1750] Das grosse neu-vermehrte Koch-Buch in welchem zu finden, wie man unterschiedliche, herrliche und wohlgeschmackte Speisen, von Gesottenem, Gebratenem und Gebachenem ... sehr künstlich und wohl zurichten und bereiten möge ... . Augspurg (Brinhauser), ca. 1750. BSB: BV001662563, URN: urn:nbn:de:bvb:12-bsb10300180-1

[OAu1788] Sophie Juliane Weiler: Augsburgisches Kochbuch. Augsburg, 1788. BSB, VD18 14086363-001.

[OAu1827] Sophie Juliane Gostenhofer Weiler: Neues Augsburgisches Kochbuch mit Inbegriff der älteren Vorschriften 956 ... . Nördlingen (Karl Heinrich Beck), 1827.

[OAu1847] (S.J.W.†): Augsburgisches Kochbuch. Aus den Papieren der verstorbenen Sophie Juliane Weiler, verbessert und vermehrt durch Margarethe Johanne Rosenfeld. 8. Auflage, Nördlingen (Ch. Beck'sche Buchhandlung), 1847. In Teilen: http://books.google.de

[OAu1860] Augsburgisches Kochbuch, ausgearbeitet von S. J. W.. 25. Auflage, Augsburg (Joseph Wolffische Buchhandlung), 1860. http://books.google.de

[OAu1866] Neuestes Augsburgisches Kochbuch, Aus den Papieren von weiland Frau Sophia Juliane Weiler. 13. umgearbeitete Original-Ausgabe. Nördlingen (1866).

[OAu1908] Christine Haller: Neues Augsburger Kochbuch für die gut bürgerliche und Herrschafts-Küche. 4. Auflage Augsburg (B. Schmid'sche Buchhandlung), 1908.

Andere

[OKL1973] Aegidius Kolb u. Leonhard Lidel: D'schwäbisch Kuche. Kempten (Allgäuer Zeitungsverlag), 1973.

[OKo1845] Caroline Kümicher: Constanzer Kochbuch oder praktische Anleitung zur schmackhaften und gesunden Zubereitung aller Speisen, ... In Verbindung mit dem ... Haus- und Wirtschaftsbuch. 5. Auflage, Constanz (Emmerling'sche Buchhandlung), 1845.

[OLi1894] Christina Charlotte Riedel: Lindauer Kochbuch. 1894.
Faksimile als: Großmutters Kochbuch. Lindau (Weltbild Verlag), 1980.

[ONü1560] Ein sehr Künstliches und fürtrefflichs Kochbuch von allerley Speysen, Auch wie Man Latwergen und Zucker einmachen soll, und sonst von andern guten heimlichen Künsten Einem jeden im Hauß sehr notwendig und nützlich zu gebrauchen. Nürnberg ca. 1560, BSB urn:nbn:de:bvb12-bsb10187731-5.

[ONü1712] Vollständig-Neuvermehrtes Nürnbergisches Koch-Buch. Nürnberg (W. M. Endters), 1712.
http:/digital.slub-dresden.de/ppn360102387/7.

[OSt1547] Staindl, Balthasar: Ain künstlichs und nutzlichs Kochbuch. Augspurg 1547
BSB [VD16 S 8511] Persistente Identifier (Werk): urn:nbn:de:bvb:12-bsb00023833-2
http://daten.digitale-sammlungen.de/ db/0002/bsb00023833

[OWP1545] Manfred Lemmer(Hrsg.): Das Kochbuch der Philippine Welser. Fak-

simile & Kommentar, Transkription, Glossar. Edition Leipzig, 1983. Nach Lemmert lässt sich die Entstehung des Hauptteils des handschriftlichen Manuskripts auf die Mitte der 40er Jahre des 16ten Jhds. festlegen.
Philippe Welser war Besitzerin des Kochbuchs, hat es aber wohl nicht geschrieben.

[OWS1553] Das Kochbuch der Sabina Welserin. Hugo Stopp(Hrsg.), Übersetzung Ulrike Gießmann, Heidelberg(Carl Winter Verlag), 1980.
Nach eigenem Bekunden wurde das Kochbuch von Sabina Welser(in) 1553 begonnen.

A... Andere Kochbücher

[AAr1998] Gohary, Magdi und Christine, Brahim Lagunaoui: Arabisch kochen. Berlin (Die Werkstatt), 1998.

[ABo1977] Paul Bocuse: Die neue Küche. Übersetzung Bernd und Isabelle Neuner-Dudenhöfer. Düsseldorf & Wien (Econ), 1977.
Der Originaltitel lautete „La Cuisine du Marché“, was der Intention des Buches näher kommt.

[AFK1789] Das kleine jedermann nützliche und wohleingerichtete Frankfurter Koch=Buch. 4. Auflage Frankfurt, a. M. 1789.
Digitale Fassunng: S. Micha, Ch. Muth, MSchacht, Th. Gloning, 2000-2002.
http://www.uni-giessen.de/gloning/tx/1789ffkb.htm

[AGr1688] Ein Koch- und Artzney-Buch. Gedruckt zu Grätz (Widmanstetterische Erben), 1688.

[AMa1984] Gualtiero Marchesi: Die große italienische Küche. München (Heyne), 1984.

[ANe1805] Neudecker, Maria Anna (Hrsg.): Die Bayrische Köchin in Böhmen. Karlsbad (Frankieck), 1805.

[ANe1867] Neudecker, Maria Anna: Bayerische Köchin. Ein Kochbuch das sowohl für Herrschafts- also auch für gemeine Küche eingerichtet ist... . München (Fleischmann's Buchhandlung), 1867.
Faksimile Augsburg (Weltbild) 1987.

Enthält Angaben zu Gewichten einschließlich dem Gewicht einer Zweikreuzersemmel

[ANü1560] Eyn sehr künstliches und fürtreffliches Kochbuch von allerley Speysen, Auch wie man Latwergen und Zucker einmachen sol, und sons von anderen guten heimlichen Künsten Einem jeden im Hauß sehr notwendig und nutzlich zu gebrauchen. Nürnberg, ca. 1560. BSB: urn:nbn:de:bvb:12-bsb10187731-5.

[ANü1691] Vollständig-Neuvermehrtes nürnbergisches Koch-Buch. Nürnberg (Endters), 1691. Bibliothek der Herzog August Bibliothek (http://digbib.hab.de)

[ANü1712] Vollständig-Neuvermehrtes nürnbergisches Koch-Buch. Nürnberg (Endters), 1712. Sächsische Landesbib. Dresden. http:/7digital.slub-dresden.de/ppn360102387/11.

[ANü1896] Nürnberger Puppen-Kochbuch: Herausgegeben von Tante Betty. 9. Aufl., Nürnberg, 1896.

[APr1858] Prato, Katharina: Süddeutsche Küche. Graz, 1858.

[ARo1598] Frantz de Rontzier: Von mancherley Essen, Gesotten, Gebraten, Posteten. Wolffenbüttel (Fürstl. Druckerei), 1598.

[AMR1581] Rumpolt, Marx: New Kochbuch, 1581. Transkription Christina Maren Lott, Thomas Gloning, o.J.

[ASL2011] Der Silberlöffel. 2. Aufl. (Phaidon Press), Hamburg, 2011.

[FCF1903] Wie man in Berlin zur Zeit der Königin Luise kochte, nach Aufzeichnungen der F.C. Fontane (Berlin 1903), Nachdruck, Verlag Die Wirtschaft, Berlin 1989.

[AWi2001] Eckart Witzigmann: Mein Tantris, Kochbuch. Niederhausen (Mosaik), 2001.

[AWK1738] Der Wohl-unterrichtete Koch, oder nöthige Anweisung, auf was Art man allerhand schmackhaffte Speisen... Frankfurt und Leipzig, 1738.

X... Sonstiges

[XDi1865] L. F. Dietrich: Illustrierte Encyklopädie Praktischer Rezepte und Be-

lehrungen aus dem Gesammtgebieten der Künste und Gewerbe, mit Einschluß der Arzneikunde, Pharmazie und häuslichen Okonomie. Leipzig und Dresden (Englische Kunst-Anstalt von A. H. Payne), ohne Jahr.
Eine Widmung im Buch von 1868 deutet auf 1865 als ungefähres Publikationsjahr.

[XMa2009] Massard, Jos. A. (2009): 300 Jahre Kartoffel in Luxemburg: (I) Europa entdeckt die Kartoffel. (II) Grundbirne, Grompir, Gromper: die Kartoffel erobert Luxemburg. (III) Die Kartoffel in Luxemburg im 19. Jh.. http://massard.info/pdf/kartoffel_LJ_anmerkungen.pdf
Artikel aus: Lëtzebuerger Journal 2009,[I]Nr. 15(22. Jan.): 23;Nr.16 (23. Jan.): 10, Nr. 17 (24./25. Jan.): 11; [II]Nr. 18 (27. Jan.): 23, Nr. 19 (28. Jan.): 21;[III]Nr. 20 (29. Jan.): 9, Nr. 21 (30. Jan.): 21.

[XPe2006] Peter Peter: Kulturgeschichte der italienischen Küche. (C. H. Beck), München, 2006.

[XSB1997] Schwabenbilder. Zur Konstruktion eines Regionalcharakters. Tübinger Verein für Volkskunde e.V., Tübingen, 1997.

[XSK1995] Schwedische Küche. 2. Auflage ICA Förlaget AB, Västerös, 1995.

[XSp2008] Spycher, A.: Back es im Öfelin oder in der Tortenpfann. Basel (Schwabe), 2008.

[XTa1625] Tabernaemontanum, Jacobum Theodorum: New vollkommentlich Kreuterbuch/ Mit schönen und künstlichen Figuren/ aller Gewächse der Bäume/ Stauden und Kräuter/ so in Teutschen und Welschen Landen/ auch in Hispanien/ Ost- und WestIndien/ oder in der Newen Welt wachsen/ ... Frankfurt (Joh. Drentels), 1625. http://www.kraeuter.ch (Zugriff 02.03.2013)

Tabernaemontanum (JACOB THEODORUS) war Arzt und Professor an der Universität Basel.

L... Lexika, Fachbücher

[LAd18011] Adelung, Johann Christoph: Grammatisch-kritisches Wörterbuch der hochdeutschen Mundart (1811). BSB. http://woerterbuchnetz.de/Adelung

[LBa2001] Barham, Peter: The science of cooking. (Springer-Verlag) Berlin, Heidelberg, 2001.

[LBa2004] Barham, Peter: Die letzten Geheimnisse der Kochkunst.(Springer-Verlag) Berlin, Heidelberg, 2004.

[LBC1838] Bilder-Conversations-Lexikon

[LBr1900] Brockhaus' Konversations-Lexikon. Leipzig, Berlin, Wien, 14. Aufl., 1903.

[LKr1800] Krünitz, Johann Georg: Economische Encyclopädie oder allgemeines System der Staats- Stadt- Haus- u. Landwirthschaft, in alphabetischer Ordnug. 1773–1858 in 242 Bänden. Unter: http://www.kruenitz1.uni-trier.de/ bzw. http://woerterbuchnetz.de/, ebd.

[LLo2013] Lodenbauer, Josef: Das Konditorbuch in Lernfeldern. 5. Aufl., (Dr. Felix Büchner – Handwerk und Technik GmbH) Hamburg, 2013.

[LluxWB1906] Wörterbuch der luxemburgischen Mundart. 1906. Uni. Luxembourg, http://woerterbuchnetz.de/

[LMe1905] Meyers Großes Konversations-Lexikon. 6. Aufl., Leipzig und Wien 1905-1909.

[LrhWB] Rheinisches Wörterbuch. http://woerterbuchnetz.de/

[LSch2011] Schünemann, Claus: Lernfelder der Bäckerei Produktion. 3. Aufl. (Gildebuchverlag) Alfeld, 2011.

[LSwId] Schweizerische Idiotikon. http://www.idiotikon.ch/

[LTer1990] Ternes, Waldemar: Naturwissenschaftliche Grundlagen der Lebensmittelzubereitung. Hamburg (Behr's), 1990.

[LWaSp] Deutsches Sprichwörter-Lexicon von Karl Friedrich Wilhelm Wander. http://woerterbuchnetz.de/

[LWil1990] Wilan, Anne: Die grosse Schule des Kochens. (Christian Verlag) München, 1990.

[LZe1754] Zedler, Johann Heinrich: Großes vollständiges Universal-Lexicon aller Wissenschaften und Künste. 1731-1754. BSB, http://www.zedler-lexikon.de/index.html

[LZe1992] Das Universal-Kochbuch des 18. Jahrhunderts. Aus dem „Zedler“ gezogen.

[Grimm'sches Wörterbuch] Deutsches Wörterbuch von Jacob Grimm und Wilhelm Grimm. http://woerterbuchnetz.de/DWB/

Rezepte

Index